„Das Wort hat der Abgeordnete Neugebauer“

**Notizen über Heide Simonis,
Affären und Geschehnisse
in der Regional- und Landespolitik
Schleswig-Holsteins**

Günter Neugebauer

„Das Wort hat der Abgeordnete Neugebauer“

Notizen über Heide Simonis, Affären und Geschehnisse in der Regional- und Landespolitik Schleswig-Holsteins

Herausgeber:
Gesellschaft für Rendsburger Stadt- und Kreisgeschiche e.V.

Dieses Buch erscheint als:

RENDSBURGER STUDIEN

– BAND 8 –

Schriftenreihe der Gesellschaft für Rendsburger Stadt- und Kreisgeschichte e.V.

IMPRESSUM

Herausgeber: Gesellschaft für Rendsburger Stadt- und Kreisgeschichte e.V.

Geschäftsstelle: Ursula Wegner
Fliederweg 16, 24809 Nübbel
Telefon (0 43 31) 6 18 65
E-Mail: RD.Gesellschaft@t-online.de

Redaktion: Dr. Hans Wilhelm Schwarz, Schleswig
Klaus Neugebauer, Rendsburg

Titelbild: Foto G. Neugebauer

Druck: RD-Druck und Verlagshaus OHG
Nikolaus-Otto-Straße 12, 24783 Osterrönfeld

ISBN 978-3-00-046087-6

„Wenn ich von etwas Gutem überzeugt bin, was geschehen könnte oder sollte, so habe ich keine Ruhe, bis ich es getan habe."

Johann Wolfgang von Goethe

Günter Neugebauer, Mitglied des schleswg-holsteinischen Landtags 1979 – 2009.

Inhalt

Vorbemerkung

Diese Notizen beschreiben Ausschnitte aus meinem politischen Leben als sozialdemokratischer Politiker in der Kommunal- und Landespolitik in über vier Jahrzehnten. Niemand vor mir ist acht Mal nacheinander dirckt in den Schleswig-Holsteinischen Landtag gewählt worden. In diese Zeit fielen viele Skandale und Aufgeregtheiten, die unser Bundesland Schleswig-Holstein in den Fokus der deutschen und internationalen Medien gebracht haben. Freunde und Journalisten haben mir geraten, Wichtiges aufzuschreiben und Manches vor dem Vergessen zu bewahren. Darum habe ich mich bemüht, wissend um die Gefahr, die eigenen Verdienste und Beteiligungen trotz bester Absichten subjektiv falsch eingeordnet zu haben. Die Arbeit erlaubte mir einen Rückblick auf eine politisch höchst interessante Zeit, viele Diskussionen und Auseinandersetzungen um Themen, die längst von der Geschichte überholt worden sind. Besonders schwierig erschien mir angesichts der angehäuften Menge von Themen, Erklärungen und Ereignissen aus 40 Jahren die gebotene Auswahl und Beschränkung. Die Vielzahl der geschilderten Skandale und Affären spiegelt nicht die Wirklichkeit der parlamentarischen Arbeit in drei Jahrzehnten wider. Der aus Beratungs- und Abstimmungsgesprächen, Ausschuss-Sitzungen und Plenartagungen, Wahlkreisinformation sowie normaler Schreibtischarbeit bestehende parlamentarische Alltag schien mir zu wenig interessant für diese Notizen zu sein.

Während meiner Mitgliedschaft im Landtag vollzog sich ein technologischer Wandel in der Büro- und Telekommunikation, der die Arbeitsbedingungen grundlegend veränderte. Als ich 1979 Mitglied des Landtags wurde, diktierte ich meiner Mitarbeiterin meine Schreiben noch in den Stenographie-Block. Sie übertrug das Stenogramm dann in die mechanische Schreibmaschine. Das Telefonieren vom Kieler Landeshaus in den Wahlkreis war jedesmal ein Abenteuer, weil die Leitung sich meistens schon nach der dritten Ziffer der Vorwahl mit dem „Besetzt"-Zeichen meldete.

Frühzeitig nutzte ich bereits zu Beginn der 1990er Jahre die Kommunikation per E-Mail und informierte meine Mitbürgerinnen und Mitbürger mit einer eigenen homepage. Das Internet war für mich zu einer wichtigem Informationsquelle geworden. Mit dem iPhone konnte ich auch im Urlaub meine E-Mails aus dem Landeshaus oder dem Wahlkreis abfragen und beantworten.

Dank

Ich bedanke mich bei der Gesellschaft für Rendsburger Stadt- und Kreisgeschichte e.V., deren Unterstützung die Publikation dieser Notizen erst möglich gemacht hat. Für kluge Ratschläge bin ich insbesondere Frau Dr. Gudrun Lenz von der Friedrich-Ebert-Stiftung in Bonn-Bad-Godesberg und Ove Jensen sehr dankbar. Meinem Namensvetter Klaus Neugebauer danke ich für viele technische Hilfen.

Persönliches

Zur Politik kam ich durch meine Mutter Gerda Neugebauer und durch meinen Großvater mütterlicherseits, August Preisner. Mein Großvater, geboren 1884, war überzeugter Sozialist. Er hatte sein niederschlesisches Elternhaus in Pohlsdorf im Kreis Neumarkt früh als Jugendlicher verlassen, weil er der Aufforderung des Vaters, eines Gutsverwalters, den Beruf des Pfarrers zu ergreifen, nicht folgen wollte. Am 17. Februar 1920 hatte er in Kiel meine aus Zunsweier/Baden stammende Großmutter geheiratet. Ich bin stolz auf ihn, weil er sich der nationalsozialistischen Diktatur verweigerte und sich nicht, wie die meisten seiner Mitbürger im beschaulichen Rendsburg, anpasste, sondern auf vielfältige Weise, häufig die Sorgen seiner Familie um seine persönliche Freiheit missachtend, gegen den Zeitstrom stellte. Bis zu seinem Tode am 30. Dezember 1966 war er für mich ein Großvater, mit dem ich über Adenauer, die SPD und die bundesdeutsche Parteienlandschaft diskutieren konnte.

Über meinen Vater weiß ich wenig. Geboren 1921 in Schweidnitz, dem heutigen Swidnica im niederschlesischen Polen, zufälligerweise nicht weit entfernt vom Geburtsort des Großvaters mütterlicherseits, musste er früh in den Zweiten Weltkrieg ziehen. Im Rendsburger Lazarett lernte er 1944 meine Mutter kennen, die er bereits im Dezember 1945, wenige Monate nach Beendigung des Krieges, heiratete. Er starb am 2. Mai 1952 an einer Thrombose, vermutlich als Folge einer im Krieg erlittenen Bauchschussverletzung. Ich war noch keine vier Jahre alt und als Erinnerung habe ich nur die Sammlung seiner im Krieg „erworbenen“ Orden und Ehrenzeichen. Meine

Großeltern väterlicherseits kenne ich nur aus Gesprächen mit seiner Schwester und seinem zwischenzeitlich verstorbenen Bruder.

Was also hat mich angetrieben? Neben meinem Großvater, der auch Vaterersatz war, waren es wohl die Bewältigung und Wahrnehmungen der häuslichen Umstände und Lebensverhältnisse als Arbeiterkind, aber mehr noch die Beschäftigung mit den Ursachen, Wirkungen und Folgen der nationalsozialistischen Zeit. Themen, die mich bis zum heutigen Tag umtreiben.

Geboren am Sonntag, dem 13. Juni 1948, die meinen Eltern stellvertretend für mich zusätzliche 40 Deutsche Mark als Anfangskapital bescherten, war ich wie viele andere nicht auf Rosen gebettet. Mein Vater arbeitete bis zu seinem frühen Tod 1952 auf der Ahlmann Carlshütte in Büdelsdorf in seinem erlernten Beruf als Maschinenformer. Mit meinen Eltern und meiner Schwester Ursula wohnte ich im Rendsburger Apenrader Weg. Unmittelbar neben unserer Wohnsiedlung begann das Grundstück meiner Großeltern. Es war mit einem Zweifamilienhaus bebaut, dass mein Großvater auf Weisung der Rendsburger Nationalsozialisten bis zum Ende des Krieges nur bis zum Keller herrichten durfte. Das Wohngebiet lag fast direkt unterhalb der Eisenbahnhochbrücke innerhalb des Stadtteils Schleife. Soweit ich mich erinnern kann, hatte es meine Mutter, gerade nach dem Tod meines Vaters, mit ihren beiden Kindern nicht leicht. Für meine Mutter galt immer das Motto, die Kinder zuerst. Meine Schwester und ich haben unserer Mutter viel zu verdanken.

Ich besuchte fünf Jahre die Holstenschule. Meine Mutter gab dem Drängen der Lehrer nach und meldete mich nach dem fünften Schuljahr zur Aufnahmeprüfung für die Realschule, der Christian-Timm-Schule, in Rendsburg an. Dass ich diese 1966 mit dem Abschluss der Mittleren Reife abschließen konnte und vom Schulleiter vor der versammelten Lehrer-, Schüler- und Elternschaft als bester Schüler meines Jahrgangs ausgezeichnet wurde, freute meine Mutter sehr.

Ich wuchs in eine Epoche hinein, die später als die „Zeit der 68er“ in die Geschichte einging. Ausgestattet mit eigenen familiären Erfahrungen über soziale Ungerechtigkeiten und selbst empfundenen Missständen im Bildungssystem beteiligte ich mich an vielen politischen Diskussionen. Mich empörte auch, wie der Umgang mit der NS-Zeit gesellschaftlich tabuisiert wurde. Ich wurde Klassensprecher, Schulsprecher, Vorsitzender des politischen Arbeitskreises an der Schule, und auch Chefredakteur der

Schülerzeitung „kontakt“. Meine Beiträge in der „kontakt“ führten nach einem verbalen Schlagabtausch mit dem Schulleiter der im selben Gebäude ansässigen Mädchen-Realschule, Lorenzen, zu dem wohl einmaligen Vorgang, dass er nach meinem Rauswurf aus seinem Dienstzimmer seinen Schülerinnen den Umgang mit mir per Aushang am „Schwarzen Brett“ untersagte. Dem folgte ein erstes Interview mit Susanne Ditting von der örtlichen Landeszeitung. Später, als sie nach ihrer Heirat Susanne Wiemer hieß, habe ich mit ihr in ihrer Funktion als CDU-Wahlkämpferin noch oft stets freundlich, aber bestimmt die „Klingen gewetzt“. Meine eigenen Erfahrungen mit den Versuchen von Lehrkräften, den Inhalt der Schülerzeitung vorab zu beeinflussen, veranlassten mich als Landtagsabgeordneter nach dem Regierungswechsel in Schleswig-Holstein 1988 zur – erfolgreichen – Initiative zur Änderung des Schulgesetzes mit dem Verbot solcher Vorzensur.

Nach der Bescheinigung der Mittleren Reife fiel mir als Schulsprecher die Aufgabe zu, auf der Entlassungsfeier zu sprechen. Es sollte meine erste Rede vor großem Publikum werden. Es war nicht die letzte, die für Aufregung sorgte, denn das Lehrerkollegium hatte – wie es damals üblich war – darauf bestanden, den Redetext vorab zur Genehmigung vorgelegt zu bekommen. Es hatte schon bei meiner Tätigkeit als Chefredakteur der Schülerzeitung des Öfteren Streit über den von mir zu verantwortenden Inhalt gegeben. Dabei habe ich mich immer durchsetzen können, auch dank der Unterstützung des toleranten Verbindungslehrers Eberhard Bohn, mit dem ich Jahre später in seiner Funktion als örtlichen FDP-Chef Koalitionsverhandlungen führen sollte. Ich lehnte eine Vorzensur ab. Zu einem Eklat kam es nicht, denn Schulleiter Georg Hornberger zeigte Verständnis und brachte mir Vertrauen entgegen. Mit ihm sollte ich Jahre später in seiner Rolle als CDU-Senator einige Jahre im Senat der Stadt Rendsburg zusammenarbeiten. Als ich viele Jahre später beim Umzug das Konzept der Rede wieder fand, war ich enttäuscht darüber, wie harmlos die Ausführungen gewesen waren. Was 1966 noch als „revolutionär“ galt, war schon nach zehn Jahren später alltäglich geworden.

Am 28. April 1998, also 32 Jahre später, wurde ich in meiner alten Schule an meinen ersten Auftritt erinnert. Aus Anlass des 100-jährigen Bestehens der Christian-Timm-Schule durfte ich beim Festakt in der Aula die Festrede halten. Ich fand den Auftrag sehr ehrenvoll und lobte das unverwechselbare Profil und den guten Ruf der Schule bei den Personalchefs im Wirtschaftsraum Rendsburg. Natürlich nutzte ich die Festrede auch zu einem Ausflug in bildungspolitische Visionen. Während ich von den vielen Gästen sehr viel Zuspruch für meine Ausführungen erhielt, kommentierte der Lokalchef der Landeszeitung, Jürgen Muhl, meine Rede als „Parteiwerbung", obwohl er gar nicht anwesend war. Ihn störte lediglich, dass an meiner Stelle nicht der CDU-Politiker Otto Bernhardt sprechen durfte, der ebenfalls diese Schule besucht hatte.

Trotz eines sehr guten Zeugnisses war es angesichts der finanziellen Verhältnisse nicht denkbar, dem Beispiel anderer Klassenkameraden zu folgen, auf das Gymnasium unserer Stadt zu wechseln. Die Finanzverwaltung bot damals angesichts von Nachwuchsproblemen auch besonders begabten Realschulabsolventen die Möglichkeit, nach zweijährigem Praktikum und einer Aufnahmeprüfung auch ohne Abitur die Ausbildung für den Gehobenen Dienst der Steuerverwaltung zu beginnen. Mitschüler belächelten mich wegen meiner „Dummheit", denn der öffentliche Dienst war seinerzeit wegen der vergleichsweise schlechten Vergütung nicht besonders attraktiv. Ich nahm das Angebot an und erhielt meine erste feste Entlohnung von monatlich 90 DM. Vorher hatte ich mir zwei Jahre lang Taschengeld durch Nachhilfeunterricht hinzuverdient.

Im Rahmen der Verabschiedung aus dem Dienst der Steuerverwaltung 2011 konnte ich erstmals in meiner Personalakte die Beurteilungen während der kurzen Tätigkeit in der Finanzverwaltung lesen. In der ersten Beurteilung von 1966 heißt es u. a., dass „Herr Neugebauer sicher und unbefangen auftritt. Er ist höflich und zuvorkommend, hat sich als Sprecher des Lehrgangs vorbildlich geführt und die Interessen seiner Kollegen stets korrekt vertreten".

Nach zwei Jahren Praktikum bestand ich mühelos die Aufnahmekriterien für den Einstieg in den Gehobenen Dienst, obwohl ich sehr viel Zeit für die Tätigkeit als gut bezahlter Redakteur der Jugendseite der Landeszeitung, im Rendsburger Stadtjugendring, der Gewerkschaftsjugend der DAG, und auch intensiv in der Rendsburger Außerparlamentarischen Opposition (APO) aufwandte. In der DAG-Jugend wurde ich schnell neben dem späteren Staatsrat in der Hamburger Finanzbehörde, Wolfgang Prill, stellvertretender Ortsjugendsprecher und auch Delegierter beim DAG-Gewerkschaftstag. Die Außerparlamentarische Opposition (APO) zog mich an wegen ihres Widerstandes gegen den US-amerikanischen Krieg in Vietnam, der unkritischen Haltung der SPD zu diesem Krieg, der geplanten Notstandsgesetzgebung und der von mir heftig kritisierten Beteiligung der SPD an der Großen Koalition mit der CDU. So habe ich unter anderem eine große Demonstration gegen die Notstandsgesetzgebung mitorganisiert und als Verantwortlicher Redakteur das durch Anzeigen finanzierte politische Magazin „Junges Forum" herausgegeben. Bei diesem Magazin haben auch Freunde mitgewirkt, die es wie Klaus Brunkert in der CDU oder Werner Georg Tischler und Ernst-Günter Hansen in der SPD später noch zu wichtigen kommunalpolitischen Ämtern brachten.

Ich war neugierig auf alles, was mit Politik überhaupt, Sozialdemokratie, Faschismus oder der Entwicklung der Arbeiterbewegung zu tun hatte. Trotz knapper finanzieller Mittel gehörten die Linkspostille „Konkret" und der „Spiegel" zur wöchentlichen Lektüre. Ich las vieles über und von Karl Marx, Friedrich Engels und andere sozialistische Klassiker. In vielen Gesprächsrunden fragten wir uns, wie es 1933 zur Machtübergabe an die Nationalsozialisten kommen konnte und warum noch so viele frühere aktive Nazis unbehelligt in führenden Funktionen tätig sein konnten.

In dieser Zeit musste ich mich aufgrund meiner journalistischen Betätigung auch mehreren juristischen Verfahren stellen. Ein Fall betraf die angebliche Beleidigung des stellvertretenden Schulleiters der Herderschule, Dr. Röschmann. In einem anderen Fall stand ich auf Antrag des Rendsburger Bürgermeisters Hans-Heinrich Beisenkötter, mit dem ich ab 1974 im Senat der Stadt zusammen arbeiten sollte, wegen eines angeblichen Aufrufs zur Brandstiftung vor Gericht. Diese Anzeige führte zu mehreren Gerichtsverhandlungen, weil ich in einem Kommentar des „Jungen Forum" die rhetorische Frage gestellt hatte, ob erst Rendsburgs Polizeiwache brennen müsste, bevor sich die Rendsburger gegen den Krieg in Vietnam positionieren würden. Dass das Verfahren gegen mich eingestellt wurde, habe ich der Tatsache zu verdanken, dass in Berlin Fritz Teufel in einem ähnlich gelagerten Fall freigesprochen wurde.

Als ich mich 1969 in einem Aufsatz des „Jungen Forums" sehr kritisch mit der Nazi-Vergangenheit des damals amtierenden Ministerpräsidenten Helmut Lemke befasste, bekam ich für diesen Tabubruch umgehend Ärger mit einem in der CDU aktiven Kollegen im Finanzamt, der mich bei der vorgesetzten Behörde anschwärzte. Da es 1969 noch keinen Radikalenerlass gab, ging die Sache für mich ohne Blessuren aus. Die regelmäßige Zustellung von blauen Zustellungsurkunden der Justiz und die Schreiben gegnerischer Anwälte lösten bei meiner Mutter auch eingedenk der Erfahrungen mit ihrem Vater in der NS-Diktatur Besorgnis aus. Ich allerdings sah mich immer im Recht, blieb stur und überstand alle Verfahren ohne Bestrafung. Bei einem dieser Verfahren wurde ich auf Empfehlung der Jungen Presse Schleswig-Holstein (JPSH) in Rendsburg vom damaligen Studenten Gerhard Strate beraten, der es später als Strafverteidiger zu einer Berühmtheit bringen sollte. Ich traf ihn nach vielen Jahren wieder als Rechtsberater von Björn Engholm im Parlamentarischen Untersuchungsausschuss, und wir erinnerten uns in den Pausen an frühere Geschehnisse.

Nach drei Jahren theoretischer und praktischer Ausbildung bestand ich das staatliche Examen 1971 mit Auszeichnung. Nach der gesetzlichen Aufwertung des Examens zum Fachhochschulabschluss ließ ich mich einige wenige Jahre später zum Diplom-Finanzwirt diplomieren. Während der dreijährigen Ausbildung wollte ich mich nicht politisch betätigen, um mich ganz der Vorbereitung auf das Examen zu widmen. Zeitgleich bereitete ich mich mit zwei Freunden auf die Begabtenprüfung für die Aufnahme an der „Hochschule für Wirtschaft und Politik“ in Hamburg vor. Noch war ich unschlüssig, ob ich künftig nicht lieber Politikwissenschaft und Soziologie studieren sollte. Unbemerkt von meinen Kollegen in der Steuerverwaltung bestand ich im Februar 1970 die Aufnahmeprüfung an der Hamburger Universität und bekam ab dem 1. April 1971 einen Studienplatz zugewiesen. Da ich meine Ausbildung für den Gehobenen Dienst in der Steuerverwaltung erst zum 31. Juli 1971 abschließen würde, bat ich die Hochschule darum, das Studium erst zu einem späteren Zeitpunkt aufnehmen zu dürfen. Mein damaliger Professor an der Hochschule für Wirtschaft und Politik, Wilhelm Nölling, wurde ab 1983 mein regelmäßiger Begleiter im Flieger von Hamburg nach Köln/Bonn und Kollege in der wirtschaftspolitischen Kommission beim SPD-Parteivorstand. Nach 14 Tagen Studium gab ich der Hochschule 1972 „mit Bedauern“ meinen Studienplatz zurück. Aus privaten Gründen wegen meiner Mutter und meiner Freundin Jutta, meiner späteren Ehefrau, insbesondere aber mangels finanzieller Ausstattung hatte ich mich gegen das Studium entschieden.

Fortan sorgte ich nun beim Finanzamt in Schleswig bis 1974 für eine gerechte Besteuerung, die Ausbildung des Nachwuchses und als gewerblicher

Betriebsprüfer für eine konsequente Prüfung der Buchführung von gewerblichen Unternehmen. Nach der Wahl zum Ratsherrn und Senator der Stadt Rendsburg bei der Kommunalwahl 1974 wurde mein Versetzungsantrag nach Rendsburg schnell genehmigt und ich konnte meine Tätigkeit als gewerblicher Betriebsprüfer bis zur Wahl in den Schleswig-Holsteinischen Landtag 1979 in Rendsburg fortsetzen.

An meinem 27. Geburtstag, dem 13. Juni 1975, konnte ich mich nach dem erfolgreichen Einstieg in die Politik über die Ernennung zum Beamten auf Lebenszeit und über viel privates Glück freuen: Jutta und ich heirateten und bezogen am selben Tag das gerade fertig gestellte Haus im Stadtteil Hoheluft. Ich war glücklich und zufrieden.

Einstieg in die Politik

Am 19. August 1969 trat ich in die SPD ein. Zwei Entwicklungen hatten meinen Entschluss maßgebend beeinflusst, obwohl ich im Geiste trotz aller Unzufriedenheit schon seit Jahren an der Seite dieser Partei stand. Aber das angesichts der bevorstehenden Bundestagswahl im September 1969 sich abzeichnende Ende der Großen Koalition von CDU und SPD in der damaligen Hauptstadt Bonn und die charismatischen, mich anziehenden Persönlichkeiten Jochen Steffen in Schleswig-Holstein und Willy Brandt in Bonn veranlassten mich, den Aufnahmeantrag zu unterschreiben. Meine Entscheidung wurde erleichtert, weil der damalige Ortsvereinsvorsitzende der SPD in Rendsburg, Günter Lange, einer unserer unmittelbaren Nachbarn, sein Amt krankheitsbedingt nicht mehr ausüben konnte.

Günter Lange und seine Familie waren Untermieter meiner Großeltern. Hauptberuflich war er Leiter der Rendsburg-Redaktion der SPD-eigenen „Kieler Volkszeitung". Ratsherr und Senator der Stadt war er von 1959 bis zu seinem frühen Tod am 11. Oktober 1969 im Alter von nur 58 Jahren. Er personifizierte für mich ein Verhalten, das mich zunächst von der SPD fernhielt. Wenn er beobachtete, dass ich mit seiner Tochter Gabriele auf dem Hof spielte, wurde sie sofort ins Haus gerufen. Ich galt als schlechter Umgang für das Bürgerkind.

Dieser Vorgang ist mir in Erinnerung geblieben, weil er sich ständig wiederholte und mich schon damals als Kind kränkte. Nur zu Wahlzeiten ließ sich der SPD-Chef in unserer Wohnsiedlung sehen, um die er sonst einen großen Bogen zu machen pflegte. Wir beide konnten nicht ahnen, dass ich schon vier Jahre später sein Nachfolger als SPD-Ortsvereinsvorsitzender werden sollte und ihm sechs Monate danach ins Amt des Senators nachfolgte.

Eine andere mich sehr kränkende Ablehnung erfuhr ich nach meinem Eintritt in die SPD, als ich mit der Tochter des Vize-Vorstandes der örtlichen Sparkasse befreundet war, der sich nebenbei aktiv in der CDU betätigte. Er verbot seiner Tochter wegen meiner Herkunft und Gesinnung den Umgang mit mir. Etwas Genugtuung empfand ich schon fünf Jahre später, als die Rendsburger Ratsversammlung mich angesichts meiner Bilanzkenntnisse zum ehrenamtlichen Revisor der Spar- und Leihkasse wählte und ich die interessante Aufgabe erhielt, auch diesen Herrn in seiner Amtsführung zu kontrollieren.

Obwohl ich schon nach meinem Eintritt in die SPD 1969 sporadisch an Versammlungen der Jungsozialisten teilgenommen hatte, konnte und wollte ich mich erst nach dem Examen 1971 intensiver an der politischen Diskussion beteiligen.

Auf der Mitgliederversammlung des SPD-Ortsvereins am 17. September 1971 kandidierte ich erstmals für ein politisches Amt. Dem Rendsburger Ortsverein standen zwei Mitglieder für die Besetzung des Kreisparteiausschusses zu, einem Beratungsgremium für den Kreisvorstand. Ich erhielt mit 35 Stimmen noch vor Klaus Dieter Henkel mit 24 Stimmen das beste Ergebnis und war gewählt. In diesem Gremium ging es zunächst um die Verbesserung der Schlagkraft der Ortsvereine und um den Ausbau der hauptamtlichen Partei-Infrastruktur.

Bereits am 19. Dezember 1971 sandte ich an die Mitglieder des Juso-Vorstandskollektivs und alle Juso-Kreisvorstandsmitglieder eine zehnseitige Denkschrift, in der ich die aktuelle Lage der Jusos und ihrer Ohnmacht im Rendsburger SPD-Ortsverein analysierte, Maßnahmen gegen die rechtslastige Ortspresse anmahnte und Vorschläge für die Basisarbeit und notwendige Doppelstrategie unterbreitete. Unter „Doppelstrategie" verstanden viele Jusos damals die Aufgabe, sowohl in parlamentarischen Gremien wie auch im direkten Kontakt mit betroffenen Menschen aktiv für eine Verbesserung von deren Lebensverhältnissen einzutreten.

Bei den Rendsburger Jungsozialisten war man nun auf mich aufmerksam geworden. In Ermangelung anderer Kandidaten für den Juso-Kreisvorstand meinten einige Freunde, ich sollte als Rendsburger Vertreter auf der Juso-Kreisversammlung am 18. September 1971 in Nortorf für ein Vorstandsamt kandidieren. Ich war bereit. Nach der Wahl von Jürgen Baasch zum Kreisvorsitzenden, der später mein Vertreter als SPD-Kreisvorsitzender wurde, kandidierte ich für das Amt des Stellvertreters gegen Sönke Boysen und unterlag mit 17 gegen 34 Stimmen. Meine erste Niederlage in der SPD, wenn auch nicht unerwartet.

Bei der Wahl zum Pressereferenten hatte ich dann keine Gegenkandidatur und erhielt 45 Stimmen bei vier Gegenstimmen und drei Enthaltungen. Mein Vorgänger Heinrich Haller war im Vorstandsbericht als „inaktiv" kritisiert worden.

Im August 1971 hatten die Jusos in Rendsburg-Eckernförde 711 Mitglieder. Sie waren ein starker Verband mit großem politischem Einfluss. Im Mittelpunkt der Diskussion standen DDR-Kontakte und das Verhältnis zur Mutterpartei.

Meiner Wahl folgten monatliche Kreismitgliederversammlungen oder Kreisvorstandssitzungen. Schon am 31. Oktober 1971 wurde ich zum Delegierten zur nächsten Juso-Landeskonferenz gewählt. Bereits in der Kreisvorstandssitzung am 14. Dezember1971 konnte ich die Initiative für ein eigenständiges Info-Heft (Arbeitstitel: „Juso-Werkblatt") ergreifen, die später mit mir als Chefredakteur und unter Mitarbeit meines Freundes Harald Zorr unter dem Namen „Juso-Spiegel" realisiert wurde. Neben der Ostpolitik bestimmten Fragen der antiautoritären Erziehung und die Vorbereitung zum Bundestagswahlkampf die Diskussionen.

Der politische Schwenk nach links verlief bei den Rendsburger Jungsozialisten ähnlich wie auf der Bundesebene und bekam durch die stetig steigende Mitgliederzahl eine dynamische Entwicklung. Wir bekannten uns zur sogenannten Doppelstrategie. Einerseits wollten wir „an der Basis" konkrete Hilfen für Menschen insbesondere aus unteren sozialen Schichten leisten, andererseits durch die Mitgliedschaft in den kommunalen Vertretungen politische Initiativen ermöglichen.

Das hauptsächliche Wirkungsgebiet der Rendsburger Jungsozialisten lag neben dem sogenannten Uhrenblock in der Kaiserstraße in Suhmsberg im Norden der Stadt. Hier wohnten viele Familien und Einzelpersonen, die ihren Lebensunterhalt überwiegend aus öffentlichen Kassen bezogen, in Baracken. Aus unserer Sicht waren das menschenunwürdige Bedingungen. Für mich selbst waren die Bedingungen ja nicht unbekannt. Wir organisierten Hilfen für Behördenanträge, halfen bei Rechtsangelegenheiten und vermittelten Nachhilfeunterricht für die Kinder. Ich selbst leistete Unterstützung bei der Ausfüllung von Steuererklärungen. Wir pflegten auch die politische Diskussion, um auf die gesellschaftlichen Hintergründe für die menschenunwürdige Behandlung und räumliche Ausgrenzung aufmerksam zu machen. Gemeinsam mit meinen Freunden war ich allerdings am Wahlabend der Kommunalwahlen 1974 enttäuscht, als wir für das Wahlgebiet eine sehr niedrige Wahlbeteiligung registrieren mussten. Nach dem Wechsel der politischen Mehrheiten in der Ratsversammlung nach der Kommunalwahl 1978 konnten wir Sozialdemokraten durchsetzen, das Wohnlager in Suhmsberg schrittweise aufzulösen.

Im Herbst 1971 beschäftigten sich die SPD-Gremien in Rendsburg und auf Kreis- und Landesebene mit einem Vorgang, der von dem damaligen Bürgervorsteher der SPD, Ernst Fleischner, ausgelöst worden war. Fleischner war von Beruf Polizeibeamter und hatte, wenn auch vergeblich, 1967 für den Landtag kandidiert. Kurz vor der Landtagswahl 1971, aber nach Beendigung der parlamentarischen Arbeit der Legislaturperiode, konnte Ernst Fleischner in den Landtag nachrücken, weil ein SPD-Abgeordneten plötzlich verstorben war. Dazu brauchte der Kurzzeit-Abgeordnete Fleischner das Landeshaus kein einziges Mal betreten. Nun nutzte er eine Gesetzeslücke, die aus dem Landtag ausgeschiedenen Beamten nach Vollendung eines bestimmten Lebensjahres die Versetzung in den Ruhestand bei Fortzahlungen von Pensionen ermöglichte. Ernst Fleischner ließ sich mit seinem vorzeitigen Eintritt in den Ruhestand auch nicht vom Protest seines SPD-Ortsvereins, der Presse und der CDU abbringen. Er berief sich auf das Recht und sah nicht, wie moralisch unverträglich sein Verhalten war. Die FDP in Rendsburg war nach der Kommunalwahl 1970 erstmalig eine Koalition mit der SPD eingegangen und hatte Fleischner mit zum Bürgervorsteher gewählt. Nun verlangte sie seine Abdankung. SPD-Ortsverein und Kreisvorstand forderten Ernst Fleischner auf, sein Mandat in der Ratsversammlung niederzulegen. Der Kreisvorstand entschied abschließend in seiner Sitzung am 5. Oktober1971 im Beisein von Fleischner und vier Vertretern aus der Rathausfraktion, dass er zurücktreten und die SPD-FDP-Koalition in Rendsburg fortgesetzt werden sollte. Zwar trat Ernst Fleischner als Bürgervorsteher zurück, aber zu seinem Nachfolger wurde nicht die SPD-Kandidatin Charlotte Greier gewählt, sondern ein CDU-Mann. Das FDP-Ratsmitglied Kienass hatte die Seiten gewechselt. Ernst Fleischner hat später in mehreren Gesprächen mit mir als Ortsvereinsvorsitzender darum gebeten, wieder für die Kommunalwahl aufgestellt zu werden. Ich selbst war nach Ablauf einiger Jahre 1978 dazu bereit, ihm eine neue Chance zu geben, blieb aber in der Rendsburger SPD ohne Unterstützung. Für viele waren die Gräben zu tief.

Auf dem Kreisparteitag der SPD am 12. März 1972 in Bordesholm kandidierte ich für das erste Parteiamt. Als Nachfolger von Jürgen Kromann wurde ich erfolgreich mit 76 Ja-Stimmen gegen 62 Stimmen für Walter Kock aus Nortorf zum Schatzmeister der Kreispartei gewählt. Wichtig war für mich die damit verbundene einflussreiche Mitgliedschaft im geschäftsführenden Kreisvorstand unter Kurt Hamer.

Bei der Fortsetzung des Kreisparteitags am 22. April wurde ich erstmalig als Delegierter zu einem SPD-Landesparteitag gewählt. In den nächsten 35 Jahren habe ich wohl an allen Landesparteitagen und an mehr als zehn Bundesparteitagen der SPD als ordentlich gewählter Delegierter teilgenommen. Diese Parteitreffen bedeuteten mehr als nur die Teilnahme an Diskussionen und Abstimmungen über den zeitgemäßen Weg zur Lösung von Problemen sowie politischen und programmatischen Zielen. Sie waren für mich auch immer eine Informations- und Kontaktbörse, an der ich mich gerne beteiligte.

Die neue Popularität als Mitglied im geschäftsführenden Kreisvorstand konnte ich schon alsbald nutzen. Die Vertriebenenverbände und die CDU hatten für den 15. April 1972 zu einer Protestkundgebung gegen die Ostverträge in die Rendsburger Nordmarkhalle eingeladen. Mit einigen Jusos wie dem späteren Anwalt und CDU-Ratsherrn Axel Freitag gelang es, während der Rede von Landessozialminister Karl Eduard Claussen vier eingeschmuggelte große Transparente mit der Aufschrift „Macht Schluß mit dem kalten Krieg“, oder „Ostverträge ratifizieren“ zu entrollen, was umgehend zu großen Tumulten unter den Zuhörern führte. Dass wir dann noch von einem bekannten rechtslastigen Rendsburger Lehrer beinahe die Treppe herunter gestoßen wurden, war für mich der Anlass für eine Anzeige bei der Staatsanwaltschaft wegen Körperverletzung und Nötigung. Die Ermittlungen wurden zwar nach einigen Monaten eingestellt, aber wir hatten mit der

Berichterstattung durch den NDR und die Ortspresse („Protestkundgebung mit Tumult", Kieler Nachrichten) sowie eine Fragestunde im Landtag mit Kurt Hamer das gewünschte Ergebnis. Mein Kreisvorstand sah sich aufgrund dieser Vorfälle veranlasst, die Streichung der öffentlichen Mittel für die Vertriebenenverbände zu fordern.

Der Kreisparteitag am 22. April nahm einen von mir formulierten Initiativantrag einstimmig an, der die Mitglieder der SPD aufforderte, ihre Mitgliedschaft und Mitarbeit im Landesverband der Vertriebenen zu überprüfen. Wenigstens das war erreicht.

Die Ostpolitik der SPD-geführten Bundesregierung, das Misstrauensvotum im Bundestag gegen den von uns verehrten Bundeskanzler Willy Brandt und der bevorstehende Bundestagswahlkampf bestimmten die Diskussionen und die Arbeit des neu gewählten Kreisvorstandsmitglieds in den nächsten Monaten.

Bei der parteiinternen Entscheidung über die Bundestagskandidatur im Wahlkreis Neumünster-Rendsburg für die nach dem verlorenen Misstrauensvotum gegen Willy Brandt vorgezogene Bundestagswahl am 19. November 1972 konnte sich Dr. Elisabeth Orth knapp gegen Hans Wiesen und Uwe Leonardy durchsetzen. Eine Entscheidung, die für die Wahl 1976 nicht ohne Bedeutung für Heide Simonis sein sollte.

Im Herbst 1973 teilte der Rendsburger SPD-Ortsvereinsvorsitzende Günter Boldt uns mit, dass er sich beruflich nach Hamburg verändern würde. Politische Freunde bei den Jusos baten mich, für die Nachfolge zu kandidieren. Dabei spielte nicht nur die richtige Personalie eine Rolle, sondern auch der künftige Kurs der Rendsburger SPD. Die Jungsozialisten wollten eine reformorientierte Führung. Mein Ehrgeiz ging nicht so weit, dass ich nach dem Amt strebte.

Aber ich ließ mich überzeugen und stellte mich auf der Hauptversammlung am 26. September 1973 zur Wahl. Der Ortsverein hatte 352 Mitglieder und es wurde in beiden Lagern des Ortsvereins kräftig mobilisiert. Mein Gegenkandidat Willibald Seitz bezeichnete sich als „Mann der Mitte", und sah sich „nicht als Anhänger des linksextremistischen Kurses des Landesverbandes". Er erhielt bei der geheimen Abstimmung eine Stimme, 25 Mitglieder enthielten sich und ich war mit 46 Stimmen gewählt. Schneller hätte der Aufstieg in der Partei nicht laufen können, war ich doch gerade 25 Jahre alt. Ich appellierte an alle Mitglieder, „den Versuchen der konservativen und reaktionären Kräfte in der Stadt, den Ortsverein auseinanderzudividieren, zu widerstehen".

Meine Mitgliedschaft im Geschäftsführenden Kreisvorstand der SPD gab ich folgerichtig auf dem nächsten Kreisparteitag am 18. Mai 1974 auf. Nachfolgerin wurde Eva Rath, die Jahre später durch die Gründung der Frauenpartei in Schleswig-Holstein eine kleine und kurze Berühmtheit erlangte.

Das Glückwunschschreiben meines CDU-Kollegen, des Ortsverbandsvorsitzenden Otto Bernhardt, mit dem ich später noch viele Auseinandersetzungen haben sollte, beantwortete ich mit dem Hinweis, dass auch ich davon ausginge, dass bei aller unterschiedlichen Auffassung darüber, welche politischen Entscheidungen den Interessen der Mehrheit der Bürger gerecht werden, erforderliche Gespräche zwischen den Rendsburger Parteien stattfinden sollten.

Ganz anders war die Reaktion der Jungen Union im Kreisgebiet. Ihr Sprecher warf mir öffentlich vor, mit Kommunisten die Diktatur und einen Rätestaat anzustreben. Auf diese dümmlichen Bemerkungen reagierte ich mit Leserbriefen.

Bereits einen Tag nach der Hauptversammlung, am 27. September 1973, konnte ich den Oppositionsführer im Landtag, Klaus Matthiesen, auf einer Veranstaltung des Ortsvereins begrüßen. Es war der Beginn einer langjährigen Freundschaft. Ich erfuhr von ihm in den Folgejahren bis zu seinem Weggang aus Schleswig-Holstein viel Unterstützung.

Unter meiner Leitung begann der Vorstand, mit dem Wahlprogramm zur Kommunalwahl am 24. März 1974 und der Kandidatenliste die angekündigten Reformen in der Stadt Rendsburg umzusetzen. Eine breit angelegte Programmdiskussion war die Folge. Zunächst wurde beschlossen, dass alle Sitzungen des Vorstandes künftig parteiöffentlich sein sollten.

Auf einer Hauptversammlung am 8. November konnte das Wahlprogramm nach einer intensiven Diskussion, wie ich sie danach nie wieder erlebt habe, verabschiedet werden. Besonders heftige Polemik der CDU-nahen Ortspresse und der CDU lösten unsere Forderungen nach einem klassenlosen Krankenhaus, die Schaffung eines Großraums Rendsburg, der Ausbau der Kinderbetreuung und die bessere Betreuung und Unterbringung der „ausländischen Arbeitnehmer" aus. Eine ergänzende Vorlage zur Bodenpolitik der Rendsburger SPD, mit der zum Beispiel die Veräußerung von städtischem Grundbesitz grundsätzlich untersagt werden sollte, fand am 16. November 1973 eine klare Mehrheit. Damit war der Reformkurs abgesteckt.

Am 16. November 1973 bestand ich bei der Aufstellung unserer Kandidatinnen und Kandidaten die erste Machtprobe nach meiner Wahl zum Ortsvorsitzenden. Freiwillig verzichtete ich auf den Anspruch, die Nr. 1 der Liste zu besetzen. Für diesen Platz schlug ich die angesehene und langjährige Senatorin Charlotte Greier vor. Der Kandidaten-Vorschlag des neuen Ortsvereinsvorstandes wurde mit unwesentlichen Verschiebungen angenommen. Den Wählern wurde ein Personalvorschlag unterbreitet, der Alt und Jung, reformorientierte und konservative Kandidaten vereinigte. Ich selbst kandidierte erfolgreich für den Listenplatz 2 und untermauerte damit meinen Führungsanspruch. Immerhin erhielt ich mit 71 Stimmen nur wenige Stimmen weniger als Klaus-Dieter Henkel mit 79 Stimmen und Charlotte Greier als einzige Frau unter den 17 Kandidaten mit 76 Stimmen.

Schwungvoll packten wir sofort heiße Themen an. Schon am 21. November konnte ich die Presse darüber unterrichten, dass die Ortsvereinsvorstände aus Rendsburg und Büdelsdorf zu einem ersten Gespräch zusammengekommen waren, in dem die Rendsburger Sozialdemokraten ihren Vorschlag für einen Zusammenschluss von Rendsburg mit den umliegenden Gemeinden erläuterten. Eine Forderung, die bis heute auf die Umsetzung wartet.

Jetzt konnte der Kommunalwahlkampf beginnen. Mit Hauswurfsendungen, Hausbesuchen, Veranstaltungen und Informationsständen überall in der Stadt wollten wir nachweisen, dass die neue Führung des Ortsvereins das Vertrauen rechtfertigt. In der Rückschau konnte ich auf der Hauptversammlung am 28. März ohne Widerspruch feststellen, dass „die SPD einen Wahlkampf geführt hat, der an Einsatz von Zeit, Material und Ideen nicht zu übertreffen und bisher in der Geschichte des Ortsvereins wohl einmalig war". Ich trat im Wahlkampf programmatisch als Reformer auf, was nicht nur in der uns nicht wohlgesonnenen Presse, sondern auch bei vielen konservativen Sozialdemokraten kritisiert wurde. Fotos aus der damaligen Zeit zeigen, dass ich auch mit meinem „Äußeren" wohl nicht gerade der „Schwiegersohn-Typ" war. Ich trug lange Haare und Kinn- und Lippenbart. Im Wahlkampf verteilten wir erstmals die Bürgerzeitung „Rendsburg-Post". Sie wurde danach noch weitere 30 Jahre, etwa viermal jährlich, an alle Haushalte der Stadt verteilt und bildete ein bescheidenes Gegengewicht zur CDU-nahen Landeszeitung.

Im Wahlkampf traf uns in einem bisher nicht bekannten Ausmaß als Folge der sogenannten Ölkrise ein Stimmungstief der Bundes-SPD. Willy Brandt trat später am 6. Mai 1974 als Bundeskanzler zurück. Lauritz Lauritzen, der noch im Wahlkampf in Rendsburg gegen unsere Überzeugung die Stilllegung der Bahnstrecke Rendsburg-Husum verkündet hatte, verzichtete auf die SPD-Spitzenkandidatur für die Landtagswahl des nächsten Jahres. Gerade seine Pläne waren eine erhebliche Belastung für uns Wahlkämpfer. Wir Rendsburger Sozialdemokraten waren schon damals davon überzeugt, dass der Öffentliche Personennahverkehr (ÖPNV) auf Straße und Schiene den wachsenden Individualverkehr ersetzen müsste. Eine Ironie der Geschichte ist, das 40 Jahre später über die Wiederbelebung wenigstens einer Bahn-Teilstrecke von Rendsburg bis nach Fockbek ernsthaft diskutiert wird. Die Stimmung im Wahlkampf war frustrierend. Auch die Mobilisierung aller Kandidaten am Morgen des Wahltags, als noch Flugblätter gegen eine falsche Krankenhausplanung und eine einseitige CDU-nahe Presseberichterstattung verteilt wurden, konnte wenig bewirken.

Obwohl eigentlich erwartet, war die Enttäuschung groß, als am Abend des 24. März 1974 die Ergebnisse aus den Wahlkreisen der Stadt bei unserer „Wahlparty“ eintrafen. Die SPD erhielt nur 37,8 Prozent der Stimmen, ein Stimmenverlust gegenüber der Kommunalwahl von 1970 von 9,3 Prozentpunkten. Die SPD konnte nur zwei von 17 Wahlkreisen direkt gewinnen. Die Kieler Nachrichten titelten am nächsten Tag: „Schwere Niederlage der SPD im ganzen Land“. Hier lag der Stimmenverlust gegenüber der Kommunalwahl 1970 bei 8,5 Prozentpunkten.

Für die vier von neun ehrenamtlichen Sitzen im Senat, der Stadtregierung, die der SPD zustanden, bewarben sich parteiintern fünf Personen. Ich konnte mich neben Charlotte Greier, Alfred Lausch und Hugo Michalak durchsetzen. Nun war ich Senator der Stadt, nicht unumstritten, aber mit 25 Jahren wohl der Jüngste in der Stadtgeschichte. Da ich seit Beginn meiner politischen Tätigkeit stets bemüht war, immer nur ein politisches Amt zur Zeit auszuüben, um meine ganze Kraft in dieses Amt zu investieren, kandidierte ich auf dem SPD-Kreisparteitag am 18. Mai konsequenterweise nicht mehr für das Amt des Kassierers.

Der nächste Angriff aus dem konservativen Bereich der Rendsburger Sozialdemokraten auf meine Führung erfolgte mit der turnusmäßigen Hauptversammlung am 18. Oktober 1974. Mit Schreiben an mich vom

18. September 1974 bewarb sich Klaus-Dieter Henkel um das von mir seit einem Jahr ausgeübte Amt des Ortsvereinsvorsitzenden. Ich sah darin eine Kampfansage, die auch die Jusos auf den Plan rief. In ihrer Mitgliederversammlung am 16. Oktober glaubten sie in der Versammlung der Arbeitsgemeinschaft für Arbeitnehmerfragen am 14. Oktober 1974 ein Kungeltreffen der Konservativen ausgemacht zu haben, „mit Freibier und Wurst". Das stärkte die Mobilisierung. Der Ortsverein hatte zwischenzeitlich 358 Mitglieder erreicht, 118 von ihnen kamen zur Hauptversammlung. Unter der Leitung des Kreisvorsitzenden Kurt Hamer gab es erregte Diskussionsbeiträge und am Ende um 23.30 Uhr Abbruch und Vertagung. Aber die Wahlen für den Geschäftsführenden Vorstand waren überstanden. Auf mich entfielen 67 Stimmen, auf Klaus-Dieter Henkel 50 Stimmen. Wulf Jöhnk und Hugo Michalak wurden zu Stellvertretern gewählt. Bei Rolf Teucher, Rendsburgs späteren hauptamtlichen Senator und Bürgermeister, reichten 48 stimmen nicht aus. Mein Freund Ernst-Günther Hansen wurde Kassierer.

Meine Position in der Rendsburger SPD war nun gefestigt. Ich freute mich über Feststellungen, dass mein Ansehen auch in der Bevölkerung stetig besser geworden sei. Dessen ungeachtet setzte sich die Kritik an meiner Person von Seiten der Landeszeitung insbesondere durch ihren Chefredakteur Karl-Heinz Freiwald (CDU) fort. Von nun an widmeten wir uns in meistens nächtelangen Sitzungen kommunalpolitischen Angelegenheiten, stritten um die strategische Ausrichtung der Partei und bereiteten uns auf die Landtagswahl 1975 vor.

Für meine politischen Freunde und mich ging es nicht um irgendwelche Karrieren. Wir wollten die Welt verändern, unsere kleine Lebenswelt in Rendsburg und Umgebung verbessern.

Am Rande der Berufsausübung als gewerblicher Betriebsprüfer und des politischen Engagements bereiteten meine Freundin Jutta und ich den Bau unseres Hauses sowie unsere Hochzeit vor. Wir heirateten an meinem Geburtstag, dem 13. Juni 1975, und bezogen an diesem Tag auch unser fertig gestelltes neues Haus.

Mein Amt als Ortsvereinsvorsitzender habe ich bis zur Wahl zum SPD-Kreisvorsitzenden 1982 ausgeübt. Das Amt des Senators der Stadt habe ich nach dem Einzug in den Landtag 1979 noch drei Jahre bis 1982 innegehabt. Die Mitgliedschaft in der Ratsversammlung habe ich nach dem Regierungswechsel 1988 aufgegeben.

Der Beginn der politischen Zusammenarbeit mit Heide Simonis

Heide Simonis war mir unbekannt, als sie 1974 in mein politisches Leben eintrat. Möglicherweise hätten wir uns nie kennen gelernt und ich ihr politisches Wirken nicht über drei Jahrzehnte begleiten können, wenn es 1974 nicht einen politischen Eklat im SPD-Ortsverein Rendsburg gegeben hätte.

Für den 10. Juni 1974 hatte der damalige Kreisvorsitzende Kurt Hamer zur Wahl eines SPD-Landtagskandidaten im Wahlkreis 13 (Rendsburg) ins Hotel Hansen eingeladen. Da die SPD diesen Landtagswahlkreis noch nie vorher gewinnen konnte, hatten Bewerber kaum Aussichten auf eine erfolgreiche Kandidatur. Folgerichtig gab es zwischen den Ortsvereinen Rendsburg und Büdelsdorf eine ungeschriebene Absprache, dass die Ortsvereine wechselweise Vorschläge unterbreiten durften. Für die Landtagswahl 1975 war der Ortsverein Rendsburg vorschlagsberechtigt. Den 46 Delegierten aus sieben Ortsvereinen der SPD (davon Rendsburg 24) stellte sich nur ein Kandidat zur Verfügung: der stellvertretende Kreisvorsitzende, Ratsherr und ehemalige stellvertretende Ortsvereinsvorsitzende Klaus-Dieter Henkel. Die Versammlung schien ein Selbstläufer zu sein.

Auch die Jungsozialisten bereiteten sich vor. Auf einer Mitgliederversammlung am 5. Juni 1974 in der Rendsburger „Siedlerquelle“ wurde die Unterstützung von Henkel mit einer Gegenstimme abgelehnt. Die Gegenstimme kam von mir. Ohne schriftliche Einladung verabredeten sich die Jungsozialisten unter den Delegierten am Nachmittag des 10. Juni zu einer Vorbesprechung in der Wohnung einer Genossin in der Alten Kieler Landstraße. Auch ich war anwesend. Gegen meinen Rat suchten die Anwesenden nach personellen Alternativen zur Kandidatur von Klaus-Dieter Henkel. Ich fand es zwar ehrenvoll, dass dabei auch mein Name genannt wurde, lehnte aber diesen Vorschlag ab. Da auch andere personelle Vorschläge verworfen wurden, verabredeten sich die Jungsozialisten darauf, Henkel am Abend auch ohne personelle Alternativen die Unterstützung zu versagen. Ich mache mir noch heute den Vorwurf, Klaus-Dieter Henkel nicht vor der Versammlung fairerweise über diese Absprache informiert zu haben. Völlig zu Recht war er auch über mein Verhalten empört.

Nachdem Klaus-Dieter Henkel seine Kandidatur auf der Wahlkreiskonferenz vor nur 29 erschienenen Delegierten begründet hatte, erklärte Marlies

Meier im Namen der Jusos, dass er im Wahlkampf nicht die Unterstützung der Jusos bekommen würde. Der Juso-Kreisvorsitzende Günter Klemm erklärte anschließend, dass dies auch für die Kreis-Jusos gelte. Klaus-Dieter Henkel zeigte sich verständlicherweise sehr erzürnt über diese Aussagen und zog seine Kandidatur spontan zurück. Das Delegiertentreffen musste ohne Ergebnis vertagt werden.

Am nächsten Morgen rief mich der SPD-Kreisvorsitzende Kurt Hamer, der selbst auf der Versammlung nicht anwesend war, erbost an. Er machte mich und Günter Klemm persönlich für den Eklat verantwortlich und forderte binnen vier Tagen einen neuen Vorschlag. Die Fortsetzung der Wahlkreiskonferenz sollte am 15. Juni1974 stattfinden.

Nun stand das Telefon nicht mehr still. Neben anderen erkundigte sich auch der mir als Juso-Landesvorsitzende bekannte SPD-Landtagsabgeordnete Eckart Kuhlwein nach der Lage. Er meinte, eine gewisse Heide Simonis aus Kiel hätte Interesse an einer Kandidatur. Ich sollte sie mal ansprechen. Schon am 11. Juni bewarb sich schriftlich der Marineoffizier Teo Oltmanns aus dem SPD-Ortsverein Eckernförde. Am Telefon meldete das Mitglied des SPD-Landesvorstands, Horst Mühlenhardt, seine Kandidatur an. Mühlenhardt wechselte einige Jahre später zu den Grünen. Auch Professor Becker aus Kiel meldete sein Interesse an einer Kandidatur an.

Ich lud alle Bewerber, Kreisvorstandsmitglieder und Rendsburger Delegierten kurzfristig zu einer informellen Vorstellung am 14. Juni nach Rendsburg in die „Siedlerquelle" in der Alten Kieler Landstraße 140 ein. Drei Bewerber stellten sich den 26 anwesenden Mitgliedern vor. Professor Becker hat sich wegen eines anderen Termins abgemeldet.

An diesem Tag lernte ich Heide Simonis kennen. Sie wirkte auf mich schlagfertig, selbstbewusst, jung, attraktiv und sympathisch. Keinem der Anwesenden war sie bekannt.

Die 31-jährige Heide Simonis informierte uns, dass sie gelernte Diplom-Volkswirtin und von Beruf Beraterin für Abiturienten beim Arbeitsamt in Kiel sei. Sie gehöre seit 1971 der Ratsversammlung in Kiel an. Außerdem sei sie Mitglied des SPD-Kreisvorstands in Kiel, verheiratet und habe keine Kinder. Als politische Schwerpunkte benannte sie Wirtschaftsfragen und Probleme der beruflichen Bildung. In einem von mir vorgeschlagenen inoffiziellen Meinungsbild konnte sie nach einer langen Diskussion mit den Bewerbern von 18 abgegebenen zehn Stimmen auf sich vereinigen. Drei Anwesende

Heide Simonis betritt die politische Bühne

enthielten sich der Stimme. Da Teo Oltmanns nur vier Stimmen erhielt, zog er seine Kandidatur sofort zurück.

Am Sonnabend, den 15. Juni 1974, konnte die Wahlkreiskonferenz unter Leitung des Kreisvorsitzenden Kurt Hamer fortgesetzt werden. Den Delegierten aus sieben SPD-Ortsvereinen stellte sich nun nur noch Heide Simonis vor. Ich trug das Ergebnis des Meinungsbildes vor und warb für die Wahl von Heide Simonis. Nach der Vorstellung und einer kurzen Personaldebatte erhielt Heide Simonis in der geheimen Abstimmung 27 von 30 Stimmen.

Schon am nächsten Wochenende begegnete ich Heide Simonis wieder auf dem SPD-Landesparteitag, der die Landesliste der Partei beschließen sollte. Klaus Matthiesen führte die Liste an. Die auch in der Landespartei ziemlich unbekannte Heide Simonis wurde für den Listenplatz 34 vorgeschlagen und gewählt. Vor ihr rangierten lediglich drei Frauen, eine Frauenquote gab es noch nicht.

Bereits am folgenden Montag, dem 24. Juni, traf ich Heide Simonis auf einer gemeinsamen Sitzung der Vorstände der SPD-Ortsvereine Rendsburg und Büdelsdorf. Heide Simonis berichtete über ihre Vorstellungen für einen „effektiven Landtagswahlkampf". Als Stichworte nannte sie Gespräche mit Betriebsräten, Schularbeiten-Hilfe und Wahlkampffinanzierung. Eine Wahlkampfkommission sollte aus fünf Personen bestehen. In ihrem Beisein wurden auch kommunale Fragen erörtert. Dazu gehörten der kommunale Zusammenschluss von Rendsburg und Büdelsdorf, der Bau der Nordspange, Rederecht in Ausschüssen sowie die Einführung einer kommunalen Wohnungsvermittlung auch für Nicht-Rendsburger.

Nach der Sommerpause 1974 starteten wir im Vorstand der Rendsburger SPD gemeinsam mit den Jungsozialisten Aktionen, um Heide Simonis bei den Wählerinnen und Wählern bekannt zu machen. Dazu zählten Informationsstände in allen Stadtteilen und eine eifrige Pressearbeit. Als Ortsvereinsvorsitzender war ich für die Organisation des Wahlkampfes verantwortlich. Für mich war es selbstverständlich, bei allen Aktionen selbst präsent zu sein.

Anfang September meldet sich Heide Simonis erstmals mit einem handschriftlich gefertigten Brief bei mir. Unsere politische Zusammenarbeit begann mit „Lieber Genosse Neugebauer". Dieser Anrede folgte später ein „lieber Günter" und nach drei Jahrzehnten, als unsere Zusammenarbeit in ein „Nebeneinander" übergegangen war, ein förmliches „Herr Abgeordneter Neugebauer".

Zunächst meldete sich Heide Simonis für ihren Urlaub ab. Sie wollte aber vorher noch stichwortartig einige ihrer Vorschläge für den Wahlkampf vorgetragen haben. Am 2. Oktober hatten wir Gelegenheit, unter vier Augen Näheres zu besprechen.

Auf der SPD-Hauptversammlung am Freitag, den 18. Oktober 1974, im Rendsburger Bahnhofshotel, stellte ich mich zum ersten Mal der Wiederwahl als Ortsvereinsvorsitzender. In meinen einleitenden Worten konnte ich Heide Simonis erstmals auf einer Versammlung der Rendsburger SPD willkommen heißen. Schon vorher hatte sie mir schriftlich weitere Vorschläge für den Wahlkampf unterbreitet. Als Beispiele benannte sie „Kunst in der Stadtplanung", die Steuerreform, Wandzeitungen an Informationsständen und die Reform des § 218. Für mich hatte sie vor der Hauptversammlung noch eine Aufmunterung bereit: „Haltet Euch am Freitag tapfer."

Ich nahm auf Ortsvereinsversammlungen und Kreisparteitagen zu meinem Erstaunen wahr, dass Heide Simonis, wenn sie nicht selbst als Rednerin aktiv war, meistens in den hinteren Reihen saß und strickte.

Nach dem ersten Treffen der Wahlkampfkommission am 26. November hatte Heide Simonis ihren ersten Wahlkampfeinsatz am 3. Dezember 1974. Im Jugendzentrum Rendsburg sprach sie zusammen mit dem stellvertretenden SPD-Landesvorsitzenden, MdL Eckart Kuhlwein, auf Einladung des SPD-Ortsvereins Rendsburg zur „SV-Verordnung" und zur „Reform der beruflichen Bildung". Beim ersten Informations-Stand im Rendsburger Stegen am 7. Dezember 1974 wollte Heide Simonis laut Flugblatt und Presseeinladung helfen, Antragsformulare auszufüllen, um „Eltern das Kindergeld in bar auszahlen zu können".

In der Vorstandssitzung des Ortsvereins am 5. Dezember war Heide Simonis gebeten worden, zusammen mit dem Ortsvereinskassierer einen schriftlichen Finanzierungsplan für den Wahlkampf vorzulegen. Er sah Ausgaben von 6.300 DM vor, die maßgebend durch Zuschüsse des Ortsvereins und der Fraktionsmitglieder in Höhe von je 1.000 DM und einem Eigenbeitrag in Höhe von 4.000 DM gedeckt werden sollten.

Der Landtagswahlkampf startete mit dem Slogan „Aufwind für unser Land" in die Schlussrunde. Ich begleitete Heide Simonis bei stadtteilbezogenen Informationsständen, bereitete Podiumsdiskussionen vor und besuchte mit ihr die Wochenmärkte und Unternehmen. Wulf Jöhnk und Willy Göbel waren verantwortlich für die Organisation des Wahlkampfes im ganzen Wahlkreis. Zu den prominenten Sozialdemokraten, mit denen wir öffentliche Veranstaltungen durchführten, zählten Klaus Matthiesen, Staatssekretär Reimut Jochimsen und Holger Börner.

Höhepunkt des Landtagswahlkampfes war am 14. März 1975 der Besuch des SPD-Bundesvorsitzenden Willy Brandt in Rendsburg. Nach einem Redaktionsbesuch bei der örtlichen Landeszeitung, zu dem ich ihn begleiten durfte, sprach Willy Brandt auf dem von vielen Hundert Menschen überfüllten Altstädter Markt. Für mich selbst war dieser Termin ein erster Höhepunkt im Laufe meines politischen Lebens. Ich hatte gegen den Willen des SPD-Kreisvorsitzenden Kurt Hamer darauf bestanden, als Ortsvereinsvorsitzender den ehemaligen Bundeskanzler mit einer Begrüßungsrede willkommen zu heißen. Nur auf einem Gewerkschaftstag der DAG 1968 in Kiel hatte ich vor mehr Menschen sprechen dürfen. Nach mir stellte sich Heide

Mit Heide Simonis und Kurt Hamer an der Seite von Willy Brandt am 14. März 1975 auf dem Altstädter Markt in Rendsburg

Simonis als Kandidatin vor, um dann Willy Brandt das Wort zu erteilen. Diese erste Begegnung mit Willy Brandt und alle weiteren gehörten zu den Höhepunkten meines politischen Lebens. Gefreut habe ich mich über die Anerkennung für meine Rede und die Aufmerksamkeit, die ich in der Presseberichterstattung des nächsten Tages mit einem Foto an der Seite des von mir verehrten Willy Brandt fand.

In ihrem persönlichen Wahlkampf-Flyer, der von uns an alle Haushaltungen verteilt wurde, bezog sich Heide Simonis insbesondere auf das „Jahr der Frau“ und die mit 6,8 Prozent viel zu geringe Präsenz von Frauen im Landtag. Im Landtag wollte sie sich unter anderem einsetzten für die konsequente Abschaffung der Lohnungerechtigkeiten, umweltfreundliche Arbeitsplätze, den Bildungsurlaub und die Einführung eines Berufsbildungsgesetzes.

Um der Wahlkampagne ein regionales Fundament zu geben, stellten Richard Goerner und Willy Göbel der „Kielerin“ für die öffentliche Werbung ihre Rendsburger Wohnungsadresse zur Verfügung. Dies war vielleicht nicht ganz mit dem Melderecht vereinbar, aber wirkungsvoll. Um das „Frauenargument“ insbesondere gegen den männlichen Amtsinhaber und Gegenkandidaten der CDU, Otto Bernhardt, zu untermauern, wurden im gesamten Wahlkreis 2000 unübersehbar große und grell gelbe Aufkleber mit dem Slogan „Frauen ins Parlament“ verteilt und geklebt. Trotz einiger Beschwerden konnten die unbekannt gebliebenen Kleber auf bestimmten öffentlichen Flächen nicht ermittelt werden. Bei der Vernehmung durch das örtliche Polizeirevier habe ich am 7. Mai das „von der SPD nicht zu verantwortende wilde Plakatieren aus Schärfste verurteilt“ und bedauert. Ich habe versprochen, bei künftigen Wahlen Vorkehrungen zu treffen, um eine missbräuchliche Nutzung von SPD-Materialien zu verhindern. Mit Schreiben vom 2. Juni 1975 hat die Staatsanwaltschaft das Verfahren gegen mich wegen des wilden Plakatierens eingestellt. Die „Frauenkampagne“ war mit Heide Simonis abgestimmt. Dennoch unterstützte sie nie den damals von der Arbeitsgemeinschaft der Frauen in der SPD (ASF) propagierten feministischen Ansatz der Frauenbewegung.

Aufmerksamkeit erlangten wir mit einem Preisausschreiben, in dem Heide Simonis im Zentrum von zu erratenden bekannten Sehenswürdigkeiten des Wahlkreises stand. Mit einem Autokorso, an dem neben Heide Simonis über 50 Wahlhelfer teilnahmen, fand ein Wahlkampf mit Aktivitäten seinen Abschluss, wie ihn die SPD in der Region Rendsburg wohl seit dem Krieg nicht erlebt hatte. Heide Simonis hatte mit ihrer Persönlichkeit viele Parteifreunde mobilisiert. Sie wirkte jugendlich und dynamisch und fiel durch eine ungeschliffene Rhetorik auf, die allen bekannten Klischees von „Politikerreden“ widersprach. Wir alle waren angesteckt von der Chance für einen politischen Wechsel im Land und im Wahlkreis.

Am Wahlabend des 13. April erlebten die Wahlkämpfer und Heide Simonis in der Bürgerbegegnungsstätte in Büdelsdorf zunächst ein Auf und Ab von Sieg und Enttäuschung. Da die Bürgerbegegnungsstätte in der Neuen Dorfstraße zwar über einen Fernsehanschluss, aber nicht über einen Telefonanschluss verfügte, mussten die regionalen Ergebnisse aus den Wahllokalen persönlich überbracht oder über die nahe Telefonzelle abgefragt werden. Handys gab es noch nicht. Nach Einlaufen der Ergebnisse aus den Wahllokalen schien die Sensation perfekt. Wolfgang Majer besorgte bereits den Blumenstrauß für Heide Simonis, während sie zur Telefonzelle ging, um ihre Eltern über den Wahlerfolg zu informieren. Dann wurde uns mitgeteilt, dass die Briefwahlstimmen bisher nicht mitgezählt waren. Bei diesen Stimmen hatte Gegenkandidat Otto Bernhardt von der CDU einen dicken Vorsprung. Im Gesamtergebnis lag Heide Simonis im Wahlkreis mit

319 Stimmen oder 0,9 Prozent hinter dem CDU-Bewerber zurück. Auch im Lande hatte die CDU, wenn auch nur knapp, die Nase vorn. Nach reiflicher Diskussion am 7. Mai im Ortsvereinsvorstand wurde davon abgesehen, das knappe Ergebnis anzufechten, weil „kaum Zweifel bestehen, dass bei der Briefwahl alles mit rechten Dingen zugegangen ist". Die euphorische Stimmung bei der Wahlfeier hatte leider dazu beigetragen, dass die Getränkekasse mit 121 DM entwendet werden konnte.

Bereits vor dem Wahltag hatte Heide Simonis sich am 9. April schriftlich bei mir gemeldet, um sich „beim Ortsvereinsvorstand" für die Unterstützung im Wahlkampf zu bedanken. Ihr Dank galt berechtigterweise insbesondere Willy Göbel, „weil seine persönlichen, privaten und finanziellen Opfer, die er in diesem Landtagswahlkampf gezeigt hat, von mir nicht wettgemacht werden können". „Ihr solltet euch den Jungen warmhalten". Als ich Heide Simonis einige Jahre später darüber informierte, dass mein Freund Willy sich das Leben genommen hatte, reagierte sie zu meinem Entsetzen ziemlich teilnahmslos. Heide Simonis hatte sich mit ihrem Brief vom 9. April1975 schon für die nächsten zwei Wochen nach der Wahl in der Partei abgemeldet, weil sie den Abschlusslehrgang von Inspektoren-Anwärtern in der Arbeitsverwaltung leiten wollte und wohl auch musste. Wir alle haben ihr das hoch angerechnet.

Auf dem SPD-Landesparteitag in Travemünde am 7. und 8. Juni 1975 konnte Heide Simonis ihren in Rendsburg gestarteten Aufstieg fortsetzen. Der furiose Wahlkampf und das knapp verfehlte Wahlziel hatten sich umgehend im Lande herumgesprochen. Mit 93 Stimmen erhielt sie das fünftbeste Ergebnis bei der Wahl der Bundesparteitagsdelegierten. Jetzt konnte sie nicht nur auf die Kieler Stimmen, sondern auch auf jene aus Rendsburg-Eckernförde bauen. Zu den gewählten Delegierten gehörten auch ihre späteren Kabinettsmitglieder Gisela Böhrk, Hans Wiesen, Gert Walter und Claus Möller.

Sehr bald warf die Bundestagswahl 1976 ihre Schatten voraus. Schon im Juni 1975 bewarb sich Heide Simonis schriftlich bei den Mitgliedern des Kreisvorstandes und den Ortsvereinsvorständen um die Kandidatur zur Bundestagswahl im – neu geschnittenen – Wahlkreis Rendsburg-Eckernförde. Sie begründete ihre Kandidatur mit den Worten, „weil ich als Eure Landtagskandidatin mit Eurer Unterstützung einen Landtagswahlkampf ‚geschlagen' habe, der für die Partei ein gutes Ergebnis und für mich Spaß an der politischen Arbeit gebracht hat". Sie verpflichtete sich unter anderem zur „Wahrnehmung aller Mitgliederpflichten der Partei, um durch das Eingebunden-sein in die Partei am Willensbildungsprozess beteiligt zu sein". Sie sprach sich gegen „Ämterhäufung" aus und wollte ihren Wohnsitz in den Wahlkreis verlegen. Zudem sagte sie die jährliche Offenlegung ihrer Einkommens- und Vermögensverhältnisse zu und versprach, die Parteitagsbeschlüsse aktiv in der Bundestagsfraktion einbringen zu wollen. Wegen ihrer politischen Schwerpunkte wolle sie sich nach dem Einzug in den Bundestag für den Wirtschaftsausschuss bewerben.

Es begann ein spannender innerparteilicher Wahlkampf, da auch die Westerrönfelder Studienrätin Maren Thode und der Eckernförder Architekt Hans-Joachim Kandzora ihre Kandidatur für die Wahlkreiskonferenz am 1. November 1975 anmeldeten. Sie sollten sich im September und Oktober auf insgesamt zehn Regionalkonferenzen im Kreisgebiet den Mitgliedern vorstellen, in Rendsburg am 3. Oktober. Heide Simonis warb schriftlich um Unterstützung, indem sie betonte, dass „die konjunkturellen wirtschaftlichen Schwierigkeiten, in denen sich die westlichen Industriestaaten befinden, von den reaktionären Kräften und hier besonders von Vertretern der CDU rücksichtslos dazu ausgenutzt werden, Propaganda dafür zu betreiben, verbliebene soziale Ungleichgewichte zu verschleiern ... und damit auch soziale Errungenschaften abzubauen."

Die Rendsburger Sozialdemokraten hatten Heide Simonis im Landtagswahlkampf kennen und schätzen gelernt. Deshalb erschien es uns im Ortsvereinsvorstand am 6. Oktober in Anwesenheit von Heide Simonis konsequent, auf meinen Vorschlag hin, ihre Kandidatur für den Bundestag „einstimmig" zu unterstützen.

Am 1. November 1975 konnte Heide Simonis sich bei der Delegiertenkonferenz erst im zweiten Wahlgang knapp mit 92 Stimmen gegen Jochen Kandzora mit 88 Stimmen durchsetzen. Im ersten Wahlgang hatte sie 89 Stimmen erhalten. Vermutlich war es für Heide Simonis ein Vorteil, dass die mit neun Stimmen unterlegene Maren Thode ihre Kandidatur nach dem ersten Wahlgang zurückziehen musste. In ihrer Bewerbungsrede kritisierte Heide Simonis deutlich die Politik der sozialdemokratisch geführten Bundesregierung. Sie sprach sich für die Benennung auch langfristiger Ziele der SPD aus. Ihre Bewerbung wurde in der Personaldebatte durch Redebeiträge von Barbara Ehlers, Eva Rath und von mir unterstützt. Der SPD-Hauptversammlung in Rendsburg am 28. November 1975 konnte ich erfreut mitteilen, „dass es mit Unterstützung des Ortsvereins Rendsburg gelungen sei, Heide Simonis zur Bundestagskandidatin zu nominieren".

Mit „Liebe Heide" und „roten Grüßen" bat ich Heide Simonis am 20. November 1975 schriftlich, auf der nächsten Vorstandssitzung am 1. Dezember einen „Exklusivbericht" über den Bundesparteitag abzugeben. Mir lag daran, sehr frühzeitig deutlich zu machen, dass der Ortsverein für die Unterstützung nun auch Gegenleistungen einforderte. Ich wollte unsere Kandidatin nach den Erfahrungen der Vergangenheit eng an die Partei binden. Heide Simonis erfüllte meinen Wunsch und kam auch in der folgenden Zeit immer wieder den Berichtswünschen nach.

Mein erster politischer Erfolg auf der Ebene der SPD-Landespartei stellte sich 1975 auf dem Tönninger Landesparteitag ein, als ich völlig überraschend zum Revisor des Landesvorstandes gewählt wurde. Auf dem Parteitag hatte ich heftig das Finanzgebaren des Landesvorstands kritisiert. Er hatte nach meiner Ansicht durch mangelnde Aufsicht des Geschäftsführers Richard Ebert von den Jusos zugelassen, dass der neue „Non-Profit-Verlag" seinen Namen zu wörtlich nahm und große „rote Zahlen" schrieb. Meine Kritik und vielleicht auch meine berufliche Tätigkeit als Betriebsprüfer gaben den Delegierten vermutlich Veranlassung, mich für diese Aufgabe vorzuschlagen. Ich habe das Amt eines Revisors beim SPD-Landesvorstand bis 1985 unter dem Vorsitz des Ostholsteiner Bundestagsabgeordneten Klaus Konrad ausgeübt. Aufgrund der sehr engen und vertrauensvollen Zusammenarbeit war ich schwer erschüttert, als ich Anfang 2000 davon hörte, dass ihm von der italienischen Justiz die Beteiligung an der Ermordung von italienischen Widerstandskämfern in den Kriegsjahren vorgehalten wurde.

Heide Simonis und wir starteten nun sehr frühzeitig den Bundestagswahlkampf, obwohl der Wahltermin erst im Herbst am 3. Oktober1976 stattfinden sollte. Die FDP hatte Horst Barz aus Felde und die CDU Karl Eigen aus dem Kreis Plön aufgestellt. Karl Eigen gehörte schon dem Bundestag an und war wie auch schon 1972 in seiner Funktion als Landeschef des Bauernverbandes über die Bauern-Quote der CDU nominiert worden. Nun sollte er als Auswärtiger im neu geschnittenen Wahlkreis kandidieren. Die Bewerbung von Karl Eigen führte ich darauf zurück, dass der Bauernverband seinen Sitz in Rendsburg hatte und der Flächenkreis Rendsburg-Eckernförde als CDU-Domäne angesehen wurde. Der CDU-Kreisvorsitzende Werner

Hahn meinte am 11. Januar 1976, wohl auch um große innerparteiliche Zweifel am Kandidaten auszuräumen, die CDU werde „im Kampf voll hinter ihm stehen".

Heide Simonis legte den Ortsvereinen zunächst eine fünfseitige Argumentationshilfe für das „Recht auf Arbeit für jugendliche Auszubildende" vor. In einem zweiten Rundschreiben, Nr. 1/76, warb sie für höhere Steuern, um die Finanzausstattung der Kommunen zu verbessern.

Am 29. Januar 1976 meldete die örtliche Landeszeitung über eine Klausurtagung der Rendsburger SPD, dass nach den Worten des Ortsvereinsvorsitzenden Neugebauer das „Verhältnis zwischen Rathausfraktion und Vorstand sich positiv entwickele" und dass der Ortsverein „die Kandidatin bei der inhaltlichen Führung des Wahlkampfes und der Planung von Wahlkampfaktionen unterstützen werde".

Auf dem nun folgenden Landesparteitag der SPD gelang Heide Simonis nur der Sprung auf Listenplatz 9. In dieser schlechten Platzierung sahen wir keine gute Voraussetzung für eine erfolgreiche Kandidatur. Am 15. März 1976 legte sie ihr Mandat in der Kieler Ratsversammlung nieder und schied gleichzeitig aus dem Kieler Kreisvorstand der SPD aus, um wie sie schrieb, „sich voll dem Wahlkampf zu widmen". Im Rundschreiben Nr. 2/76 meldete Heide Simonis sich zur Gesundheitspolitik und dem Wahlkampfkonzept. Am 12. März 1976 machten wir beide nach meiner organisatorischen Vorbereitung einen offiziellen Besuch beim Bürgermeister der Stadt, bereisten mit einem Kleinbus die Stadt und besuchten die DeTeWe, die Behindertenwerkstatt und den DGB. Diesem ersten Termin mit Heide Simonis folgten viele weitere Besuchstermine und Termine an Informationsständen. Leider hatte sie immer noch nicht die Tugend des pünktlichen Erscheinens verinnerlicht. Diese Schwäche konnte sie aber mit ihrem lässigen Auftreten, ihrem attraktiven Auftreten, der richtigen „Ansprache" ohne dem bekannten Politikerdeutsch und der ausgestrahlten Sympathie bei den Gastgebern schnell überwinden. Im Gegensatz zum Landtagswahlkampf lag die Gesamtverantwortung für den Bundestagswahlkampf nun nicht mehr beim Ortsverein, sondern beim Kreisverband.

Im Rundschreiben Nr. 4/76, dem regelmäßig weitere Rundschreiben folgten, zog Heide Simonis nach dem Osterfest eine erste Bilanz des Wahlkampfes. Über ihren Gegenkandidaten Karl Eigen meinte sie, er sei „ziemlich aufbrausend, politisch ein Zuschläger" und gut zu reizen. Seine vereinfachende Argumentation mache ihn aber vom allem für einige Wähler attraktiv. Zu ihren besonderen Zielgruppen benannte Heide Simonis die Arbeitnehmer, Alte und Schüler. Im übrigen sprach sie sich für einen harten, aber auch fairen Wahlkampf aus.

Heide Simonis wird Rendsburgerin

Ich informierte die Öffentlichkeit über die Lokalzeitungen nach der Sommerpause am 22. Juli darüber, dass Heide Simonis nun Bürgerin der Stadt Rendsburg und damit auch Mitglied des SPD-Ortsvereins Rendsburg geworden war. Sie residierte in der Eckernförder Straße 42, nicht rein zufällig auch die Adresse unseres tatkräftigen Wahlhelfers Willy Göbel.

Auftritt von Bundeskanzler Helmut Schmidt, Heide Simonis und Egon Bahr während des Bundestagswahlkampf 1976 in der Nordmarkhalle

Neben Podiumsdiskussionen, in denen Karl Eigen gegen Heide Simonis auch deshalb einen schweren Stand hatte, weil wir Jungsozialisten in einer Vielzahl als Zuhörer im Saal saßen, standen nun öffentliche Veranstaltungen unter anderem mit dem Parlamentarischen Staatssekretär für Finanzen, Rainer Offergeld, Egon Bahr und Klaus Matthiesen sowie mit Bundeskanzler Helmut Schmidt auf dem Rendsburger Terminplan. Darüber hinaus beteiligte sich der Ortsverein mit einer Sonderausgabe der „Rendsburg-Post" am Wahlkampf. Die Mobilisierung der Mitglieder war hoch, es gab keinen Mangel an Beteiligung bei allen Wahlkampfaktivitäten, auch nicht bei der Verteilung von Flugblättern an die Haushaltungen oder vor Betrieben. Es gab kaum ein Auto von SPD-Sympathisanten, das an der Rückscheibe nicht einen Wahlkampf-Aufkleber der SPD trug.

Höhepunkt des ersten Bundestagswahlkampfes von Heide Simonis war der Auftritt von Bundeskanzler Helmut Schmidt am 21. September 1976 in der Rendsburger Nordmarkhalle. Ich hatte das Glück, vorher mit dem Kanzler noch Kaffee trinken und im Saal neben Heide Simonis an seiner Seite sitzen zu dürfen. Beim Kaffee fragte Schmidt wie auch in den späteren Jahren immer wieder nach dem Ansehen der Weinstube Koch in Osterrönfeld, mit dessen Inhaber seine Frau Loki verwandtschaftliche Beziehungen verband. In Rendsburg kannte er sich sehr gut aus, weil er am Brahmsee bei Nortorf ein Ferienhaus besaß und des Öfteren Rendsburgs Gastronomie aufsuchte. Ziel seiner Rendsburg-Besuche war meistens der „Alte Landsknecht" in der Schleiffmühlenstraße. Hier traf er sich häufig im Hinterzimmer zu politischen Gesprächen mit den Regierungschefs Olof Palme aus Schweden und Bruno Kreisky aus Österreich. In der überfüllten Nordmarkhalle setzte sich Helmut Schmidt vor über 2000 Besuchern insbesondere mit der Wirtschaftspolitik auseinander. Für Heide Simonis als Wahlkämpferin war wichtig, am nächsten Tag in der Tagespresse an der Seite des Kanzlers abgelichtet zu werden.

Als vorletzte Waffe im Wahlkampf wurde der persönliche Kandidatenbrief von der nun 33-jährigen Kandidatin herausgegeben und an alle Haushaltungen verteilt. Auf zwei von vier Fotos durfte ich neben Heide Simonis lächeln. Im Text verwahrte sich Heide Simonis gegen die Diffamierungskampagne der CDU unter der Formel „Freiheit oder Sozialismus" und hielt fest, dass „die Unionspolitiker gefährlich seien, die unseren Staat schlecht machen und privatisieren wollen".

Den Schlusspunkt im Bundestagswahlkampf bildete eine heute kaum noch vorstellbare Sternfahrt am Tag vor der Wahl, den 2. Oktober 1976, mit Autos aus elf Zentren im Kreisgebiet in Richtung Kreisstadt. Dort trafen sich viele Wahlhelfer auf dem Paradeplatz, um anschließend, wie Heide Simonis an ihre Unterstützer schrieb, „ein gemütliches Bier zu trinken".

Am 5. Oktober 1976 bedankte Heide Simonis sich schriftlich bei allen Wahlkämpfern. Sie hatte den Wahlkreis direkt gewonnen und damit eine politische Sensation geschafft. Auf Heide Simonis entfielen 73.615 Stimmen, 3.143 Stimmen mehr als auf den CDU-Bewerber. Auffallend war, dass Karl Eigen von der CDU fast gleich viel Erststimmen erhielt wie seine Partei, während Heide Simonis exakt 3.000 Stimmen mehr erhielt als die SPD-Zweitstimmen. Auch Helmut Schmidt blieb Kanzler. In der Vorstandssitzung des Ortsvereins am 4. Oktober 1976 konnte ich bereits feststellen, dass „das für Rendsburg erzielte Ergebnis das bisher beste für die SPD seit der Parteigründung 1863" sei. In Rendsburg lag die SPD mit 54,4 Prozent bei den Erststimmen sowie 52, 1 Prozent bei den Zweitstimmen über dem Kreis- und Landesdurchschnitt. So hatten sich auch die von den Mitgliedern aufgebrachten Wahlkampfkosten von 1.669 DM rentiert.

Mein Weg in den Landtag auf den Spuren von Heide Simonis

Nach dem erfolgreichen Bundestagswahlkampf stand die Kommunalpolitik wieder im Mittelpunkt der politischen Arbeit im SPD-Ortsverein. Weil wir viele neue Mitglieder gewonnen hatten, konnte der Kreisverband ein neues Büro in der Mühlenstraße beziehen. Am 2. Dezember 1976 berichtete die Landeszeitung über ein von mir gehaltenes Referat zur Reform des Abtreibungs-Paragraphen 218 und die geringe Nachfrage in der Modell-Beratungsstelle in Rendsburg. Heide Simonis erläuterte in ihrem ersten Rundbrief als neues Mitglied des Bundestages ihre Erfahrungen bei der Zimmersuche im Bundeshaus und sprach sich für eine „Bremse bei der Selbstbedienung" der Diskussion um die Abgeordneten-Diäten aus.

Den Auftakt des wahlfreien Jahres 1977 bildete eine öffentliche Veranstaltung des Ortsvereins und der Jusos am 5. Februar mit Heide Simonis und ihrem Bundestagskollegen Reinhard Ueberhorst zum Thema Kernenergie.

Besuch beim Flugabwehrlehrbataillon 610 in Rendsburg mit Bataillonskommandeur Thomas Giese und Hans Peter Robin (v.li.)

Heide Simonis unterstützte die Beschlüsse des SPD-Ortsvereins Rendsburg nach einer Umkehr in der Atompolitik, während die Landes-SPD noch von einer Denkpause sprach. Schon vorher hatte es große Demonstrationen gegen das in Brokdorf geplante Atomkraftwerk gegeben, an denen ich mich beteiligte.

Heide Simonis startet Anfang Januar 1977 mit Hilfe von Walter Kopetsch die Aktion „Formularschreck", mit der Beschwerden über Formulare und den Umgang mit Behörden gesammelt werden sollen.

Es folgten viele gemeinsame Besuche bei Einrichtungen der Bundeswehr, Behörden und Unternehmen. Ich begleitete Heide Simonis als Senator der Stadt und SPD-Ortsvereinsvorsitzender. Da Rendsburg mit drei Kasernen der größte Bundeswehrstandort im Land war, zählten Informationsbesuche bei den Soldaten zu unserem gemeinsamen Pflichtprogramm. Schon bei unserem ersten Besuch in der damaligen „Rüdelkaserne" am 7. Dezember 1977 zeigte man uns nicht nur Panzer sondern voller Stolz auch ein Foto, das den damaligen Bundeskanzler Helmut Schmidt bei einer Reserveübung in der Rendsburger Kaserne 1957 zeigte. Der junge Bundestagsabgeordnete war der erste Sozialdemokrat, der sich nach dem ursprünglichen „Nein" der SPD zur Wiederbewaffnung zu einer Reserveübung in der Rendsburger Flugabwehr-Kaserne einfand und dadurch bundesweite Aufmerksamkeit erhielt. Ein Ereignis in der regionalen Bundeswehr hat sich in meinem Gedächtnis eingeschrieben. In meinen politischen Funktionen hielt ich auch regelmäßigen Kontakt zum ehemaligen Kommandeur des in Hohn und Alt Duvenstedt ansässigen Lufttransportgeschwaders LTG 63, Elmar Schlottmann. Er war mir in Militärangelegenheiten ein wichtiger Ratgeber, der nach seiner Aufgabe beim LTG 63 als einer der wenigen Sozialdemokraten als Oberst im Generalstab der Luftwaffe tätig war. Am 9. Februar 1975 stürzte ein Transall-Flugzeug aus Hohn über Kreta bei leichtem Schneetreiben ab. 42 Menschen fanden den Tod, unter ihnen auch Elmar Schlottmann. In Bundeswehrkreisen wurde kolportiert, er habe das Flugzeug zur Absturzzeit gesteuert. Viele Familien aus der Region hatten einen Angehörigen verloren, ich einen guten Freund. Als Senator vertrat ich bei der mich sehr bewegenden Trauerfeier die Stadt Rendsburg.

Zu meiner ersten Rüge an die Adresse von Heide Simonis kam es im Auftrag des Vorstands am 13. Februar 1977. Ich beanstandete, dass Heide Simonis zwar sehr fleißig Termine in Rendsburg wahrnehme, Vorstand und Fraktion davon allerdings nur aus der Presse erfahren würden und mahnte eine engere Information an. Mit „Lieber Günter" und „sozialistischen Grüßen" gelobte Heide Simonis mit Schreiben vom 24. Februar 1977 „tätige Reue", jetzt erstmals auf offiziellem Bundestagspapier.

Am 18. März 1977 hielt ich auf Einladung des Verkehrsvereins auf deren Hauptversammlung einen Vortrag über die „Aufgaben des Verkehrsvereins aus der Sicht der SPD". Ich trug Vorschläge vor, die von den Anwesenden als „bemerkenswert" wahrgenommen wurden. Mit der Versammlung und meiner Anerkennung der Beiträge des Vereins zur Attraktivitätssteigerung der Innenstadt wurde das „Kriegsbeil" zwischen dem Verkehrsverein und seinen Unternehmen sowie der SPD begraben. Ich sagte für die SPD zu, den „Rendsburger Herbst" künftig aus der Stadtkasse unterstützen zu wollen. Durch einen offiziellen Besuch bei der IHK im Juni konnte das Verhältnis zwischen dem SPD-Ortsverein und der Wirtschaft weiter entkrampft werden.

Wie die örtliche Presse am 12. März 1977 schon in der Überschrift berichtete, habe ich mich in einem Referat auf der Mitgliederversammlung der SPD entschieden gegen die Privatisierung öffentlicher Leistungen gewandt, weil sie zu „unerträglichen sozialen Belastungen für die Arbeitnehmer“ und zu einer wirtschaftlichen Monopolstellung von Unternehmen führen würden. Anlass für meine Ausführungen war die Absicht der örtlichen CDU, die Reinigungen in städtischen Einrichtungen zu privatisieren.

Meine nächste Initiative betraf die Gründung eines Mieterbeirats für die damals noch 1216 Wohneinheiten im städtischen Besitz. Ich begründete den Vorschlag leider erfolglos in der Ratsversammlung, weil die SPD nur von der FDP mit ihrem Senator Fritjof Wilken unterstützt wurde. Fritjof Wilken lernte ich 1968 in der „Gruppe R“, einem lokalen Ableger der APO, bei der Vorbereitung einer Demonstration gegen die Notstandsgesetze kennen. Mit ihm verbindet mich bis heute eine Freundschaft, auch wenn wir in vielen politischen Fragen anderer Auffassung sind.

Zur Intensivierung der innerparteilichen Bildung wurde mit Richard Goerner im Juni 1977 der erste Bildungsobmann des SPD-Ortsvereins ernannt. Im Juli begannen die Arbeiten am kommunalen Wahlprogramm des Ortsvereins für die Kommunalwahl 1978, die mit der Verabschiedung auf der Jahreshauptversammlung am 29. September 1977 abgeschlossen wurden. Mehr Bürgerbeteiligung, eine Gesamtschule für Rendsburg, eine Stärkung des Umweltschutzes sowie die Ablehnung von Privatisierungen öffentlicher Angebote standen im Zentrum unserer Vorschläge.
Am 11. August 1977 informierte ich den Vorstand des Ortsvereins mit großem Bedauern, dass Heide Simonis nicht mehr Mitglied des Ortsvereins sei, nachdem sie am 10. Juli 1977 ihre neue Wohnung in Bordesholm bezogen habe. Die neue Wahlkreis-Mitarbeiterin für Heide Simonis wurde Jutta Ziehm. Es war der Beginn einer engen Zusammenarbeit bis zur Mitarbeit in der Staatskanzlei, die erst mit dem Ausscheiden von Heide Simonis aus dem Landtag 2005 beendet wurde.

Der Ortsverein hatte sich zwischenzeitlich personell stabilisiert. Die Aufstellung der Kandidaten zur Kommunalwahl für die Ratsversammlung am 6. Oktober 1977erfolgte zwar in einer fünfstündigen Marathon-Sitzung, aber die Vorschläge des Vorstandes fanden breite Zustimmung. Nur in einer Personalie wurde die von mir vorbereitete Empfehlung des Vorstands leider nicht befolgt. Die Telefonistin und Betriebsrätin der Firma Zerssen, Marte Wittmack, setzte sich bei der Abstimmung mit Unterstützung der anwesenden Gewerkschaftsmitglieder gegen Richard Goerner durch und gelangte auf den Listenplatz 11. Dass dies eine Fehlentscheidung mit verhängnisvollen

Wahlkampf 1978 mit Heide Simonis und Klaus Matthiesen

Auswirkungen war, zeigte sich spätestens 1981. In großer Eintracht wurde ich als Ortsvereinsvorsitzender mit 53 Ja-Stimmen bei neun Gegenstimmen auf Listenplatz 1, Klaus-Dieter Henkel auf Listenplatz 2 sowie Alfred Lausch auf Platz 3 gewählt. Der spätere Bürgermeister Rolf Teucher erhielt Listenplatz 5. Der Kommunalwahlkampf konnte beginnen.

Erster Höhepunkt des Wahlkampfes war am 3. Februar 1978 eine öffentliche Veranstaltung, zu der ich neben Heide Simonis auch Klaus Matthiesen begrüßen konnte. Als Wahlziel nannte ich, die Verhinderung einer erneuten CDU-Mehrheit, um „mehr als bisher den Interessen der Arbeitnehmer und der sozial benachteiligten Gruppen dienen zu können". Auch die erstmals zunehmende Zahl von Menschen ohne Arbeit sowie die neue Bodenpolitik der SPD prägten meine Rede. Die Bundes-SPD hatte Beschlüsse zu einer Reform der Vergabe und Besteuerung von Grund und Boden beschlossen, um die ungebremsten Spekulationsgewinne zu bremsen.

Zweiter Höhepunkt war ohne Zweifel der nach 1975 zweite Auftritt von Willy Brandt in Rendsburg am 25. März in der Nordmarkhalle. Vorher führte Brandt Gespräche mit dem DGB-Kreisvorstand und ehrte im Bahnhofshotel auf Einladung von Alfred Lausch langjährige Mitglieder der IG Metall.

Auftritt von Willy Brandt und Heide Simonis in der Nordmarkhalle

Am Wahltag, dem 5. März 1978, hatte die Rendsburger SPD allen Grund zum Feiern. Gegenüber der Kommunalwahl von 1974 legte sie 6,49 Prozentpunkte zu, während die CDU 3,78 Prozentpunkte verlor. Mit den 14 Sitzen für die SPD und den zwei Sitzen für die FDP war erstmals in der Rendsburger Stadtgeschichte eine tragfähige sozialliberale Koalition in Ratsversammlung und Senat möglich. Meine Zuversicht gründete sich auch auf die Feststellung, dass sich die handelnden Personen gegenseitig vertrauten. Das Ergebnis der Kommunalwahlen war mein erster Wahlerfolg. Die Freude wurde gestärkt, weil ich erstmals auch in meinem Wahlkreis Mastbrook direkt in die Ratsversammlung gewählt wurde. In den Folgejahren habe ich bis zu meinem Ausscheiden aus der aktiven Politik nie wieder in einem Wahlkampf zur Ratsversammlung oder für den Landtag eine Direktwahl verloren.

Die kommunale Legislaturperiode von 1978 bis 1982 brachte frischen Wind mit vielen Themen ins Rathaus, mit denen die SPD beim politischen Gegner, bei der Ortspresse und auch bei einigen Sozialdemokraten in der Fraktion auf Ablehnung stieß. Neben vielen Beratungen zum Alltag in Rendsburg oder zu der schon damals schwierigen Haushaltslage sind mir einige besondere Themen in der Erinnerung geblieben.

Zustimmung in der SPD, aber Widerstand bei der CDU bestand bei meiner Initiative vom August 1980 zur Festlegung des 1. September zum Antikriegstag. Ich verband den Vorschlag mit der Absicht, ihn jährlich in Zusammenarbeit der Stadt mit dem DGB durch eine Kranzniederlegung und einer Ansprache zu begehen. Die bis heute bestehende Praxis wurde von mir am 1. September 1980 mit einer Rede eingeleitet, in der ich an den Kriegsbeginn mit der Beschießung der polnischen Westerplatte durch das Nazi-Regime und den folgenden 55 Millionen Opfern des Weltkriegs erinnerte. „Der Friede ist keine Sache einer Partei. Er ist unser aller Auftrag. Der Antikriegstag sei eine Mahnung an die Zukunft." Auch der Ungeist, der den 1. September 1939 ermöglichte, sei nicht ausgelöscht. Eine demokratiefeindliche Einstellung sei schon gegeben, wenn Fremde und Ausländer angefeindet sowie Minderheiten und Randgruppen gehasst werden." Heute ist diese Aussage so aktuell wie 1980.

Um die Aufarbeitung der Nazi-Vergangenheit in Rendsburg ging es auch bei einem Buchprojekt, das SPD und FDP gemeinsam anregten. Ein gelernter Historiker, Erwin Schotten aus Frankfurt, wurde im Rahmen einer Arbeitsbeschaffungsmaßnahme mit dieser Aufgabe betraut – und erwies sich nach Auffassung der Auftraggeber als gänzlich überfordert. Wie zu erwarten, stand er bei gewünschten Interviews mit namhaften Rendsburgern „vor verschlossenen Türen", als es um deren oder die familiäre Vergangenheit ging. Da aber auch seine Verknüpfung von lokalen Vorgängen mit reichsweiten Entwicklungen viele historische Fehler aufwies, wurde das Buch nur wenige Male verkauft und in einer Diskussion der Volkshochschule im Februar 1987 „zerrissen". Die meisten Exemplare verschwanden bald danach im Keller. In der Presse bedauerte ich, „dass dieses Buch auf den Markt gekommen ist". Ich warf dem Autor Geschichtsfälschung und das Versäumnis vor, „die geistige Auseinandersetzung mit Mitläufern der Nazis nicht vorgenommen zu haben".

Zur geistigen Auseinandersetzung mit der NS-Zeit zähle ich auch den engagierten Streit mit der CDU um ein sichtbares Zeichen durch einen Gedenkstein. Während die SPD „der Opfer des nationalsozialistischen Unrechtsregimes" gedenken wollte, standen für die CDU die „Opfer des Zweiten Weltkriegs" im Zentrum des Gedenkens. Ein merkwürdiger Kompromiss führte dann zur Aufstellung von zwei Gedenksteinen im Park des Hohen Arsenals und am Paradeplatz.

Auch die Straßennamen nahmen wir in der ersten Reformkoalition von SPD und FDP unter die Lupe. In der Ratsversammlung trug ich den Wunsch der SPD vor, die nach dem Gehilfen am Hitler-Putsch von 1923, Ludendorff, benannte Straße endlich umzubenennen. Ich empfand es als peinlich, auch wenn es keine Sippenhaftung gibt, weil Schuld immer nur individuell bewertet werden kann, dass gerade der Sohn des ehemaligen Rendsburger Nazi-Chefs und Bürgermeisters, Krabbes, für seine CDU gegen die Umbenennung plädierte, wenn auch glücklicherweise ohne Erfolg.

Die Diskussion um den Neubau eines Rathauses schlug 1979 hohe Wellen. Die SPD -Fraktion hatte sich mit Unterstützung der Landesdenkmalspflege einstimmig für das Provianthaus entschieden, konnte sich aber gegen die von der CDU bereits 1977 beschlossenen Neubaupläne auf dem Gymnasiumsberg nicht durchsetzen. Ich gehöre noch immer zu den Rendsburgern, die diese Entscheidung bedauern, weil sie zum Abriss eines historischen Gebäudes, der ehemaligen Herderschule, geführt hat.

Weniger Eintracht bestand in der SPD beim von der Stadtverwaltung und der CDU geplanten vierspurigen Ausbau der Kieler Straße. Bereits am 6. Juni 1968 hatte die damalige Ratsversammlung zusammen mit einem Generalverkehrsplan den vierspurigen Ausbau beschlossen. Nach den Beratungen in Senat und Bauausschuss im Dezember 1977 sollte die Ausschreibung beginnen. Monatelang wurde in den Gremien der SPD und bei den Jusos gestritten, die Beratungen in den städtischen Gremien immer wieder vertagt und sogar – was bis dahin noch gänzlich unbekannt war – eine Bürgerversammlung abgehalten. Die Beseitigung vieler uralter Bäume stand unmittelbar bevor. Da mit Alfred Lausch und Hugo Michalak auch zwei namhafte Sozialdemokraten für den vierspurigen Ausbau vor den Toren von zwei großen Schulen plädierten, musste eine außerordentliche Hauptversammlung der SPD im Bahnhofshotel entscheiden. Hier konnte ich mich mit dem Vorstand des Ortsvereins durchsetzen und eine Mehrheit gegen die gigantische Verkehrsplanung erreichen. Uns ging es nicht nur um den Baumschutz, sondern gleichermaßen um den Schutz der Schulwege und der Wohnanlieger. Mit den Stimmen aller Sozialdemokraten und der FDP konnte in der Ratsversammlung am 6. Juli 1978 die auch intensiv von der Landeszeitung unterstützte Fehlplanung verhindert werden. Ich halte die damalige Beschlussfassung auch heute noch für richtig. In der Diskussion in der Ratsversammlung ging es nicht nur um die Sachfrage Zweispurig oder Vierspurig, sondern auch um das Recht der SPD, von einer früher als richtig erkannten Position Abstand zu nehmen. In der Debatte hatte ich ausgeführt, dass „die SPD sich heute nicht schämt, einen früheren Beschluss zu revidieren". „Es gehöre zu einer demokratischen Tugend in einer Fraktion, dass sich die Minderheit der Überzeugungskraft der Mehrheit nicht verschließe". Eine Position, die in der mit viel Leidenschaft geführten Debatte auch von Klaus Dieter Henkel unterstützt wurde. Der CDU-Senator Otto Bernhardt verwies auf bestehende Beschlüsse, an denen festgehalten werden müsse. Die CDU sei nicht bereit, für Schildbürgerstreiche ihr Votum abzugeben". Dieser „Schildbürgerstreich" erfüllt mich noch heute mit Genugtuung.

In der Ratsversammlung am 6. Juli 1978 wurde auch der Abriss des Bahnhofshotels und die Neugestaltung des Bahnhofsvorplatzes beschlossen. Das historisch gewachsene Hotel zwischen Bahnhof und Landeszeitung-Gebäude sollte dem Straßenbau weichen. Fraktionschef Klaus-Dieter Henkel hatte die undankbare Aufgabe, der Ratsversammlung mitzuteilen, dass die SPD-Fraktion nicht geschlossen abstimmen würde. „Der größere Teil der Fraktion kann dem Abbruchbeschluss nicht zustimmen, der verbleibende Teil sehe keine überzeugenden Möglichkeiten für die Erhaltung des Bahnhofshotels." Die Gruppe benennend, zu der ich neben sieben anderen gehörte, hob Henkel hervor, dass „die Befürworter der Erhaltung des Bahnhofshotels die Auffassung vertreten, dass dieser Erhaltung Vorrang gegeben werden sollte vor einer Sanierung des Pelli-Haus-Komplexes". Auch ich ergriff das Wort und betonte die Abdeckung des Hotelbettenangebots und die Erhaltung des Stadtbildes. Nach mir sprach für die CDU Otto Bernhardt. Er meinte, das Hotel müsse aus „zwingenden Gründen abgerissen werden". Der größte Teil der Ratsversammlung habe auch den Mut, dies offen zum Ausdruck zu bringen. Ich halte den Abbruch auch heute noch für eine große städtebauliche Sünde, die vermeidbar gewesen wäre.

Heute gänzlich vergessen ist der kommunale Streit, den es im Frühjahr 1980 um den Bau einer Formel-1-Rennstrecke des ADAC auf dem Gelände in Schachtholm gegeben hat. Die SPD organisierte den schriftlichen Protest von über 1000 Bürgern und verhinderte die seit 1974 bestehenden Pläne des ADAC, mitten in die Natur auf städtischem Grundbesitz für 10 Millionen DM eine Rennstrecke zu bauen. In der Ratsversammlung trug ich für die SPD vor, dass „man für das Üben von Wenden, Anfahren, Parken und Rückwärtsfahren keine Schleife von 3,5 Kilometern Länge und zehn Metern

Breite mit Tribünenplätzen für 36.000 Besucher braucht“. Gegen den heftigen Protest der Landeszeitung und der Rendsburger CDU konnten sich SPD und FDP in der Ratsversammlung „5 Minuten vor 12“ durchsetzen. Am 29. Mai 1980 wurde beschlossen, vom Rücktrittsrecht eines mit dem ADAC vereinbarten Pachtvertrages Gebrauch zu machen. Dessen ungeachtet, begann der ADAC im November „bei Nacht und Nebel“ rechtswidrig mit den Bauarbeiten, die erst mit einem Beschluss des angerufenen Landgerichts Kiel am 11. November 1980 gestoppt werden konnten.

Viele angeregte Projekte aus dieser Zeit sind längst in Vergessenheit geraten, aber auf eine Initiative blicke ich noch heute mit einem gewissen Stolz zurück. Ich denke an die ehemalige Synagoge in der Prinzessinstraße, die heute als Museum Gedenkzentrum an das Leid der jüdischen Mitbürger in Rendsburg während der Nazi-Zeit und an das kulturelle Leben der jüdischen Minderheit erinnern hilft. Obwohl ich in Rendsburg aufgewachsen bin und geschichtlich schon immer sehr interessiert war, habe ich von der einstigen Existenz einer Synagoge in Rendsburg nichts gewusst. Ich habe erst 1979 nach dem Antrittsbesuch unseres neuen Nachbarn in Hoheluft, Kalli Meier, von der Existenz dieser Synagoge erfahren. Das Schicksal unserer jüdischen Mitbürger war wohl wie viele Vorgänge aus der Nazi-Zeit tabuisiert worden. Bei seinem Antrittsbesuch wies mein neuer Nachbar darauf hin, dass seine Eltern in der Prinzessinstraße, in einer ehemaligen Synagoge, eine mir natürlich bekannte Fischräucherei betreiben würden. Die Nachricht machte mich neugierig. Ich sah mir die Räumlichkeiten umgehend an und informierte mich über den geschichtlichen Hintergrund. Kurze Zeit später initiierte ich gemeinsam mit Torsten Schulze auf der Mitgliederversammlung der Jungsozialisten am 26. November1979 einen Antrag, in dem die Rathaus-Fraktion der SPD aufgefordert wurde, „sich aktiv in allen städtischen Gremien für den Ankauf der ehemaligen Synagoge in der Prinzessinstraße 8 und für die Wiederherstellung und den Denkmalschutz für dieses Haus einzusetzen, damit das Gebäude in der Zukunft eventuell als Dokumentationszentrum oder Gedenkstätte genutzt werden kann“.

Unser Antrag wurde wie gehofft angenommen und von mir umgehend für die SPD in den Senat der Stadt eingebracht. Der Antrag wurde von allen Fraktionen der Ratsversammlung unterstützt. Der Zufall wollte es, dass zeitgleich der dem SSW nahestehende Professor Dr. Ole Harck vom Institut für Ur- und Frühgeschichte an der Kieler Universität dem Bürgermeister der

Stadt, Hans-Heinrich Beisenkötter, seine ähnlich gelagerten Vorstellungen vorgetragen hatte. Ich wurde Mitglied einer vom Senat gegründeten Arbeitsgruppe „Synagoge", die sich um die Aussiedlung der Fischräucherei und die künftige Verwendung des Gebäudes sowie die Finanzierung der Umbaumaßnahmen kümmern sollte. Mitglied der Arbeitsgruppe war auch Dr. Harck, der sich große Verdienste erworben hat. Bis zur offiziellen Einweihung sollte es allerdings noch bis zum 22. März 1985 dauern.

Parallel zum Kommunalwahlkampf 1978 begannen die Mitglieder der SPD darüber zu diskutieren, wer für den Wahlkreis 13, zu dem die Stadt Rendsburg, die Gemeinden Büdelsdorf, Westerrönfeld und die Gemeinden des Amtes Fockbek gehörten, zur nächsten Landtagswahl antreten sollte. Durch die Wahl von Heide Simonis in den Bundestag stellte sich die Frage ihrer nochmaligen Kandidatur nicht. In der Diskussion wurde auch mein Name genannt. Ich war sehr unentschlossen, ob ich kandidieren sollte. An meiner beruflichen Tätigkeit als Betriebsprüfer beim Rendsburger Finanzamt fand ich viel Freude. Ich trug mich sogar mit dem Gedanken, mich einige Jahre später als Steuerberater selbständig zu machen. Schließlich war ich auch mit der ehrenamtlichen Aufgabe als Senator der Stadt Rendsburg und als Rendsburger SPD-Chef sehr zufrieden.

Der Kreisverband hatte beschlossen, dass die Kandidaturen bis zum 15. März 1978 angemeldet werden sollten, damit bereits am 20. April 1978 über den Direktkandidaten der SPD entschieden werden konnte. Als ich meine Frau mit meiner Überlegung konfrontierte, die Kandidatur anzustreben, war sie von dieser Idee wenig begeistert. Obwohl sie mir abriet, traute ich mir diese Aufgabe zu. Am 20. Februar 1978 erklärten mein Freund Hilmar Zschach aus Bordesholm und ich gegenüber dem SPD-Ortsvereinsvorstand unsere Bereitschaft für eine Kandidatur für den Landtag. Bereits mit der Diskussion über den Ausgang der Kommunalwahl und der Abstimmung über die von der SPD vorzuschlagenden Senatoren auf der Mitgliederversammlung der Rendsburger SPD am 16. März sollten sich die Kandidaten für die Landtagskandidatur vorstellen. Zunächst konnte ich auf der Versammlung feststellen, dass „wir am 5. März das zweitbeste Ergebnis für die SPD bei Kommunalwahlen in der Stadtgeschichte erzielt haben und unser Wahlziel, die CDU aus der Rolle der arroganten Mehrheitspartei in die Rolle einer Oppositionspartei zu verdrängen, erreicht haben". Bei der

Empfehlung für die Wahl von drei Senatoren wurde ich neben Klaus-Dieter Henkel und Alfred Lausch einstimmig vorgeschlagen. Gebilligt wurde auch die „Gemeinsame Erklärung" der Ortsvereine von SPD und FDP, die die Grundlage für eine erfolgreiche Zusammenarbeit in der Ratsversammlung bilden sollte und am 1. April von Harald Jockenhövel für die FDP und von mir unterschrieben wurde. Wir sahen darin eine historische Weichenstellung für Rendsburg. Historischen Charakter hatte auch die Änderung der Hauptsatzung in der konstituierenden Sitzung der Ratsversammlung am 13. April 1978. Mit 24 Ja- und fünf Neinstimmen bei zwei Enthaltungen wurde beschlossen, aus der „ Ratsherrin" künftig die „Ratsfrau" zu machen.

Auf einer außerordentlichen Hauptversammlung des Ortsvereins Rendsburg am 31. März fiel eine Vorentscheidung für die Landtagskandidatur. Vorgestellt hatten sich Hilmar Zschach aus Bordesholm, ein sprachgewandter, zu den Linken in der Partei zählender Freund, Dieter Ellefsen, der zu den Konservativen zählende SPD-Vorsitzende aus Büdelsdorf, der Gewerkschafter und SPD-Ortsvereinsvorsitzende Ernst-Günter Fricke aus Gettorf und ich. Bei der Nachfrage, welchen Bewerber die Rendsburger Delegierten auf der Wahlkreiskonferenz unterstützen sollten, sprach sich eine große Mehrheit für mich aus. Dieses Ergebnis schlug sich auch bei der geheimen Wahl der Delegierten wieder. Die Landeszeitung berichtete am 5. April 1978 unter der Überschrift „Viel Unterstützung für Günter Neugebauer", dass sich „fast ausnahmslos die Mitglieder durchsetzten, die sich für eine Nominierung Neugebauers ausgesprochen hatten".

Am 19. April meldete sich auch Heide Simonis wieder zu Wort. Sie gratulierte zum guten Wahlergebnis und berichtete, dass sich in Bonn der „Nordpool" mit den drei Bundestagsabgeordneten Horst Jungmann, Norbert Gansel und Heide Simonis gebildet habe. Er wolle die Landtagswahlkämpfer intensiv unterstützen. Sie betonte außerdem, dass „die SPD als vernünftige Alternative zu der unbeweglichen Altherrenpartei von Stoltenberg" erscheine. Heide Simonis informierte auch über ein Buchprojekt des „Nordpool", das sich gegen Rüstungsexporte außerhalb der NATO ausspreche.

Eine Unterstützung für unsere Ortsvereinsarbeit erkannte ich in der Entscheidung des SPD-Landesverbandes, sein drittes „Mai-Treffen" für den 20. und 21. Mai 1978 in Rendsburg durchzuführen. Mit dem Staatsminister Hans-Jürgen Wischnewski, Günther Jansen und Klaus Matthiesen konnten wir viel politischen Prominenz und tausende Besucher begrüßen.

Der Delegiertenkonferenz am 20. April 1978 sah ich mit Spannung und bisher nicht gekannter Nervosität entgegen. Bereits bei den einzelnen Kandidatenvorstellungen in den Ortsvereinen hatte sich abgezeichnet, dass mein ernsthaftester Mitbewerber, Dieter Ellefsen, mit der weit verbreiteten Angst vor der Eingemeindung der Umlandgemeinden nach Rendsburg punkten konnte. Schließlich hatte ich mich lange vorher für einen gemeindlichen Zusammenschluss ausgesprochen. Auch mein kleiner Meinungsschwenk, einen Zusammenschluss nur auf freiwilliger Basis zuzulassen, konnte die Stimmung nicht verändern. Ich selbst warb mit meinem Bekanntheitsgrad, der offensive Vertretung von Arbeitnehmer-Interessen sowie den Erfahrungen als Senator der Stadt. Dabei versprach ich, „meine politischen Überzeugungen nicht kurzfristigen Popularitätserfolgen zu opfern", sondern stattdessen dessen politische Ziele langfristig und standhaft zu vertreten.

Hilmar Zschach berief sich auf seine Erfahrungen bei den Jungsozialisten und im Kreistag. Ungewöhnlich war sein Angebot, „bei den Diäten alles, was über das durchschnittliche Arbeitnehmereinkommen hinausgeht, dem Volk zurückzugeben". Auch Dieter Ellefsen berief sich auf seine kommunalpolitischen Erfahrungen als Fraktionsvorsitzender in Büdelsdorf und versprach, „sich für bessere Beziehungen zwischen dem Umland und Rendsburg einzusetzen".

Unter Leitung des neuen SPD-Kreisvorsitzenden Hans Wiesen brachte der 20. April 1978 die Entscheidung. Alle 35 Delegieren aus den sieben Ortsvereinen der SPD waren erschienen, davon 17 aus dem Ortsverein Rendsburg. In Abwesenheit des Bewerbers Fricke zog mein politischer Freund Hilmar Zschach seine Bewerbung nach seiner Vorstellung zurück. Schon lange vorher hatten wir beide intern verabredet, dass derjenige von uns beiden zurückziehen sollte, der nach dem Vorwahlkampf in den Ortsvereinen die schlechteren Chancen haben würde. Verlässlich wie erwartet hielt er sich an die Abmachung. In seiner Begründung warb er für meine Unterstützung und fügte erklärend hinzu, dass „ich ein sozialer Demokrat und ein radikaler Sozialist" sei. Auch wenn er mir damit helfen wollte, war mir im Moment nicht sicher, ob er bei der Zusammensetzung der Delegierten nicht das Gegenteil erreichen würde. Zu meiner eigenen Überraschung wurde ich in der geheimen Abstimmung mit 18 zu 17 Stimmen zum Wahlkreiskandidaten der SPD gewählt. Zwei Tage später sah die Landeszeitung in ihrem Bericht

„Jubel bei den Rendsburger Genossen, betretene und versteinerte Gesichter bei den anderen".

Dieter Ellefsen und ich unterschieden uns im Lebens- und Politikstil und sicherlich auch in politischen Fragen. Aber dennoch hatte auch er das Potenzial, Landtagsabgeordneter zu werden. Auch er wäre ein guter Repräsentant des Wahlkreises geworden. In all den nachfolgenden Wahlkämpfen konnte ich auf seine Unterstützung zählen. Ich hatte mit Glück eine Stimme mehr erhalten.

Erst viele Jahre später bekam ich den Hinweis, dass der Ortsverein Rickert aus dem Umland erst kurz vor der Delegiertenkonferenz seinen Delegierten aufgefordert hatte, statt wie geplant für Ellefsen für mich zu votieren. Leider ist Dieter Ellefsen Weihnachten 2012 viel zu früh gestorben.

Am Anfang des Landtagswahlkampfes gründete ich eine Wahlkampfkommission mit Vertretern aus allen Ortsvereinen. Zur umstrittenen Gemeindegebietsreform erklärte ich, „dass ich keiner Lösung zustimmen werde, die sich gegen den erklärten Willen der gewählten Gemeindevertreter wendet". Heute, nach über 35 Jahren Stillstand, stelle ich mir schon die Frage, ob es nicht doch endlich einer gesetzlichen Lösung bedarf, um kommunale Egoismen im Interesse des Ganzen zu überwinden. Ich glaube auch, dass heute im Gegensatz zu 1978 die Mehrheit der Bürger anders denkt als ihre gewählten Gemeindevertreter.

Gemeinsam mit Heide Simonis, die mich während des ganzen Wahlkampfes unterstützte, aber auch mit vielen anderen prominenten Persönlichkeiten der SPD unternahm ich nun öffentliche Veranstaltungen, Podiumsdiskussionen, Betriebsbesuche, Infostände, Preisskats, Gespräche mit Bundeswehr und Verbänden, um mich zu informieren und natürlich für die Wahl der SPD und meiner Person zu werben. Unterstützung erhielt ich unter anderem von Klaus Matthiesen, dem hessischen Ministerpräsidenten Holger Börner, Staatssekretär Heinz Ruhnau, Werner Vitt von der IG Chemie, Finanzstaatssekretär Rolf Böhme, Staatssekretär Andreas von Bülow, Egon Bahr, Hans Koschnik, Bundesminister Helmut Rohde, Günther Jansen und Staatssekretär Dietrich Sperling. Dazu gehörten mit Günter Wallraff, der gerade „undercover" bei der Bild-Zeitung als Reporter Esser die Machenschaften der Bild-Zeitung aufgedeckte hatte, und Knut Kiesewetter zwei Prominente aus dem Kulturbereich. Für die Unterstützung durch Günter Wallraff, dem ein Gericht später bescheinigte, die „Bild" ein Lügenblatt

Wahlwerbung für den Landtagswahlkampf 1979

nennen zu dürfen, war ich besonders dankbar. Seit den Schüssen auf Benno Ohnesorge am 2. Juni 1967 und dem Attentat auf Rudi Dutschke haderte ich mit dem Springer-Verlag. Damals habe ich mir vorgenommen, nie mehr eine Zeitung des Springer-Verlags zu kaufen. Nach dem Einstieg in die hauptamtliche Politik nahm ich mir vor, der Bild-Zeitung dieses Konzerns keine Interviews geben zu wollen. Am Ende meiner politischen Betätigung kann ich selbstbewusst feststellen, dass ich diese Haltung bis zum letzten Tag konsequent bewahrt habe.

Meine zentralen Aussagen im ersten Landtagswahlkampf betrafen den Widerstand gegen die Atomkraftwerke, den Wunsch nach Ausbau des längeren gemeinsamen Lernens durch die Schaffung von Gesamtschulen, die Lage der Werftindustrie, eine gerechtere Steuerpolitik, den Schutz von Natur und Umwelt, den Kampf gegen den sogenannten Extremisten-Erlass und – natürlich – die Freiwilligkeit bei einer Gemeindegebietsreform.

Weitere wichtige kommunale Themen waren der von mir abgelehnte Bau der Nordspange und die Sicherung der Arbeitsplätze auf den Rendsburger Werften.

Im Wahlkampf konnte ich besonders auf die Unterstützung der „Denkfabrik" mit Uwe Danker, Bernd Schauer, Wilfried Göbel und Ehrenfried Jöns als Wahlkampfleiter zählen. Ehrenfried Jöns hatte den Einfall zu einem besonderen Autoaufkleber. Er fand zwar nicht überall Zustimmung, sorgte aber für viel Gesprächsstoff und Aufmerksamkeit. Neben meinem Foto stand der schöne Satz: „Sei ein Schlauer, wähl Günter Neugebauer".

Auch in diesem Wahlkampf hielt sich die regionale CDU nicht mit Verunglimpfungen gegenüber meiner Person zurück. In der Bürgerzeitung der CDU Büdelsdorf, „Blickpunkt Büdelsdorf", waren unter der Überschrift „Rotlicht! Radikaler Sozialist für Kiel" falsche Behauptungen aufgestellt worden, die ich nicht auf sich beruhen lassen konnte. Behauptet wurde, der Bebauungsplan für das Rendsburger Baugebiet Hohe Luft sei „auf Antrag von Herrn Neugebauer geändert worden, damit er das Haus seiner Wahl bauen konnte". Und weiter: „Herr Neugebauer kämpft für die Verstaatlichung von Grund und Boden", oder „Herr Neugebauer hat im Frühjahr 1978 handfeste Unwahrheiten im Zusammenhang mit der Nachfolge von Bürgermeister Beisenkötter verbreitet, so dass Beisenkötter sich veranlasst gesehen habe, in einer öffentlichen Stellungnahme Herrn Neugebauer die Verbreitung von Unwahrheiten vorzuwerfen". Alles war frei erfunden. Mit Hilfe meines Anwalts setzte ich beim Landgericht in Kiel am 31. Oktober 1978 durch, dass sich der verantwortliche Redakteur, Winfred Fischera, verpflichten musste, die Behauptungen künftig zu unterlassen. Da Mitglieder in der SPD die Beteiligung meines Gegenkandidaten an den Diffamierungen nicht ausschließen wollten, schrieb mein Anwalt auch die Ortsverbände der CDU in Rendsburg und Büdelsdorf sowie den CDU-Kreisverband mit der Warnung an, künftig gegen jeden gerichtlich vorzugehen, der die dem Herrn Fischera untersagten Behauptungen wiederholen würde. Herrn Fischera habe ich längst verziehen. Als er mir viele Jahre später das vertrauliche „Du" anbot, wollte ich nicht nein sagen.

Verleumdet sah ich mich auch in einem mit „Radikaler Sozialist für Kiel" überschriebener Artikel in der Bürgerzeitung der Rendsburger CDU, „Rendsburger Berichte" vom Dezember 1978. Mir wurden Unwahrheiten und eine Nähe zum Kommunistischen Bund Westdeutschland vorgehalten. Dazu passend warnte der Spitzenkandidat der Landes-CDU, Ministerpräsident Gerhard Stoltenberg, in der gleichen Ausgabe unter der Überschrift „Kommunisten dürfen nicht Lehrer unserer Kinder werden" vor einem SPD-Wahlerfolg. Als „Verantwortlich für diese Ausgabe" zeichnete unter anderem Otto Bernhardt, mein Gegenkandidat.

Als mitten im Wahlkampf der SPD-Chef von Schacht-Audorf, Gerhard Wendel, in einer großen parteiinternen Runde die Behauptung aufstellte, es wäre besser gewesen, seine Frau Brunhilde, die im Wahlkreis südlich des

Kanals für die SPD kandidierte, im Rendsburger Wahlkreis antreten zu lassen, als den aussichtslosen Kandidaten Neugebauer, war ich sehr irritiert.

Der Wahlkampf wurde durch die zwei Schneekatastrophen zur Jahreswende und im Februar 1979 erheblich beeinträchtigt. Ganz Schleswig-Holstein lag beide Male unter hohen Schneebergen verborgen. Der private sowie öffentliche Verkehr und auch das öffentliche Leben kamen zum Erliegen. In diesem sogenannten Jahrhundertwintert mussten auch viele Wahlkampfveranstaltungen ausfallen. Unser Spitzenkandidat Klaus Matthiesen saß mehr als eine Woche in der Rendsburger Heimvolkshochschule fest.

Heide Simonis und ihre zwei Bundestagskollegen vom „Nordpool" unterstützen die SPD-Kandidaten im Kreisgebiet mit einer eigenen Zeitung, die an alle Haushaltungen verteilt wurden. Es war das erste und letzte Mal, dass ich mich mit meiner Frau in einem Wahlkampf ablichten ließ. Später habe ich es immer vermieden, meine Frau oder unseren Sohn für Wahlkampfzwecke zu instrumentalisieren. In einem kleinen Aufsatz setzte ich auf die Glückszahl 13, weil ich an diesem Tag geboren bin, 16 Jahre nach meiner Geburt unter der Hausnummer 13 gewohnt habe, an einem 13. geheiratet hatte und der Wahlkreis die Nr. 13 trug.

Gespannte Erwartung des Wahlergebnisses mit Parteifreunden am Abend der Landtagswahl 1979

Kurz vor dem Wahltag empfahl Klaus Matthiesen mir den hessischen SPD-Ministerpräsidenten Holger Börner als Wahlhelfer. Wie sich heraus stellte, war meine umgehende Zusage ein Fehler. Ich war beim gemeinsamen Redaktionsbesuch bei der örtlichen Presse sehr befremdet, als er sich als Anhänger der Atomenergie zu erkennen gab. Dabei war der Widerstand gegen die Atomenergie und insbesondere den Bau des Atomkraftwerks Brokdorf ein wichtiger Bestandteil meines Wahlkampfes. Schon am selben Abend habe ich mir geschworen, künftig die „Wahlhelfer" genau auf ihre Programmatik zu prüfen und gegebenenfalls auf sie zu verzichten. Diese Absicht habe ich später in allen Wahlkämpfen umgesetzt. Hier machten die Erfahrungen klug.

Der Wahlabend am 29. April 1979 war wohl der spannendste, den ich vorher und auch nachher miterlebt habe. Ich verbrachte den Abend mit vielen Wahlhelfern im neuen Wahlkreisbüro „An der Marienkirche", das nun auch mit Fernseh- und Telefonanschluss ausgestattet war. Mit großer Spannung verfolgten wir das Kopf-an Kopf-Rennen der beiden großen Parteien im Wahlkreis wie auch auf Landesebene. Wir hofften stundenlang darauf, dass nach 28 Jahren ein Machtverlust der CDU im Landtag möglich wurde. Erst nach Mitternacht teilte der Wahlleiter mit, dass der SPD dazu etwa 600 Stimmen bei über 1.567.839 Wählerinnen und Wählern gefehlt haben. Wir vermuteten wohl nicht zu Unrecht, dass uns ein Teil der Stimmen fehlte, die an die gerade gegründete Partei „Die Grünen" vergeben worden waren. Die Grünen erhielten bei ihrer erstmaligen Landtagskandidatur 38.003 Stimmen oder 2,42 Prozent.

Im Wahlkreis 13 schaffte ich die auch von meinen Parteifreunden im Land nicht erwartete Sensation. Mit 647 Stimmen Vorsprung vor dem CDU-Kandidaten Otto Bernhardt und insgesamt 45,7 % Stimmenanteil konnte ich den Wahlkreis Rendsburg erstmals in der Geschichte der CDU abnehmen und in den Landtag einziehen. Ich bedankte mich bei vielen Wahlhelfern. Dazu zählten auch viele Unterstützer aus den Umlandgemeinden, die mich bei der Delegiertenkonferenz zunächst wegen der Vorurteile gegen „den Rendsburger" nicht gewählt hatten. Unvergesslich bleibt mir z. B. der Einsatz von Karl-Heinz Auferkorthe aus Nübbel, Dieter Koll aus Alt Duvenstedt oder Elke und Jürgen Heinz aus Westerrönfeld. Nach dem Wahlerfolg registrierte ich mit Genugtuung, dass sich der einmonatige unbezahlte Urlaub, der Kräfte zehrende persönliche Einsatz sowie der eigene Wahlkampfkostenbeitrag von ca. 5.000 DM gelohnt hatten.

Einer der ersten schriftlichen Gratulanten war für mich überraschend mein oberster Vorgesetzter in der Steuerverwaltung, Finanzminister Uwe Barschel. Trotz aller politischer Rivalität habe ich mich darüber gefreut. Ich kannte Uwe Barschel aus den Medien und Veranstaltungen. Sein machtbewusstes Streben nach höheren Ämtern war mir schon aufgefallen, als er kurz nach seiner Wahl in den Landtag 1971 zum Vorsitzenden der CDU-Landtagsfraktion gewählt wurde. Seine berühmt gewordene Aufforderung an die Adresse des Landesfachausschusses der CDU aus dem April 1974 hatte sich in meinem Gedächtnis tief eingegraben und wurde von mir zum Beweis der CDU-Personalpolitik regelmäßig zitiert. Barschel hatte als CDU-Fraktions-Chef gefordert, dass „in der Beförderungspraxis deutlich werden müsse, dass unsere Regierung CDU-Freunde am ehesten dafür geeignet hält, CDU-Politik an Ort und Stelle zu verwirklichen." Das eigentlich mit „vertraulich" gekennzeichnete Papier war der SPD zugespielt worden.

Nachdem ich schon einen Monat vor dem Wahltag beim Finanzamt um den rechtlich zulässigen unbezahlten Sonderurlaub gebeten hatte, beantragte ich nun für vier Jahre „Beurlaubung ohne Bezüge". Bei der Verabschiedung von meinem Finanzamtsvorsteher äußerte ich die Bitte, meine Stelle als Betriebsprüfer für vier Jahre frei zu halten. Ich wollte nicht ausschließen, dass ich nur eine Legislaturperiode dem Landtag angehören würde. Ich habe mir nicht vorstellen können, dass aus vier Jahren insgesamt ohne Unterbrechung 30 Jahre und 6 Monate werden sollten. Von der rechtlichen Möglichkeit, noch 40 Prozent der Wochenarbeitszeit mit entsprechender Vergütung beim Finanzamt zu arbeiten, habe ich keinen Gebrauch machen, um mich mit ganzer Kraft den künftigen Aufgaben widmen zu können.

Bei meinem Einstand in der SPD-Landtagsfraktion erhielt ich viele Glückwünsche. Viele Abgeordnete bekamen mich zum ersten Mal persönlich zu Gesicht. Mit 30 Jahren war ich wieder einmal der Jüngste. Da niemand in der Fraktionsgeschäftsführung mit meiner Wahl gerechnet hatte, standen für mich zunächst weder Arbeitsraum noch Schreibtisch und Telefon zur Verfügung. Die ersten Wochen arbeitete ich auf dem Flur und durfte im Bedarfsfall im benachbarten Zimmer das Telefon einer Kollegin benutzen. Schon bei der ersten Klausurtagung der Fraktion in Fellhorst, auf der die Fraktionsgremien besetzt werden sollten, zog ich kritische Blicke auf mich.

Ich beanstandete, dass der Parlamentarische Geschäftsführer, der wiedergewählte Karl-Heinz Luckhardt, zusätzliche Entschädigungen für seine Aufgabe erhalten sollte. Wie von mir erwartet, wurde mein zur Abstimmung gestellter Antrag mit großer Mehrheit abgelehnt. In der Pause gratulierten mir mehr neue Kollegen dazu, dass ich ein „berechtigtes Anliegen" vorgebracht hätte, als ich Stimmen für meinen Antrag erhalten hatte. Ich habe später noch viele Male in den Gremien der SPD erlebt, dass nicht alle den Mut besaßen, selbst in nichtöffentlichen Sitzungen zu ihrer Überzeugung zu stehen. Das galt nicht für Brunhild Wendel. Meine Kollegin aus dem Kreisgebiet nahm nie ein Blatt vor den Mund. Wir fuhren oft gemeinsam ins Kieler Landeshaus und nutzten diese Touren, um Sachfragen, aber auch viele Personalien zu besprechen. Sie scheute sich auch nicht, über Abwesende nicht immer freundliche Worte zu finden. Daher nahm ich an, dass auch ich in Abwesenheit Gegenstand ihrer Bewertungen wurde.

Die Fraktion benannte mich als ordentliches Mitglied für den Innen- und Rechtsausschuss und den Finanzausschuss und damit auch als Mitglied für beide Fraktionsarbeitskreise. Ich wurde entsprechend meiner beruflichen Erfahrungen steuerpolitischer Sprecher. Im Innenarbeitskreis erhielt ich unter anderem die Zuständigkeit für die kommunalen Steuern und schon nach wenigen Wochen meine Feuertaufe.

Einige Tourismusgemeinden hatten sich entschlossen, für ihre Zweitwohnungsbesitzer eine Zweitwohnungssteuer einzuführen, um sie an den Infrastrukturkosten der Gemeinde zu beteiligen. Als ginge es den Ärmsten des Landes an die Geldbörse, brach ein Sturm der Entrüstung los. Nie wieder während meiner Arbeit im Parlament habe ich so viele Zuschriften überwiegend von Ärzten und Anwälten bekommen, die sich gegen diese Steuer zur Wehr setzten, zu meist mit Absenderadressen aus Hamburg. Die SPD stellte sich an die Seite der betroffenen Tourismusgemeinden, die Landesregierung war gegen eine neue Steuer. In meinem ersten Auftritt vor einer Fernsehkamera begründete ich, ferienbedingt in unserem Garten, meine politische Einstellung zu dieser neuen Steuer. Auch eine von hunderten empörten Mitbürgern im schönen Grömitz besuchte Podiumsdiskussion stand im Zeichen der Zweitwohnungssteuer. Ich war nach dieser Veranstaltung froh, ohne Blessuren davon gekommen zu sein.

Meine ersten Presseerklärungen als neuer Landtagsabgeordneter trugen die Überschriften: „SPD begrüßt Abschaffung der Bauabgabe nach § 9

Kommunales Abgabengesetz"; „SPD: Landwirte-Besteuerung weiterhin ungenügend"; „Wegfall der Kurtaxe gefordert"; „Neugebauer: Gerede über Steuersenkungen opportunistisch"; „Neugebauer: Weiter keine Chance für Frauen?" und „Neugebauer: Vertriebenen-Gedenkstein brüskiert Entspannungswillen". Meine erste Parlamentspressekonferenz am 26. September 1979 betraf eine Forderung, die mich über dreißig Jahre im Landtag beschäftigen sollte: „SPD fordert eine Reform für mehr Steuergerechtigkeit".

Den ersten großen Auftritt im Plenarsaal hatte ich am 31. Oktober 1979. Einige Kollegen aus der Landtagsfraktion erzählten mir, dass in den vergangenen Legislaturperioden neu gewählte Abgeordnete zunächst einige Jahre warten mussten, bevor sie während einer Plenarsitzung des Landtags das Wort ergreifen durften. Der Vizepräsident des Landtages, mein Parteifreund Kurt Hamer, erteilte mir das Wort zum Finanzausgleichsgesetz und zu einem Gesetzentwurf der Landesregierung zur Abschaffung der Getränke- und Vergnügungssteuer. Ich erinnere, dass ich sehr aufgeregt war. Für meine Fraktion signalisierte ich eine grundsätzliche Zustimmung zur Abschaffung der beiden kommunalen Steuern, forderte aber einen finanziellen Ausgleich des Landes für die betroffenen Kommunen. Der vierseitigen Niederschrift über meine erste Landtagsrede habe ich mehr als drei Jahrzehnte später entnommen, dass ich inhaltlich gut vorbereitet und sehr angriffslustig gewesen bin. Für eine „Jungfernrede" war sie auch ungewöhnlich reich an Zwischenrufen, auf die ich geschickt reagiert habe. Vermutlich habe ich frei mit vielen notierten Stichworten gesprochen. Eine Methode, an der ich mich von wenigen Ausnahmen abgesehen, über drei Jahrzehnte orientiert habe.

Meine ersten großen Gesetzesinitiativen im Landtag betrafen das Sparkassengesetz und das Personalvertretungsgesetz. Mit beiden Gesetzesreformen wollte ich mit Unterstützung meiner SPD-Landtagsfraktion ein Thema voranbringen, das mich über Jahrzehnte hin motiviert hat, auch als ich 2009 den Aufsichtsratsvorsitz beim Handelsunternehmen Coop übernahm: die Verbreiterung der Mitbestimmung von Arbeitnehmern in den Unternehmen.

Als ich im Juli 1981 öffentlich eine „Ergänzungsabgabe für Höherverdienende" forderte, warf mir der CDU-Generalsekretär Reichardt vor, ich betriebe „den Versuch publikumswirksamer Augenwischerei". Die Maßnahmen hätten einen „weiteren Abbau des Leistungsprinzips zur Folge". Drei

Jahrzehnte später verteidigte auch die CDU die als „Reichensteuer" bezeichnete Sondersteuer für Spitzenverdiener bei der Einkommensteuer.

Wie vor der Wahl versprochen, und dem Beispiel von Heide Simonis folgend, habe ich meine Einkommen ab März 1981 einmal jährlich gegenüber den Ortsvereinen und der Presse offenbart. Zu verheimlichen hatte ich eh nichts, da ich neben meinen Diäten und Aufwandsentschädigungen als Landtagsabgeordneter während der Dauer meiner Mandatszeit mit Ausnahme der letzten fünf Monate über keine weiteren Einnahmen verfügte.

Ich habe mich seit Anbeginn meiner politischen Betätigung für ein längeres gemeinsames Lernen in den Schulen eingesetzt. Dabei hatte ich immer auch meine eigenen Erfahrungen vor Augen, dass die Separierung nach der vierten Klasse der Grundschule viele Chancen insbesondere von Kindern aus weniger betuchten Familien verhindern kann. Deshalb habe ich mich umgehend als neuer Landtagsabgeordneter für eine Gesamtschule in der Region Rendsburg eingesetzt. Meine Mühen waren leider über zwei Jahrzehnte vergeblich. Im September 1980 versuchte die „Elterninitiative Gesamtschule" neuen Schwung in die Diskussion zu bringen. Interessant ist rückblickend, dass sich damals auch noch die schleswig-holsteinische FDP für die Gesamtschule ausgesprochen hat. Ich habe es selbst in einer öffentlichen Diskussion in Rendsburg erlebt, an der ich zusammen mit Otto Bernhardt (CDU), Neithard Neitzel (FDP) teilnahm. Zu meinem großen Bedauern scheiterten damals die kurz vor dem Abschluss stehenden Beratungen in der Ratsversammlung für die Einrichtung einer Gesamtschule an handwerklichen Fehlern. Es fehlte meinen Parteifreunden auch der Mut. Sie ließen sich zu meinem Verdruss von der großen Schar demonstrierender Kinder auf dem Altstädter Markt („ Wir wollen unsere Realschule behalten") von ihrer Absicht abbringen. Die Kinder waren von der örtlichen CDU und vom Philologen-Verband während der Schulzeit instrumentalisiert worden. Ich habe es regelmäßig beanstandet, wenn kleine Kinder vor dem Landeshaus bei gemeinsamen Demonstrationen für die Kritik ihrer Erzieher oder Lehrer politisch missbraucht worden sind. Nach der angeblich einstimmigen Absage von Lehrern, Eltern und Schüler in der Schulkonferenz im Oktober 1989, die das Gebäude der Realschule II nicht zur Gesamtschule umgewandelt wünschten, zog die SPD ihren Ratsversammlungs-Antrag wenige Tage später zurück. Der Hinweis von Klaus-Dieter Henkel, die Gesamtschule sei „politisch nicht durchsetzbar“, enttäuschte mich und rief meine heftige Kritik hervor. Eine große Chance für mehr Bildungsgerechtigkeit war am Widerstand von Menschen gescheitert, denen es in erster Linie um die Beibehaltung eines Schulgebäudes, und nicht um bessere Lernchancen für die Kinder ging. Erst zum Abschluss meiner parlamentarischen Tätigkeit gelang es 2005 in der Großen Koalition, mit der CDU die Gemeinschaftsschule im Schulgesetz zu verankern.

Von meinen ersten vier Jahren im Finanzausschuss habe ich in Erinnerung behalten, dass ich am Sitzungstisch stets neben dem FDP-Kollegen Neithard Neitzel saß, und ich mit dem damals noch sozialliberal denkenden Politiker gut zusammenarbeiten konnte. Finanzpolitischer Sprecher der SPD war Kurt Hamer, den ich später neben seiner Funktion als SPD-Kreisvorsitzender auch in dieser Aufgabenstellung „beerbt“ habe. Da alle Ausschusssitzungen nicht öffentlich tagten, erfuhr die Öffentlichkeit, wenn sie es denn überhaupt wissen wollte, nur wenig von der Machtpolitik der seit Jahrzehnten regierenden CDU. So kam es häufig vor, dass ich Fragen an die anwesenden Regierungsmitglieder gestellt hatte und ein CDU-Abgeordneter umgehend die Frage zur Abstimmung stellte, ob der Finanzausschuss überhaupt an der Antwort interessiert sei. Was natürlich dann mit Mehrheit der CDU-Vertreter verneint wurde.

Andere Fragen von Oppositionsabgeordneten wurden regelmäßig mit dem Hinweis auf Betriebs- oder Steuergeheimnisse abgelehnt. Erst mit der großen Verfassungsreform nach dem Wahlsieg der SPD 1988 wurde alle Ausschussberatungen, von wenigen Ausnahmen abgesehen, öffentlich. Als Kontrollorgan für die Landesregierung war die damalige CDU-Fraktion ein Totalausfall. Das war auch daran zu erkennen, dass viele CDU-Parlamentarier sich nicht schämten, ihre Reden zur Bewertung einer Ministerrede vom Redenschreiber des Ministers gleich mitschreiben zu lassen. Referenten klagten, sie müssten erst für CDU-Abgeordnete deren parlamentarische Kleine Anfragen an die Regierung formulieren, um anschließend die Antworten für die Regierung selbst nachzureichen.

Eher amüsant ist in diesem Zusammenhang eine Episode, die ich mit Fritz Latendorf erlebte, einem Kollegen von der CDU, den ich sehr schätzte und mit dem ich viele Jahre lang am im Fußballclub des Landtags zusammenspielte. Während einer Sondersitzung des Finanzausschusses in meiner zweiten Legislaturperiode stellte er die Frage nach der Rechtsmäßigkeit der

Sitzungsteilnahme meines Sohnes. Er war damals zwei Jahre alt und ich hatte ihn mitnehmen müssen, weil auch meine Frau verhindert war und wir auf die Schnelle keinen Babysitter gefunden hatten, als die Sondersitzung kurzfristig anberaumt worden war. Der Vorsitzende zeigte sich großzügig und mein Sohn hat zu Hause auch nichts von den Beratungen erzählt.

Präsident des Landtages war von 1979 bis 1983 Dr. Helmut Lemke. Er war als Ministerpräsident 1971 von Gerhard Stoltenberg abgelöst worden, weil der CDU bei der Landtagswahl ein Machtverlust drohte. Lemke wurde mit dem Amt des Landtagspräsidenten abgefunden. Natürlich wusste ich um seine Nazi-Vergangenheit als Bürgermeister von Schleswig und Eckernförde von 1933 bis 1944. Im Dezember 1969 hatte ich im „Jungen Forum" einen längeren kritischen Aufsatz über seine Nazi-Zeit verfasst und ihn mit seinen eigenen Worten aus 1933 zitiert: „Als Nationalsozialisten stehen wir auf dem Boden des Führerprinzips, denn wir alle, jeder an seiner Statt, sind dazu aufgerufen, die Hammerschläge des Dritten Reiches auszuführen". Seine Anbiederung an den Nazi-Verbrecher Hermann Göring ist in seiner Wirkungsstätte Eckernförde legendär. Zum Beispiel überreichte Helmut Lemke ihm laut Eckernförder Zeitung vom 29. Januar1934 höchstpersönlich die Ehrenbürgerschaft und faselte vom „freiwilligen Treueverhältnis des Volkes zum Führer". Lemke bekannte sich zu seiner Verpflichtung, „im besonderen Treueverhältnis zu ihm, in täglicher Kleinarbeit an der Front in seinem Sinne für das Dritte Reich zu kämpfen". 1955 weigerte er sich als Kultusminister an der Verleihung der Ehrenbürgerwürde an den Nobelpreisträger Thomas Mann in Lübeck teilzunehmen, weil Mann das „Dritte Reich" von Amerika aus wöchentlich in Radiobotschaften bekämpft hatte. Diesem Landtagspräsidenten sollte ich schon bei der Anrede am Rednerpult meine Reverenz erweisen? Ich folgte dem Beispiel von Gert Börnsen und ließ das übliche „Herr Präsident" einfach weg. Unabhängig von seiner Vergangenheit war Lemke mit seiner Präsidentschaft geistig überfordert. Alter und Ermüdung waren unübersehbar.

Lemke stand damals in einer unseligen Tradition rechtslastiger Politiker und Politk im Landtag. Daher war die immer wieder insbesondere von Kurt Hamer geforderte Aufklärung über das Wirken des Nationalsozialismus in Schleswig-Holstein erst nach dem Wahlsieg der SPD 1988 möglich. Sie führte zur Gründung des Instituts für Zeit- und Regionalgeschichte an der Universität in Flensburg. Ich war schon vorher als Gründungsmitglied dem

„Beirat für Geschichte“ beigetreten, der sich ähnliche Aufgaben bis heute gesetzt hat. Meinen einzigen „Ruf zur Ordnung“ habe ich übrigens in über 30 Jahren Parlamentszugehörigkeit nur 1982 in einer Sitzung des Innen- und Rechtsausschusses erhalten, als ich dem CDU-Kollegen Hans-Detlef Stäcker aus Uetersen bezichtigte, „ein unverbesserlicher Nazi“ zu sein, weil er wieder einmal verharmlosend über das „Dritte Reich“ gesprochen hatte. Stäcker war im September 1941 mit der Mitgliedsnummer 8.622.182 Mitglied der NSDAP geworden.

Diese frühere Mitgliedschaft in der verbrecherischen Organisation teilte er übrigens mit vielen anderen Mitgliedern des Landtags. Zu meinen Landtagskollegen mit dieser Vergangenheit zählte nicht nur der damalige Landtagspräsident Dr. Helmut Lemke, der der Nazi-Partei bereits am 1. April 1932 beigetreten war, sondern noch mehrere andere Kollegen.

Bald nach meiner Wahl in den Landtag begann ich mit den Antrittsbesuchen bei Behörden, Gemeinden, Verbänden und Unternehmen in meinem Wahlkreis. Eine besondere Aufmerksamkeit „genoss“ ich bei einem ersten offiziellen Besuch bei der Polizeiinspektion in der Rendsburger Moltkestraße. Wie üblich, versuchte ich auch dieses Mal mein Auto rückwärts in eine Parklücke auf dem Parkplatz der Polizei zu fahren. Dummerweise streifte ich als gewohnt sicherer und unfallfreier Fahrer gerade bei der Polizei ein Dienstfahrzeug. Es entstand zwar kein sichtbarer Schaden, aber ein lautstarker Knall. Sofort stürmten einige Polizeibeamte aus ihrem Dienstgebäude, um den Übeltäter zu fassen. Ich wäre gern in den Erdboden versunken, war mir die Angelegenheit doch furchtbar peinlich. An die nachfolgende „Begrüßung“ habe ich mich bei jedem weiteren Besuch bei der Polizei erinnert und bin besonders vorsichtig gefahren.

Anfang des Jahres 1980 diskutierten auch wir in der Provinz über die Frage, ob der Einmarsch sowjetischer Truppen in Afghanistan Anlass zum Boykott der in Moskau für den Sommer geplanten Olympischen Spiele sein sollte. Auf einer öffentlichen Versammlung der SPD in Büdelsdorf am 3. Februar 1980 kam es zum Konflikt zwischen Heide Simonis und mir. Während Heide sich für den Boykott aussprach, war ich dagegen. Ich bezeichnete es als „Heuchelei und Doppelzüngigkeit, wenn der Einmarsch der Russen in Afghanistan Anlass zum Boykott sein soll; dann hätte seinerzeit auch die Fußballweltmeisterschaft in Argentinien wegen des Militärputsches nicht stattfinden dürfen“.

Anfang der 1980iger Jahre löste die Wohnungsknappheit in Schleswig-Holstein wie auch im Bund eine Krise aus. Spekulanten zerstörten alten Wohnungsbestand, um Platz für teure Eigentumswohnungen zu schaffen. Als Reaktion darauf wurden in fast allen Städten Häuser besetzt. Die SPD-Landtagsfraktion war in dieser Krise zunächst ohne Konzept. Klaus Matthiesen erkannte sofort den Handlungsbedarf. Auf seinen Vorschlag hin übertrug die Fraktion mir 1981 die Führung einer Projektgruppe „Wohnungsbau". Ausgestattet mit guten Ratschlägen und personeller Unterstützung einer Mitarbeiterin der Landtagsfraktion machte ich mich mit einigen Parteifreunden aus der Wohnungswirtschaft und Wohnungspolitik in Hamburg und Schleswig-Holstein an die Arbeit. Nach einigen Monaten konnte ich zur Zufriedenheit des Fraktionsvorsitzenden den Entwurf für eine künftige SPD-Wohnungspolitik vorlegen. Diese Arbeit und das dabei entstandene Netzwerk in der Wohnungspolitik hatten zur Folge, dass ich 1982 die Nachfolge meines Büdelsdorfer Freundes Heinz Danker als Landesvorsitzender der SPD-Arbeitsgemeinschaft für Wohnungs- und Städtebau antreten konnte. Da die Fraktion mich zu ihrem wohnungspolitischen Sprecher gewählt hatte, durfte ich einige Diskussionen mit dem damaligen Innenminister Uwe Barschel bestreiten. Bei den wohnungspolitischen Sprechertagungen der SPD in Bund und Land lernte ich auch den damaligen wohnungspolitischen Sprecher der SPD-Bundestagsfraktion, Franz Müntefering, kennen, den späteren Bundesgeschäftsführer und Bundesvorsitzenden der SPD. Nach dem Auffliegen des Skandals um die Neue Heimat war ich froh, dass ich das seinerzeitige Angebot von Kurt Jänicke abgelehnt hatte, neben seinen profunden Ratschlägen als Nord-Chef der Neuen Heimat von seinem Unternehmen auch einen finanziellen Zuschuss für die Arbeit der Projektgruppe anzunehmen.

Der Dönitz-Skandal

An Weihnachten 1980 starb der von Adolf Hitler zu seinem Nachfolger ernannte ehemalige Reichspräsident Karl Dönitz. Ein uneinsichtiger alter Nationalsozialist, den auch die vom Nürnberger Militärgerichtshof festgesetzte zehnjährige Festungshaft in Spandau nicht belehren konnte. In der örtlichen Presse erschienen Danksagungen für den „Retter von Vertriebenen" und „U-Boot-Jäger", die seine Beteiligung an den Kriegsverbrechen völlig ausblendeten. Besonders erregte mich der Kommentar des Chefredakteurs der lokalen Landeszeitung, Karl-Heinz Freiwald, in der Silvesterausgabe. Er veranlasste mich noch am Neujahrstag zu einem Leserbrief, der erst am 6. Januar 1981 veröffentlicht wurde. Darin verwahrte ich mich dagegen, einen Kriegsverbrecher, der die Vertreibung und den Verlust der östlichen Heimat durch seine aktive Mitwirkung an der nationalsozialistischen Kriegsschuld erst möglich gemacht hatte, für die See-Rettung von Opfern seiner Politik zu feiern. Ich wies darauf hin, dass „es der Landeszeitung gut angestanden hätte, ihm, dem Verstorbenen nicht noch in einem Interview die Gelegenheit einer verlogenen Rechtfertigung zu geben, sondern objektiv seine Beteiligung und Mitschuld für die verbrecherische Politik des deutschen Faschismus aufzuzeigen". Noch am 1. Mai 1945 habe Dönitz sich „in tiefer Trauer und Ehrfurcht" vor dem verstorbenen Hitler verneigt, der ihn kurz vorher zum „weiteren Widerstand gegen das internationale Judentum" aufgefordert habe.

Nach der Veröffentlichung des Leserbriefes wurde ich tagelang von Zeitgenossen aus dem gesamten Bundesgebiet schriftlich und telefonisch auf das Übelste beschimpft. Darüber hinaus veröffentlichte die Landeszeitung auf mehren Seiten gegen mich gerichtete gehässige Leserbriefe. Stellungnahmen, die meine Position unterstützen, wurden nicht veröffentlicht, obwohl ich aus übersandten Kopien von solchen Leserbriefen erfahren habe. Mein in Rendsburg ansässiger Landtagskollege von der CDU, Werner Hahn, verstieg sich in einem Leserbrief sogar zu dem selbst erteilten Lob, er habe „von der Währungsreform bis zur Auflösung der sogenannten Kriegsverbrechergefängnisse in Landsberg, Werl und Wittlich einen Betreuungsring für kriegsverurteilte deutsche Soldaten gegründet".

Morddrohungen veranlassten mich zum ersten Mal, die örtliche Polizei zu ersuchen, in meinem Stadtteil häufiger sichtbare Präsenz zu zeigen. Es ist der 2010 erschienenen Dönitz-Biografie von Dr. Dieter Hartwig zu verdanken, dass die Verherrlichung des Kriegsverbrechers Dönitz entschleiert werden konnte.

Zuspruch bekam ich schon damals allerdings vom Chef der Landeszentrale für politische Bildung, Dr. Ernst Hessenauer. Das CDU-Gründungsmitglied schrieb mir, dass er meine Meinung teile und lud mich zu einem Gespräch in seine Kieler Dienststelle ein. Diese Unterstützung rief wiederum den Protest der politisch unverbesserlichen CDU-Granden Werner Hahn und Kultusminister Peter Bendixen auf den Plan, die den Amtsverzicht von Hessenauer forderten. Nur die Drohung des Getadelten, sich dann dem CDU-Verband Niedersachsen anzuschließen und ein Machtwort von Gerhard Stoltenberg retteten ihm das Amt.

Der als Kriegsverbrecher verurteilte Dönitz hatte die Zeit nach seiner Entlassung 1956 im schleswig-holsteinischen Mölln verbracht. Der spätere Ministerpräsident Uwe Barschel hatte 1963 als Schulsprecher des Gymnasiums in Geesthacht für einen bundesweit beachteten Skandal gesorgt, weil er Dönitz zu einem Vortrag in den Geschichtsunterricht eingeladen hatte. Da auch ein örtlicher Journalist über den von keinen Einsichten geprägten Vortrag berichtete, wurde die Angelegenheit publik. Der Leiter der Schule nahm sich in Folge der öffentlichen Aufregung das Leben.

Die Bürgermeisterwahl-Affäre

Kaum war die Affäre nach Dönitz Tod durchgestanden, stand ich einige Monate später schon wieder im Mittelpunkt von Verleumdungen, die sich vordergründig gegen den SPD-Ortsvereinsvorsitzenden Neugebauer richteten, aber den Wahlsieger bei der Landtagswahl von 1979 treffen sollten.

In Rendsburg stand 1981 in der Ratsversammlung die Neuwahl des Bürgermeisters an, weil der populäre und parteilose Bürgermeister Beisenkötter die Altersgrenze erreicht hatte. Zusammen mit den zwei Stimmen der FDP stellte die SPD-Fraktion mit ihren 14 Stimmen in der Ratsversammlung die Mehrheit für den gemeinsamen Kandidaten Wulf Jöhnk, damals Richter am Verwaltungsgericht. Mit seiner Wahl hätte Rendsburg zum ersten Mal in seiner Geschichte einen sozialdemokratischen Bürgermeister erhalten. Doch nicht Wulf Jöhnk, sondern der Kandidat der CDU, Dr. Hans Speck, erhielt in der geheimen Wahl 16 Stimmen, obwohl nur 15 Ratsmitglieder der CDU angehörten. Am Morgen vor der Wahl wurde ich beim Zeitungsstudium von der Meldung auf der Lokalseite überrascht, die SPD-Ratsfrau Marte Wittmack würde mich bezichtigen, sie zur Kennzeichnung des Stimmzettels bei der Stimmabgabe überredet zu haben. Deshalb trete sie bei Mitnahme ihres Mandates aus der SPD aus. Bereits im Vorfeld der Bürgermeisterwahl hatten sich tatsächlich einige Parteifreunde wegen des aus ihrer Sicht unsteten

Lebenswandels der Ratsfrau Wittmack besorgt gezeigt. Als sie mich darauf ansprach, habe ich ihr erwidert, dass ich selbst nicht an ihrer Parteitreue zweifele. Ich fand es unerhört und mit einem fairen Journalismus unvereinbar, dass ich vom Chefredakteur der Landeszeitung nicht selbst vorab um einen Kommentar zu dieser ungeheuerlichen Behauptung befragt worden bin. Über die Motive brauchte ich nicht lange spekulieren. Mir gelang es erst in der zweiten Instanz vor dem Oberlandesgericht in Schleswig, meine Ehre und eine mögliche Zukunft in der Politik zu retten. Frau Wittmack wurde bei Androhung von Strafen die weitere Behauptung dieser Beschuldigungen untersagt. Dazwischen lagen nicht nur Rücktrittsforderungen der Landes-CDU, sondern auch ein mit den Stimmen der CDU und von Frau Wittmack eingeleiteter Abwahlantrag aus dem Rendsburger Senat. Nach 1933 war ich der erste Sozialdemokrat, der auf Betreiben meines unterlegenen Wahlkreiskonkurrenten Otto Bernhardt in seiner Funktion als CDU-Fraktionsvorsitzender aus dem Senat abgewählt wurde. Dank der Gemeindeordnung und des noblen Verhaltens meines Fraktionschefs, Klaus-Dieter Henkel, wurde ich bei riesiger Anteilnahme der Rendsburger Bevölkerung zwei Wochen später wieder in den Senat gewählt. Kurz vor seinem Tod hat mir der CDU-Senator Georg Hornberger auf einer gemeinsamen Dienstreise für die Stadt einiges über die Hintergründe berichtet. Mein ehemaliger Lehrer hat sich dabei persönlich bei mir entschuldigt, dass er sich auf Drängen bestimmter Parteifreunde an meiner Abwahl beteiligt hatte.

In meiner unverzeihlichen Naivität stellte ich auf einer Sonder-Mitgliederversammlung der SPD zur Aufklärung über die Bürgermeisterwahl-Affäre wenige Tage nach der Abstimmung in der Ratsversammlung einen nicht zu beweisenden Zusammenhang zwischen dem Stimmverhalten der Frau Wittmack und einer fast zeitgleichen Sondergratifikation ihres Arbeitgebers, der Firma Zerssen, in Höhe von 25.000 DM, für die „verdiente Telefonistin“ her. Ich berichtete auch, in der Stadt erzähle man sich, dass Frau Wittmack für die von der Stadt errichtete Neubauwohnung in der Kirchenstraße keine Miete zahle. Dies weiterhin zu behaupten, wurde mir daraufhin gerichtlich untersagt. Darüber hinaus wurde ich vom Landgericht Kiel umgehend von dem Vorwurf der Frau Wittmack, die sich vom Hausanwalt der Landes-CDU vertreten ließ, entlastet, ich hätte mich an der Herausgabe eines Flugblatts der Rendsburger SPD beteiligt. Diese Zeitung hatte die mir selbst vorher untersagten Behauptungen zum Gegenstand. Auch die

Staatsanwaltschaft Kiel wurde aktiv. Sie ermittelte, wie die Kieler Rundschau am 6. August 1981 informierte, „in Sachen Bürgermeisterwahl seit zwei Monaten wegen des Verdachts der Bestechlichkeit gegen die frühere SPD-Ratsfrau Marte Wittmack-Bethke und wegen des Verdachts der Bestechung gegen Unbekannt".

Dankbar konnte ich während der insgesamt dreijährigen Beschäftigung mit der Justiz feststellen, dass die Parteifreunde in Kiel und Rendsburg und auch Heide Simonis mir vertrauten und mich unterstützten. In Rechtsanwalt Werner-Georg Tischler hatte ich einen guten Rechtsbeistand, der die Rendsburger Politik-Szene und ihre Akteure aus eigenem Erleben kannte. Nicht wenige meiner Parteifreunde wähnten einen Zusammenhang zwischen dieser Affäre und der erstmaligen Wahlniederlage der CDU bei der Landtagswahl 1979 im Wahlkreis Rendsburg.

Der gegen die SPD-FDP-Mehrheit in der Ratsversammlung so unerwartet gewählte CDU-Kandidat Dr. Hans Speck erfüllte natürlich nicht die Forderung der SPD, auf das Amt zu verzichten. Er wurde am 30.Juni 1981 von der Ratsversammlung in Abwesenheit der SPD-Fraktion feierlich ins Bürgermeisteramt eingeführt. Der CDU-Fraktionschef Otto Bernhardt legte noch einmal nach, in dem er laut Landeszeitung feststellte, „er hoffe nicht, dass sich im Interesse unserer Stadt auf Dauer in der SPD-Fraktion die radikalen Kräfte um Herrn Neugebauer und Herrn Tischler durchsetzen". Meine Parteifreunde und ich sahen in diesen Worten eine Ablenkung von der eigenen Verantwortung.

An die Auseinandersetzungen um die Bürgermeisterwahl 1981 wurde ich im Jahr 2002 erinnert, als die örtliche Landeszeitung ihre Leserinnen und Leser darüber informierte, dass die ehemalige Ratsfrau Marte Wittmack und ihr Mann sich entschlossen hatten, nach jahrelanger Ehe ein zweites Mal kirchlich zu heiraten. Als gute Freunde und Ehrengäste postierten sich der Bundestagsabgeordnete Otto Bernhardt sowie das Ehepaar Beisenkötter vor der Kamera des Journalisten. Ich empfand beim Studium der Zeitungsmeldung eine kleine Genugtuung, dass es diesen und anderen Personen 20 Jahre vorher nicht gelungen war, ihre gegen mich persönlich gerichteten Absichten zu verwirklichen.

Die freundschaftlichen Beziehungen zwischen Heide Simonis und mir wurde immer enger. Gemeinsam mit ihrem sympathischen Mann Ernst Udo war sie bei uns zu Hause zu Gast oder meine Frau und ich besuchten das Ehepaar Simonis in ihrer Wohnung in Bordesholm. Bei regelmäßigen gemeinsamen Besuchen bei Unternehmen im Wahlkreis informierten wir die Geschäftsleitungen sowie die stets anwesenden Betriebsräte über unsere Arbeit im Bundestag bzw. Landtag und ließen uns über deren Probleme unterrichten. Unvergessen ist mir ein gemeinsamer Besuch bei der Werft Nobiskrug in Rendsburg. Angesichts der Werftkrisen war dies für uns ein jährlicher Pflichttermin. Nobiskrug war damals mit über 1200 Beschäftigten einer der größten Arbeitgeber in der Region. Vorstandsvorsitzender war ein gewisser Karl Piwonski. Er verbat sich zunächst die Anwesenheit des Betriebsrates, um Heide Simonis und mir dann in seinem Arbeitszimmer die Überflüssigkeit unseres Besuches deutlich zu machen. Er rede nur mit dem Kanzler (damals der Sozialdemokrat Helmut Schmidt), wenn er Hilfe brauche, nicht mit einfachen Abgeordneten. Damit war unser Besuch auch schon bald wieder zu Ende. Wenige Jahre später veranlasste er die Pförtnerei, mich frühmorgens an der Verteilung von Wahl-Flugblättern zu hindern, weil ich angeblich auf seinem Firmengelände stand. Als ich mich dann mal wieder zu einem Informationsbesuch anmeldete, beschied er mir Sozialdemokraten schriftlich, mich erst wieder in das Unternehmen zu lassen, wenn ich „meine marxistischen und klassenkämpferischen Überzeugungen" abgelegt hätte. Ich empfand eine klammheimliche Freude, als er später vom Aufsichtsrat seine Kündigung erhielt. Aus diesem Gremium wurde bekannt, dass er seinen Wunsch nach einer Gehaltsaufbesserung mit der Kündigungsdrohung verband, die sofort angenommen wurde. Sein Nachfolger hat sich bei meinem nächsten Besuch auf der Werft für das Verhalten seines Vorgängers entschuldigt und ich konnte mich wieder regelmäßig um die Belange der Werft und ihrer Beschäftigten kümmern. Sie erlebte noch schwierige Zeiten, in denen die Politik und auch meine Verantwortung im Wirtschaftsministerium gefordert war.

Unvergessen ist mir aus dieser Zeit auch ein Vorgang, der mit Pressezensur nicht richtig beschrieben wäre. Als Schulsprecher, dreimaliger Chefredakteur von Zeitungen und Vielschreiber von Presseerklärungen hat es viele Einschüchterungsversuche gegeben, denen ich immer widerstanden habe. Einmal wurde ich schwach und verzeihe es mir bis heute nicht. Im Frühjahr 1980 erhielt die Frau des Verlegers der Landeszeitung und CDU-Landesschatzmeisters, Heinz Möller, auf Vorschlag der CDU-Landesregierung vom Bundespräsidenten das „Verdienstkreuz am Bande" verliehen. Über die Ehrung wurde selbstverständlich in der Landeszeitung sehr ausführlich berichtet und als Begründung angegeben, „Frau Möller habe eine große Anzahl von Arbeitsplätzen und Ausbildungsplätzen geschaffen". Diese für Ordensverleihungen gänzlich willkürliche und unübliche Begründung veranlasste mich, für die „Rendsburg-Post", die Bürgerzeitung der Rendsburger SPD, eine Glosse zu schreiben. Darin stellte ich eine Verbindung her zwischen dem Orden und der Presseunterstützung für die regierende CDU unter Ministerpräsident Gerhard Stoltenberg und den CDU-Landtagsabgeordneten Otto Bernhardt sowie der ehrenamtlichen Tätigkeit des Verlegers als CDU-Landesschatzmeister. Eines Abends im März 1980 rief mich ein leitender Redakteur der Zeitung zu Hause an. Er hatte aus der Druckerei des Verlags der Landeszeitung, in der unsere Bürgerzeitung gedruckt werden sollte, unzulässigerweise einen Vorabdruck meiner Glosse erhalten und bat mich dringend und begründend, auf die Veröffentlichung zu verzichten. Dem habe ich nach Rücksprache mit unserem Schriftleiter, Wulf Jöhnk, entsprochen. 30 Jahre später hat der Journalist im Gespräch noch einmal gegen meine eigene Einschätzung die Richtigkeit meines Handels bekräftigt. Er meinte, der Verleger Möller hätte ansonsten mit seinem Einfluss alle Mittel in Bewegung gesetzt, mich politisch zu zerstören. Mir reichten damals die fast täglichen Herabsetzungen meiner Person und meiner Ansichten durch seinen Chefredakteur.

Die Wiederwahl von Heide Simonis in den Bundestag, meine Wahl zum SPD-Kreisvorsitzenden

Nach der Wahl ist bekanntlich vor der Wahl. Deshalb begannen wir uns im Ortsverein Rendsburg bereits ab Mai 1979 Gedanken über die 1980 anstehende Bundestagswahl zu machen. Mit einer persönlichen Presseerklärung unter der Überschrift „SPD-MdL für Nominierung von Heide Simonis" ergriff ich im Mai 1979 die politische Initiative. Ich erwähnte, dass Heide Simonis „ihre Sache in Bonn gut gemacht" habe und ich mich für ihre Kandidatur einsetzen würde. Sie erfülle in „ihrer Person die Voraussetzungen für eine Politik, die sowohl kritische Jungwähler, wie auch engagierte Anhänger einer offensiven Arbeitnehmer- und Frauenpolitik anspreche". Sie sei im Bundestag „den Erwartungen ihrer Partei gerecht geworden".

Mit Schreiben vom 18. Juni 1979 hat sich Heide dann selbst beim Kreisvorstand und den Ortsvereinsvorsitzenden für eine weitere Kandidatur beworben. Sie bewarb sich, wie sie bemerkte, „im vollen Bewusstsein auch der Defizite, die in meiner Arbeit in den vergangenen drei Jahren aufgetreten sind", wies aber auch auf ihre Tätigkeit in den Ausschüssen und im Wahlkreis hin. Der Kreisvorstand setzte als Termin für die Wahlkreiskonferenz in Schacht-Audorf den 14. Dezember 1979 fest.

Der SPD-Ortsverein Rendsburg wählte auf seiner Mitgliederversammlung 16 Delegierte. Nach der Auszählung der Stimmen konnte ich erfreut registrieren, dass ich in geheimer Wahl die meisten Stimmen erhalten und damit meine Position in der Rendsburger SPD sichtbar stabilisiert hatte. Laut Tagesordnung für die Wahlkreiskonferenz sollte Heide Simonis die Gelegenheit bekommen, über „die Politik für die 80er Jahre" zu referieren. Dazu kam es aber nicht, weil die Konferenz wegen Nebel kurzfristig abgesagt und auf den 11. Januar 1980 verlegt werden musste. Einige Freunde sahen darin kein gutes Omen.

Als einzige Bewerberin wurde Heide Simonis zur SPD-Kandidatin gewählt. Zehn Tage später verkündete sie schriftlich ihre programmatischen und strategischen Vorschläge für den anstehenden Wahlkampf. Wie in den Vorjahren legte sie auch im März 1980 wieder einen schriftlichen Bericht über ihre Einkommens- und Vermögensverhältnisse vor. Mich überzeugte diese Transparenz.

Deswegen habe ich mich, wenn auch in veränderter Form, als neuer Landtagsabgeordneter dieser Praxis angeschlossen und bis zum Ende meiner Abgeordnetenzeit regelmäßig meine Einkünfte offengelegt. Im April legte Heide Simonis ein mehrseitiges Papier zur „Stellung und Förderung ländlicher Sportvereine" vor. Wenige Tage später begründete sie schriftlich ihr abweichendes Stimmverhalten bei dem Entschließungsantrag der SPD/FDP-Koalition im Bundestag zur militärischen Intervention der Sowjetunion in Afghanistan. Sie sehe sich „außerstande, zusammen mit der CDU/CSU-Fraktion diesem Antrag zuzustimmen".

Der Gegenkandidat der CDU im Bundestags-Wahlkreis war der Politikprofessor an der Kieler Universität, Werner Kaltefleiter. Für mich war er in seinen politischen Auffassungen noch reaktionärer als der Kandidat von CDU und CSU für das Bundeskanzleramt, Franz Josef Strauß. Dennoch konnte er sich der publizistischen Unterstützung der schleswig-holsteinischen Zeitungen, aber auch der von großen Sponsoren aus dem Unternehmensbereich sicher sein.

Die Landeswahlkonferenz am 26. und 27. April 1980 war überschattet von Äußerungen des von vielen und auch von mir sehr verehrten früheren SPD-Landesvorsitzenden Jochen Steffen, der sich für eine Unterstützung der neuen Partei „Die Grünen" ausgesprochen hatte.

Der Einstimmung auf den Bundestagswahlkampf galt auch der ordentliche Kreisparteitag am 18. Mai 1980 in Eckernförde, auf dem ich erstmals als Parteitagspräsident amtierte. Heide Simonis referierte über „Die Alternativen-SPD vor der Bundestagswahl". In ihrem Referat betonte sie die Geschlossenheit der Partei „hinter Bundeskanzler Helmut Schmidt" und setzte sich kritisch mit Strauß und Kaltefleiter auseinander. Mit ihrem Referat konnte sie die Delegierten so überzeugen, dass sich niemand in der Aussprache zu Wort meldete. In einem Schreiben vom 5. Juni fragte Heide Simonis wegen eines Wahlkampf-Auftritts des Unions-Kanzlerkandidaten Strauß in Rendsburg, „ob es Möglichkeiten gibt, eine Gegenveranstaltung zu organisieren, mit Liedermachern und Musikgruppen".

Die Landeszeitung meldete am 8. August, dass nach Aussagen des SPD-Ortsvorsitzenden Günter Neugebauer „ die Rendsburger SPD für den Wahlkampf gut gerüstet"sei und „sie in Heide Simonis eine hervorragende Kandidatin" habe. „Neugebauer warnte vor der Illusion, dass der Wahlkampf schon gewonnen sei. Es bedürfe aller Anstrengungen, um Strauß, den er als eine Gefahr für den inneren Frieden und die äußere Sicherheit bezeichnete, zu stoppen".

Wie versprochen war Heide Simonis nun täglich „an der Haustür" oder „auf der Straße". In meinem Landtags-Wahlkreis war ich stets an ihrer Seite. Die mit der Person Strauß verbundene Polarisierung der allgemeinen politischen Stimmung im ganzen Land kam ihr im Wahlkreis entgegen, zumal sich Kaltefleiter nicht von Strauß distanzieren wollte. Ich selbst rief die Mitglieder des Ortsvereins am 13. August noch einmal auf, „Kaltefleiter und Strauß zu verhindern". „Einen Strauß, der angesichts seiner Affären, Bestechungsskandale und Beziehungen zu faschistischen Diktatoren eine Gefahr für Frieden und Freiheit" darstelle. Ganz anders reagierte Otto Bernhardt für die CDU in einer Presseveröffentlichung am 4. Oktober. Er bezeichnete „Frau Simonis" als Vertreterin des linken Flügels innerhalb der SPD, die

„mehr von Planwirtschaft als von Marktwirtschaft“ halte. Höhepunkt des Rendsburger Wahlkampfes war ein Auftritt von Bundesminister Hans-Jürgen Wischnewski auf dem Altstädter Markt am 26. September. Wischnewski hatte 1977 im Zusammenhang mit einer Erpressungsaktion der inhaftierten Mitglieder der RAF nach der Befreiung eines Lufthansa-Flugzeugs in Mogadischu eine große Berühmtheit erlangt. Vor Hunderten von Besuchern leiteten Heide Simonis und ich die Veranstaltung mit heftigen Vorwürfen an Strauß und einer Wahlempfehlung für Bundeskanzler Schmidt ein. Mir oblag es auch, Kaltefleiter und seine ungeklärte Wahlkampfkosten-Finanzierung anzuprangern.

Kaltefleiter selbst positionierte sich noch einmal mit einem mehrseitigen Flugblatt, in dem er sich direkt mit dem Wirken von Heide Simonis im Bundestag auseinandersetzte. Der Satz „Jetzt wissen es die Wähler, Heide Simonis kann man nicht wählen“ begründete er mit einem Zitat von Heide Simonis zur Gleichberechtigung: „Ich glaube, dass nur durch gemeinsame Veränderung des gesellschaftlichen Umfeldes, der Produktionsorganisation, der gerechten Verteilung von Arbeit, Freizeit, Einkommen, des Abbaus von in unserer Erziehung immer noch übermittelten Ängsten und Repressionsmechanismen sich Männer und Frauen so emanzipieren können, dass gegenseitige Unterdrückung abgebaut werden kann“.

Zu einem politischen Eklat kam es im Bundestagswahlkampf, weil sich erstmals die „Deutschen Bischöfe“ der Katholiken zu Wort meldeten. Mit dem Hinweis, jeder Christ solle bei seiner Wahlentscheidung bedenken, „was die Gebote Gottes in der Politik fordern“, wurde unter Hinweis auf die hohe Verschuldung des Staates offen zur Wahl von CDU und CSU aufgerufen. Objektiver erschien mir da schon die Wahlkampfhilfe der Kollegen aus dem „Nordpool“, Norbert Gansel und Horst Jungmann, die Heide Simonis in einem offenen Brief vom 27. September gegen die genannten Verunglimpfungen von Kaltefleiter verteidigten.

Wie bereits 1976 wurde der Wahlkampf für Heide Simonis mit einer Auto-Sternfahrt und Informationsständen in Rendsburg abgeschlossen.

Am 5. Oktober erreichte nicht nur die Bundes-SPD einen Erfolg mit der Wiederwahl von Helmut Schmidt, auch Heide Simonis war zum zweiten Mal in ihrem Wahlkreis erfolgreich. In Rendsburg erhielt sie 55,1 Prozent der Erststimmen, 2,1 Prozente mehr als 1976, während die SPD bei den Zweitstimmen 51,2 Prozent erhalten hatte.

In einer Wahl-Nachbetrachtung stellte ich wörtlich zum Abschneiden der neuen Bewegung „Die Grünen“ fest: „Sie sind abgeschlagen, aber das grüne Potenzial ist vorhanden. Wir müssen eine Politik betreiben, die an Arbeitnehmerinteressen orientiert ist und notwendige ökologische Forderungen mit einbezieht.“

Nach der Bundestagswahl galt unsere Aufmerksamkeit wieder der Kommunalpolitik und der Arbeit im SPD-Ortsverein. Auf der alle zwei Jahre stattfindenden Hauptversammlung des Ortsvereins stellte ich mich zur Wiederwahl und wurde als einziger Kandidat mit 52 Ja-Stimmen bei acht Nein-Stimmen und vier Enthaltungen wiedergewählt.

Auf der Landesebene der SPD gab es einen unerwarteten Personalwechsel. Klaus Matthiesen erklärte am 6. Februar 1981 seinen Verzicht auf eine erneute Kandidatur für das Amt des SPD-Spitzenkandidaten bei der nächsten Landtagswahl. Er begründete diesen Verzicht mit seinem Versprechen, alles zu unternehmen, damit das schleswig-holsteinische Atomkraftwerk Brokdorf nicht gebaut werde. „Jetzt unterstütze die (SPD-geführte) Bundesregierung offen den Kernenergiekurs des CDU-Ministerpräsidenten Stoltenberg gegen fast die gesamte norddeutsche SPD und FDP“. Matthiesen nannte diesen Vorgang „einzigartig in der Parteigeschichte“.

Die Rendsburger Sozialdemokraten und auch ich waren bestürzt. Klaus Matthiesen war in Rendsburg auf vielen Veranstaltungen als Referent aufgetreten. Ich selbst hatte ihm viel zu verdanken. Er gab mir mit der Leitung der Projektgruppe Wohnungsbau in der Landtagsfraktion die Gelegenheit, mich in der Landtagsfraktion zu profilieren. Ihm verdanke ich auch die im Vorfeld der Landtagswahl 1983 nach Absprache mit dem Landesvorsitzenden Günther Jansen gegebene dann auch eingelöste Zusage eines sicheren Listenplatzes auf der Landesliste. Andernfalls wollte ich ein hauptamtliches kommunales Spitzenamt anstreben. Bewundert habe ich an ihm seine mich noch heute leitende Erkenntnis, dass eine Oppositionsfraktion nur die Anträge im Landtag stellen soll, die sie im Falle der Regierungsübernahme selber umsetzen würde. An diesem Anspruch scheiterten in seiner Amtszeit als Oppositionsführer viele gut gemeinte Initiativen aus der SPD-Fraktion bereits im ersten Anlauf.

Gut erinnere ich mich noch an eine nicht ganz übliche Aufgabe, die er mir übertrug, nachdem er sich im Anschluss an eine Abendveranstaltung der SPD im Rendsburger Bahnhofshotel und einer bierseligen Stimmung im Kreis von SPD-Mitgliedern von seinem Fahrer noch zu einem kurzen Zusammensein mit der Ratsfrau Marte Wittmack fahren ließ, die einige Jahre später in der Rendsburger Kommunalpolitik unrühmlich für Aufregung sorgte. Sie glaubte wohl an eine gemeinsame Zukunft, und ich musste ihr auf Drängen von Klaus Matthiesen später die schonungslose Wahrheit beibringen. Vorher hatte sich Klaus Matthiesen in seinem Landtagsbüro bei vielen Telefonanrufen aus Rensburg verleugnen lassen.

Seine Nachfolge als Spitzenkandidat sollte später Björn Engholm antreten. Klaus Matthiesen verabschiedete sich schon bald nach der Landtagswahl 1983 als Umweltminister unter Ministerpräsident Johannes Rau nach Nordrhein-Westfalen. Wir trafen uns dann nur noch auf Bundesparteitagen.

Fragen der Nachrüstung und Aufrüstung, um der tatsächlichen oder angeblichen Bedrohung aus dem Osten begegnen zu können, dominierten 1981 und 1982 die Diskussion auf allen Ebenen der SPD. Helmut Schmidt und seine Politik wurden von vielen Parteimitgliedern und selbst von Willy Brandt kritisiert. Meine Frau und ich demonstrierten mit mehreren Hunderttausenden in Hamburg gegen die Nachrüstung. Ich fuhr zur Großkundgebung der Nachrüstungsgegner nach Bonn. Der Ortsvorstand der Rendsburger SPD verabschiedete einstimmig eine von mir verfasste Resolution an den Bonner Parteivorstand, in dem er sich „energisch gegen die Produktion von Neutronenbomben durch die USA" aussprach und daran erinnerte, dass sich „in der Rendsburger Innenstadt innerhalb von einer Stunde mehr als 200 Bürger gegen die Entscheidung der amerikanischen Regierung ausgesprochen haben". Konsequenterweise appellierte der Vorstand am 22. September 1981 auch an den SPD-Bundesvorstand, den besonders öffentlich agierenden Düsseldorfer SPD-Bundestagsabgeordneten Karl-Heinz Hansen nicht aus der Partei auszuschließen.

Auch Heide Simonis bezog klare Positionen. In einem Schreiben vom 20. Mai 1981 wehrte sie sich als Haushaltspolitikerin angesichts der damals schon maroden Staatsfinanzen gegen immer neue Begehrlichkeiten des Militärs. Auch sie stellte sich gegen die Politik Helmut Schmidts. „Kein Abgeordneter wird diese Regierung stürzen. Als Abgeordnete bin ich jedoch nicht Angestellte der Regierung. Ich werde weiter diskutieren, was ich an der Regierungspolitik für falsch, für veränderungsbedürftig halte. Meine Zweifel an der Verhandlungsbereitschaft der USA haben sich inzwischen verstärkt." Mit deutlichen Worten widersetzte sie sich der Forderung nach einer „weiteren Anhäufung von Atomwaffen und damit Atomwaffen-Zielen auf unserem Boden". Wieder einmal waren Heide Simonis und ich uns in einer wichtigen Frage einig.

Die Kommunalwahlen 1982 wurden auf der Rendsburger SPD-Hauptversammlung im September 1981 mit der Verabschiedung des Programms und am 2. Oktober mit der Kandidatenaufstellung vorbereitet. Die mir selten wohl gesonnene Landeszeitung kam nicht umhin, am 7. Oktober schon in der Überschrift zu titeln: „Eindeutiges Votum für Ortsvorsitzenden Günter Neugebauer". Dieser Vertrauensbeweis war in dieser Phase der Nachwehen zur Bürgermeisterwahl-Affäre keine Selbstverständlichkeit und bedeutete für mich eine kräftige Rückenstärkung. Auf Platz 1 der Liste setzte der Vorstand den Fraktionsvorsitzenden Klaus-Dieter Henkel, nach den Wirren der letzten Jahre eine durchaus angemessene Würdigung seiner politischen Arbeit. Ich bewarb mich um Platz 2 und erhielt in geheimer Wahl alle Stimmen und damit das beste Ergebnis. Auf Platz 3 wurde der ehrenamtliche Senator Werner Georg Tischler gewählt.

Mit dem Namen Werner Georg Tischler verbindet sich der Streit um das Rendsburger Amt des Hauptamtlichen Senators, dem Stellvertreter des Bürgermeisters. Es war durch die Wahl des bisherigen Amtsinhabers, Dr. Hans Speck, zum Bürgermeister vakant geworden. In der Ratsversammlung am 10. September 1981 beantragte die SPD-Fraktion die Wahl des Hauptamtlichen Senators, eine Stelle, zu deren Besetzung nach der Gemeindeordnung nur die SPD das Vorschlagsrecht hatte. Ich selbst war an der Wahl in dieses Amt nicht uninteressiert und zeigte mich „bereit, wenn die Partei es von mir erwartet". Ich führte einige Gespräche mit Parteifreunden in Rendsburg sowie mit Günther Jansen, Kurt Hamer und Klaus Matthiesen. Zu bedenken waren die Nachfolge im Landtagsmandat und die Folgen einer für möglich erachteten Verweigerungshaltung der örtlichen CDU. Zudem war ich gerade erst zwei Jahre Landtagsabgeordneter und sah auch in meinem Freund Werner Georg Tischler einen geeigneten Kandidaten. Ich verzichtete. Zu den 14 offiziellen Bewerbungen für diese Stelle zählte dann auch die des Juristen Werner Georg Tischler. Es war zugleich eine der qualifiziertesten Bewerbungen. In der Ratsversammlung am 10. September 1981 entfielen auf Tischler nach einer großen Redeschlacht mit vielen persönlichen Angriffen in offener Abstimmung lediglich 14 von 29 Stimmen. Alle CDU-Vertreter hatten gegen ihn gestimmt, der Konfrontationskurs war ungebrochen. Am

4. Februar und dann wieder am 1. April 1982 wiederholte die SPD-Fraktion im Rathaus vergeblich ihren Antrag, Werner Georg Tischler zum Hauptamtlichen Senator zu wählen. Obwohl Tischler am 1. April erstmals mit 16 von 31 Stimmen die Mehrheit in der Ratsversammlung erhalten hatte, bestand die CDU auf ihre Auslegung der Gemeindeordnung. Danach sei für die Wahl eine Zweidrittel-Mehrheit erforderlich. Ich gab am 10. April 1982 als Ortsvereinsvorsitzender eine sehr lange öffentliche Erklärung ab, die auch von der Landeszeitung abgedruckt wurde. Darin stellte ich abschließend fest, dass Tischler am 1. April wirksam mit Mehrheit zum Senator gewählt worden sei und das Amt des Hauptamtlichen Senators antreten werde. Notfalls solle dieses Recht mit gerichtlicher Hilfe durchgesetzt werden. Wie von mir erwartet, wurde der Beschluss der Ratsversammlung durch Erlass des CDU-Innenministers vom 11. Juni 1982 für rechtswidrig erklärt, „weil ihm die erforderliche Mehrheit von zwei Dritteln der gesetzlichen Zahl der Ratsversammlung fehlte". Nun verlor auch Tischler die Lust, ihm reichten die Anpöbelungen aus den CDU-Kreisen. Er verzichtete am 19. Juni auf das wichtige Amt, in das er nach SPD-Auffassung rechtswirksam gewählt worden war. Ohne Erfolg blieb der Vorschlag der CDU-Fraktion im August 1982, im Interesse der Kosteneinsparung ganz auf die Besetzung zu verzichten. Dieses Ansinnen erschien uns zu opportunistisch.

Nach neuen Überlegungen in der SPD-Ratsfraktion schlugen wir den Ratsherrn Rolf Teucher vor, der dann auch mit den Stimmen der CDU am 9. September 1982 gewählt wurde. Nachdem Bürgermeister Dr. Speck Anfang 1987 zum Abteilungsleiter in die Kieler Staatskanzlei berufen worden war, kamen CDU und SPD kurzfristig in meiner krankheitsbedingten Abwesenheit überein, eine Absprache über die Besetzung der Ämter Bürgermeister und Hauptamtlicher Senator zu treffen. Ohne sich nach meinem Interesse zu erkundigen, entschied sich die Führung der SPD-Fraktion für Rolf Teucher als Bürgermeister und den ehemaligen CDU-Bürgervorsteher Hellmuth Brodersen als seinen Vertreter. In der Fraktionssitzung am 23. Februar 1987 kritisierte ich dieses Verfahren und auch den Verzicht auf eine öffentliche Ausschreibung. Selbstverständlich erhielt Rolf Teucher bei seiner Wahl auch meine Stimme, damit er der erste sozialdemokratische Bürgermeister der Stadt werden konnte. Dennoch war ich gemeinsam mit dem SPD-Kreisvorstand der Auffassung, dass der Verzicht auf die Ausschreibung die Aufgabe von demokratischen Grundüberzeugungen bedeutete.

Am 26. Februar stimmte ich in der Ratsversammlung lediglich mit den zwei Ratsmitgliedern der Grünen gegen den Verzicht auf die Ausschreibung.

Die Vorgänge um die Nichtwahl von Werner Georg Tischler nahm ich in der Hauptversammlung am 2. Oktober 1982 zum Anlass, der CDU „unter ihrem Vorsitzenden Bernhardt einen ungehemmten Konfrontationskurs“ vorzuhalten. Ich bezeichnete das Verhalten als einen Skandal und appellierte an „die besonnenen Kräfte in der CDU, sich endlich von ihrem Vorsitzenden Bernhardt zu trennen“. Tischler war nicht nur ein kritischer Wortführer in der SPD, sondern in der Bewältigung von vier juristischen Verfahren im Zusammenhang mit der Bürgermeisterwahl-Affäre auch mein Rechtsanwalt.

Bereits 1981 wurde in Deutschland intensiv über Konsolidierungsmaßnahmen in den öffentlichen Haushalten diskutiert. Heide Simonis sprach am 16. November 1981 bei der Arbeitsgemeinschaft für Arbeitnehmerfragen in der SPD (AfA) in Schacht-Audorf zu dem Thema: „Wo soll im Bundeshaushalt gespart werden?“ Schon am 5. November 1981 hatte sie sich auf der Mitgliederversammlung der Rendsburger SPD in ihrem „Bericht aus Bonn“ mit dieser Thematik befasst.

Im Januar 1982 teilt Heide Simonis den Ortsvereinsvorsitzenden mit, dass sie im Sommer auf Einladung der amerikanischen Regierung für drei Wochen in die USA fahren werde. Sie habe darum gebeten, „mit Minderheitenvertretern sprechen zu können, Wohnungen in Slum-Gebieten besichtigen zu können und mit Umweltschutzbeauftragten der Kernkraft-Kommission zu sprechen“. Handschriftlich meldete sich Heide Simonis am 15. Juli 1982 aus San Francisco und berichtete mir von ihren Erfahrungen in den USA. Ihren Bericht fasst sie mit der Feststellung zusammen: „Zwei Dinge habe ich jedenfalls gelernt: Reaganomics ist eine Versündigung gegen die menschliche Würde (ich meine das ernst) und die SPD kann noch so beschissen im Moment sein. Sie ist die Partei, für die es sich lohnt, sich zu engagieren.“ Im August 1983 erhielt ich eine ähnliche Einladung aus den USA und habe sie ebenfalls angenommen.

Im Frühjahr 1982 reagierte die breite Öffentlichkeit in Deutschland betroffen auf die Nachrichten über die Aufstände und Unterdrückung der polnischen Werftarbeiter. Ende Januar 1982 rief ich öffentlich dazu auf, die geplanten Solidaritätskundgebungen für die polnische „Solidarität“ zu unterstützen. Wie andere Militärdiktaturen könne auch die polnische kein Verständnis erwarten. Dies bleibe „auch dann richtig, wenn unter westlichen Militär-Regimen in der Türkei, Chile, Argentinien oder Uruguay Menschen gefoltert und vergewaltigt, gequält und getötet“ würden.

Die Affäre Damp 2000

Anfang Januar 1980 bat mich der stellvertretende Vorsitzende der SPD-Landtagsfraktion, Kurt Hamer, Mitglied einer kleinen Arbeitsgruppe zur Aufklärung eines möglichen Korruptionsskandals der Landesregierung zu werden. Ich wurde vermutlich ausgesucht, weil man mir als gewerblichen Betriebsprüfer Erfahrungen beim Aufspüren von verheimlichtem Material unterstellte. Der SPD-Landtagsfraktion waren Informationen zugespielt worden, die die Vermutung zuließen, dass sich Sozialminister Karl-Eduard Clausen und sein Staatssekretär, Prof. Dr. Fritz Beske, bei der Aufnahme von medizinischen Betten des damaligen Urlaubszentrums der „Renatus-Rüger-Gruppe“ in „Damp 2000“ unter dem Geschäftsführer Dr. Walter Wübben in den Krankenhausbedarfsplan des Landes von sachfremden Motiven leiten ließen. Demnach sollte das Urlauberzentrum in Damp – wie zu jener Zeit alle touristischen „Bettenburgen“ im Land – in wirtschaftlichen Schwierigkeiten gestanden haben.

Offenbar hatte man die durchaus sinnvolle Überlegung angestellt, die Probleme zu lösen, indem man ein medizinisches Zentrum, die Ostsee-Klinik Damp, gründen und einen Teil der Gästebetten in Krankenhausbetten umwandeln wollte. Dem stand nur der Krankenhausbedarfsplan des Landes entgegen. Die SPD hatte erfahren, dass die Damp-Gruppe vor der Entscheidung des Sozialministers seinem CDU- Kreisverband Stormarn, dem CDU-Kreisverband Rendsburg-Eckernförde unter Vorsitz des CDU-Abgeordneten Werner Hahn und dem „Institut für Gesundheitssystemforschung“ des Staatssekretärs Prof. Beske namhafte Geldbeträge überwiesen hatte.

In einem Aktenvermerk („Persönlich/Streng vertraulich“) vom 22. September 1977 hatte Dr. Wübben nach einem Gespräch mit dem Staatssekretär Beske festgehalten, dass die Ostseebad Damp KG „das Institut des Herrn

Prof. Beske ... mit einem Jahresbetrag von DM 25.000,– fördern" will. Weiter wird als Gesprächsergebnis die Bereitschaftschaft von Prof. Beske notiert, „zu Beginn des nächsten Jahres die Ostseeklinik Damp mit insgesamt 260 Betten in den Krankenhausbedarfsplan aufzunehmen." Die Förderung wurde mit 800.000 DM pro Jahr beziffert. In besonderer Dreistigkeit sagte Prof. Beske laut Aktenvermerk auch noch zu, die geplanten (konkurrierenden) Planungen für zwei Kurklinikbauvorhaben in Westerland zu verhindern.

Eigentlich wäre es angebracht gewesen, einen parlamentarischen Untersuchungsausschuss zu beantragen. DieSPD-Landtagsfraktion scheute diesen Schritt jedoch, denn in der vorangegangenen Legislaturperiode hatte die SPD schlechte Erfahrungen mit dem Vorgehen der CDU-Mehrheitsfraktion im Untersuchungsausschuss gemacht. Beim so genannten „Gerisch-Ausschuss" hatte die CDU den Fragenkatalog der SPD-Fraktion einfach umgeschrieben und die Aufklärung verhindert, indem SPD-Abgeordnete zu „Beschuldigten" gemacht wurden. Ein Untersuchungsausschussgesetz mit Schutzrechten für die Opposition hat erst die erste Landesregierung der SPD unter Björn Engholm auf den Weg gebracht. Das Bundesverfassungsgericht stand mit seiner Rechtsprechung damals auch noch nicht auf der Seite der parlamentarischen Opposition.

Aus Sicht der Geldgeber und Spendenempfänger sowie der CDU waren die finanzielle Förderung durch die Landesregierung und die Spenden „reiner Zufall und ohne Zusammenhang". Die politisch nicht unabhängige Staatsanwaltschaft stellte das Ermittlungsverfahren gegen Prof. Beske ein. Die SPD war empört und konnte als einzigen Erfolg verbuchen, dass auch die Landespresse nicht umhin kam, über diese Affäre zu berichten.

Die Parteispenden-Affäre

Im Frühjahr 1981 wurden mir aus einer seriösen Quelle Informationen zugespielt über Parteispenden-Praktiken der in der Rendsburger Adolf-Steckel-Straße im Haus des Unternehmerverbandes ansässigen „Staatspolitische Vereinigung e.V." und der „Studien- und Fördergesellschaft". Beide Organisationen, von CDU-geführten Landesregierungen als „gemeinnützig" anerkannt, hatten in den zurückliegenden Jahren mehrere Millionen DM an die CDU und FDP zur Wahlkampffinanzierung ausgeschüttet. Ich konnte der

Öffentlichkeit im April 1981 mitteilen, dass die „Staatspolitische Vereinigung“ allein von 1976 bis 1979 dem Landesverband der CDU 1,2 Millionen DM und der FDP noch 48.000 DM zukommen ließ. Aus mir vorliegenden Schriftstücken ging hervor, dass diese Organisationen nur zu einem einzigen Zwecke gegründet worden waren: Ihre Mitgliedsunternehmen schleusten rechtswidrig Geld an CDU und FDP und tarnten diese Summen als steuerlich abzugsfähige Betriebsausgaben. Wie von mir nicht anders erwartet, schenkte die vom CDU-Schatzmeister Heinz Möller herausgegebene Landeszeitung meinen Vorwürfen keine Aufmerksamkeit. Erst nachdem ich den NDR und die Kieler Rundschau informiert hatte, wurde über den Skandal berichtet.

Bei der Staatsanwaltschaft in Kiel erstattete ich eine Anzeige wegen Steuerhinterziehung und Beihilfe zur Steuerhinterziehung. Diese Anzeige blieb in der unter dem politischen Einfluss der CDU stehenden Staatsanwaltschaft genau so ohne Auswirkungen wie meine Anfragen im Finanzausschuss des Landtags. Die Antworten wurden stets mit dem Hinweis auf das Steuergeheimnis abgelehnt. Das Blatt wendete sich erst, als der „SPIEGEL“ über die Zuwendungen aus den „schwarzen Kassen“ des Flick-Konzerns berichtete, mit denen überwiegend Bundespolitiker aus CDU und FDP finanziert worden waren.

Gemeinsam mit Björn Engholm stellte ich als Ergebnis meiner Recherchen die Schleswig-Holstein-Variante der gesetzeswidrigen indirekten Parteienfinanzierung zugunsten von CDU und FDP auf einer Pressekonferenz am 29. November 1984 vor. Dieses Mal fanden die Vorwürfe die erwartete öffentliche Beachtung. Ich konnte belegen, dass die genannten Institute nur gegründet worden waren, um Spenden an die CDU und FDP in unzulässiger Weise als Betriebsausgaben geltend machen zu können. Ich wies nach, dass allein die Staatspolitische Vereinigung von 1969 bis 1983 3,6 Millionen DM an die CDU und 301.000 DM an die FDP überwiesen hatte. Dank meiner Informanten konnte ich aus einem Schreiben der Studien- und Fördergesellschaft zitieren, in dem es u. a. verräterisch hieß: „Unter dem Deckmantel der Mitgliedsschaft der Mitglieder können .... erhöhte Beiträge zahlen, die steuerlich absetzbar wären.“ Ein Aktenvermerk lautete unter Bezugnahme auf den damaligen CDU-Wirtschaftsminister Karl-Heinz Narjes: „Es darf nicht das Wort Spende erscheinen.“

Nach dem Regierungswechsel 1988 fand ich Gehör bei der neuen Finanzministerin Heide Simonis. Sie folgte meiner Empfehlung und schränkte die Abzugsfähigkeit von als Betriebsausgaben getarnten Parteispenden von Unternehmen per Erlass auf maximal 10 Prozent der Aufwendungen ein. Darüber hinaus startete die Finanzministerin 1993 eine Bundesratsinitiative zur Abschaffung der Abzugsfähigkeit von Parteispenden bei Berufsverbänden, die leider keine Mehrheit fand. Trotzdem war der Initiative aus meiner Sicht ein kleiner Erfolg beschieden, weil die Spenden-Einnahmen bei CDU und FDP erheblich zurückgingen. Anerkennung zollte ich dem Hauptgeschäftsführer des Unternehmerverbandes, Hahne, der nach seinem Amtsantritt im Gegensatz zu seinen Vorgängern nicht zögerte, sich von diesen sachfremden und illegalen Aufgaben seines Verbandes zu trennen. Erst später wurde auch auf Bundesebene mit Hilfe des Bundesverfassungsgerichts solchen Praktiken Einhalt geboten. Schon vorher, 1984, hatte sich auf mein Betreiben hin der SPD-Kreisverband und danach auch der SPD-Landesparteitag am 4. November 1984 für einen Verzicht der Annahme von anonymen Spenden durch Parteien, Fraktionen und Abgeordneten sowie für die Aufnahme des Straftatbestandes der Abgeordnetenbestechung ausgesprochen.

Ein Skandal der besonderen Art ist in Rendsburg mit ihrem Wahrzeichen Eisenbahnhochbrücke mit mir und dem Stichwort „Bleischaf“ aufs Engste verbunden. Eine Bodenuntersuchung in Osterrönfeld brachte im August 1981 ans Licht, dass der Boden unter der Hochbrücke – vermutlich als Folge der ständigen Anstricharbeiten an der Brücke mit Bleimennige – stark mit Blei belastet war. Die zulässigen Höchstwerte waren erheblich überschritten. Anlass für die Bodenuntersuchung in Osterrönfeld war der rätselhafte Tod eines Lammes, das dem Landwirt von Treschow gehörte. Mit einer „Kleinen Anfrage“ im Landtag erkundigte ich mich bei CDU-Landesregierung nach ihrer Beurteilung der Bleigefahr für Pflanzen, Tiere und Menschen und den erforderlichen Maßnahmen. Die Antwort fiel kurz aus: „Entfällt“. Damit gab ich mich natürlich nicht zufrieden, schaltete die Öffentlichkeit ein und wies auf mögliche Gefahren für die menschliche Gesundheit hin. Die örtliche Landeszeitung mit ihrem Chefredakteur nahm meine Warnungen zum Anlass, sich über mich lustig zu machen und verharmloste die Gefährdung. Am 2. Februar 1982 schrieb mir der Chefredakteur Karl-Heinz Freiwald noch einmal persönlich, „dass man solche Dinge nicht hochspielen und die Bevölkerung nicht verunsichern“ solle. Ich solle „bei den Bürgern nicht unnötig Furcht und Sorge erwecken“, weil „gerade ältere Menschen leicht Schaden nehmen können“.

Da mir der Beweis fehlte, hatte ich zu keinem Zeitpunkt behauptet, dass das Schaf an Blei verendet sei, sondern den ungeklärten Tod nur als Anlass für die Forderung nach Untersuchungen genommen. Ich drängelte weiter öffentlich auf Bodenuntersuchungen. Nach vielen Monaten kam auch die Wasser- und Schifffahrtsdirektion um Bodenproben unterhalb des Rendsburger Teils der Hochbrücke nicht herum. Wie von mir vorhergesagt, ergaben die Proben höchste Belastungen der Böden mit Schwermetallen, insbesondere hohe Bleikonzentrationen. Als Folge wurden die Pachtverträge des Wasser- und Schifffahrtsamtes mit den Anliegern zum Jahresende gekündigt sowie der Gemüseanbau unter der Hochbrücke von den Ordnungsbehörden in Rendsburg und Osterrönfeld amtlich untersagt. Leider und aus meiner Sicht völlig unnötig wurde auch der Wanderweg unter der Hochbrücke gesperrt. Mit dem Ergebnis konnte ich dennoch insgesamt zufrieden sein, hatte ich doch mal wieder das richtige Gespür gehabt. Ich erhielt aber nicht nur Zustimmung für den von mir aufgedeckten Skandal. Statt Dankbarkeit für die Vermeidung des Verzehrs von hoch belastetem Gemüse, hörte ich noch viele Jahre später von Anliegern unter der Hochbrücke heftige Kritik an der Sperrung ihres Wanderweges und der Einschränkung ihrer gärtnerischen Arbeiten. Manche Bürgerinnen und Bürger kündigten sogar an, mir künftig bei Wahlen nicht mehr ihre Stimme geben zu wollen. Von der örtlichen Presse habe ich keine Entschuldigung vernommen.

Erstmals in der Stadtgeschichte stand eine ganze kommunale Legislaturperiode, 1978 bis 1982, in Rendsburg unter der Führung der SPD. Sie war nach meiner Einschätzung im Ergebnis sehr erfolgreich. Klaus-Dieter Henkel hat die Resultate in einem Schreiben an die Mitglieder am 7. September 1981 gut zusammengefasst. Er nannte beispielhaft die Themen Energieeinsparung, Bürgerbeteiligung, Umweltschutz, Abbau von Elternbeiträgen für Kindergärten, Einrichtung des kommunalen Kinos und einer Spieliothek. Mit der Spieliothek, die das kostenlose Ausleihen von Spielangeboten aller Art insbesondere für Kinder aus einkommensschwächeren Familien zum Ziel hatte, wurde politisches Neuland betreten. Umweltschutz war damals eher ein Fremdwort und die praktische Umsetzung auch innerhalb der SPD nicht unumstritten. Unternehmensverbände und Konservative sahen beim Umweltschutz eine Bedrohung von Arbeitsplätzen.

Am 5. März 1982 konnten die Wähler bei der Kommunalwahl in Rendsburg nach einem heißen Wahlkampf auch über meine Arbeit urteilen. Die SPD verlor einen Sitz in der Ratsversammlung und entgegen dem SPD-Ergebnis auf Landesebene nur leicht mit 3,13 Prozent. Sie konnte aber das Ziel der CDU, wieder Mehrheitsfraktion zu werden, dank einer leicht erstarkten und mit einem Sitz mehr belohnten FDP verhindern. Wohltuend habe ich registriert, dass wir uns in Rendsburg vom Landestrend absetzen konnten, wo die SPD ein Minus von sechs Prozent verzeichnen musste. Selbstbewusst führte ich dies auch auf das Gespür der Bürger für die richtige Einschätzung der vom politischen Gegner und der örtlichen Presse gegen meine Person geführten Kampagne zurück.

Ich nahm die Mitgliederversammlung am 18. März nicht nur zum Anlass für eine umfangreiche Wahlanalyse. Ich teilte den Mitgliedern auch mit, dass ich nach acht Jahren wegen der Beanspruchung als Landtagsabgeordneter und wegen meiner Auffassung zur Trennung von Ämtern nicht wieder für das Ehrenamt als Senator der Stadt kandidieren wolle.

Nach den Wirren des vergangenen Jahres und den noch laufenden Gerichtsverfahren zur Bürgermeisterwahl-Affäre war die Einladung des neu gewählten Bürgermeisters Dr. Speck zu einem formellen Abschiedsessen des Senats wohl als Beitrag zur Normalisierung gedacht. Die Presse zitierte den Bürgermeister am 26. März 1982 mit den an mich gerichteten Worten: „Auch Sie haben mitgeholfen, dass unsere Stadt den vielen Anforderungen, die an sie gestellt werden, gerecht werden kann. Weite Kreise haben Ihnen für Ihre Arbeit zu danken." Ich betonte, dass die acht Jahre im Senat für mich mit vielen Höhen und Tiefen verbunden gewesen seien. Aber es habe zum Wohle der Stadt auch eine Zusammenarbeit über die Parteigrenzen hinweg gegeben.

Der Senat war die „Regierung" der Stadt. Er führte seine Aufgaben unter der Leitung des Bürgermeisters „allzuständig" aus und war gleichzeitig Dienstvorgesetzter des Bürgermeisters. Die Wahl der sieben Ehrenbeamten erfolgte entsprechend der Sitzverteilung durch die Ratsversammlung. Ein Thema beanspruchte den Senat sowohl zeitlich als auch inhaltlich ganz besonders: der Neubau des damals noch städtischen Krankenhauses. Wöchentlich traten wir zusammen, um Detailfragen zu besprechen. In angenehmer

Erinnerung ist mir die Zusammenarbeit mit den Kleingärtnern der Stadt, um die ich mich besonders kümmerte. Unvergessen sind für mich die ständigen Auseinandersetzungen mit Otto Bernhardt von der CDU, bei denen der Bürgermeister regelmäßig schlichtend eingreifen musste.

Für mich persönlich war das freiwillige Ausscheiden aus dem Senat eine wichtige Zäsur. Meine Parteifreunde baten mich, weiterhin Mitglied der Ratsversammlung zu bleiben und den Vorsitz im Werkausschuss der Stadt zu übernehmen. Ich blieb Mitglied der Rendsburger Ratsversammlung bis 1988, als nach dem Regierungswechsel in der Landespolitik neue Aufgaben in Kiel auf mich warteten.

Eine weitere wichtige personelle Veränderung für die Rendsburger SPD und für mich ergab die Hauptversammlung am 18. Mai 1982. Nach fast neun Jahren als Ortsvereinsvorsitzender sollte in einer Nachwahl ein Nachfolger für mich gewählt werden. Ich hatte das Amt aufgegeben, weil ich inzwischen zum Kreisvorsitzenden der SPD aufgestiegen war. Mein Nachfolger wurde mit nur vier Gegenstimmen der Vorsitzende der Fraktion in der Ratsversammlung, Klaus-Dieter Henkel. Gegenüber den Kieler Nachrichten meinte er am 20. Mai 1982 zu meiner Arbeit, sie habe sich „durch Einsatzeifer und erfolgreiche Integrationspolitik ausgezeichnet". Neugebauer habe „Maßstäbe gesetzt und Respekt und Anerkennung erworben". Henkel wurde auf der dann ordentlichen Hauptversammlung am 22. November 1982 mit 64 Stimmen bei sieben Nein-Stimmen und zwei Enthaltungen in seinem Amt bestätigt.

Ich freute mich über den geordneten Stabwechsel, den viele angesichts der politischen Wirren in den zurückliegenden Jahren nicht für möglich gehalten hatten. Wir beide hatten die Belange unseres Ortsvereins über die eigenen Vorbehalte gestellt. Klaus-Dieter Henkel führte den Ortsverein viele Jahre mit Umsicht, Verlässlichkeit, Gradlinigkeit und viel Fleiß. Die Rendsburger SPD und die Stadt Rendsburg haben ihm viel zu verdanken.

Eine neue Aufgabe als SPD-Kreisvorsitzender 1982 bis 1990

Anfang des Jahres 1982 hatte der amtierende Kreisvorsitzende Hans Wiesen mir im Kieler Landeshaus unter vier Augen mitgeteilt, dass er angesichts seiner gestiegenen Arbeitsbelastung in der Landtagsfraktion nach sechs Jahren nicht wieder als Kreisvorsitzender der SPD kandidieren wolle. Da er mich über mehr als zehn Jahre kenne, wünsche er sich mich als seinen Nachfolger. Mich überraschte dieses Ansinnen, denn nach diesem Amt zu drängen, war mir nie eingefallen. Zudem befand sich die SPD gerade in einer schweren Identitätskrise. Das Ergebnis bei den Kommunalwahlen hatte erkennen lassen, das sie in der Bevölkerung viel Vertrauen verloren hatte. Ich war erst 33 Jahre alt und unsicher, ob ich mir eine solche Herausforderung zutrauen sollte. Aber mein Kieler Fraktionsvorsitzender Klaus Matthiesen bestärkte mich.

Der neue Kreisvorstand sollte auf dem Kreisparteitag am 25. April 1982 gewählt werden. Schon vorher gab es Ärger um die Besetzung der Ämter der Stellvertreter. Meine Landtagskollegin Brunhild Wendel, die über die Parteigrenzen hinweg geachtete Bürgermeisterin von Schacht-Audorf, war seit vier Jahren Stellvertreterin des Kreisvorsitzenden. In einem für sie sehr typischen leidenschaftlichen und emotionalen Brief an Hans Wiesen vom 5. April1982 beschwerte sie sich bei ihm darüber, dass er sie in Wirklichkeit in den letzten vier Jahren „nie als deinen gleichberechtigten Stellvertreter neben Jochen Kandzora anerkannt" habe und in einem Interview mit den Kieler Nachrichten dokumentiert habe, „dass es mich überhaupt nicht gibt". Deshalb wolle sie von einer Kandidatur Abstand nehmen. Sie ließ Hans Wiesen aber auch eine freundliche Einschätzung zu mir als künftigem Vorsitzenden wissen: „Ich weiß, dass Günter Neugebauer und ich sehr unterschiedliche politische Auffassungen haben. Ich weiß aber auch, dass ich mit ihm zusammen arbeiten könnte, weil er menschlich sehr offen und anständig ist und ein großer Demokrat". Tatsächlich waren wir zwei grundverschiedene Persönlichkeiten mit unterschiedlichen Alterserfahrungen. Ich war überrascht, aber auch erfreut, dass sie mich kurz nach meiner Wahl zum neuen Ortsvorsitzenden in Rendsburg 1973 zu ihrem 50. Geburtstag eingeladen hatte. Auch mit ihrem Mann Gerhard Wendel habe ich viele Jahre zusammenarbeiten können. Er erschien auch stets in Begleitung seiner Frau, die er allerdings kurz nach der Deutschen Einheit 1990 verließ, um auf dem Bauernhof seiner Eltern in Neuhaus an der Elbe ein neues Leben zu beginnen. Legendär sind die heftigen Wutausbrüche von Brunhild Wendel gegenüber ihrem Mann in Sitzungen des Kreisvorstandes. Sie nahm auf die Anwesenden keine Rücksicht, wenn er mal wieder aus ihrer Sicht Unbotmäßiges geäußert hatte. Nicht selten waren diese Wutausbrüche mit Androhungen über Boykotts im ehelichen Verhältnis verbunden. Brunhild Wendel war keine Frauenrechtlerin, ihr Fundament waren die Bürgernähe, das volkstümliche flapsige Wort und die berechtigte Anerkennung ihrer Arbeit als damals einzige SPD-Bürgermeisterin im Lande. Während Brunhilde Wendel damit kokettierte, dass sie in über 25 Verbänden ehrenamtliche Funktionen übernommen hatte, wollte ich mich stets auf eine übernommene Aufgabe konzentrieren. Brunhild Wendel ließ sich vor dem Kreisparteitag noch umstimmen und kandidierte doch für das Amt der stellvertretenden Kreisvorsitzenden.

Auf dem Kreisparteitag am 25. April in der Eckernförder Stadthalle gab es allerdings auch berechtigte Kritik am Verfahren zur Auswahl des Nachfolgers von Hans Wiesen „ohne Beteiligung der Ortsvereine". Ich wurde mit 136 von insgesamt 162 abgegebenen Stimmen bei 18 Nein-Stimmen, fünf Enthaltungen und drei ungültigen Stimmen als einziger Kandidat zum neuen Kreisvorsitzenden gewählt. Meine Stellvertreter wurden Brunhild Wendel und Reimer Reimers. Ich war erst der dritte Vorsitzende in der Geschichte des 1970 nach der Gebietsreform gegründeten Kreisverbandes. Kurt Hamer und Hans Wiesen hatten das Amt jeweils sechs Jahre inne. Bei mir wurden es acht Jahre.

Gegenüber beiden Vorgängern hatte ich großen Respekt. Beide genossen innerhalb und außerhalb der Partei eine hohe Akzeptanz. Insbesondere Kurt Hamer war eine der führenden Persönlichkeiten in der schleswig-holsteinischen SPD. Wären Jochen Steffen oder Klaus Matthiesen nicht gewesen, er wäre auch für die Spitzenkandidatur bei einer Landtagswahl in Frage gekommen. Als Lehrer in Nortorf war er erst spät zur SPD gestoßen, hatte dann aber schnell Karriere gemacht und war bereits 1967 in den Landtag eingezogen. Seine Schwerpunkte waren die Aufarbeitung des Nationalsozialismus und die Finanzpolitik. Zudem war er ein begabter Rhetoriker. Nicht nur ich habe ihn sehr als Ratgeber vermisst, nachdem er viel zu früh bald nach seinem Ausscheiden aus dem Landtag und einer kurzen Tätigkeit als hoch anerkannter Regierungsbeauftragter für Minderheitenfragen verstorben war.

Auf dem Kreisparteitag hatte ich in der Vorstellungsrede in einer Sechs-Punkte Erklärung unter anderem „eine Vertiefung der Zusammenarbeit mit unserer Bundestagsabgeordneten Heide Simonis" gefordert. „Um den Meinungsmultiplikatoren im Kreisvorstand die Chance zu Informationen aus erster Hand zu vermitteln, halte ich die Teilnahme von Heide an Sitzungen des Kreisvorstandes für notwendig. So können Irritationen vermieden werden." Diese etwas verpackte Kritik leitete die schleichende Entfremdung zwischen Heide Simonis und mir ein.

Inhaltlich habe ich u. a. betont: „Das Recht auf Arbeit ist für mich gleichrangig dem Recht auf Wiederherstellung unserer Lebensbedingungen, also einer gesunden Umwelt. Während wir aber einen Mangel an sauberer Umwelt beklagen müssen, haben wir keinen Mangel an Arbeit. Wir haben nur einen Mangel an Lohnarbeit". Die Aufgaben seien gleichrangig und stünden nicht im Gegensatz zu einander. Ich sah mich als grüner Roter, lange bevor die Grünen parlamentarische Mandate erhielten.

Nach Auszählung der Stimmen bei der Wahl der Delegierten zum nächsten Landesparteitag stellte ich zufrieden fest, dass ich mit 107 Stimmen an der Spitze lag und mehr Stimmen als Kurt Hamer und Heide Simonis bekommen hatte.

Im Nachhinein ist es mir unerklärlich, wie energisch Heide Simonis am 26. April 1982 gegenüber der Presse Bundeskanzler Helmut Schmidt persönlich abkanzelte. Es sei „schlichtweg ein Skandal", sagte sie, dass der Bundeskanzler die Ernennung des Staatssekretärs Lahnstein mit niemanden in der Fraktion außer Herbert Wehner abgesprochen habe. Sie selbst weihte später als Ministerpräsidentin in ihre einsamen Personalentscheidungen niemanden außer ihren Staatssekretär Klaus Gärtner ein.

Heide Simonis war auch in der Halbzeit ihrer Legislaturperiode umtriebig im Wahlkreis präsent. Gemeinsame regelmäßige Informationsbesuche bei Unternehmen und Behörden waren nach Terminabsprache mit ihrer Wahlkreismitarbeiterin Jutta Ziehm auf unserer Agenda. Bereits im Juni 1982 sprachen Heide Simonis und ich mit Verantwortlichen der Bundesbahn über die Vermeidung von Streckenstilllegungen sowie über ein mit anderen Verkehrsträgern abgestimmtes Verkehrskonzept zur Verbesserung der Verkehrsbedienung im ländlichen Raum.

Einen Besuch beim DGB-Kreisvorstand nahm Heide Simonis zu meiner Überraschung zum Anlass für ein kleines Lob. Dem SPD-Kreistags-Fraktionsvorsitzenden Wulf Jöhnk teilte sie am 24. Mai 1982 schriftlich mit, „dass die Zusammenarbeit zwischen dem DGB und der SPD im Kreis sich wieder verbessert" habe. „Insbesondere die regelmäßigen Gespräche mit Günter Neugebauer geben den Kollegen das Gefühl, dass die SPD sich wieder auf ihre alten Tradition als Arbeitnehmerpartei besinnt."

Diese regelmäßigen Gespräche mit dem Kreisvorstand des DGB und den Verantwortlichen in den Einzelgewerkschaften waren für mich vom ersten Tag meines Mandates im Landtag mehr als eine Pflichtübung. Die Vertretung von Arbeitnehmerbelangen war immer Schwerpunkt meines gesellschaftspolitischen Handelns. Ich konnte mich auch immer auf die Unterstützung der jeweils Verantwortlichen in den Gewerkschaften verlassen. Bereits als Schüler war ich1966 in die DAG eingetreten, dann zur ÖTV konvertiert um schließlich nach deren Vereinigung Mitglied der Dienstleistungsgewerkschaft ver.di zu werden. An regelmäßigen Gesprächsrunden habe ich bis zur Beendigung meines Mandates festgehalten. Ich war stets gut informiert über die Entwicklung in den Betrieben und Behörden meines Wahlkreises und meine Gesprächspartner hatten die Gelegenheit, von mir Hintergrundinformationen über politische Inhalte und Abläufe zu bekommen. Trotzdem habe ich mich nie verbiegen lassen und sah mich auch nicht als „verlängerter Arm" der Gewerkschaften. Das zeigte sich zum Beispiel beim Skandal um das gewerkschaftseigene Wohnungsunternehmern Neue Heimat. Meine Kritik in dieser Angelegenheit fand auf Seiten der Gewerkschaften keine Zustimmung.

Mit einem Schreiben vom 7. Mai1982 bat Heide Simonis mich als neuen Kreisvorsitzenden um Herabsetzung ihres monatlichen Beitrages an den Kreisverband. Diese Bitte löste bei mir etwas Befremden aus und ließ mich zum Telefonhörer greifen. Ich sah keinen Anlass für eine Änderung der Geschäftsgrundlage. Ihr Hinweis, „dass ich zwar tapfer mit der Partei die Fahne hochhalte, wenn es darum geht, die Diäten nicht zu erhöhen, dies aber andererseits für die Partei die Konsequenz sein muss, auch die Ansprüche gegenüber ihren Mandatsträgern zu überprüfen", konnten weder mich noch den Kreisvorstand der SPD überzeugen.

Im Sommer 1982 begannen im SPD-Kreisverband die Diskussionen um die Landtagskandidaturen in den Wahlkreisen des Kreises. Neben den Amtsinhabern Kurt Hamer und Hans Wiesen, die bisher nur über die Landesliste in den Landtag gewählt worden waren, hatte auch ich wieder meine Bereitschaft erklärt zu kandidieren. Wir drei hatten keine Gegenkandidaten zu erwarten. Anders sah es im bisher von Brunhild Wendel vertretenen Wahlkreis Rendsburg-West aus, in dem sich gleich vier Kandidaten angemeldet hatten. Im Wahlkreis Eckernförde hatte ich für die stellvertretende SPD-Landesvorsitzende und stellvertretende Landesvorsitzende der AsF, Lianne Paulina-Mürl, aus Kronshagen kräftig werben und viele Vorbehalte ausräumen müssen. Sie hatte sich als Streiterin für die Gleichberechtigung der Frauen in der Partei einen Namen gemacht. Für mich war Lianne Paulina-Mürl nicht nur eine geeignete Kandidatin. Wegen der parteiinternen Quotenregelung sah ich nur für eine weibliche Kandidatin eine Chance auf einen sicheren Listenplatz. Diese Einsicht setzte sich erfreulicherweise bei den Delegierten durch. Weniger erfolgreich waren die parteiinternen Bewerbungen von Edith Mecke-Harbeck und Eva Rath, die wegen ihrer besonders auffallenden feministischen Ausrichtung auf zu viel Kritik und Vorbehalte in der Partei stießen. Leider nahm die Karriere von Lianne Paulina-Mürl, die 1987 sogar zur allseits geschätzten Landtagspräsidentin gewählt worden ist, durch ihren zu frühen Tod aufgrund eines Krebsleidens schon in der darauf folgenden Legislaturperiode ein zu jähes Ende.

In der Betonung einer frauenorientierten Politik unterschied Lianne Paulina-Mürl sich stark von Heide Simonis, die weder in der SPD-Arbeitsgemeinschaft der Frauen aktiv war noch eine Anhängerin des Feminismus gewesen ist. Bei den Anfang Juni durchgeführten Wahlkreiskonferenzen wurden Hans Wiesen, Kurt Hamer, Lianne-Paulina Mürl, Ewald Zimmermann und ich zu SPD-Kandidaten für die Landtagswahl am 13. März 1983 nominiert. Ich wurde mit meinen nun 33 Jahren bei der Wahlkreiskonferenz am 3. Juni 1982 in Rendsburg bei einer Enthaltung in geheimer Wahl einstimmig gewählt. Die Auseinandersetzungen zwischen den SPD-Ortsvereinen in Rendsburg und dem Umland bei meiner ersten Kandidatur 1979 haben sich nicht wiederholt. Ich wertete dies als Anerkennung meiner Integrationsbemühungen.

Mit dem Bundesbildungsminister Björn Engholm aus Lübeck trat nach dem freiwilligen Rücktritt von Klaus Matthiesen als Spitzenkandidat ein ganz neues, aber sehr sympathisches und kompetentes Gesicht für die SPD in das schleswig-holsteinische Rampenlicht. Nach dem von der FDP vollzogenen Bruch der Koalitionsvereinbarung zwischen SPD und FDP in Bonn wurde er von Bundeskanzler Helmut Schmidt als Ersatz für den entlassenen FDP-Bundesminister Josef Ertl noch für 14 Tage zusätzlich zum Landwirtschaftsminister ernannt. In diese Zeitphase fiel der SPD-Kreisparteitag am 19. September 1982 in Oldenbüttel, auf dem ich zum ersten Mal als Kreisvorsitzender Rechenschaft abzulegen hatte und zu dem ich als Referent den neuen Spitzenkandidaten Björn Engholm begrüßen konnte. Angesichts der Krise der SPD rief ich dazu auf, „sich um neue Mehrheiten zu bemühen".

„Wir müssen, wenn wir politisch wieder die Führung übernehmen wollen, der parlamentarische Arm der Ökologie und der Friedensbewegung werden und wir müssen die Interessensvertretung der Arbeitnehmer und sozial Schwachen im Lande bleiben". Beifall bekam ich auch für meinen Bezug auf die Aussage von Klaus Matthiesen, dass Björn Engholm „das beste Pferd im Stall" sei. „Der Kreisverband wird dafür sorgen, dass das „Pferd Engholm gut gefüttert in den Wahlkampf geht und gestärkt über die von den Konservativen aufgestellten Hindernisse springen kann."

In der internen Sitzung des Kreisparteiausschusses am 21. Oktober 1982 berichtete Heide Simonis eingehend über die Hintergründe, die zum Sturz von Helmut Schmidt durch das von CDU und FDP betriebene konstruktive Misstrauensvotum geführt hatten. Wir alle waren insbesondere über den Koalitionsbruch der FDP erzürnt, zumal diese Partei im Bundestagswahlkampf noch offensiv für die „Koalition Schmidt/Genscher" geworben hatte. Heide Simonis kündigte gleichzeitig ihre Kandidatur für die nun anstehende vorgezogene Bundestagswahl an.

Björn Engholm besucht den SPD-Kreisparteitag 1982 in Oldenbüttel

Der SPD-Kreisverband organisierte kurzfristig Flugblattverteilungen und Informationsveranstaltungen mit den Bundespolitikern Egon Franke, Klaus von Dohnanyi und Oskar Lafontaine, um gegen den Sturz des über die Parteigrenzen geachteten Bundeskanzlers zu protestieren.

Die Empörung über das Verhalten insbesondere der FDP dauerte noch an, als sich am 11. Dezember 1982 die 137 stimmberechtigten Delegierten aus 74 Ortsvereinen in Fockbek zur Wahlkreisversammlung versammelten. Sie sollten über die einzige Bewerberin für ein Bundestagsmandat zu befinden. Bei 135 abgegebenen Stimmen entfielen auf Heide Simonis 126 Ja-Stimmen, sechs Nein-Stimmen und drei Enthaltungen. „Ein Traumergebnis", wie ich nach der Auszählung feststellte. Schon bei der Begrüßung hatte ich die „Politik der Umverteilung von unten nach oben" kritisiert und an Beispielen belegt. Den Wahlvorschlag des Kreisvorstandes zugunsten von Heide Simonis begründete ich mit der Feststellung, sie habe 1976 unter dem Slogan „Frauen ins Parlament" den Bundestagswahlkampf geführt; seitdem sei sie „im Bonner Parlament nicht nur als Frau, sondern als Politikerin anerkannt". „In Bonn hat sie sich nach Auffassung des Kreisvorstandes politisch durchgesetzt und mit Erfolg für die Belange zum Beispiel der Arbeitnehmer und des Umweltschutzes eingesetzt". „ Ihr Einsatz im Wahlkreis ist vorbildlich".

In ihrer Bewerbungsrede nahm Heide Simonis auch Stellung „zu dem Versuch der neuen Regierung, die Gewerkschaften in die Knie zu zwingen". Sie kritisierte die „soziale Zermürbungsstrategie" und forderte Minister Stoltenberg auf, den Wahlkampf in seinem Wahlkreis und nicht von Bonn aus zu führen". Stoltenberg war von der CDU im Wahlkreis Rendsburg-Eckernförde nominiert worden, nachdem er sein Amt als Ministerpräsident in Schleswig-Holstein aufgegeben hatte, um in Bonn Finanzminister zu werden. Er war von der CDU im Wahlkreis Rendsburg-Eckernförde als Kandidat nominiert worden.

Nun stand uns ein Doppelwahlkampf ins Haus. Der Bundestag sollte am 6. März 1983 neu gewählt werden; lange vorher war der 13. März 1983 als Tag der Landtagswahl festgelegt worden. Heide Simonis und ich stimmten uns bei der Terminplanung im Wahlkampf eng ab. Als Kreisvorsitzender kam mir zudem die Aufgabe zu, im gesamten Wahlgebiet die beiden Wahlkämpfe inhaltlich und organisatorisch zu organisieren.

Zunächst stand im SPD-Kreisvorstand allerdings das Gedenken an die 50-jährige Wiederkehr der Machtübertragung an die Nationalsozialisten am 30. Januar 1933 und ihre furchtbaren Folgen für Millionen Menschen in Europa im Zentrum des politischen Handelns. Der Kreisvorstand hatte sehr frühzeitig auf Anregung von Kurt Hamer beschlossen, eine Arbeitsgruppe zur Vorbereitung dieses Gedenktages zu gründen. Mit Hilfe der Historikern Inge Klatt und der besonders verdienstvollen Mitarbeit von Kurt Hamer, Rolf Schwarz, Karl-Werner Schunck und vielen anderen Autoren gaben wir das Buch „Vergessen und verdrängt, Arbeiterbewegung und Nationalsozialismus in den Kreisen Rendsburg und Eckernförde“ heraus. und präsentierten eine Ausstellung mit Plakaten und Fotos. Zur Gedenkveranstaltung konnte ich über 300 Besucher begrüßen, darunter selbstverständlich Heide Simonis, sowie Vertreter anderer Parteien, der Gewerkschaften, Arbeiterwohlfahrt und Naturfreunde. Ich war sehr aufgeregt, aber auch stolz zugleich, dass ich zur Eröffnung dieser einmaligen Gedenkveranstaltung im „Rendsburger Ring“ sprechen durfte. Schließlich war mein ganzes politisches Leben geprägt von der Befassung mit den Ursachen und den Folgen des Faschismus und den Kampf gegen jede Form des Rechtsradikalismus. In meinen Ausführungen wies ich auch darauf hin, dass „der Nationalsozialismus gerade im Kreis Rendsburg eine starke Unterstützung fand“. Bereits im April 1932 hätten fast 66 Prozent für die Nazi-Partei gestimmt. Und „nach dem 30. Januar 1933 folgten auch bei uns Verhaftungen, Bücherverbrennungen, Arbeitslager und Deportationen von jüdischen Mitbürgern“. Entgegen der üblichen Praxis würdigte sogar die örtliche Presse diese eindrucksvolle und bewegende Veranstaltung in großer Aufmachung.

Am 21. Januar stellte ich als Kreisvorsitzender das Wahlkampfkonzept für beide Wahlen vor. Es sollte „in der Aussage klar, im Stil fair sein und keine Materialschlacht oder Schnick-Schnack-Werbung beinhalten“. Schon im Oktober des Vorjahres hatte ich als regionaler Wahlkämpfer für den Landtag vergeblich öffentlich an die Partei „Die Grünen“ appelliert, nicht in den Wahlkreisen zu kandidieren, die von der SPD gewonnen werden können. Damit sollte eine absolute Mehrheit der CDU aufgrund gewonnener Direktmandate verhindert werden. Das damalige Wahlrecht kannte noch keine Ausgleichsmandate bei Überhangmandaten, die erst nach dem Wahlsieg der SPD 1988 eingeführt worden waren. Der Appell wurde erwartungsgemäß nicht befolgt, weil die Grünen dann auf Listenstimmen hätten verzichten müssen, wozu sie natürlich nicht bereit waren.

Die SPD unternahm alle Anstrengungen, um auf regionaler Kreis-Ebene mit vielen Initiativen und Rednern wie Willy Brandt in Rendsburg am 11. März und Egon Bahr am 9. Februar in Büdelsdorf den negativen Bundestrend für die SPD aufzuhalten. In meinem Landtagswahlkreis traten zudem Bernt Engelmann, Günther Jansen, Björn Engholm, Günter Grass und der Soziologe und vormalige hessische Kultusminister Ludwig von Friedeburg auf.

Am 19. Februar 1983 wurde bekannt, dass Heide Simonis vom Spitzenkandidaten der Bundes-SPD, Hans-Jochen Vogel, in die Regierungsmannschaft der SPD aufgenommen worden war. In diesem Ruf sah ich einen großen Prestigegewinn für Heide Simonis. Sie sollte im Falle eines Wahlsiegs Staatssekretärin werden. Ich begrüßte diese Entscheidung in meiner Funktion als Kreisvorsitzender und wertete sie als „einen Beweis für das hohe Ansehen und das große Vertrauen, das Heide Simonis in den letzten Jahren in ihrer parlamentarischen Arbeit in Bonn gewonnen hat". „Die ehrenvolle Berufung" sollte für alle Mitglieder im Kreisverband ein weiterer Ansporn sein, sich „mit ganzer Kraft" für einen SPD-Wahlerfolg einzusetzen.

Der Wahlkampf der Landes-SPD wurde erschwert, weil unser ehemaliger Spitzenkandidat Klaus Matthiesen wegen einer Herzerkrankung im gesamten Wahlkampf ausfiel. Gern haben wir für ihn Wahlkampf-Termine in seinem Flensburger Wahlkreis wahrgenommen. Als Zeichen unsere wirklich guten Beziehung habe ich gewertet, dass er mir am 3.Februar 1983 vom Krankenbett aus in einem langen handschriftlichen Schreiben noch einmal bedauernd mitteilte, dass er nun leider die geplanten Termine in meinem Wahlkreis nicht wahrnehmen könne.

Höhepunkt des regionalen Wahlkampfes war die erstmals durchgeführte „Aktion Rote Nelke", eine Idee unseres Kreisgeschäftsführers Fritz Reuter. Sie führte Hunderte von Sympathisanten und Mitglieder wenige Tage vor den Wahlen in der Rendsburger Nordmarkhalle zusammen, um den Reden von Björn Engholm, Heide Simonis und mir zu lauschen. Heide Simonis hob hervor, dass die SPD die Partei sei, die Fehler eingestehe und aus ihnen lerne. Sie bevormunde die Bürger nicht, sie setze sich für die Jugend und die Frauen ein. Ich warf der Landesregierung vor, sie habe das politische Klima in 33 Jahren CDU-Herrschaft völlig verdorben und erinnerte an die große

Bedeutung eines SPD-Wahlsiegs im Wahlkreis 13, Rendsburg. Hier könne sich entscheiden, ob Björn Engholm künftig als Ministerpräsident regieren kann.

Als wohnungspolitischer Sprecher der SPD-Landtagsfraktion war es meine Aufgabe, Björn Engholm für eine landesweite Diskussion zur Wohnungsbaupolitik mit Uwe Barschel mit über tausend Besuchern im Kieler Schloss vorzubereiten. Wir beide „trainierten" bei einer kleinen Abend-Veranstaltung der SPD in Pinneberg am 7. Februar. Ich erinnere, dass er mit mir zufrieden war. Allerdings nahm der Tag ein ungemütliches Ende. Während der Veranstaltung und dem anschließenden Weinabend beim Landtagskollegen Horst Hager setzte ein heftiger Schneesturm ein, der mich bei der mehrstündigen Heimfahrt mit dem Auto zur Verzweiflung brachte.

Das Ergebnis bei der ersten Wahl am 6. März, der Bundestagswahl, war für die SPD und natürlich auch für Heide Simonis enttäuschend. Heide Simonis verlor ihr Direktmandat an Gerhard Stoltenberg, der sich angesichts seines Bekanntheitsgrads und der Unterstützung durch die Regionalpresse als ein anderes Kaliber erwies als seine Vorgänger im Wahlkreis, Karl Eigen und Werner Kaltefleiter. Stoltenberg erhielt 52,4 Prozent der Erststimmen, Heide Simonis lediglich 43,4 Prozent. Das war ein Verlust von 6,4 Prozent, während die SPD auf Landesebene bei den Erststimmen einen Rückgang von 5,4 Prozent verzeichnen musste. Da Heide Simonis auf der Landesliste der SPD mit Listenplatz 4 weit vorne platziert war, gelangte sie trotzdem wieder in den Bundestag. Bei den Zweitstimmen erhielt die SPD in Rendsburg-Eckernförde mit 40,8 Prozent um 4, 9 Prozent weniger Stimmen als 1980, was fast identisch war mit dem Rückgang auf Landesebene um 5,0 Prozent.

Den Wahlkämpfern verblieb in der einen Woche bis zum nächsten Wahltag am 13. März wenig Zeit, die politische Stimmung zugunsten der SPD zu verändern. Mithelfen sollte dabei auch der Auftritt von Willy Brandt am 11. März in der Nordmarkhalle in Begleitung von Björn Engholm und der frisch wiedergewählten Bundestagsabgeordneten Heide Simonis.

Im Ergebnis konnte sich meine Partei am 13. März knapp behaupten. Ich freute mich persönlich, meinen Wahlkreis auch bei meiner zweiten Kandidatur wieder direkt gewonnen zu haben. In Rendsburg erreichte die SPD 50,4 Prozent, in Büdelsdorf sogar 56,8 Prozent. Auf Landesebene legte zwar auch die SPD um 2 Prozent zu, aber die CDU erreichte mit Uwe Barschel als neuen Spitzenkandidaten 49 Prozent der Stimmen. Das waren noch einmal 0,7 Prozent mehr als bei der Stoltenberg-Wahl 1979. Mit einem plus von 4,5 Prozent erreichte die SPD mit mir als ihrem Kandidaten im Wahlkreis Rendsburg bei einer Wahlbeteiligung von 84,4 Prozent von allen 44 Wahlkreisen für die SPD den höchsten Zugewinn. Im Ergebnis waren es 50,2 Prozent und 2.429 Stimmen mehr als für meinen CDU-Gegenkandidaten. Mit Genugtuung stellte ich fest, dass dies nachweislich das beste Ergebnis war, das die SPD jemals bei Wahlen zum Landtag in der Region Rendsburg erzielt hatte. Die gegen mich persönlich gerichtete Kampagne von CDU und Landeszeitung hatte möglicherweise das Gegenteil bewirkt, vielleicht spielte auch das Gerechtigkeitsempfinden vieler Menschen im Hinblick auf die Bürgermeisterwahl-Affäre eine Rolle. Mein Gegenkandidat von der CDU, Otto Bernhardt, stand mit 43,2 Prozent der Stimmen als eindeutiger Verlierer fest. Sein Parteifreund, der Chefredakteur der Landeszeitung, Karl-Heinz Freiwald, drückte in einem großen Kommentar seine Verwunderung darüber aus.

Unmittelbar nach der Landtagswahl, am 16. März, gab der stellvertretende Fraktionsvorsitzende Kurt Hamer zum allgemeinen Erstaunen dem Kreisvorstand und seinen Ortsvorständen im Wahlkreis bekannt, dass er dem neuen Vorsitzenden der SPD-Landtagsfraktion, Björn Engholm, mitgeteilt habe, 1987 nicht wieder für den Landtag zu kandidieren. Dieser frühe Zeitpunkt für eine solche Entscheidung überraschte uns alle. Kurt Hamer zeigte sich in seiner Erklärung enttäuscht, dass die SPD wieder keine Regierungsbeteiligung erreicht hatte. Nach meiner Vermutung schien damit sein Ziel, Finanzminister zu werden, unerreichbar zu werden. Bemerkenswert fand ich den Schlusssatz seiner an ein politisches Testament anknüpfende Erklärung, in der er in Abwandlung an ein Kennedy-Wort jedes Parteimitglied dazu aufrief, nicht zu fragen, was die Partei für ihn, sondern was er für die Partei tun könne.

In der Kreisvorstandssitzung am selben Tag wurden die Wahlergebnisse analysiert. Heide Simonis sprach sich für engere Kontakte zum DGB, zur Kreistags-Fraktion, zum Frauen- und Kreisjugendring und für eine Entzerrung des Wahlkampfes aus, während Kurt Hamer für eine intensivere Vertrauensarbeit und mehr Selbstbewusstsein der SPD bei der Verfolgung ihrer Ziele plädierte.

In der Landtagsfraktion fand mit der Wahl von Björn Engholm zum Fraktionschef und der Wahl von Klaus Matthiesen zum neuen Parlamentarischen Geschäftsführer die erwartete personelle Neuaufstellung statt. Zu meiner eigenen Überraschung schlug Klaus Matthiesen der Fraktion ohne Vorabsprache vor, mich, den mit 34 Jahren immer noch Jüngsten in der Fraktion, zum Wirtschaftspolitischen Sprecher, zum Vorsitzenden des Fraktionsarbeitskreises „Wirtschaft" sowie zum Mitglied des Fraktionsvorstandes zu wählen. Ich war nicht sicher, ob ich den an mich gesetzten Erwartungen würde gerecht werden können und schwankte zwischen Zustimmung und Ablehnung. Da auch Engholm den Vorschlag von Klaus Matthiesen unterstützte, erklärte ich mich einverstanden und wurde gewählt.

Mit den neuen Aufgaben in der Landtagsfraktion wurden meine Freizeit und die Zeit für meine Familie noch geringer. Rückblickend stelle ich fest, dass viele private Freundschaften, die mir wichtig waren, nur bestehen blieben, weil meine Frau sich darum kümmerte, sie zu pflegen. Es war auch die Idee meiner Frau, gemeinsam am Ufer des Wittensee ein kleines Pachtland zur Erholung zu nutzen und uns dem Windsurfen und mit einer kleinen Jolle dem Segeln zu widmen. 1981 folgte ich dem Vorschlag meiner Frau, gemeinsam das Tennisspielen zu erlernen, damit wir auch „mal etwas gemeinsames machen können". Obwohl ich meinte, für diesen Sport gar keine Zeit zu haben, gab ich der Bitte nach und habe es nie bereut. In der Landtagsfraktion der SPD gab es nur ganz wenige Kolleginnen und Kollegen, die sich wie ich aktiv zur Entspannung oder zum Freizeitvergnügen sportlich betätigt haben. Sie hatten deshalb auch wegen meiner manches Mal erforderlichen Notlüge mit dem Hinweis auf „einen wichtigen Termin im Wahlkreis" nur wenig Verständnis. Meine Partner im Tennisverein haben stets sehr viel Rücksicht auf meine dienstlichen Termine genommen und mir damit ermöglicht, einmal in der Woche für zwei Stunden zu entspannen. Das berufliche Umfeld meiner Tennispartner trug dazu bei, dass ich in den Pausen mehr über Probleme in den Schulen oder der Bauwirtschaft erfahren habe, als das dies bei offiziellen Informationsgesprächen möglich gewesen wäre. Ich habe zudem neue Freundschaften gefunden, die bis heute bestehen.

Der Initiative meiner Frau habe ich auch das Skilaufen zu verdanken. 1973 verbrachten wir gemeinsam einige Wintertage im Harz. Während meine Frau den Sport bereits beherrschte, nahm ich einen Tag Unterricht. Ich fand viel Freude an dieser zunächst ungewohnten Sportart und bin seitdem jedes Jahr für eine Woche in die Alpen gefahren. Zunächst mit Freunden, dann mit unserem Sohn, und später mit dem „Arbeitskreis Winter".

Diese weger ihrer Geheimhaltung von vielen Spekulationen umrankte Gemeinschaft bestand aus einigen Fraktionsmitgliedern und ihren Partnern, die Lust am Skilaufen hatten und sich einmal im Jahr für eine Woche beim Skilaufen in den Alpen vergnügten. Abends wurde viel über die Politik gestritten und Initiativen besprochen.

In besonderer Erinnerung ist mir eine Reise des „Arbeitskreises Winter“ Anfang der 90er Jahre. Heide Simonis war Ministerpräsidentin und die Haushaltslage im Land und bei den Kommunen mal wieder sehr prekär. Mit der Ein-Stimmen-Mehrheit der SPD-Landtagsfraktion sollten die Kommunen im Land nach dem Willen von Heide Simonis mit der Änderung des Kommunalen Abgabengesetzes das Recht erhalten, die Getränkesteuer wieder einzuführen. Ein Mitglied des Arbeitskreises Winter, Klaus-Peter Willhöft, war als Gastronom auch im Vorstand des Hotel- und Gaststättenverbandes (DeHoGa) aktiv. Ich teilte seine Befürchtung, dass alle Gemeinden umgehend von dieser Möglichkeit Gebrauch machen würden. Mich als auch für den Tourismus zuständigen Parlamentarischen Vertreter des Wirtschaftsministers brauchte er nicht mehr von dem Unsinn dieser neuen Bagatellsteuer überzeugen, wohl aber den mitreisenden Fraktionskollegen, Wolfgang Herrmann. Dieser musste davon ausgehen, dass er bei der nächsten Landtagwahl keine Chance auf eine Nominierung in seinem Wahlkreis am Kieler Ostufer haben würde. Denn Heide Simonis, die bisher kein Landtagsmandat inne hatte, hatte ihr Interesse an genau diesem Wahlkreis angemeldet. Im österreichischen Schnee entwickelten wir nun Strategien, wie der bereits gefasste knappe Mehrheitsbeschluss der Fraktion aufgehoben werden konnte. Kaum dass wir aus dem Urlaub zurück waren, beantragten wir wegen angeblich neuer Erkenntnisse sogleich eine neue, dritte Abstimmung über die Einführung der Getränkesteuer und hatten mit Hilfe von Wolfgang Herrmann Erfolg. Da er dem Gesetz nicht zustimmen wollte, fehlte es der SPD-Fraktion an einer Mehrheit. Die erneute Abstimmung in der Fraktion ergab eine Stimme Mehrheit gegen die Pläne von Heide Simonis. Auch ich argumentierte noch einmal gegen die neue Verbrauchssteuer. Dabei konnte ich mich auf den von mir geleiteten „Beirat für Tourismus“ der Landesregierung berufen, der sich Anfang Februar 1993 einstimmig gegen die Wiedereinführung der 1981 abgeschafften Getränkesteuer ausgesprochen hatte. Beim Hotel- und Gaststättenverband sprach sich schnell herum, wem man die Verhinderung der Getränkesteuer zu verdanken hatte.

Wolfgang Herrmann wurde als Ehrengast zur nächsten Verbandsversammlung eingeladen und ich erhielt aus der Hand des Verbandsvorsitzenden Eike Pirrwitz den Goldenen Ehrenteller.

Da ich während meiner Jugend- und Schülerzeit immer sportlich aktiv gewesen bin, und insbesondere gerne Fußball spielte, meldete ich mich nach meiner Wahl in den Landtag 1979 umgehend beim „FC Landtag" an. Diese Fußballmannschaft stand unter der Leitung des Spielführers Fritz Latendorf aus der CDU, dem später meine Parteifreunde Peter Zahn und Jürgen Weber folgten. Etwa sechs Mal im Jahr spielten wir an verschieden Orten im Land gegen regionale Prominenten-Mannschaften für gemeinnützige Zwecke. Wir waren wohl die einzigen Fußballspieler des Landes, die für diesen Zweck noch eigenes Geld spendeten und für die das Training „streng verboten" war. Nicht selten fuhr ich mit körperlichen Blessuren nach Rendsburg zurück, weil unsere Gegner zumeist hoch motiviert waren, die „Politiker aus Kiel" mit großem körperlichem Einsatz zu besiegen. Nach meinem 50. Geburtstag habe ich mich entschieden, die Signale aus meinem Körper ernst zu nehmen und den FC Landtag zu verlassen.

Nach 1983 bestimmte die von Bundeskanzler Helmut Schmidt angestoßene und von seinem Nachfolger Kohl weiter verfolgte Stationierung von atomaren Mittelstreckenraketen in Europa als Gegengewicht zur russischen Stationierung der SS 20 die politische Diskussion in der SPD und in der breiten Öffentlichkeit. Brunhild Wendel erklärte ihre Gemeinde Schacht-Audorf als Ausdruck des Widerstandes gegen die Stationierung zur „atomwaffenfreien Zone". Auch in Rendsburg setzten wir diesen symbolisch gemeinten Schritt in der Ratsversammlung gegen die Stimmen der CDU durch. Ich durfte das Naturfreundehaus in Büdelsdorf ebenfalls in diesem Sinne deklarieren, indem ich ein Hinweisschild anbrachte und eine Rede hielt. Auch der Kreisvorstand der SPD positionierte sich eindeutig. Er lud den vormaligen Ersten Bürgermeister von Hamburg Hans-Ulrich Klose als Gastredner zu diesem Thema zum Kreisparteitag am 21. August nach Flintbek ein. Meine Frau und ich demonstrierten wie viele Hunderttausende friedlich in Hamburg und im Oktober 1983 fuhr ich nach Bonn, um an der großen Demonstration mit Willy Brandt im Bonner Hofgarten teilzunehmen. Wir sahen in der Stationierung von Atomwaffen auf deutschem Boden eine Bedrohung des Friedens. Auf dem Kreisparteitag bemerkte ich angesichts der Bedrohung, sie sei „so bedeutsam, dass sie nicht allein der Bundesregierung oder dem

Bundestag überlassen werden dürfe". Ich appellierte an die SPD-Mitglieder, sich an den friedlichen Protesten zu beteiligen. Der Kreisparteitag rief in diesem Sinne die Gemeindevertretungen auf, sich „dafür einzusetzen, dass der Transport und die Lagerung atomarer, biologischer und chemischer Waffen verhindert wird". Einen entsprechenden Antrag der SPD-Kreistags-Fraktion wollte Kreispräsident Werner Hahn nicht auf die Tagesordnung setzen. Das von der SPD angerufenen Verwaltungsgerichts bestätigte seine Entscheidung, aber in zweiter Instanz gab das Oberverwaltungsgericht Lüneburg im Dezember 1984 der SPD-Kreistags-Fraktion Recht. Der Kreis wurde darüber hinaus verpflichtet, die Gerichtskosten zu tragen.

Es war an der Tagesordnung, dass lokale politische Gremien zu den verschiedenen Verwicklungen des Kalten Krieges zwischen den Großmächten Stellung bezogen. So protestierte der SPD-Kreisvorstand gegen die Invasion der USA auf die unabhängige Karibik-Insel Grenada. Ich bezeichnete die Invasion als „ militärischen Gewaltakt und eine flagrante Verletzung des Völkerrechts, die durch nichts gerechtfertigt" sei. Mit Blick auf die Invasion der UdSSR in Afghanistan sagte ich, es werde deutlich, „dass sich beide Weltmächte in ihren hegemonialen Ansprüchen ähnelten".

Ab 1984 kam es immer häufiger vor, dass Heide Simonis nicht an den Sitzungen des Kreisvorstandes teilnehmen konnte oder wollte, obwohl wir unsere Termine natürlich mit den Bonner Terminen kompatibel gemacht hatten. Es entsprach meinen Prinzipien, dass die Sitzungen des Kreisvorstandes für „unsere" Bundestagsabgeordnete Pflichttermine sind, um den Informationsfluss aus erster Hand garantieren zu können.

Heide Simonis hat es nicht gefallen, dass ich sie hin und wieder nach kurzfristigen Absagen fernmündlich an diese vom Kreisvorstand ihrer Partei erwarteten Pflichten erinnern musste. Wir einigten uns schließlich darauf, dass in jedem Fall mindestens ihre Wahlkreismitarbeiterin, Jutta Ziehm, die Heide Simonis auch später im Finanzministerium und in der Staatskanzlei zuarbeitete, an unseren Sitzungen teilnehmen sollte. Zu Recht hat sich Heide Simonis allerdings am 17. Januar 1984 bei mir schriftlich beschwert, dass der Termin des Kreisempfangs der SPD nicht mit ihrem Büro abgestimmt worden ist und so ihre Teilnahme wegen einer Bundestagsberatung nicht möglich war. Ich erinnere nicht mehr, ob es eine „Retourkutsche" unsererseits wegen ihres häufigen Fernbleibens oder tatsächlich ein Büroversehen war. In meiner schriftlichen Antwort wies ich allerdings darauf hin, dass ihr dieser Termin bei „sorgfältiger Auswertung unserer Kreisvorstandsprotokolle hätte auffallen müssen".

Unabhängig von dieser Kontroverse besuchten wir auch weiterhin gemeinsam und völlig unverkrampft im Rahmen unserer Informationspflichten Unternehmen und Behörden, sprachen mit Betriebs- und Personalräten und tauschten uns mit Gewerkschaftlern oder Arbeitsgemeinschaften und Ortsvereinen der SPD aus. Gelegentlich haben wir auch die Öffentlichkeit in Form von Presseerklärungen über unsere Gespräche informiert und gewonnene Erkenntnisse oder Forderungen publiziert. Häufig wird den politisch Verantwortlichen vorgehalten, sie würden sich nur vor Wahlen in Unternehmen und Behörden sehen lassen. Dieser Vorwurf ist nach meinen Erfahrungen auch bei anderen Kolleginnen und Kollegen unbegründet. Dieses Vorurteil kann natürlich entstehen, wenn die Medien nur in Wahlzeiten über solche Besuche informieren. Andererseits sind Politiker, die etwas bewegen wollen, auch auf öffentliche Aufmerksamkeit und damit Medienberichterstattung angewiesen.

Im April 1983 habe ich mich über die Arbeit des Tierschutzvereins Rendsburg informiert. Dieses Informationsgespräch mit dem Vorstand dieser Vereinigung ist mir auch deshalb in Erinnerung geblieben, weil ich bei dieser Gelegenheit den damaligen Vorsitzenden, Hans Peter Robin, kennen lernte. Vielleicht hat diese Begegnung für Robin den Wunsch ausgelöst, später der SPD beizutreten und sich kommunalpolitisch zu betätigen. Im Oktober 2000 schloss ich mit ihm einen Arbeitsvertrag zur Unterstützung meiner mandatsbedingten Arbeit im Wahlkreis. Ich konnte bis zum Ablauf meines Landtagsmandates 2009 stets mit seiner Verschwiegenheit, seinen organisatorischen Fähigkeiten und der unumgänglichen Verlässlichkeit zufrieden sein.

Bei der Auswahl der Wahlkreismitarbeiter hatte ich stets eine glückliche Hand. Vor Robin waren Nathalie Jückstock, Elke Endres und Kai Dolgner meine hauptamtlichen Helfer im Wahlkreis.

In der neuen Funktion als wirtschaftspolitischer Sprecher der SPD-Landtagsfraktion standen mir ganz neue Türen offen. Mitte der 80er Jahre besuchte ich alle Werften im Lande, weil ihr ökonomisches Überleben durch Schwächen beim Eigenkapital und Auftragsmängel gefährdet war. Alle Landesregierungen von CDU und SPD haben die Werften mit Hunderten von Millionen DM zur Sicherung von Arbeitsplätzen gefördert, ohne der

Abbau von Arbeitsplätzen verhindern zu können. Mehr als die Hälfte der Wertschöpfung für den Schiffbau erfolgte in anderen Bundesländern. Rückblickend meine ich, dass es besser gewesen wäre, früher und konsequenter die Herstellung anderer Produkte als Schiffe zu fördern, anstatt nur zu versuchen, die bestehenden Arbeitsplätze im Schiffbau zu retten. Aber ich wollte mich den Ängsten um den Verlust der wenigen Industriearbeitsplätze im Lande und dem Drängen der IG Metall nicht entziehen. Ich hatte in meinem Wahlkreis auch an über 2000 Arbeitsplätze auf den Werften und den Zulieferbetrieben zu denken und die Folgen für die betroffenen Familien zu berücksichtigen.

Zu meinen wichtigen Gesprächspartnern gehörte auch der Einzelhandelsverband in Kiel. Er war räumlich unmittelbar an der „Kieler Küste" neben gewissen Etablissements untergebracht. Wenn ich die Geschäftsstelle verließ, war ich stets in Sorge, ob mich auch niemand beobachtete und vielleicht falsche Schlussfolgerungen über meine „intensiven Gespräche" ziehen konnte.

Am 16. August 1983 wurde zu unserer großen Freude unser Sohn Hauke geboren. Lange haben meine Frau und ich auf die Vergrößerung unsere Familie gewartet.

An einem September-Abend erreichte mich zu Hause der Anruf des in Hamburg ansässigen amerikanischen Generalkonsuls. Er lud mich im Namen der US-Regierung zu einer 14-tägigen Rundreise durch die USA ein, die vom „American Council of Young Political Leaders" mit je einem Vertreter aus jedem Bundesland schon im Oktober stattfinden sollte. Die Organisation verband mit der Einladung das Ziel, jungen Parlamentariern, von denen sie eine große politische Zukunft erwartete, die Vorstellungen der amerikanischen Politik näher zu bringen.

Ich brauchte keine Bedenkzeit und sagte sofort zu. Nie zuvor war ich vorher in den USA gewesen. Dabei hatte ich allerdings nicht bedacht, wie meine Frau reagieren würde. Sie war kurz nach der Geburt unseres Sohnes berechtigter weise nicht begeistert, als ich ihr die für mich frohe Kunde unmittelbar überbrachte.

Mit mehreren Teilnehmern dieser Reise verbinden mich seither freundschaftliche Beziehungen. Zu unserer elfköpfigen Reisegruppe gehörten der spätere hessische Ministerpräsident Volker Bouffier, Alexander Longolius aus Berlin, ehemals Gegenkandidat von Hans Apel bei der innerparteilichen

Auseinandersetzung um die Spitzenkandidatur der SPD für das Amt des Regierenden Bürgermeisters und danach Parlamentsvizepräsident, außerdem Paul Busse, längere Zeit SPD-Fraktionsvorsitzender in der Hamburger Bürgerschaft sowie Leo Petri aus dem Saarland. Dessen Freundschaft mit dem damaligen Ministerpräsidenten des Saarlandes, Oskar Lafontaine, hat mir mehrere Wahlkampf-Veranstaltungen des damals noch für die SPD auftretenden Saarländers in Rendsburg ermöglicht. Unsere Reise führte über New York nach Washington, Denver, San Francisco und wieder zurück nach Washington. Wir führten mit hochrangigen Politikern Gespräche über die deutsch-atlantischen Beziehungen, den Rüstungswettlauf und die Suche nach neuen Energiequellen. Auf dem Besuchsplan standen unter anderem das 1979 wegen eines Fast-GAUs stillgelegte Atomkraftwerk „Three Miles Island" bei Harrisburg, die Amish People in Pennsylvania, eine Ölschiefer-Förderanlage in den Rocky Mountains, der „Ball der Vereinten Nationen" im New Yorker Waldorf-Astoria-Hotel, das Raketenabwehr-Zentrum „ Norad" tief in den Rocky Mountains bei Colorado Springs und ein Abendessen mit dem deutschen Bundespräsidenten Karl Carstens und dem amerikanischen Vizepräsidenten Georg Bush senior. Zurück in Deutschland war ich von den Erkenntnissen, Beobachtungen und Erfahrungen stark beeindruckt. In einem China-Restaurant in San Francisco gründeten wir die „Partnerschaft der Parlamente" (PdP), um mit dem Austausch von Parlamentariern über den Atlantik das Verständnis für die jeweiligen Interessenslagen zu verbessern. Die Organisation hat zwischenzeitlich über 400 Mitglieder und konnte seit dem vielen Parlamentariern aus den Bundesländern den Kontakt mit der amerikanischen Politik vermitteln. Mit der PdP weilte ich 1988 noch einmal in Baltimore und Washington, 1993 in den kanadischen Provinzen Ontario und Manitoba sowie 2008 im Rahmen des Präsidentschaftswahlkampfes in South Carolina. In den Folgejahren nach 1983 lernte ich als schleswig-holsteinischer Gastgeber der PdP bei vielen Besuchen aus der amerikanischen und kanadischen Politik viele einflussreiche Parlamentarier kennen und schätzen.

Am 24. September 1984 beriet der Fraktionsvorstand in Kiel über die Frage, wer Schleswig-Holstein in der wirtschaftspolitischen Kommission beim SPD-Parteivorstand als Nachfolger von Hans Wiesen vertreten sollte. Nach dem Verzicht von Gisela Böhrk auf eine Kampfkandidatur war ich auf Vorschlag von Björn Engholm der einzige Kandidat. Auf diesen Vorschlag hin berief mich der Parteivorstand in Bonn am 21. Dezember 1984. Fortan reiste ich viele Jahre einmal im Monat nach Bonn, um gemeinsam mit anerkannten Wirtschaftsexperten der SPD für den Parteivorstand die Grundlagen sozialdemokratischer Wirtschaftspolitik zu diskutieren und zu erarbeiten. Die Kommission stand unter dem Vorsitz von Wolfgang Roth und Hans Apel. Zu ihr gehörten unter anderem Herbert Ehrenberg, Hans Eichel, Ursula Engelen-Kefer, Hans-Jürgen Krupp, Wilhelm Nölling, Horst Peter und Karl Wienand. Besonders zu den Professoren Wilhelm Nölling und Hans-Jürgen Krupp entwickelte ich über die Jahre eine enge Zusammenarbeit und menschliche Verbundenheit.

Im September 1984 besuchte ich zum ersten Mal offiziell die DDR. Vorher kannte ich den zweiten deutschen Staat nur von wenigen privaten Besuchen in Ost-Berlin und durch Fahren nach West-Berlin auf den vorgeschriebenen Verbindungsstraßen. Ich führte eine Delegation des Arbeitskreises Wirtschaft der SPD-Landtagsfraktion an. Wir besuchten 20 schleswig-holsteinische Aussteller auf der Leipziger Messe und führten Gespräche mit hochrangigen Vertretern der DDR-Wirtschaft sowie dem Vorsitzenden des Bezirks Halle. Außerdem besichtigten wir die „Leuna-Werke Walter Ulbricht". Da ursprünglich Björn Engholm als Delegationsleiter vorgesehen war, erfuhren wir bei unseren Gesprächspartnern und der Staatssicherheit höchste Aufmerksamkeit. Erschüttert registrierten wir insbesondere die Missachtung des Umweltschutzes in den Leuna-Werken. Für ein vorab fest verabredetes Live-Interview des NDR mit Leuna-Werke-Direktor Müller und mir wurden alle Telefonleitungen des Konzerns mit seinen 30.000 Beschäftigten gekappt, um die Verbindung mit dem NDR in Kiel nicht zu gefährden. Die Vorsorge war allerdings vergeblich, weil der NDR-Reporter es vorgezogen hatte, seinen Alkoholrausch auszuschlafen. Einige Jahre später erfuhr ich, dass sich einer der damaligen SED-Gesprächspartner, der Vorsitzende vom Bezirk Halle, nach dem Fall der Mauer 1989 das Leben genommen hatte.

Am 10. Mai 1984 stellte sich Bernd Michels als neuer Referent für Öffentlichkeitsarbeit beim SPD-Landesverband im SPD-Kreisparteiausschuss vor. Wir diskutierten – mal wieder – über die Verbesserung der Medienarbeit durch Bürgerzeitungen und eine ansprechende Öffentlichkeitsarbeit. Bernd Michels kannte ich seit Anfang der 70er Jahre. Ich wusste seine kreative Arbeit und den freundlichen Umgang insbesondere in meiner Eigenschaft als

Revisor beim Landesvorstand zu schätzen. Nach der Wiedervereinigung wurde bekannt, dass Michels für die Stasi gearbeitet und dort wohl einiges aus der Landes-SPD insbesondere über unseren SPD-Parteivorsitzenden Günther Jansen berichtet haben soll. Obwohl Bernd Michels zu seiner Verteidigung vortrug, ohne seine Absicht von der Stasi abgeschöpft worden zu sein, wurde er für diese Tätigkeit gerichtlich verurteilt.

Die Affäre Industrieansiedlung Brunsbüttel

Anfang Mai 1984 legte der Präsident des Landesrechnungshofs, der ehemalige CDU-Staatssekretär Wolfgang Böning, den jährlichen Bericht des Landesrechnungshofs vor. Anders als in den Vorjahren, als der stramm auf CDU-Kurs agierende Böning auf wesentliche Kritik gegenüber der Landesregierung verzichtet und lediglich marginale Verwaltungsfehler beanstandet hatte, war dieser Jahresbericht voll mit politischem Sprengstoff. Ich lag wohl nicht falsch mit meiner Vermutung, das dieser ungewöhnliche Schritt eine persönliche Retourkutsche des Präsidenten war. Ministerpräsident Barschel hatte den Landesrechnungshof 1983 verärgert, weil ein zugesagtes neues Dienstgebäude aus angeblichen Spargründen gestrichen wurde.

Konkret behandelte der brisante Bericht das totale Versagen der Landesregierung bei der 1970 eingeleiteten Industrialisierung der Region Brunsbüttel. Die finanziellen Folgen würden den Landeshaushalt noch bis 2069 belasten. Im Jahresbericht wurde auf 14 Seiten festgehalten, dass die Vorleistungen des Landes an die Industrie in Höhe von über 570 Millionen DM ohne konkrete Übersicht und Zusagen der Unternehmen geleistet worden waren. Von den versprochenen neuen 30.000 Arbeitsplätzen und den Investitionen der Bayer-Werke in Höhe von zwei Milliarden DM war nicht viel übrig geblieben. Die Sandaufspülungen des Industriegebietes waren doppelt so teuer geworden und die Übernahme der Grundstücke von den Besitzern in Erbpacht würde den Landeshaushalt bis 2069 jährlich mit zig Millionen DM belasten. Der Chef des Landesrechnungshofes erlaubte sich die für ihn ungewohnte Feststellung, wonach „Brunsbüttel von Anfang an ein Weg von Fehlern, Versäumnissen, Schlampereien und Nachlässigkeiten" gewesen sei. Heute wäre dieser Bericht Anlass für einen Parlamentarischen Untersuchungsausschuss. Angesichts der damaligen Rechtslage und der schon geschilderten früheren Praxis der CDU bei solchen Ausschüssen verzichtete die SPD-Landtagsfraktion auf dieses Instrument. Stattdessen beantragte sie nach einer Redeschlacht im Landtag, den Finanzausschuss mit der Aufklärung der Affäre zu befassen. Auf Vorschlag von Björn Engholm wurde ich zum Obmann der SPD-Fraktion gewählt. Ich konnte mich in den nächsten Monaten weder über zu wenig Arbeit noch mangelnde öffentliche Aufmerksamkeit beschweren. Zunächst musste ich mich durch intensives Aktenstudium in die Materie einarbeiten. Zu meinem Erstaunen stieß ich dabei auch auf viele Stellungnahmen des ehemaligen Oppositionsführers der SPD, Jochen Steffen, die sich durch heftige Kritik an der Landesregierung wegen unzureichender Eile bei der Industrialisierung und der Errichtung des Kernkraftwerks Brunsbüttel auszeichneten. Die damals verantwortlichen Wirtschaftsminister und Staatssekretäre der CDU sowie die Verantwortlichen der Bayer-Werke wurden in viele Sitzungen in den Finanzausschuss zitiert. Mir war besonders wichtig, den damals amtierenden EU-Kommissar Karl-Heinz Narjes zu seinem zurückliegenden politischen Fehlverhalten als Wirtschaftsminister in Schleswig-Holstein zu befragen. Nach der parlamentarischen Abarbeitung der Affäre hatte ich mit meinen Freunden in der SPD-Fraktion den Eindruck, in der Öffentlichkeit an der angeblich so tollen Wirtschaftspolitik der CDU viele Korrekturen angebracht zu haben.

Im Jahr 1984 stand die Verkürzung der Arbeitszeit, die Forderung nach der 35-Stunden-Woche auf der Agenda der Gewerkschaften, insbesondere der IG Metall. Der SPD-Kreisvorstand stellte sich bei Veranstaltungen und Streikaktionen an die Seite der Gewerkschaften, die ihrem Ziel nach einem harten Tarifkonflikt sehr nahe kamen. Als wirtschaftspolitischer Sprecher der SPD-Landtagsfraktion referierte ich auf diversen Veranstaltungen im Land, um aus ökonomischen und familienfreundlichen Gründen für die Unterstützung der Forderungen der Gewerkschaften zu werben. An eine Veranstaltung in Pinneberg kann ich mich besonders erinnern. An einem Sonntag sollte ich auf Einladung der dortigen IG Metall zum Thema „Am Sonntag gehört Papi mir" referieren. Erst auf der Rückfahrt wurde mir bewusst, wie sehr mein eigenes Verhalten gegen die von mir aufgestellten Maxime verstieß. Ich war Vater eines kleinen Sohnes und verbrachte den Sonntag auf einer politischen Veranstaltung. Unverzüglich habe ich festgelegt, zunächst gegen den Widerstand im Kreisvorstand, dass an Sonntagen keine

Kreisparteitage mehr angesetzt werden. Ich selbst habe bis zum Ende meiner parlamentarischen Arbeit keine Termine mehr für Sonntage angenommen. Zunächst habe ich in den Sitzungen der SPD-Landtagsfraktion mit Notlügen auf Terminverpflichtungen verwiesen, wenn Terminaufgaben für Sonntage verteilt wurden. Erst nach vielen Monaten fand ich zur Verärgerung meiner Fraktionskollegen den Mut, auf meine familiären Verpflichtungen hinzuweisen. Auch künftig habe ich zwar an jedem Sonntag einige Stunden am Schreibtisch verbracht, aber ich konnte ausschlafen und mich ohne zeitlichen Stress meiner Frau und meinem Sohn widmen. Meine Parteifreunde in den Ortsvereinen fanden dafür erst sehr viel später Verständnis.

Auf dem SPD-Kreisparteitag im März 1984 wurde ich zum Kreisvorsitzenden wiedergewählt. Meine Stellvertreter wurden Brunhild Wendel und Reimer Reimers. Immer noch zeigte Heide Simonis kein Interesse an der Übernahme eines Parteiamtes. Auch in der neu gegründeten Gleichstellungskommission des Kreisverbandes oder der Programmkommission zur Ausarbeitung eines Wahlprogramms zur Kommunalwahl 1986 wollte sie zu unserer Enttäuschung nicht mitarbeiten.

Auf dem Jahresempfang des SPD-Kreisverbandes am 21. Februar 1985 konnte ich Heide Simonis wieder als besonderen Gast begrüßen. Die vom Kreisvorstand nach meinem Vorschlag 1983 eingeführten Jahresempfänge haben sich als hervorragendes Forum des Austausches von Informationen mit ehrenamtlich tätigen Verantwortlichen aus der SPD, den Gewerkschaften, Umweltverbänden, Sozialverbänden und Wirtschaftsverbänden bewährt. Sie boten mindestens einmal jährlich Anlass, diesen Menschen für ihre gesellschaftlich so wichtige Arbeit zu danken. Vor dem Grußwort des damaligen SPD-Landesgeschäftsführers Klaus Rave übte ich heftige Kritik an der Politik der damaligen Bundes- und Landesregierung und führte aus, dass „wir auf Handlungskonzepte setzten, die zur Schaffung von zusätzlichen Arbeitsplätzen auch durch Umverteilung von Vermögen, Einkommen und Arbeit führen, die der Umweltzerstörung Einhalt gebieten und die Durchführung der uneingeschränkten Mitbestimmung auf allen Ebenen zum Ziel haben".

Am 2. Februar 1985 werden sich viele Leserinnen und Leser der örtlichen Landeszeitung vermutlich die Augen gerieben haben, als sie vom Lokalchef der Landeszeitung, Jürgen Muhl, in der Überschrift lesen konnten: „Heide Simonis strebt Bonner Karriere an. Lieber Staatssekretärin als im Schattenkabinett". Jürgen Muhl bezog sich auf ein mit Heide Simonis am Vortag geführtes Gespräch und zitierte sie mit den Worten, sie wolle „lieber eigene Politik machen als einem Ministerium vorzustehen. Es sei ein großes Risiko, einen Platz im Schattenkabinett einzunehmen, ohne genau zu wissen, in welchem Ressort man lande. Als einfache Abgeordnete sei sie im Gegensatz zu den Aufgaben eines Ministers nicht erpressbar."

Zwei Tage später dementierte Heide Simonis diese Darstellung in einem Schreiben an die SPD-Gremien und stellte als richtig hin, dass sie „generell Minister nicht für erpressbar halte" und das Schattenkabinett von Björn Engholm „nicht als ein großes Risiko" betrachte.

Am Montag, den 6. Mai 1985, gedachte der Kreisvorstand in Eckernförde in einer Feierstunde aus Anlass der 40. Wiederkehr des Kriegsendes des Tages, wie es in der Einladung hieß, der „das Ende vom Krieg und die Befreiung von der nationalsozialistischen Gewaltherrschaft bedeutet". Zu dieser Zeit war es nicht selbstverständlich, vom „Tag der Befreiung" zu reden, weil insbesondere viele Unverbesserliche bis hin zum Fraktionsvorsitzenden der Union im Bundestag, Alfred Dregger, die Beteiligung der Roten Armee der Sowjetunion an dieser Befreiung nicht akzeptieren wollten und Zweifel an der Alleinschuld des Deutschen Reiches äußerten. Für mich bot diese Veranstaltung eine Bühne für eine leidenschaftliche Rede gegen den Ungeist nationalsozialistischer Ideen und ihrer Vollstrecker.

In meiner Begrüßung habe ich die Abwesenheit von Heide Simonis entschuldigen müssen. Die Begründung passte so gut zum abendlichen Thema, dass ich gerne Teile aus ihrem an mich gerichteten Absage-Schreiben vom 17. April zu verlesen habe. Heide Simonis konnte nicht an unserer Veranstaltung teilnehmen, weil sie wegen eines angeblichen Verstoßes gegen das Bannmeilengesetz in Bonn vor dem Landgericht erscheinen sollte. Sie schrieb: „Während (CDU-Generalsekretär) Geißler wegen seiner Äußerung, die „Naziopfer seien an ihrem Schicksal selber schuld, da sie ja Pazifisten waren" von niemanden gerügt wird – offensichtlich werden solche Ungeheuerlichkeiten als Kavaliersdelikt betrachtet – müssen sich Reinhold Hiller, Horst Jungmann und ich vor dem Landgericht wegen Verletzung des Bannmeilengesetzes verantworten, da wir mit einigen empörten Bürgern im Bereich der sogen. Bannmeile vor dem Bundestag diskutiert und demonstriert haben." In der ersten Instanz wurde Heide Simonis zu einer Geldstrafe von 2.500 DM verurteilt. Dazu merkte sie an: „40 Jahre nach Kriegsende dürfen Naziopfer im Deutschen Parlament verhöhnt werden, vor dem Parlament dagegen zu protestieren, ist jedoch ein schwerer Straftatbestand."

Im Januar 1985 war mein „ewiger Gegenspieler", Otto Bernhardt, aus dem Landtag ausgeschieden und hatte mit Hilfe der CDU-Landesregierung eine gut besoldete Aufgabe bei der landeseigenen Wirtschaftsaufbaukasse übernommen. Der Wirtschaftsraum Rendsburg wurde fortan nur noch durch mich im Landtag vertreten. Mit Otto Bernhardt führte ich viele politische Auseinandersetzungen, seit er bei der Jungen Union und ich bei den Jusos aktiv waren. Zunächst wurde er Orts-Chef der CDU, dann folgte ich ihm bei der SPD. Er war bereits Senator der Stadt, als ich 1974 nach der Kommunalwahl zum Senator gewählt wurde. Auch als Kreisvorsitzender unserer beiden Parteien war er mir zeitlich voraus. Als ich 1979 gegen ihn erstmals den Landtagswahlkreis für die SPD gewann, konnte er nach bereits achtjähriger Mitgliedschaft im Landtag gerade noch einmal über die Landesliste in den Landtag einziehen. In Folge der Bürgermeisterwahl-Affäre wurde unsere Beziehung völlig zerrüttet. Sie hat sich nach der Vernarbung vieler Wunden erst nach Jahrzehnten wieder normalisiert.

Im Laufe der Jahre wurde in der SPD im Gegensatz zu anderen Parteien immer heftiger über die Berücksichtigung von Frauen bei Kandidaturen und in Parlamenten gestritten. Tatsächlich waren die Frauen völlig unterrepräsentiert, was nicht nur auf die besonderen Verpflichtungen bei der Kindererziehung zurückzuführen war. Zu viele männliche Parteimitglieder trauten den Frauen zu wenig zu und wollten wohl auch ihre Ämter nicht gefährden. Dabei hatte schon August Bebel hundert Jahre früher über „Die Frau und der Sozialismus" ein kluges Buch geschrieben. Gerade der SPD- Kreisverband Rendsburg-Eckernförde setzte sich in den 1980er Jahren an die Spitze der Bewegung im Kampf für die Gleichstellung und für mehr Mandate in den Parteien und Parlamenten. Dies lag auch daran, dass mit Lianne Paulina-Mürl, Brunhild Wendel, Ute Erdsiek-Rave und Elke Heinz vier weit über die Region bekannte Streiterinnen in unserem Kreisverband aktiv waren. Nach einer langen parteiinternen Debatte fand die Forderung nach Einführung einer Frauen-Quote erstmalig auf dem SPD-Landesparteitag in Reinbek 1987 eine Mehrheit. Schon vorher setzte der von mir geführte Kreisvorstand für die Wahl zum Kreistag 1986 ein sichtbares Zeichen, in dem er nach einer Kampfabstimmung entschied, acht Frauen für die ersten acht Listenplätze vorzuschlagen. Dieses Signal erreichte bundesweit und sogar in der Wochenzeitung „Die Zeit“ eine große Resonanz.

Auf dem folgenden Kreisparteitag in Schacht-Audorf, der Wirkungsstätte der ersten sozialdemokratischen Bürgermeisterin im Land, Brunhild Wendel, wurde die Gleichstellungsinitiative des Kreisvorstandes in leidenschaftlichen Beiträgen verteidigt. Daran beteiligte sich auch Heide Simonis. Dazu wurde ein Initiativantrag verabschiedet, der die SPD-Ortsvereine aufforderte, „bei der Aufstellung der Kandidatinnen und Kandidaten weibliche Mitglieder mindestens entsprechend ihrem Anteil an der Parteimitgliedschaft auf aussichtsreichen Plätzen zu berücksichtigen“. Eine Zäsur in der Gleichstellungspolitik der SPD der einige Jahre später auch eine entsprechende Satzungsänderung auf einem SPD-Bundesparteitag folgte. 25 Jahre später ist auch die bayerische CSU dem Beispiel des SPD-Kreisverbandes gefolgt.

Hans Jochen Vogel unterstützt den kommunalen Wahlkampf

Am 2. März 1986 fand die nächste Wahl zu den kommunalen Parlamenten in Schleswig-Holstein statt. Höhepunkt des regionalen Wahlkampfes war ein Auftritt des Vorsitzenden der SPD-Bundestagsfraktion, Hans Jochen Vogel, am 24. Januar 1986 in Fockbek. Heide Simonis und ich konnten den Gast aus Bonn vor über 300 Besuchern begrüßen. Vogel zeigte sich über unsere lokalen Beschlüsse gut informiert und versah die „Acht-Frauen-Liste" des Kreisverbandes mit einem dicken Kompliment. So etwas sei ihm im gesamten Bundesgebiet noch nicht begegnet. Hier werde ein entscheidender Schritt zur tatsächlichen Gleichstellung der Frau getan, meinte er, bevor er sich bundespolitischen Argumenten zuwandte. Geleitet wurde die Versammlung vom SPD-Ortsvereinsvorsitzenden Horst Schadwinkel.

Er war für mich ein guter Freund, der leider am 12. Dezember 1991 tödliches Opfer eines Attentats wurde. Horst Schadwinkel war ein weit über die Grenzen der Gemeinde Fockbek hinaus angesehener Bürgermeister. Nie werde ich die Umstände seines gewaltsamen Todes vergessen. Mich erreichte von der Pressereferentin der Landtagsfraktion während der Parlamentssitzung der Hinweis, in Rendsburg treibe ein Wahnsinniger sein Unwesen. Ich informierte telefonisch meine Frau in Rendsburg, sie möge auf sich aufpassen und erfuhr erst am Nachmittag, dass es sich bei einem der zwei Getöteten um meinen Freund Horst Schadwinkel handelte. Er hatte sich als Vorsitzender des Abwasserzweckverbandes in den Räumen der Westerrönfelder Gemeindeverwaltung aufgehalten, in denen der Leitende Verwaltungsbeamte Wichelmann die Geschäfte führte. Der Attentäter war ein Fockbeker Bürger, der sich über die Verpflichtung des Abwasserzweckverbandes, sein Grundstück an die gemeindliche Abwasserversorgung anzuschließen, erregt hatte. Mit der Ermordung des Geschäftsführers und seines Vorsitzenden hatte der Täter sein erstes Ziel erreicht. Glücklicherweise scheiterte seine weitere Absicht, das mit Sprengstoff gefüllte Auto in das Fockbeker Rathaus zu fahren, an den Begrenzungspollern. So kam nur er selbst ums Leben. Ich war von den Nachrichten aus Rendsburg und Fockbek so geschockt, dass ich die Parlamentssitzung vorzeitig verließ und nach Hause fuhr. Hier erreichte mich am Telefon ein neuer Schock. Eine weibliche Telefonstimme kündigte mir persönlich ein ähnliches Schicksal wie Schadwinkel an. Glücklicherweise war hier wohl nur eine Trittbrettfahrerin aktiv geworden.

Ich kandidierte für die Ratsversammlung wieder im Wahlkreis Mastbrook, dieses Mal nach Klaus-Dieter Henkel, Uwe Meise und Wolfgang

Majer auf Listenplatz 4. Auch meine Frau hatte sich überreden lassen und kandidierte erstmals auf dem aussichtslosen Listenplatz 24. Bei der CDU gab es am Wahlabend lange Gesichter, während die SPD kräftig zulegen konnte. Es war nicht zuletzt der Fraktionsvorsitzende im Landtag, Björn Engholm, der die SPD wieder für viele Menschen wählbar gemacht hatte, während die CDU unter ihrem neuen Ministerpräsidenten Uwe Barschel offensichtlich nicht überzeugen konnte. Auf Landesebene verlor die CDU 5,9 Prozent und landete bei 44,2 Prozent. Die SPD erreichte 40,3 Prozent und gewann 5,7 Prozent hinzu. Damit war auch ein Regierungswechsel bei der Landtagswahl 1987 in greifbare Nähe gerückt. Der konservativen Presse im Land und insbesondere dem amtierenden Ministerpräsidenten machte dies große Sorgen. Als später die Barschel-Affäre bekannt wurde, vermutete ich, dass er nach diesem Wahlergebnis angetrieben wurde, sich über unanständige Machenschaften zur Bekämpfung des politischen Gegners Gedanken zu machen.

Mit einem Zugewinn von 5,8 Prozent schnitt die SPD im Kreisgebiet noch besser als auf Landesebene ab, während die CDU mit 5,6 Prozent zwar Verluste verkraften musste, aber mit einem Mandat Vorsprung die Mehrheit im Kreistag verteidigen konnte. In Rendsburg kam die SPD auf 47,6 Prozent, einem Zugewinn von 8,8 Prozent. Die CDU erhielt 41,5 Prozent und verlor damit gegenüber 1982 6,1 Prozent. Erstmals in Rendsburgs Geschichte zogen die „Grünen" mit 5,8 Prozent und zwei Mandaten in die Ratsversammlung ein. Die FDP war mit 4,1 Prozent an der Fünf-Prozent-Hürde gescheitert. Ich selbst war in meinem Wahlkreis 17 mit 60 Prozent der Stimmen wiedergewählt worden und hatte nach damaliger Lesart ein „bayerisches Ergebnis" erzielt, übrigens das beste aller 17 Wahlbezirke.

Selbst CDU-Mitglied Karl-Heinz Freiwald kam als Chefredakteur der Landeszeitung nicht umhin, die Ergebnisse als „Erdrutsch" zu bezeichnen. Als Kreisvorsitzender teilte ich der Presse mit, dass mit „dem Auszählen der Stimmzettel für uns Sozialdemokraten das Ringen um die Mehrheit bei der nächsten Landtagswahl begonnen hat". Das gute Abschneiden der Grünen trotz der langjährigen Besetzung von Umweltthemen durch die SPD müsse uns zum Nachdenken zwingen. „Die Grünen dürften nicht als Aussätzige behandelt werden, angesichts unverkennbarer Übereinstimmung in vielen Sachfragen könne eine lokale Zusammenarbeit sinnvoll sein."

Diese Einschätzung der Grünen fand damals noch nicht den Beifall aller Parteifreunde.

Nach dem Wahlerfolg stand der SPD in Rendsburg erstmals nach der Fleischner-Affäre wieder das Amt des Bürgervorstehers zu. Die führenden Vertreter im Ortsverein baten mich, es zu übernehmen. Auch Björn Engholm drängte mich nach einem Gespräch in Kiel zu diesem Schritt, erwartete aber, dass ich dann den SPD-Kreisvorsitz niederlegen würde. Meine Arbeit in der SPD-Landtagsfraktion hätte ich indes fortsetzen können. Ich bat um Bedenkzeit und entschied mich Tage später für den Kreisvorsitz und gegen das Amt des Bürgervorstehers. An meiner Stelle wurde Uwe Meise zum Bürgervorsteher der Stadt gewählt, und es war, in der Nachbetrachtung, eine gute Wahl.

Wenige Tage später, Ende April 1986, explodierte der Atomreaktor in Tschernobyl. Der atomare Super-Gau, vor dem viele – einschließlich mir selbst – immer wieder gewarnt hatten, war schneller eingetreten als erwartet. Angesichts der katastrophalen Bilder und Nachrichten aus der Sowjetunion erhielt der Wiederstand von SPD und Grünen gegen die Atomenergie neuen Schwung, während FDP und Union unisono den Reaktorunfall auf sowjetischen Schlendrian zurückführen wollten, der „bei uns" natürlich nicht passieren könnte. Ein folgenreicher Irrtum, weil er den Umstieg in erneuerbare Energien wie Wind und Sonne um Jahre verzögerte. Die Landes-SPD reagierte unter anderem mit einer „Volksversammlung" am 1. Juni in Wilster in unmittelbarer Nähe des Atomkraftwerks Brokdorf, an der auch meine Frau und ich teilnahmen. Erwartungsgemäß blieb ein Initiativantrag der SPD-Fraktion im Landtag am 27. Mai, das Atomkraftwerk Brokdorf nicht in Betrieb zu nehmen, ohne Erfolg. Mit ihrer Mehrheit beschlossen die Abgeordneten der CDU, dass Brokdorf ein sicheres Kernkraftwerk sei. Alle Abgeordnete der CDU wiesen sich als Atom-Experten aus, die genau Bescheid wussten.

1986 war auch das Jahr der großen Werftkrise im Raum Rendsburg. Die Nobiskrug-Werft, Arbeitgeber für mehr als 1200 Arbeitnehmer und wohl 1000 Menschen in Zulieferbetrieben ging in Konkurs. Ich hielt der CDU-Landesregierung mit guten Argumenten eine große Mitschuld an diesem Desaster vor. Die SPD-Kreistagsfraktion führte auf schriftliche Anregung von Heide Simonis mit großer öffentlicher Begleitung und namhaften Rednern wie Björn Engholm am 21. August eine Groß-Veranstaltung durch, zu der auch Heide Simonis und ich eingeladen waren. Heide Simonis fand es „unverständlich, dass Werften nicht für Umweltschutz, Wohnungssanierung oder Schwimmbäder produzieren". Ich selbst wiederholte noch einmal den Vorwurf, dass „die Landesregierung mit der Veröffentlichung des Lausen-Gutachtens schweren Schaden angerichtet" habe. Die Krise hatte sich zugespitzt, weil ein vom ehemaligen Finanzminister Gerd Lausen im Auftrag der Landesregierung erstelltes Gutachten der Rendsburger Werft nur geringe Zukunftschancen gab. Damit war das Schicksal besiegelt, dass auch durch einen großen Demonstrationszug der IG Metall in die Innenstadt, an dem ich neben Alfred Lausch, dem IG Metall-Bevollmächtigten, an der Spitze mit über 1000 Menschen bei strömenden Regen teilnahm, nicht aufgehalten werden konnte. Am 5. November 1986 stellte ich der Presse in Rendsburg eine 190 Seiten starke Dokumentation vor, die Stoltenberg und Barschel die Verantwortung für die Arbeitsplatzverluste auf den Werften zuordnete. Insbesondere kritisierte ich die Versäumnisse bei der Schaffung von Ersatzarbeitsplätzen durch die Herstellung von schiffbaufremden Projekten.

Nach dem guten Abschneiden bei der Kommunalwahl kam auch im Kreisvorstand der SPD Freude auf. Zufrieden nahmen wir den Hinweis von

Mit den Bürgervorstehern Dieter Ellefsen und Uwe Meise bei der Mai-Kundgebung

Ute Erdsiek-Rave zur Kenntnis, dass Björn Engholm die Organisation seiner Veranstaltungen im Kreisgebiet gelobt habe.

Der Kreisvorstand konnte dem Kreisparteitag am 31. Mai 1986 entspannt entgegensehen, auf dem es zu einer personellen Zäsur kam, weil Reimer Reimers und Brunhild Wendel nicht wieder als stellvertretende Kreisvorsitzende kandidierten. In einer vorbereitenden Sitzung des Kreisvorstandes am 16. April wurde die Bewerbung von Heide Simonis für die Kandidatur zur Bundestagswahl 1987 entgegen genommen und die Wahlkreiskonferenz mit der einzigen Bewerberin auf den 12. Mai 1986 in Flintbek festgelegt. Der Kreisvorstand beschloss auf meinen Vorschlag einstimmig, den Delegierten die Wahl von Heide Simonis für die Kandidatur zur Bundestagswahl am 25. Janur 1987 zu empfehlen. Ich erklärte gegenüber der Presse, dass „Heide Simonis die Belange der Bürgerinnen und Bürger des Wahlkreises in den letzten Jahren hervorragend im Bundestag und gegenüber Behörden und Institutionen vertreten habe. Sie habe für die Probleme der Menschen immer ein offenes Ohr gehabt. Ihr herausragendes politisches Gewicht in Bonn sei unter anderem durch die Wahl in den Vorstand der Bundestagsfraktion zum Ausdruck gekommen."

Die Delegierten überhörten nicht den Rat des Kreisvorstandes. Heide Simonis wurde mit 120 von 124 abgegebenen Stimmen nominiert. Als Kreisvorsitzender sprach ich die Hoffnung aus, dass der Bundestagswahlkreis wieder direkt gewonnen werden könne.

Der Kreisparteitag am 31. Mai 1986 in Eckernförde brachte die erwarteten personellen Veränderungen. Für Brunhild Wendel und Reimer Reimers wurden Elke Heinz und Jürgen Baasch als meine Stellvertreter gewählt. Ich selbst wurde mit 140 Ja-Stimmen bei 18 Gegenstimmen und acht Enthaltungen wiedergewählt. Der Kreisverband zählte jetzt 3.807 Mitglieder in 76 Ortsvereinen. In Anträgen und Debatten wurde der deutsche und weltweite Ausstieg aus der Atomenergie sowie Maßnahmen zur Energieeinsparung und verstärkte Erforschung von erneuerbaren Energieträgern gefordert. Ich fand es erfreulich, dass es für die sieben Posten der Beisitzer im Kreisvorstand zwölf Bewerbungen gab. Eine Bewerbung kam von Andreas Breitner aus Schwedeneck, dem ich auf diesem Kreisparteitag erstmals begegnete und der es Jahrzehnte später auf meinen Vorschlag hin zum Kandidaten für das Amt des Rendsburger Bürgermeisters und 2012 sogar bis zum Innenminister bringen sollte.

Im Juli 1986 übernahm ich eine Patenschaft für die „Arbeitsbrigade" von berufstätigen Gewerkschaftlern in Nicaragua. Die Gewerkschaftler wollten beim Bau von Häusern für Flüchtlingsfamilien helfen. Ich wollte mit der Übernahme der Patenschaft deutlich machen, dass „Nicaragua gerade jetzt wegen des Wirtschaftsboykotts und des unerklärten Krieges durch die USA und seiner Stellvertreter, den Contras, wirtschaftliche und politische Hilfe braucht".

Seit etwa zehn Jahren dominierte 1986 das Thema „Nordspange" als Nordumfahrung um Rendsburg und Büdelsdorf die regionalpolitische Debatte. War ich 1979 noch offen für Argumente der Befürworter dieses Vorhabens gewesen, hatte sich bei mir nach vielen Gesprächen die Erkenntnis durchgesetzt, dass diese neue Straße zwar marginal den Verkehr in der Rendsburger Fockbeker Chaussee und der Fockbeker Rendsburger Straße entlasten könnte, aber im Norden von Rendsburg und Büdelsdorf neue und größere Probleme entstehen würden. Darüber hinaus wäre eine neue Straßenführung mit Eingriffen in Naherholungsgebiete in beiden Städten verbunden. Gemeinsam mit Dieter Ellefsen aus Büdelsdorf nutzte ich meinen Einfluss, dieses Straßenbauprojekt zu verhindern. Im Gegensatz zu den Parteifreunden in Rickert und Büdelsdorf waren nicht alle meine Parteifreunde in Fockbek und Rendsburg mit mir einer Meinung. An den Durchgangsstraßen in Fockbek und Rendsburg bauten Mitglieder einer Bürgerinitiative Stellschilder mit Parolen gegen meine Position auf.

Am 23. Juni 1986 titelte die Landeszeitung im Rahmen eines Berichts über meine Gesprächsrunde mit der Gemeindevertretung in Fockbek: „Neugebauer wettet: Nordspange wird es nicht geben". Ich kann mich nicht erinnern, jemals wieder Wetten auf politische Abläufe abgeschlossen zu haben. Aber ich sollte Recht behalten. Dank des Drängens des Kreisvorstandes und des Engagements der SPD-Kreistagsfraktion unter ihrem Vorsitzenden Dieter Ellefsen wurde die Planung im Kreistag nach der Kreistags-Wahl 1990 durch Mehrheitsbeschluss gegen die Stimmen von CDU und FDP beerdigt. Als damaliger Parlamentarischer Vertreter des Wirtschaftsministers konnte ich auch die Landesregierung veranlassen, sich von diesem Straßenbauprojekt zu verabschieden.

Zehn Jahre später gab es eine neue Diskussion über die „Nordumfahrung". Die von der Straßenbauverwaltung vorgeschlagenen Varianten konnten mich nicht überzeugen. Außerdem führten handwerkliche Fehler des damaligen Landrats Wolfgang von Ancken zu einer deutlichen Ablehnung durch die Grundstückseigentümer. Der Landrats-Nachfolger Dr. Rolf-Oliver Schwemer war gut beraten, auch diese Planung zu den Akten zu legen. Ich halte auch jetzt immer noch an meiner Wette von 1986 fest.

Im Sommer 1986 wurden die personellen Entscheidungen für die Landtagswahl 1987 vorbereitet. Die Wahlkreiskonferenz für den Wahlkreis 13, Rendsburg, war am 20. Oktober 1986 in Fockbek. Vorher stellten sich die Kandidaten in den SPD-Ortsvereinen vor. Nach 1979 hatte ich es erstmals wieder einen Gegenkandidaten. Wie schon 1979 bewarb sich auch der Büdelsdorfer SPD-Chef Dieter Ellefsen. Bei den Vorstellungsrunden und in einem persönlichen Schriftwechsel blieben persönliche Vorhaltungen leider nicht aus, dafür waren wir beide zu leidenschaftlich in der Politik engagiert. Nach den Diskussionsveranstaltungen der SPD-Ortsvereine hat Dieter Ellefsen wohl seine mangelnden Erfolgsaussichten außerhalb seines eigenen Ortsvereins bemerkt und zog seine Kandidatur unmittelbar vor der Wahlkreiskonferenz zurück. Dort wurde ich bei einer Gegenstimme und fünf Enthaltungen mit 29 Ja-Stimmen in geheimer Wahl gewählt. Bereits am 4. September 1986 hatte Klaus-Dieter Henkel für den SPD-Ortsverein Rendsburg die Unterstützung meiner Kandidatur öffentlich mit dem Hinweis begründet, „dass Neugebauer in seiner fast achtjährigen Mitgliedschaft im Landtag durch Engagement und Glaubwürdigkeit viel neues Vertrauen für die SPD erworben und die Interessen des Wirtschaftsraumes in der Landespolitik hervorragend vertreten“ habe. In meiner Vorstellung hatte ich als wichtigste Ziele den Ausstieg aus der Kernenergie, die atomare Abrüstung und die Bekämpfung der Arbeitslosigkeit genannt. Ich versprach, auch in den nächsten vier Jahren die Stärkung der Wirtschaftskraft des Wirtschaftsraums Rendsburg und die Verbesserung der Lebensqualität für alle zum Schwerpunkt meines Handelns zu machen. Ich versprach auch, trotz meiner Verpflichtungen im Landtag, die Betreuung des Wahlkreises nicht zu vernachlässigen. Gefragt nach Koalitionsvorstellungen, sprach ich mich für die Zusammenarbeit mit den bis dahin ja gar nicht im Parlament vertretenen Grünen aus.

Zur Landtagswahl bewarb sich in Rendsburg-Eckernförde auch erstmals die Kreistagsabgeordnete Ute Erdsiek-Rave. In ihrem Bewerbungsschreiben nannte die spätere Bildungsministerin die Gleichstellungspolitik und verwies auf ihre Funktionen als Vorsitzende des Kulturausschusses im Kreistag und als stellvertretende Landesvorsitzende der Arbeitsgemeinschaft Sozialdemokratischer Frauen. Auch mein Stellvertreter, Jürgen Baasch, bewarb sich um eine Landtagskandidatur. Als ehemaliger Assistent des Bundestagsabgeordneten Jürgen Anbuhl aus Eckernförde kannte er bereits den Bundestag. Jürgen Baasch wurde in der von mir geleiteten Wahlkreiskonferenz einstimmig gewählt.

Am 11. November 1986 wurde Klaus-Dieter Henkel auf der Mitgliederversammlung der Rendsburger SPD mit 51 Ja-Stimmen von 63 stimmberechtigten Mitgliedern als Ortsvereinsvorsitzender wiedergewählt. In der Aussprache kündigte er als SPD-Initiative die umgehende Bildung einer Gleichstellungsstelle im Rendsburger Rathaus an. Damit setzte sich der Ortsverein auch in diesem Bereich an die Spitze einer inzwischen in vielen SPD-Gremien diskutierten Kampagne. Da die SPD-Versammlung zeitlich mit der bundesweiten Auseinandersetzung um die Affäre der gewerkschaftseigenen „Neuen Heimat" zusammen fiel, wurde ich unter dem Tagesordnungspunkt „Verschiedenes" nach meiner Meinung zu diesen Vorgängen gefragt. Ich kannte einige der betroffenen Akteure in der „Neuen Heimat" aus meiner Zeit als wohnungspolitischer Sprecher der SPD-Landtagsfraktion persönlich.

Als der Spiegel die „Selbstbedienungsmentalität" öffentlich machte, war ich froh, dass ich das damalige Angebot des Hamburger Neue-Heimat-Chefs ausgeschlagen hatte, die von mir geleitete Projektgruppe Wohnungsbau auch materiell zu unterstützen. Spätestens jetzt wäre ein solcher Vorgang, und wohl nicht zu meinen Gunsten, von den Medien ausgebreitet worden. In den regelmäßigen Konferenzen der wohnungspolitischen Sprecher in Bonn traf ich auch immer auf den Neuen-Heimat-Chef Albert Vietor. Regelmäßig lud er mich zum Konferenzende ein, ihn beim Rückflug mit dem konzerneigenen Flugzeug nach Hamburg zu begleiten. Jedes Mal schlug ich die Einladung freundlich mit Verweis auf mein Bahn-Ticket aus. Meine Unabhängigkeit war mir wichtiger.

Auf der Mitgliederversammlung übte ich heftige Kritik am bekannt gewordenen Gebaren des Baukonzerns, an dem sich einige wenige Gewerkschaftler bereichert und andere es an der Kontrolle hatten fehlen lassen. Unter dem lebhaften Beifall der Versammelten stellte ich fest, dass „man die Messlatte bei Fehlverhalten von Spitzengewerkschaftlern konsequenterweise ebenso hoch anlegen muss, wie das in vergleichbaren Verantwortungsbereichen in Politik und Wirtschaft geschieht". Ich forderte den Rücktritt des DGB-Bundesvorsitzenden Ernst Breit. Trotz meines Hinweises, dass dieser Skandal nicht der Keil sein dürfe, der Sozialdemokraten und Gewerkschaftler auseinanderdividiere, wurden mir von regionalen Gewerkschaftlern wegen meiner Kritik an Breit heftige Vorwürfe gemacht. Für mehrere Wochen war das ansonsten gute Verhältnis vergiftet.

Im November 1986 legte ich mich als Kreisvorsitzender wieder einmal öffentlich für Heide Simonis ins Zeug. Im Hinblick auf die anstehende Bundestagswahl betonte ich, dass die SPD ihren Wahlkampf auf die Person von Heide Simonis zugeschnitten habe und ganz auf ihre Kompetenz setze. Ich zeigte mich zuversichtlich, dass Heide Simonis den Wahlkreis wie zuletzt 1980 gewinnen würde. Ihrem Konkurrenten im Wahlkreis, Gerhard Stoltenberg, hielt ich vor, bei der Bekämpfung der hohen Arbeitslosigkeit, der Bewältigung der Werftenkrise und bei der zunehmenden Umweltzerstörung untätig geblieben zu sein. Wegen der bekannt gewordenen Unternehmensspenden an die CDU fügte ich hinzu, dass man den Wahlkampf selbst finanzieren wolle und keine Bettelbriefe an Unternehmen schicken werde.

Der Höhepunkt des Bundestagswahlkampfes in der Region mit vielen kleinen Gesprächsrunden von Heide Simonis und mir war der Auftritt des damaligen Kanzlerkandidaten und späteren Bundespräsidenten Johannes Rau am 6. Januar 1987 auf dem Altstädter Markt in Rendsburg. Heide Simonis und ich hatten den stark erkälteten Rau am Vormittag vom Rendsburger Bahnhof abgeholt, wo sein Wahlkampf-Zug Station gemachte hatte. Wir begleiteten ihn erst zu einem Gespräch mit der Redaktion der Landeszeitung und danach zum Altstädter Markt. Hier hatten bereits über 400 Besucher in eisiger Kälte frierend ausgeharrt. Als erster Redner forderte ich einen „Denkzettel" für die Regierung Kohl/Stoltenberg, verwies auf zahlreiche wirtschaftspolitische Negativrekorde und hob hervor, dass „die SPD nicht nur die besseren politischen Vorstellungen, sondern mit Heide Simonis und Johannes Rau auch die besseren personellen Alternativen zu Kohl und Stoltenberg habe". In Absprache mit Heide Simonis machte ich mit einer heftigen persönlichen Kritik an ihren Gegenkandidaten Stoltenberg den verbalen „Einpeitscher". Heide Simonis sagte das Ende des Winters voraus, aber „die von der Bundesregierung verbreitete soziale Kälte" könne nur vorbeigehen, wenn „wir die Schwarzen in Bonn wegkriegen". Sie sprach auch die gefährdeten Arbeitsplätze auf den Werften an, die gestrichenen Bafög-

Leistungen für Schüler sowie die unsicheren Renten. Johannes Rau stellte vor begeisterten Zuhörern seine politischen Ziele in der Bundespolitik heraus und ging insbesondere auf die Themen soziale Sicherheit, Jugendarbeitslosigkeit, Umweltverschmutzung und Rüstungswettlauf ein.

Der Wahlabend am 25. Januar 1987 konnte bei der SPD nur teilweise Zufriedenheit auslösen. Helmut Kohl konnte Bundeskanzler bleiben. Gerhard Stoltenberg hatte seinen Wahlkreis wieder gegen Heide Simonis gewonnen. Weil ich unseren Anhängern im Hinblick auf die Landtagswahl Mut machen wollte, stellte ich vor den Pressevertretern fest, dass „wir in der Niederlage noch hervorragend abgeschnitten" hätten. Der Vorsprung von Stoltenberg gegenüber Heide Simonis sei gegenüber 1982 fast halbiert worden. „Die SPD hat am Image von Stoltenberg ordentlich gekratzt". Im Hinblick auf die Landtagswahl sei das Ergebnis eine hervorragende Ausgangsposition für die SPD. Der Regierungswechsel in Kiel sei in greifbare Nähe gerückt. Bei den Erststimmen belegte Heide Simonis bei einem Minus von 0,5 Prozent gegenüber 1982 das zweitbeste Ergebnis der SPD im Land, während die CDU mit Stoltenberg bei den Zweitstimmen für die CDU mit einem Minus von 6 Prozent landesweit das schlechteste Ergebnis einfuhr. Hier hatte die SPD mit 0,9 Prozent die zweitgeringste Abnahme zu verzeichnen. Bei den Zweitstimmen kam die SPD im Kreisgebiet auf 39,9 Prozent, in Rendsburg auf 46,65 Prozent und blieb stärkste politische Kraft. Bei den Erststimmen kam die Kreis-SPD auf 42,9 Prozent, die Rendsburger SPD auf 49,44 Prozent. Wir freuten uns, dass Heide Simonis wieder über die SPD-Landesliste in den Bundestag zurückkehren konnte.

In der Analyse des Bundestagswahlkampfes im Kreisvorstand am 26. Januar 1987 kritisierte Heide Simonis die bestehende Form der Veranstaltungen als nicht mehr erfolgreich und forderte mehr Ideenreichtum für die nächsten Wahlkämpfe. Ich konnte sie in dieser Einschätzung nur unterstützen. Das immer breiter werdende Informationsangebot der Fernsehsender machte es möglich, die Bürger unmittelbar durch die politische Prominenz über aktuelle politische Fragen zu informieren. Damit verloren die örtlichen Veranstaltungsangebote mit prominenten Rednern aus der Region oder mit Rednern aus der „zweiten Reihe" ihren Reiz. Immer häufiger waren wir Parteimitglieder mit wenigen Sympathisanten unter uns, aufgefrischt höchstens durch stadtbekannte Querulanten. Für den anstehenden Landtagswahlkampf schlug Heide Simonis die Themen Frauen, Fremdenverkehr und Landwirtschaft vor. Ich kritisierte am regionalen Wahlkampf die verbale totale Abgrenzung zu den Grünen, deren Wähler Heide Simonis vermutlich auch deshalb überwiegend die Erststimmen verweigert hätten.

Mit unerwarteter Verspätung erreichte uns Wahlkämpfer am 10. März der Dank von Heide Simonis. „Ich habe mich sehr gefreut, dass ihr trotz der widrigen Witterungsumstände so tapfer für die SPD und mich gekämpft habt" schrieb sie an die Ortsvereine und den Kreisvorstand, nicht ohne ein Durchstarten bis zum 13. September zu wünschen.

Der 23. März 1987 bedeutete für die SPD das Ende einer langen Epoche: Willy Brandt trat nach 25 Jahren als unser Parteivorsitzender zurück. Es war zugleich der Beginn einer langen Führungskrise in der SPD. Heide Simonis war am Rücktritt nicht unbeteiligt. Der Rücktritt dieses parteiintern unumstrittenen Lenkers und Vordenkers in der SPD, des Ex-Kanzlers und Friedensnobelpreisträgers sowie des Autors wichtiger Beiträge zum Nord-Süd-Konflikt und zur Umweltthematik löste bei uns allen und auch bei mir Betroffenheit aus. Zur Betroffenheit gesellte sich Zorn über Heide Simonis, weil sie mit ihren Äußerungen die Entscheidung ausgelöst hat. Was war geschehen?

Bereits am 18. März 1987 teilte Heide Simonis ihren sozialdemokratischen Kolleginnen und Kollegen im Bundestag mit, sie habe dem NDR ein Interview gegeben, dessen Inhalt von den Journalisten der dpa als Rücktrittsforderung an Willy Brandt gewertet und sofort bundesweit kommuniziert worden sei. Anlass war die Berufung von Margarita Mathiopolous zur neuen Parteisprecherin. Sie war die Tochter eines griechischen Sozialdemokraten, aber nicht Mitglied der SPD- und das hatte Heide Simonis heftig kritisiert, „weil wir in der Partei hervorragende Journalistinnen haben, die sich in der journalistischen und politischen Arbeit bewährt haben". Auf die Frage, ob Willy Brandt jetzt zurücktreten müsse, antwortete Heide Simonis nach eigenen Angaben, „dass ich seine Entscheidung, den Zeitpunkt seines Rücktritts selbst zu bestimmen, immer für richtig gehalten habe, dass aber dadurch, dass er Fehler mache, der Eindruck entstehen könne, nicht mehr Herr dieses Verfahrens zu sein. Dies allerdings habe er selbst zu verantworten. Willy Brandt müsse sich daher überlegen, ob es nicht besser wäre, in Zukunft Fehler zu vermeiden, die seinen Abgang beschleunigen".

Ich sah darin eine versteckte Aufforderung zum Rücktritt. Diese Anmaßung gegenüber dem weltweit anerkannten Parteivorsitzenden stieß nicht nur bei mir auf völliges Unverständnis.

An die fragwürdige Erklärung von Heide Simonis erinnerte ich mich 1988, als sie nach ihrer Ernennung zur Finanzministerin gegen den anfänglichen Willen von Björn Engholm ihren ehemaligen Bundestagskollegen aus der FDP- Bundestagsfraktion, Klaus Gärtner, als Staatssekretär durchsetzte. Gärtner blieb auch in der FDP, als er 1993 mit Heide Simonis als Ministerpräsidentin in die Staatskanzlei wechselte. Mit dieser Berufung erhielt er Einfluss auf alle Ministerien, den er zum Ärger der Mitglieder der SPD-Landtagsfraktion auch kräftig nutzte.

Willy Brandt war ob solcher Kritik „aus der zweiten Reihe" tief verletzt. Es war wohl der berühmte Tropfen, der das Fass zum Überlaufen brachte, der schließlich am 23. März zu seinem Rücktritt vom Amt des Parteivorsitzenden führte.

Heide Simonis übersah nicht den Zorn der Parteibasis, der ihre eigene Karriere und auch die Wahlchancen der schleswig-holsteinischen SPD zu gefährden drohte. Mit Schreiben vom 2. April wandte sie sich selbstkritisch an die Ortsvereinsvorsitzenden der SPD und bestritt zunächst die ihr unterstellte Absicht, den Rücktritt von Willy Brandt gefordert zu haben, nicht ohne hinzuzufügen, dass die Art ihrer Kritik am Parteivorsitzenden „nicht in Ordnung" gewesen sei. „Schon deshalb nicht, weil ich aus Erfahrung hätte wissen müssen, dass ein solches Interview eine Lawine lostreten kann, die nicht mehr aufzuhalten ist.

Meine Versuche, die Lawine nach dem Interview durch Erklärungen und Nachbesserungen aufzuhalten, hat die Sache, nachträglich betrachtet, nur schlimmer gemacht. Das tut mir leid." Ich fand es schon bemerkenswert, dass Heide Simonis nicht den Inhalt des Interviews, sondern die danach entstandene „Lawine" bedauerte.

Wissend um das Ansehen von Willy Brandt in der Partei fügte sie noch eine Lobpreisung des von ihr 14 Tage zuvor so Gescholtenen hinzu. Brandt habe eine historische Leistung vollbracht. „Sie wird weder durch die Umstände seines Rücktritts als Bundeskanzler noch durch die Umstände seines Rücktritts als Parteivorsitzender geschmälert werden".

Wie recht sie hatte!

Landtagswahl 1987, Barschels Erzählungen und Regierungswechsel. Heide Simonis wird Finanzministerin

Im Frühjahr 1987 startete ein Landtagswahlkampf, der Geschichte schrieb. Und das nicht nur, weil er von Unanständigkeiten und einer gesetzeswidrigen Beteiligung aus der Staatskanzlei überschattet wurde. Nach dem Wahlkampf endete das Leben des Ministerpräsidenten Uwe Barschel, ein Parlamentarischer Untersuchungsausschuss hatte aufzuklären, und die SPD konnte sich auf die Regierungsübernahme vorbereiten. Nie vorher und nachher habe ich einen solchen emotionalen und professionell durchgeführten Wahlkampf erlebt. Die SPD-Mitglieder und ihre Anhänger spürten die Chance, mit ihrem Hoffnungsträger Björn Engholm die CDU nach 38 Jahren Regierungszeit abzulösen.

Nachdem es Otto Bernhardt nach zwei Niederlagen gegen mich in den Landtagswahlkämpfen 1979 und 1983 vorgezogen hatte, in die Leitung der landeseigenen Wirtschaftsaufbaukasse einzutreten, musste ich mich nun mit der neuen Kandidatin der CDU, Gudrun Hunecke, auseinandersetzen. Da wir Heide Simonis mit dem Slogan „Frauen ins Parlament" unterstützt hatten, haben wie diese personelle Entscheidung der CDU mit einer gewissen Sorge verfolgt. Als Vorteil betrachtete ich allerdings, dass Gudrun Hunecke nicht in der Rendsburger Region wohnte, sondern in Wankendorf im Kreis Plön. Damit blieb sie für die meisten Bürger sehr unbekannt. Wir beide haben uns im Wahlkampf gegenseitig respektiert. Der Wahlkampf hatte trotz einiger persönlichen Vorhaltungen in beiden Richtungen keine Narben hinterlassen.

Mich freute, dass die Landeswahlkonferenz der SPD mich auf Vorschlag des Landesvorstandes für die Landtagswahl am 13. September 1987 auf den hervorragenden Listenplatz 9 platziert wurde. Nur vier von 61 Kandidaten auf der Landesliste erhielten mehr Ja-Stimmen als ich. Einer der ersten schriftlichen Gratulanten war Klaus-Dieter Henkel. Ich gründete eine Wahlkampfkommission, die den Wahlkampf inhaltlich und organisatorisch vorbereiten sollte. Dabei lernte ich die guten organisatorischen Fähigkeiten von Hermann Peters und Hans-Peter Robin kennen und ihre Ratschläge schätzen.

Björn Engholm hatte als Kandidat der SPD für das Amt des Ministerpräsidenten an einem Sonntagabend im Mai im Felder „Seegarten" vor über

200 Mandatsträgern der SPD „sein Kabinett“ vorgestellt. Heide Simonis war für das Amt der Finanzministerin vorgesehen. Mir war durch diskrete Informationen aus dem Umfeld von Björn Engholm bekannt geworden, dass er lieber auf Heide Simonis verzichtet hätte, weil er ihre Art der „lauten“ und „ ichbezogenen“ Darstellung von politischen Inhalten nicht gerade schätzte. Da er sich aber vorgenommen hatte, auch profilierte Frauen in seine Kabinettsmannschaft aufzunehmen, konnte er sie wohl nicht übergehen. Einige wenige Jahre später soll Björn Engholm kurz davor gewesen sein, sich von Heide Simonis als Finanzministerin zu trennen, weil sie sich nach seiner Auffassung in der Diskussion um die Sparkassenreform zu schnell, zu laut und vor allem zur unrechten Zeit öffentlich geäußert hatte. In der schriftlich nachgereichten Begründung verwies Björn Engholm bei seinem Personalvorschlag auf die politischen Erfahrungen von Heide Simonis im Bundestag, verschwieg aber auch nicht, dass „neben der Politik ihre Leidenschaft dem Stricken“ galt. „Ein zweitägiger Landesparteitag reicht in der Regel für einen Pullover. Auch in der Musik ist das Interesse von Heide nicht nur theoretischer Art, so nimmt sie Gesangsunterricht bei Georg Ahrens, einem Kieler Musikpädagogen und Opernsänger.“

In der örtlichen Presse und beim politischen Gegner wurde die Tatsache, dass Björn Engholm mich nicht in seiner Kabinettsliste vorgesehen hatte, als Niederlage für mich gewertet. Ich empfand das keinesfalls so. Schon einige Zeit vorher hatte Björn Engholm mir zu verstehen gegeben, dass ich als Parlamentarischer Vertreter des Wirtschaftsministers an der Seite von Dr. Franz Froschmaier im Ministerium arbeiten sollte.

Das Engagement der Parteifreunde im Wahlkreis übertraf alles, was ich nach meinen bisherigen Erfahrungen erwartet hatte. Der Regierungswechsel in greifbarer Nähe und die öffentlichen Verunglimpfungen und Unterstellungen seitens des CDU-Landesverbandes trugen dazu bei, die parteiinternen Reihen zu schließen. Mit prominenten Bundespolitikern und Mitgliedern der Kabinettsmannschaft führte ich unzählige zielgruppenorientierte Gesprächsrunden und ließ kein Thema aus der Landes- und Bundespolitik aus.

Ich erinnere mich zum Beispiel an einen gemeinsamen Auftritt in Rendsburg am 27. August 1987 mit dem Vorsitzenden der SPD-Landtagsfraktion in Nordrhein-Westfalen, Professor Dr. Friedhelm Farthmann. Was sollte ich mit dem mir von der Wahlkampfzentrale angebotenen Vormittagstermin anstellen? Da in Medien gerade mal wieder vor einem angeblich gesundheitsgefährdenden Verzehr von Frischfisch gewarnt wurde, ging der Fischverkauf sehr zum Nachteil auch des Rendsburger Fischhändlers Karl Meier zurück. Meier war erst zurückhaltend, dann begeistert, als ich ihm ein Gespräch mit Farthmann anbot. Farthmann nutzte den pressewirksamen Termin, um für den Verzehr von Frischfisch zu werben. Unser gemeinsamer Termin stieß auf eine positive Resonanz in den Zeitungen und für mich war es der „Beginn einer wunderbaren Freundschaft" mit Karl Meier.

Mit Klaus-Dieter Henkel war ich mir einig, dass wir mit unseren bescheidenen Mitteln in Rendsburg dazu beitragen wollen, den angestrebten Ausstieg aus der Atomenergie zu erreichen. Als Vorsitzender des Stadtwerke-Ausschusses präsentierte ich mit ihm gemeinsam im März 1987 den dann später auch verwirklichten Vorschlag, in unmittelbarer Nachbarschaft zum Freibad ein Blockheizkraftwerk zu errichten, um aus Erdgas gewonnene Energie sowohl in Wärme als auch in Strom umzuwandeln. Darüber hinaus unterbreiteten wir ein Konzept zur Energieeinsparung an öffentlichen Gebäuden. Mit dem Blockheizkraftwerk betraten wir damals gegen den heftigen Gegenwind des politischen Gegners und der Geschäftsführung der Stadtwerke energiepolitisches Neuland in Rendsburg.

Widerstand gegen die von mir unterstützten Absichten zum Ausstieg aus der Atomenergie kam auch von der örtliche Schleswag AG, die später in der Eon-Hanse AG aufgehen sollte. Der Schleswag-Vorstand lud regelmäßig Kommunalpolitiker aus dem Kreisgebiet zum „Gesprächskreis Energie" ein, um bei ordentlicher Bewirtung für die Atomenergie zu werben. Im Landtagswahlkampf 1987 wurden die Herren besonders aktiv, denn mit dem möglichen Regierungswechsel stand die Möglichkeit des Atomausstiegs erstmals tatsächlich im Raum.

Mit Leserbriefen in der örtlichen Presse, Broschüren und einer schriftlich anonym verbreiteten Aufforderung, mir nicht die Stimme zu geben, wurde Stimmung gegen mich und meine Politik gemacht. In vielen Diskussionen und Presseartikeln verteidigte ich meine Überzeugung. Dennoch machte mir das Wahlverhalten der vielen Schleswag-Beschäftigten in meinem Wahlkreis Sorgen. Aber die Wahlergebnisse zeigten, dass die Beschäftigten wohl doch klüger als ihr Vorstand waren. Erst mit der Wahl von Hans Jakob Thiessen zum Chef der Schleswag entspannte und normalisierte sich das Klima. Die Schleswag stellte ihre Werbung für Atomenergie ein.

Im Januar 1987 erteilte unser Fraktionsvorsitzender im Landtag, Björn Engholm, meinen Fraktionskollegen aus dem Landesteil Schleswig, Uwe Jensen und Uwe Gunnesson, sowie mir als wirtschaftspolitischen Sprecher den Auftrag, ein politisch auch umsetzbares Programm für den Landesteil Schleswig zu entwerfen. Mit einem Strukturkonzept sollte im Wahlkampf in der strukturell unterentwickelten Region gepunktet und ein Gegengewicht zur jahrzehntelangen Vernachlässigung durch CDU-Landesregierungen entwickelt werden. An einem Sonntag machten wir uns bei Uwe Jensen in Stexwig/ Borgwedel an der Schlei an die Arbeit, weil sich andere Termine in der heißen Wahlkampfzeit nicht finden ließen. Zur Beruhigung unserer Ehefrauen schlugen wir ein „Damenprogramm" vor, mit dem sie zwar „vor Ort" waren, uns aber bei der Arbeit nicht stören konnten. Nach erfolgreichem Einstieg wurden auch die weiteren Arbeitstermine gemeinsam mit den Ehefrauen auf den Sonntag gelegt. Bereits Ende März konnten wir unser Konzept der Fraktion und einer aufgeschlossenen Öffentlichkeit präsentieren. Unsere Ideen reichten „von einer Energiesparagentur bis zu einem Schleswig-Valley, vom sanften Tourismus bis zur Förderung von Unternehmungsgründungen".

Auch wenn nicht alle Vorschläge in der SPD-Regierungszeit umgesetzt werden konnten, entwickelte sich aus der damaligen gemeinsamen sonntäglichen Zusammenarbeit eine bis heute andauernde persönliche Freundschaft der drei Ehepaare.

Der frühe Termin zur Bundestagswahl führte zu einer Verlegung des Jahresempfangs der Kreispartei auf den 13. März, an dem sich diesmal in Eckernförde alle Würdenträger der Kreispartei mit den Verantwortlichen aus den Verbänden, Organisationen und Gewerkschaften zum Meinungsaustausch trafen. Ich nutzte die Begrüßung zu einer allgemeinen Erläuterung meines persönlichen Bekenntnisses zum demokratischen Sozialismus. Dabei berief ich mich auch auf Thomas Mann, der einmal völlig ideologiefrei den Begriff mit den Worten beschrieben hat, er sei der pflichtgemäße Entschluss, sich auf die Seite derer zu schlagen, die der Erde einen Sinn geben, einen Menschensinn. Ich machte mir zu eigen, dass es darum gehe, die Lebensbedingungen der Menschen zu verbessern, dem irdischen Leben eines jeden Menschen einen Sinn sowie Erfüllung durch Arbeit und gesellschaftliche Anerkennung zu geben.

Auch heute ist der „Demokratische Sozialismus" für mich keine Utopie, sondern täglich zu praktizieren, indem man für die Menschenwürde eines jeden Einzelnen eintritt, für soziale Gerechtigkeit und die Freiheit vor Unterdrückung. Der Begriff Sozialismus ist leider von den Kommunisten pervertiert worden, aber die Vision von einer besseren Welt ist eine ewige Aufgabe, vielleicht zu ergänzen um den globalen Schutz der natürlichen Umwelt, ein Thema, das bei den Begründern der klassischen Lehre am Ende des 19. Jahrhunderts noch keine Rolle spielte.

Im Juli legte ich der Öffentlichkeit im Kreisgebiet ein von mir entwickeltes Konzept für einen „sanften Fremdenverkehr" vor, das zum Vorläufer eines nach dem Regierungswechsel von mir in anderer Verantwortung vorgelegten Landeskonzepts für einen „sanften Tourismus" werden sollte. Mit vielen Beispielen belegt verlangte ich in der Angebotsstruktur einen Fremdenverkehr im Einklang mit der Natur. Ich forderte ein unverwechselbares Angebot, da sich nach meiner Auffassung „das Bewusstsein der Menschen über das Ausmaß der Verbrauchs und der Zerstörung von Natur verändert habe". Ich warb für eine bessere Förderung der regionalen Gastlichkeit, der Esskultur, der regionaltypischen Architektur, die Belebung der lokalen Kultur und des überlieferten Brauchtums.

Bereits in den achtziger Jahren haben Politik und Justiz zu viel Nachsicht mit der rechtsextremen NPD geübt. Am 24. April 1987 sah ich mich veranlasst, den CDU-Landtagspräsidenten öffentlich zu rügen, weil er der NPD immer noch die Rückzahlung der Restschuld von ursprünglich 148.000 DM Wahlkampfkostenerstattung gestundet hatte. Nach dem Auszug der NPD aus dem Landtag im Jahre 1971 waren dieser Partei nach Zahlung eines Teilbetrages von 20.000 DM gegen eine monatlich Tilgung von 500 DM der Restbetrag gestundet worden, statt der Partei über die sofortige Rückzahlung den finanziellen Boden zu entziehen. Hier werde, betonte ich, „Großzügigkeit gegen eine rechtsextreme Partei geübt, die den ideologischen Nährboden für Rechtsradikale bildet". Angesichts der kostenträchtigen Aufmärsche der NPD-Anhänger sah ich keinen Grund, der NPD finanziell entgegen zu kommen.

Anfang des Wahljahres 1987 wollte sich Björn Engholm unbemerkt von der Öffentlichkeit mit einem künftigen Mitglied seines Kompetenzteams treffen. Ich bot ihm meine Wohnung in Rendsburg an. Als Engholm mit seinem Fahrer und Dienstwagen bei mir vorgefahren kam, stand er allerdings vor verschlossener Tür. Meine Frau war unterwegs und ich kam von einem Einsatz als wirtschaftspolitischer Sprecher auf Helgoland wegen stürmischer See nicht rechtzeitig nach Rendsburg zurück. Handys, mit denen man heute Verspätungen mitteilen kann, gab es noch nicht. Da Engholm zudem von einem „besonderen Bedürfnis" geplagt wurde, klopfte er bei der Nachbarin, die ihm gern die Toilette zeigte und noch viele Jahre über ihren so prominenten Überraschungs-Besucher nur Lobendes erzählen konnte. Ohne sich bei mir zu beschweren, kam Björn Engholm, wenn auch verspätet, doch noch bei mir und in meinem Beisein zum Gespräch mit dem Chef der IG Metall-Nord, Otto Vom Steeg, zusammen.

Überall war zu spüren, wie gut die Partei auch dank ihres Spitzenkandidaten motiviert war. Die Mitglieder in den Ortsvereinen trauten sich wieder mit Informationsständen auf die Straßen und Plätze. Da ich selbst auch landesweit in Veranstaltungen für eine neue sozialdemokratische Wirtschaftspolitik zu werben hatte, war der Terminkalender bis zum Wahltag prall gefüllt. Die letzten vier Wochen tourte ich mit einem Wahlkampf-Bus durch den Wahlkreis. CDU und SPD brachten zahlreiche Ausgaben ihrer Wahlzeitungen unters Volk. Erst im Rahmen der Aufklärung der Machenschaften aus der Staatskanzlei nach dem Wahltag erfuhren wir, dass die CDU-Zeitungen im Wesentlichen in der CDU-geführten Staatskanzlei unter besonderer Mitwirkung von Barschels Medienreferenten Reiner Pfeiffer gestaltet wurden. Ein klarer Verstoß gegen Gesetz und Verfassung. Mehrfach mussten SPD und Grüne die Gerichte bemühen, um Lügen und Unterstellungen der CDU und ihres Landesvorsitzenden Gerhard Stoltenberg zu unterbinden. Besonders perfide und zu Recht gerichtlich untersagt war der in der Wahlkampfzeitung der CDU erhobene Vorwurf, die SPD wolle „Sex mit Kindern" und „Sexualvergehen an Kindern straffrei lassen". Diese Behauptungen sollten insbesondere Engholm treffen. Die CDU warnte in ihren Anzeigen und Broschüren vor dem angeblichen Untergang des Abendlandes im Falle einer von SPD und Grünen geführten Koalition. So war zu lesen, die SPD wolle angeblich die „Freigabe der Abtreibung bis zur Geburt auf Kosten der Krankenkasse", die „Leerung der Gefängnisse", die „Entwaffnung der Polizeibeamten" und den „Verkehr der Zukunft ohne Auto". Alle diese Unterstellungen standen unter der Verantwortung des Landesvorsitzenden Gerhard Stoltenberg und seines Spitzenkandidaten Uwe Barschel.

Nachdem Uwe Barschel am 31. Mai 1987 mit dem Flugzeug auf dem Lübecker Flughafen Blankensee abgestürzt war, sich schwer verletzt aber im Gegensatz zu seinem Leibwächter mit dem Leben davonkam, führten alle Parteien über Wochen den Wahlkampf nur noch auf Sparflamme. Die SPD gab ihre Zurückhaltung erst wieder auf, als Barschel seinen Genesungsprozess im Krankenhaus für Wahlkampfzwecke instrumentalisierte. Dabei unterstützte ihn der damalige Leiter des Schleswig-Holstein Musikfestivals, Justus Frantz. Bald setzten Barschel und Stoltenberg ihren schmutzigen Wahlkampf in aller Schärfe fort. Das begann mit einem Auftritt am 7. August in Neumünster, den Barschel unter den Titel „Ich bin wieder da" stellte. Von Reiner Pfeiffers Beteiligung an den Versuchen, Björns Engholms Integrität zu beschädigen, erfuhr ich zusammen mit der Öffentlichkeit erst später. Die Landtagswahlkämpfer der CDU müssen gewusst haben, dass der Wahlkampf in unzulässiger Weise aus der Staatskanzlei geführt wurde. Denn ihr Ansprechpartner war ein gewisser Reiner Pfeiffer mit Telefonanschluss in der Staatskanzlei. Auch die perfide Broschüre „Betr. Engholm" wurde, wie Monate später festgestellt werden konnte, von einem engen Mitarbeiter Barschels geschrieben, angeblich in seiner Freizeit. Nicht minder unanständig war die CDU-Broschüre „Paß auf, Schleswig-Holstein". In „Betr. Engholm" wurde dem sozialdemokratischen Spitzenkandidaten vorgehalten, er strebe ein „Chaospakt zwischen Rot und Grün" an. Ausführungen wie zum Beispiel „Beizeiten hat er sich einer Bewegung angedient, die eine andere Republik will, die Gewalt als Mittel der Politik nach wie vor nicht ausdrücklich ausschließt" finden sich zuhauf auf den 44 Seiten der Broschüre.

Besonders gern habe ich Wahlkampf gemeinsam mit Dr. Franz Froschmaier betrieben, den Engholm für das Amt des Wirtschaftsministers vorgesehen hatte. Ich sollte nach dem Willen Engholms sein Parlamentarischer Staatssekretär werden, als beamteter Staatssekretär war Uwe Thomas vorgesehen. Froschmaier war als Generaldirektor hochrangiger Beamter der EU-Kommission in Brüssel. Da war es keine Überraschung, dass er sich mit den Details der schleswig-holsteinischen Wirtschafts- und Verkehrspolitik nur unzureichend auskannte. Aber er überzeugte durch seine Persönlichkeit. Franz Froschmaier zählt für mich bis heute zu den sympathischsten Menschen, die ich je außerhalb meines Freundeskreises in der politischen Zusammenarbeit kennen gelernt habe. Leider ist er Anfang 2013 im Alter von 82 Jahren verstorben.

Am Montag, den 7. September 1987, sechs Tage vor der Wahl, berichtete das Nachrichtenmagazin „Spiegel" unter der Überschrift „ Waterkantgate-Spitzel gegen den Spitzenmann" erstmals über angebliche Machenschaften im Landtagswahlkampf und berief sich dabei auf „Informationen aus der Staatskanzlei". Im Artikel war die Rede von einer Überwachung Engholms durch ein Detektivbüro, eine gezielte anonyme Verleumdung und den Bruch des Steuergeheimnisses. Dies waren für mich unvorstellbare Vorwürfe, die das Magazin nicht mit namentlich genannter Quelle belegte. Uwe Barschel reagierte noch am selben Montag im Pressedienst der Landesregierung mit den Worten: „In diesem Landtagswahlkampf spielen einige wenige Hamburger Presseerzeugnisse in moralisch-verwerflicher Weise die Rolle des SPD-Wahlkämpfers" und wies alle Vorwürfe zurück. Barschel muss die Quelle geahnt haben, beauftragte er doch seinen Medienreferenten Reiner Pfeiffer, den er Monate vorher extra als „Mann fürs Grobe" beim Springer-Verlag ausgeliehen hatte, umgehend, eine (Abhör) Wanze für das Telefon zu besorgen. Für mich liegt heute die Vermutung nahe, dass Barschel seinen Vertrauten nach erfolgreicher Beschaffung der Wanze der Kumpanei mit der SPD bezichtigen wollte. Auch Björn Engholm könnte die Quelle gekannt haben, war doch sein Pressesprecher Klaus Nilius nach den späteren Erkenntnissen des Untersuchungsausschusses an der Weiterleitung der Informationen an den „Spiegel" nicht unbeteiligt.

Auf Weisung von Uwe Barschel reagierten die Staatsekretäre aus dem Innen- und dem Finanzministerium auf den „Spiegel"-Artikel mit einer Pressekonferenz, auf der sie alle Vorwürfe zurückwiesen. Björn Engholm stellte noch am selben Tag Strafanzeige „wegen aller infrage kommenden Delikte gegen alle als Täter, Mittäter, Beihelfer oder Anstifter in Betracht kommenden Personen". Er bezog sich insbesondere auf den Bruch des Steuergeheimnisses sowie die Verletzung der Privatsphäre.

Natürlich war die letzte Wahlkampfwoche nun ganz von den Vermutungen des „Spiegel" geprägt. Die Landespresse hob schützend die Hand über Barschel. Zu Beginn der üblichen Fernsehrunde der Spitzenkandidaten ignorierte die Moderatorin des NDR die Schmutzkampagne völlig und lobte sogar den „fairen Wahlkampf". Dafür waren unsere Wahlhelfer an den Informationsständen so motiviert, wie ich es vorher und nachher nie erlebt habe.

Am Samstag vor der Wahl kam es dann zur Sensation. Am Nachmittag informierte der NDR seine Zuhörer über einen Vorabdruck des „Spiegel" aus der folgenden Montagsausgabe mit dem Titel „Waterkantgate – Barschels schmutzige Tricks". Nun unter Namensnennung und unter Bezug auf eidesstattliche Versicherungen des Informanten Reiner Pfeiffer aus der Staatskanzlei von Uwe Barschel. Nach dessen Aussagen gab Barschel selbst den Auftrag zur Bespitzelung Engholms und zur Anzeige wegen angeblicher Steuerhinterziehung. Ich hatte gerade meinen Wahlkampfbus in Neumünster zurückgegeben, als ich davon hörte – und war konsterniert und elektrisiert zugleich. Ich konnte die Behauptungen nicht glauben. Mir selbst waren auch als Mitglied des Fraktionsvorstandes und in großer räumlicher Nähe zu Björn Engholms Büro und seinen Mitarbeitern keine Hinweise auf solche Machenschaften bekannt. Ich kann nicht ausschließen, dass ich Reiner Pfeiffer häufiger in der Landtagskantine begegnet bin, habe ihn aber wissentlich nie wahrgenommen.

Die SPD reagierte umgehend in ihrem Wahlkampfblatt „Zeitung am Sonntag", nannte die bekannt gewordenen Informationen „ungeheuerlich", forderte die Staatsanwaltschaft auf, umgehend tätig zu werden und verlangte einen Parlamentarischen Untersuchungsausschuss. Die CDU dagegen sprach von einer Kumpanei von „Spiegel" und SPD, und ließ ihre Wahlplakate umgehend mit dem Aufruf „jetzt erst recht" überkleben.

Sicherlich nicht zufällig, sondern vermutlich wegen der erwarteten „Spiegel"-Information sehr berechnend hatte Barschel ein Dutzend Journalisten der Landespresse kurzfristig für den Samstagnachmittag vor der Wahl nach Lauenburg in das Herrenhaus Steinhorst der Firma Schwarzkopf eingeladen. Er wollte angeblich den Wahlkampf bewerten, für den sich in dieser Phase ja niemand mehr interessieren musste. Vermutlich wollte er die Journalisten für eine umgehende Reaktion um sich haben, wenn die Vorabmeldungen des „Spiegel" erschienen. Dies geschah um 15.13 Uhr. Der NDR unterbrach sein Programm und berichtete unter Bezug auf die Montag-Ausgabe des „Spiegel", Barschel persönlich habe die Intrigen in Auftrag gegeben. Kronzeuge sei ein Pressereferent namens Reiner Pfeiffer. Barschel tat völlig überrascht. Der „Welt"-Reporter Knut Teske hat laut Hamburger Abendblatt berichtet: „Barschel ... ist nicht mehr derselbe Mann. Bleich wie Hamlets Geist, fahrig, ringt er mit zitternden Händen nach Worten: ‚Das muss ich Ihnen sagen, es ist etwas ungeheuerliches passiert.' Chaos in der Runde. Barschel mittendrin, wie gelähmt, bleich, apathisch."

Noch am Abend wurde Björn Engholm im NDR nach Pfeiffer befragt. Es war aus meiner heutigen Sicht verständlich, dass er seine wenigen Kenntnisse leugnete, weil Zusammenhänge ja noch nicht einzuordnen waren und das Ganze sich auch als grandiose Falle unmittelbar vor der Landtagswahl hätte herausstellen können. Aber diese Erklärung erwies sich später doch als folgenreich, weil sie falsch war und fünf Jahre später zum Rücktritt Engholms führte.

Am Wahlabend schwankten wir alle zwischen Trauer und Freude. Die SPD hatte mit landesweit 45,2 Prozent zwar ihr bestes Ergebnis seit Jahrzehnten erzielt, den so herbeigesehnten Regierungswechsel aber nicht erreicht. Zwar verlor die CDU mit nur noch 42,6 Prozent landesweit 6,4 Prozent der Wählerstimmen, erreichte aber 33 Mandate. Sie ergaben mit den vier Mandaten für die FDP genau soviel Mandate, wie SPD und SSW (ein Mandat) gemeinsam erzielten. Trotz der Patt-Situation konnte die CDU weiterregieren, weil nach der damaligen Landesverfassung ein Ministerpräsident so lange im Amt blieb, bis er durch einen mit Mehrheit gewählten Nachfolger abgelöst werden konnte. Die FDP stand fest an der Seite der CDU und begann bereits am 15. September Koalitionsverhandlungen zu führen, als sei nichts geschehen. Die FDP forderte zwei Ministerposten, zwei Staatssekretäre und zwei Spitzenpositionen in der Staatskanzlei. Nur mit dem Eintritt in die Regierung wollte man warten, „ bis die Vorwürfe gegen Barschel entkräftet sind". Der neu gewählte FDP-Fraktionschef Wolf-Dieter Zumpfort meinte, dass „an den Vorwürfen gegen Barschel nichts dran" sei und wurde in dieser Haltung von den meisten Journalisten des Landes unterstützt. Wolfgang Kubicki wurde öffentlich als designierter Umweltminister gehandelt.

Meinen Wahlkreis 13 konnte ich zum dritten Mal direkt gewinnen, diesmal mit 52 ,0 Prozent der abgegebenen Stimmen. Es war das fünfthöchste Ergebnis der SPD in allen 44 Wahlkreisen und ergab ein Zuwachs von 1,8 Prozent gegenüber 1983. Zum ersten Mal war es uns sogar gelungen, auch in allen ländlichen Gemeinden meines Wahlkreises Mehrheiten zu erreichen. Die Kreis-SPD erzielte mit 45,5 Prozent ebenfalls ihr bisher bestes Ergebnis, 2,6 Prozent mehr als 1983, und konnte erstmals vier Landtagswahlkreise gewinnen. Gegenüber der Presse bezeichnete ich die SPD auch als „moralischen Sieger“ weil es keinen Beleg gebe für ein unfaires oder unsachliches Verhalten eines SPD-Kandidaten. Ich verlangte eine Entschuldigung des CDU-Kreisverbandes. „Während die Sozialdemokraten in einen Wettstreit der politischen Ideen eingetreten seien, habe die CDU des Kreises sich an der einmaligen Schmutzkampagne beteiligt“.

Zum ersten Mal seit 1954 konnte die SPD die Spitze des Landtagspräsidiums besetzen. Die Fraktion hatte sich sehr zügig auf Lianne Paulina-Mürl aus unserem Kreisgebiet verständigt. Engholm konnte sein erstes Wahlversprechen umsetzen: „Mehr politische Verantwortung für Frauen.“ Aus meiner Sicht war es eine gute Wahl, auch weil sich Lianne Paulina-Mürl in der nun folgenden politisch unruhigen Zeit sehr schnell mit ihrer soliden und ausgleichenden Art Respekt und Anerkennung in allen politischen Lagern verschaffen konnte.

Am Tag nach der Landtagswahl trat der SPD-Landesvorstand in Kiel mit den neu gewählten Abgeordneten und zahlreichen SPD-Politikerinnen und Politikern aus dem ganzen Land zusammen. Björn Engholm informierte darüber, dass die Fraktion bereits am Nachmittag einen Parlamentarischen Untersuchungsausschuss gefordert habe und begründete den Anspruch der SPD, als stärkste Fraktion auch den Vorsitzenden zu stellen. Er bekräftigte noch einmal seinen Standpunkt, dass es nicht eher zu einer Regierungsbildung kommen dürfe, bis alle Vorwürfe gegen den amtierenden Ministerpräsidenten aufgeklärt seien.

Wenige Tage nach der Landtagswahl starb am 29. September im Rendsburger Krankenhaus nach langer, schwerer Krankheit kurz nach seinem 65. Geburtstag Jochen Steffen. Er war der politische Mentor so vieler Sozialdemokraten im Land und ein strategischer Vordenker in der Bundes-SPD. Jochen Steffen war Vorsitzender der SPD-Landtagsfraktion und SPD-Landesvorsitzender, als ich der SPD 1969 beitrat. Für mich waren Jochen Steffens Analyse der gesellschaftlichen Verhältnisse und seine unvergleichbare Rhetorik Anlass gewesen, mich für die SPD zu begeistern. Günther Jansen stellte zu Recht fest, dass „Steffen als politische Persönlichkeit fasziniert hat, auch wenn wir heftig mit ihm über den richtigen Weg in der Politik gestritten haben“. Er war politisch nicht unfehlbar und hatte „seine“ SPD 1980 verlassen, und warb seither für die Grünen, auch wenn er dieser neuen Partei nie beitrat.

Ich selbst hatte vielfach erlebt, wie Jochen Steffen von CDU-Mandatsträgern bis in den kleinsten Ortsverein unter Beteiligung der meisten Landes- und Ortsjournalisten verleumdet wurde. Für sie reichte auch nach dem Rücktritt von Jochen Steffen schon der Hinweis auf „den Steffen-Jünger", um seine Nachfolger Günther Jansen und Klaus Matthiesen ebenfalls zu diffamieren. Zur objektiven Beurteilung der Persönlichkeit gehört aber auch, dass Jochen Steffen es mit seinen Äußerungen den politischen Gegnern oft sehr leicht gemacht hat. Mich erzürnt immer noch, dass aus der Landesregierung oder der CDU niemand an der Beerdigung des langjährigen Oppositionsführers im Kieler Landtag teilgenommen hat.

In der Landespolitik konzentrierten sich alle Abgeordneten und Journalisten ab sofort auf die Aufklärung der schweren Vorwürfe aus dem „Spiegel".

Die Barschel-Pfeiffer-Affäre

Unmittelbar nach der Landtagswahl stand für die Mitglieder der SPD-Landtagsfraktion fest, dass nur ein Parlamentarischer Untersuchungsausschuss in der Lage sein würde, den ungeheuerlichen Behauptungen nachzugehen, die Reiner Pfeiffer, Referent in Uwe Barschels Staatskanzlei, gegenüber dem „Spiegel" aufgestellt hatte. Außerhalb des Landeshauses war die SPD in dieser Frage sehr isoliert, glaubten doch die meisten Journalisten – und nach unserem Eindruck auch ihre Leser und Leserinnen – an Uwe Barschels Unschuld. Die SPD-Landtagsfraktion hatte zehn Jahre lang auf einen solchen Ausschuss zur Aufklärung von Regierungsfehlverhalten verzichtet, weil die damalige Rechtslage und der jeweilige Vorsitz durch die Regierungspartei CDU der SPD nur geringe Chancen verhießen. Durch die Patt-Situation im Landtag und damit auch im Untersuchungsausschuss sowie die Nominierung des Ausschussvorsitzenden durch die SPD als nunmehr stärkste Landtagsfraktion stellte sich die Situation jetzt anders dar. Die SPD-Fraktion durfte vier der zehn Mitglieder benennen. Dr. Klaus Klingner wurde als Jurist für den Vorsitz vorgeschlagen, Gert Börnsen, Uwe Jensen und ich wurden als die weiteren Mitglieder gewählt. Ich habe die Aufgabe gern übernommen, versprach sie doch interessante Wochen und Monate. Zu diesem Zeitpunkt hatte ich keine Vorstellungen über das Ergebnis unserer Aufklärungsarbeit. Innerhalb der SPD-Gruppe wurde ich besonders zuständig für die Themenbereiche „Einbau einer Wanze“ und „Falsche Anschuldigungen der Steuerhinterziehung gegen Björn Engholm“. Am 2. Oktober 1987 wurde der Untersuchungsausschuss vom Landtag formal eingesetzt. Klaus Klingner fasste die in wenigen Worten knapp zusammen, was der Ausschuss aufklären sollte:

„Aktionen der Landesregierung gegen Parteien und deren Repräsentanten, Tätigkeit der Landesregierung zugunsten der Regierungspartei, Einstellung und Tätigkeit des Medienreferenten Reiner Pfeiffer, Aufklärung der gesamten Aktion durch die Landesregierung und Beeinflussung der Landtagswahl durch Enthüllungen aus der Staatskanzlei“.

Dem Einsetzungsbeschluss gingen dramatische Vorgänge voraus. An jedem Tag nach der Landtagswahl kamen neue Einzelheiten über den Missbrauch der Regierungsmacht ans Licht. Die schleswig-holsteinischen Medien leisteten dazu nur einen sehr kleinen Beitrag. Die überregionale Presse hatte ihre besten Redakteure umgehend nach Kiel entsandt, während heimische Journalisten immer noch von einer Kumpanei des „Spiegel“ mit der SPD überzeugt waren. Der „Spiegel“ legte mit eidesstattlichen Versicherungen nach und versteckte – wie später bekannt wurde –, seinen wichtigsten Informanten in einer redaktionseigenen Wohnung vor der Konkurrenz.

Da die Mitglieder der CDU-Fraktion durch die brisanten Nachrichten immer stärker verunsichert wurden, sah sich Ministerpräsident Uwe Barschel zum Handeln veranlasst. Für Freitagnachmittag, den 18. September 1987, lud er kurzfristig zu einer Sonderpressekonferenz in den Schleswig-Holstein-Saal des Landeshauses ein, die als „Ehrenwortpressekonferenz“ in die Landesgeschichte eingehen sollte. Da ich bereits von meiner Fraktion als Mitglied des Untersuchungsausschusses benannt war, wollte ich mich aus erster Hand informieren. Ich saß zwischen wohl an die 100 Journalisten im Saal, als Barschel seinen Text verlas, den er nach eigenen Angaben am selben Morgen bei einem Notar als Eidesstattliche Versicherung hinterlegt hatte.

Darin wies er alle Vorwürfe des „Spiegel“ mit den Worten zurück: „Es liegt mir daran klarzustellen, dass alle mich verunglimpfenden Behauptungen des Herrn Pfeiffer, soweit sie mir bisher bekannt geworden sind, unrichtig sind“. Im Einzelnen bezog er sich auf die Bespitzelung Björn Engholms, Denunziation von dessen angeblichem homosexuellen oder ausschweifenden Lebenswandels, auf die anonyme Steueranzeige und ein Gespräch mit Pfeiffer über einen Public-Relation-Katalog. Mir schien, dass Uwe Barschel es geradezu genussvoll auskostete, auf den angeblichen Lebenswandel seines Kontrahenten einzugehen. Assistiert wurde der Ministerpräsident von seinem Stellvertreter, Henning Schwarz und dem stellvertretenden Pressesprecher, Herwig Ahrendsen. Gefragt nach der Abwesenheit des Regierungssprechers entschuldigte Ahrendsen seinen Vorgesetzten Gerd Behnke, wie sich später herausstellte, mit einer Lüge. Ihm konnten später vom Untersuchungsausschuss noch mehrere andere Lügen zur Verteidigung des dann schon toten Barschel nachgewiesen werden. Schwarz übernahm es, den von der Staatskanzlei eingestellten und von Barschel selbst beim Springer-Verlag als „Mann fürs Grobe" ausgeliehenen Pfeiffer übel zu verleumden. Wohl wissend um den in konservativen Kreisen noch hoch gehaltenen Ehrenkodex unterstrich Uwe Barschel sein Unwissen und die Nichtbeteiligung an den laut dem Nachrichtenmagazin aus der Staatskanzlei vorgenommenen Aktionen gegen Björn Engholm nach vier Stunden in der live vom Fernsehen übertragenen Pressekonferenz mit einem „Ehrenwort, dass die gegen mich erhobenen Vorwürfe haltlos sind". Um die Bedeutung seiner Erklärung zu unterstreichen, gab er das Ehrenwort in der Wiederholung auch „den Bürgerinnen und Bürgern des Landes und der gesamten deutschen Öffentlichkeit". Abschließend kündigte Uwe Barschel rechtliche Schritte gegen den „Spiegel" an. In der Tagespresse stand Barschel am nächsten Tag als Sieger da. Er habe glaubwürdig, sogar mit einem Ehrenwort unterstrichen und mit weiteren von ihm eingeholten sieben Eidesstattlichen Versicherungen seiner unmittelbaren Mitarbeiter und sogar seiner Frau alle Vorwürfe entkräften können. In der „Hamburger Morgenpost" schrieb Chefredakteur Wolfgang Clement, der spätere SPD-Ministerpräsident von Nordrhein-Westfalen und Bundeswirtschaftsminister, am nächsten Tag, Barschel habe „eine gute Figur gemacht", er sei „den gegen ihn erhobenen Vorwürfen endlich auf offener Bühne entgegen getreten". Zugleich wurde der „Kronzeuge" Reiner Pfeiffer auch von dieser Zeitung ins Zwielicht gestellt. Die Landeszeitung lobte „den Kämpfer Barschel" und seine „geschickte Taktik". Ich muss gestehen, dass auch ich von der Erklärung Barschels beeindruckt war. Die Aktionen aus der Staatskanzlei stellten sich nach Barschels überzeugenden und mit eidesstattlichen Versicherungen unterlegten Worten als die Aktionen eines Einzelnen dar, nämlich Reiner Pfeiffer.

Björn Engholm gab am selben Abend eine Pressekonferenz, in dem er sich noch einmal gegen die Verunglimpfungen seiner Person verwahrte. Er beanstandete auch, dass Uwe Barschel sie gerade in seiner Pressekonferenz noch einmal wiederholt habe. Auf Fragen nach Kenntnissen über Pfeiffer erklärte er: „Also, an mich, ein Gremium meiner Partei, hat sich Herr Pfeiffer nicht gewandt. Wir haben das nachgeprüft. Es gab weder beim Landesvorstand, noch beim Fraktionsvorstand, noch bei mir noch sonstwo eine erkennbare Anlaufstelle für Herrn Pfeiffer". Auch diese Aussagen wirkten auf mich sehr überzeugend und glaubwürdig. Aus zeitlich späterer Sicht des Jahres 1993 wäre hier der Zeitpunkt gewesen, die von Reiner Pfeiffer initiierten Kontakte mit Günther Jansen und Klaus Nilius einzuräumen. Ich habe mich danach häufig gefragt, ob ich selbst anstelle von Björn Engholm den Mut aufgebracht hätte, zu diesem Zeitpunkt der Unsicherheiten eine Korrektur der Aussagen vom Wahltag vorzunehmen. Vermutlich nicht. Denn je weiter sich jemand von der Wahrheit entfernt, so schwieriger wird es, sich zu ihr zu bekennen.

Während Barschels Parteifreunde ihn sogleich zur vermeintlichen politischen Offensive gratulierten, wollten die Vertreter der FDP, die ja zeitgleich

Mit dem SPD-Landesvorsitzenden Günther Jansen bei einer öffentlichen Veranstaltung in Westerrönfeld 1987

mit ihm Koalitionsverhandlungen führten, mit Uwe Barschel nicht mehr gemeinsam fotografiert werden.

Um so überraschender kam für mich genau sieben Tage später, am 25. September 1987, der Rücktritt von Uwe Barschel. Er erklärte ihn mit Wirkung des 2. Oktobers, dem Ende der Wahlperiode. Er sei zwar nicht schuldig, meinte er zur Begründung, übernehme aber für die aus der Staatskanzlei betriebenen Machenschaften gegen den politischen Gegner die Verantwortung. Die „Bild"-Zeitung lobte Barschel umgehend, dass er mit seinem Rücktritt Format und Moral gezeigt habe.

Als der Landtag am 2. Oktober 1987 zusammentrat, um neben vielen organisatorischen Aufgaben auch den Parlamentarischen Untersuchungsausschuss formal einzusetzen, erschien auch Uwe Barschel im Plenarsaal. Auf mich wirkte er schüchtern und mehr schleichend als gehend. In dieser Verfassung hatte ich ihn vorher nie erlebt. An seiner Stelle nahm nun sein bisheriger Stellvertreter, Henning Schwarz, den Platz des Ministerpräsidenten auf der Regierungsbank ein.

Während der Untersuchungsausschuss noch am selben Tag seine Arbeit aufnahm, verschwand Uwe Barschel aus dem Blickpunkt. Wie wir später erfuhren, flog er vier Tage später mit seiner Frau nach Gran Canaria. Nur sein Staatssekretär Hans-Günther Hebbeln war angeblich über diesen Aufenthaltsort informiert. Die Mitglieder des Untersuchungsausschusses vernahmen die ersten Zeugen und beschlossen, wichtige Unterlagen wie zum Beispiel die Aufzeichnungen der Telefonverbindungen von Barschel und Pfeiffer beschlagnahmen zu lassen. Am Freitag, den 9. Oktober 1987, war es meine Aufgabe, die Befragungen zum Thema „Anonyme Steueranzeige gegen Engholm" vorzunehmen. Finanzminister Roger Asmussen musste auf meine Frage bekennen – und wiederholte es am 20. Oktober schriftlich – dass er von seinem Staatssekretär Dr. Schleifer im Februar 1987 darüber unterrichtet worden sei, dass sich Ministerpräsident Dr. Barschel bei ihm nach der Steueranzeige gegen Oppositionsführer Björn Engholm erkundigt habe. „Ein von mir am 15. September 1987 gemachter Versuch, im Kabinett den Komplex Anonyme Steueranzeige zu erörtern, wurde vom Ministerpräsidenten heftig zurück gewiesen." Diese Aussage wurde später von dessen Staatssekretär, Dr. Carl Hermann Schleifer, mit eigenen Gesprächshinweisen untermauert. Demnach habe Dr. Schleifer nach der Ehrenwort-Pressekonferenz des Ministerpräsidenten den Widerspruch festgestellt „und sich an den Inhalt des im Februar geführten Telefongesprächs erinnert". Im weiteren Untersuchungsausschuss-Verfahren wurde sogar bekannt, mit wie viel Mühen sich Reiner Pfeiffer bei führenden Mitgliedern der CDU um die Unterschriftsleistung für diese anonyme Steueranzeige bemüht hatte.

Damit war die Sensation da, der erste Teil der Ehrenwort-Erklärung als Lüge entlarvt. Am Nachmittag gab die Lübecker Staatsanwaltschaft bekannt, sie werde die Aufhebung der parlamentarischen Immunität des Abgeordneten Uwe Barschel beantragen. Medienmäßig überlagert wurde mit dieser Nachricht das öffentliche Eingeständnis von Günther Jansen und Klaus Nilius an diesem Tag, bereits vor der Landtagswahl Kontakte zu Pfeiffer gehabt zu haben. Nilius habe sich seit Juli viermal mit Pfeiffer auf dessen Wunsch hin getroffen, Günther Jansen am Montag vor der Landtagswahl. Beide betonten, Björn Engholm habe von den Gesprächen und den Inhalten nichts erfahren. Sie begründeten die späte Mitteilung über die Kontakte mit dem Hinweis, dass vor der Wahl jede Bekanntgabe der Treffen öffentlich als Kampagne der SPD gegen die CDU gewertet worden wäre. Diese Erklärung konnte mich überzeugen. Ich war mir sicher, dass ich selbst nicht anders gehandelt hätte.

Nachdem ein wichtiger Teil der Eidesstattlichen Versicherung von den eigenen Parteifreunden als falsch entlarvt worden war, breitete sich in der CDU-Fraktion eine große Unruhe aus. Das Wort vom Parteiausschluss machte die Runde. Nachdem er Barschels Aufenthaltsort vom Chef der Staatskanzlei, Staatssekretär Hebbeln, in Erfahrung gebracht hatte, forderte der Fraktionsvorsitzende Klaus Kribben Uwe Barschel noch am Freitagnachmittag auf, umgehend nach Kiel zurückzukommen. Wie später bekannt wurde, buchte Barschel für den Samstag einen Rückflug über Genf, weil er angeblich noch einen gewissen Roloff treffen wollte, der ihm angeblich Unterlagen über ein Komplott gegen Barschel liefern wollte.

Am Sonntag, den 11. Oktober 1987, hielt ich mich mit meiner Familie im Nordseebad Büsum auf. Als wir am Nachmittag das Auto für die Rückfahrt bestiegen und den NDR im Radio einstellten, hörten wir nur getragene Musik. Meine Frau und ich rätselten, was passiert sein könnte und konnten die Nachrichtensendung kaum abwarten. Dann kam die Nachricht, dass Uwe Barschel sich in einem Hotelzimmer in Genf erschossen habe. Das war nur teilweise richtig. Am Abend wurde dann gemeldet, dass Uwe Barschel tot in einer Badewanne in seinem Hotel Beau Rivage in Genf aufgefunden worden sei.

Über die Umstände seines Todes wird in den Medien bis heute viel spekuliert. Zahlreiche Verschwörungstheorien wurden publiziert – nicht nur von dem mir gut bekannten ehemaligen Lübecker Staatsanwalt Heinrich Wille und meinem früheren CDU-Kollegen im Landtag, Werner Kalinka. Ich habe nur geringe Zweifel an einem Selbstmord. Wie der ehemalige Generalstaatsanwalt in Schleswig-Holstein, Erhard Rex, bin ich der Auffassung, dass alle Indizien für eine Selbsttötung sprechen. Rex kommt zu Recht zu dem Ergebnis, dass „Selbstmord langweilig ist, Mord ist interessant. Wer Geld verdienen will, tut gut daran, Mordthesen nach vorn zu stellen und einen Suizid herunterzuspielen oder auszublenden." Fast alles spricht dafür, dass Barschel Spuren gelegt hat, die seinen Selbstmord, aus welchen Motiven auch immer, verschleiern sollten. Die Verschwörungstheorien konnten auch deswegen ausreichend Nahrung finden, weil die Schweizer Justizbehörden sich wenig professionell um die Aufklärung der Todesumstände kümmerten und eine junge Richterin mit dem Fall überfordert war. Hinzu kommt, dass erst nach der Wiedervereinigung 1990 bekannt wurde, dass Uwe Barschel sich häufig und für die schleswig-holsteinische Bevölkerung unbemerkt in der damaligen DDR aufgehalten und mehrmals im von der Staatssicherheit kontrollierten Hotel Neptun in Rostock-Warnemünde übernachtet hatte. Auch Geschichten um Frauen und Waffengeschäfte ließen die Fantasie erblühen.

Der Untersuchungsausschuss vernahm in den nächsten Wochen in 80 Sitzungen mehr als 100 Zeugen aus Politik, Wirtschaft und Medien. Trotz professioneller Unterstützung durch Werner Kindsmüller und Stefan Pelny war die Aufklärung mit intensiver und zeitraubender Arbeit verbunden. Zudem gab es aus allen Landesteilen Wünsche nach Informationen „aus erster Hand", denen ich natürlich gern entsprochen habe.

Auch die Nachfragen und Interviewwünsche der Medienvertreter überlagerten die physische Belastung. Ich merkte, dass ich mir als einfacher Abgeordneter aus der Provinz – wenn auch nur für kurze Zeit – besonders wichtig vorkam. Unangenehm waren allerdings die anonymen Anfeindungen und Todesdrohungen, die ich nach dem Bekanntwerden des Todes von Uwe Barschel erhielt.

Besonders meine Frau musste wieder einmal darunter leiden, auch wenn ich ihr die meisten Drohungen vorenthielt und die örtliche Polizei bat, die Präsenz in unserer Wohngegend zu erhöhen.

Parallel zu den Bemühungen um die Aufklärung der Polit-Affäre mussten wir uns auf die Neuwahlen vorbereiten, die wir anstrebten. Der SPD-Kreisvorstand schlug vor, dieselben Kandidaten wie bei der vorherigen Landtagswahl erneut zu nominieren. Diesem Wunsch wurde auch von den Ortsvereinen der SPD entsprochen. Im Wahlkreis Rendsburg war ich somit der einzige Bewerber. Auf der von meiner Stellvertreterin im Kreisvorstand, Elke Heinz, geleiteten Wahlkreiskonferenz am 5. November 1987 erhielt ich mit 27 Ja-Stimmen und einer Enthaltung ein eindeutiges Votum.

Meine Gegenkandidatin von der CDU wurde wiederum Gudrun Hunecke aus dem Kreis Plön, die sich dieses Mal allerdings erst gegen den Rendsburger Feinkosthändler Ernst-Wilhelm Krüger, einem bekannten CDU-Kommunalpolitiker, behaupten musste. Bei der Vorgänger-Wahl war der Rendsburger Verleger Klaus Kraft erfolglos gegen die Landesvorsitzende der CDU-Frauen angetreten.

Natürlich nutzte ich die Wahlkreis-Konferenz, um über die aktuellen Vorgänge im Untersuchungsausschuss und die bis dahin aufgedeckten Machenschaften der Landesregierung und den verfassungswidrigen Einsatz der Staatsmacht für die Zwecke der CDU zu berichten.

Von der Landeswahlkonferenz der SPD wurde ich wiederum auf den Listenplatz 9 gewählt.

Inzwischen mussten selbst die CDU-Mitglieder im Untersuchungsausschuss feststellen, dass trotz großer Suche nach entlastendem Material kein Zweifel mehr bestand, dass die mit Ehrenwort belegten Erklärungen von Uwe Barschel in großen Teilen falsch waren.

Der CDU-Obmann im Ausschuss sah sich gar zu der Feststellung veranlasst, man habe „nur eine Indizienkette, die gegen Barschel spricht, keine, die für ihn spricht". Im Rahmen der Aufklärung wurde mir auch bekannt, dass die Bespitzelung von Engholm von der Regierungszentrale beauftragt, vermutlich vom Schwarzkopf-Manager und Barschel-Intimus, Karl Josef Ballhaus, an eine Detektei vermittelt und vom Schwarzkopf-Konzern finanziert worden war.

Auch habe ich erfahren, dass der SPD-Spitzenkandidat durch gemeine und miese Anrufe aus der Staatskanzlei in seiner persönlichen Integrität verunsichert werden sollte. Es gab immer wieder neue Überraschungen. So stellte sich für uns heraus, dass Barschel selbst der Auftraggeber der anonymen Steueranzeige war, die Pfeiffer verfasst hatte und in der Björn Engholm fälschlicherweise beschuldigt wurde, seine Steuern nicht ordnungsgemäß bezahlt zu haben. Bemerkenswert war auch die Erkenntnis, dass Ansprechpartner für die Mitarbeiter der CDU-Wahlzeitungen niemand anderes als Reiner Pfeiffer gewesen war – mit Telefonanschluss in der Staatskanzlei. Die CDU-Wahlkämpfer konnten also wissen, dass ihr Wahlkampf aus der Regierungszentrale heraus gestaltet wurde.

Während einige CDU-Mitglieder immer noch an die Unschuld von Uwe Barschel glaubten und den Obmann der CDU im Untersuchungsausschuss, Trutz Graf Kerssenbrock, als Nestbeschmutzer beschimpften, gingen andere auf Distanz. Dazu gehörten auch einige der Mitglieder aus dem Kreisverband Rendsburg-Eckernförde, die sich am 28. November 1987 mit insgesamt 580 von 4700 Mitgliedern zur Aussprache in Eckernförde trafen. Während Kreispartei-Chef Otto Bernhardt eine vollständige Aufklärung und personelle Konsequenzen verlangte, ging Landes-Chef Gerhard Stoltenberg schon wieder in die gewohnte Angriffshaltung über. Hatte er schon am Wahlabend des 13. September von einer Wahlmanipulation durch die „linke Kampfpresse" gesprochen, so warnte er nun vor einer „Diffamierungskampagne der Sozialdemokraten". Und obwohl er als Landesvorsitzender für den schmutzigen Wahlkampf die Verantwortung trug, legte er nach: „Die Integrität der CDU dürfe nicht in Frage gestellt oder zerstört werden". Auch der ehemalige Wahlkreis-Bundestagskandidat der CDU von 1980 und unterlegener Gegner von Heide Simonis, Werner Kaltefleiter, meinte auf der Versammlung, „unwichtige Kleinigkeiten" bei Aussagen in der „Ehrenwortpressekonferenz ... dürften nicht dazu führen, die Integrität des verstorbenen Ministerpräsidenten in Zweifel zu ziehen".

Auch die Kreis-SPD positionierte sich auf einem Kreisparteitag am 24. Oktober in Osterrönfeld mit einer Bewertung der Barschel-Affäre für die kommende Landtagswahl. Als Kreisvorsitzender erinnerte ich daran, dass ich den CDU-Kreisvorsitzenden Otto Bernhardt nach Erscheinen der unsäglichen Kindersex-Geschichte in der CDU-Wahlkampfzeitung aufgefordert habe, sich zu entschuldigen. „Bis heute sei aber nicht einmal ein Wort des Bedauerns zu hören gewesen".

Dem Bundestags-Wahlkreisabgeordneten und CDU-Landesvorsitzenden seiner Partei, Gerhard Stoltenberg, hielt ich vor, zu lügen, wenn er behaupte, im Wahlkampf nicht mitbekommen zu haben, wie Barschel seinen Gegenspieler Engholm bloßzustellen und zu diffamieren versuchte. Nach einer langen Debatte wurde eine Solidaritätsadresse an Björn Engholm verabschiedet, die ihn als Garanten für Anstand und Ehrlichkeit bezeichnete und ihm volle Unterstützung für den folgenden Wahlkampf signalisierte.

Unvergesslich ist mir ein Gespräch am Vorabend der Anhörung von Björn Engholm im Ausschuss. Tagsüber hatte ich beim Studium der Telefonverbindungen vom Apparat des Stellvertretenden Pressesprechers der Landesregierung, Herwig Ahrendsen, festgestellt, dass in dessen Büro von diesem Telefonapparat neben dem Zimmer von Reiner Pfeiffer an einem Sitzungstag des Landtags, am 17. Februar 1987, mit dem privaten Telefonanschluss von Björn Engholm telefoniert wurde. Ich war natürlich elektrisiert, war diese Telefonverbindung doch geeignet, die CDU-These zu stützen, dass es zwischen Engholm und Pfeiffer den Kontakt gegeben hatte, den Engholm stets bestritt, zumal Ahrendsen an jenem Tag nachweislich nicht in Kiel war.

Ich informierte Björn Engholm über meinen Fund, weil nicht auszuschließen sei, dass auch die CDU-Vertreter aufmerksam geworden seien und ihn damit am nächsten Tag konfrontieren würden. Engholm wollte zunächst nicht antworten, was mich noch mehr verunsicherte. Er wollte nur allein mit Kurt Hamer sprechen, der sich ebenfalls in seinem Büro aufhielt. Nach dem Gespräch mit Kurt Hamer gab Björn Engholm bekannt, dass er seinerzeit krankheitsbedingt nicht an der Landtagstagung habe teilnehmen können, aber einen Anruf von einem „Herrn Dr. Wagner" bekommen habe, der ihn mit dem Hinweis auf eine angeblich bei ihm festgestellte AIDS-Erkrankung konfrontierte. Ich habe Björn Engholm geraten, diese Kenntnisse am nächsten Tag nicht für sich zu behalten.

Tatsächlich hielt der CDU-Obmann Björn Engholm am nächsten Tag den ermittelten Telefonkontakt vor. Engholm reagierte auffallend empört und informierte über „Herrn Dr. Wagner" und die Folgerungen. Der Ausschuss konnte ermitteln, dass auch zwei Telefonate mit dem Hausarzt Engholms von Reiner Pfeiffer geführt worden sind. Besonders erschreckend für mich war die Erkenntnis, dass Pfeiffer die Behauptung, Engholm sei an AIDS erkrankt, der BILD-Zeitung zur Veröffentlichung angeboten hat. Die

Liste der perfiden Machenschaften aus der Staatskanzlei des Herrn Barschel wurde um eine Episode erweitert.

Die Beratungen im Ausschuss bestätigten auch zweifelsfrei, dass Beschäftigte der Staatskanzlei ungeniert und ungehemmt in ungesetzlicher Weise den Wahlkämpfern der CDU zugarbeitet hatten. Der Wahlkämpfer Gerhard Stoltenberg wollte davon nichts mitbekommen haben. Das mag damit zusammenhängen, dass er solche Verquickungen aus seiner eigenen Regierungszeit in Kiel kannte und für selbstverständlich hielt.

Aus den vielen Zeugenvernehmungen ist mir in Erinnerung geblieben, welche klammheimliche Freude ich empfand, als die Vorstandsmitglieder des Springer-Konzerns mit ihrem Vorstandsvorsitzenden Peter Tamm an der Spitze unsere Fragen beantworten mussten und das nur widerstrebend taten. Gerade Peter Tamm war es sehr unangenehm, auf die Wahlkampfhilfe für Uwe Barschel angesprochen zu werden. Nach eigenen Worten hatte ihn Barschel „nach einem geeigneten Journalisten gefragt, der bereit wäre, für die Dauer des Wahljahres in die Pressestelle der Landesregierung zu wechseln". Da Reiner Pfeiffer in der Staatskanzlei weniger als beim Springer-Konzern verdiente, gewährte der Konzern ihm noch einen finanziellen Ausgleich von 113.000 DM.

Mir war auch unangenehm aufgefallen, wie schnell sich die Staatsanwaltschaft Lübeck unter ihrem Leiter, Oswald Kleiner, der Verfolgung der angeblich falschen Aussagen durch Reiner Pfeiffer gewidmet hat, statt der Strafanzeige von Björn Engholm nachzugehen.

Selbst bei seinen Parteifreunden fiel jetzt auch CDU-Generalsekretär Rolf-Rüdiger Reichardt in Ungnade, als seine Beteiligung an der Wahlkampfstrategie der CDU, „Überlegungen zur Landtagswahl im Herbst 1987" bekannt wurde. Rücktrittsforderungen waren die Folge. Reichardt hatte festgestellt: „Engholm kann ein Teil seiner Wirkung genommen werden, wenn es gelingt, ihn in seiner persönlichen Empfindlichkeit zu treffen, seine Glaubwürdigkeit zu erschüttern." Auch dürfe „Engholm bei seinen Auftritten im Landtag nicht zur Entfaltung kommen".

Es würde den vorgesehenen Umfang dieses Buches sprengen, wollte ich auf alle durch den Untersuchungsausschuss bekannt gewordenen Machenschaften, Intrigen und Verleumdungen aus der CDU-Wahlkampfzentrale oder der Staatskanzlei des Ministerpräsidenten und den vielen Zeugenvernehmungen inhaltlich eingehen.

Fast unbemerkt von der Öffentlichkeit hatten die Ausschussmitglieder neben dem Tod von Uwe Barschel zwei weitere Todesfälle im Zusammenhang mit der Affäre zu registrieren. Zunächst starb die Mutter von Björn Engholm. Am 9. November starb der Innen-Staatssekretär Hans-Joachim Knack im Landeshaus, wenige Minuten nachdem er vom Beschluss des Untersuchungsausschusses erfahren hatte, ihn kurzfristig wegen möglicher Verstöße gegen die Verschwiegenheitspflicht noch am selben Tag zu befragen.

Nach meiner Auffassung hätten wir uns mehr Zeit nehmen sollen, die nachgewiesene gemeinsame Beteiligung von Uwe Barschel und Reiner Pfeiffer an der „Zersetzung" der UWSH, der Unabhängigen Wählergemeinschaft Schleswig-Holstein, unter ihrem Landesvorsitzenden Professor Dr. Reinhardt Guldager aufzuklären. Hier wurde nach meiner Überzeugung zum ersten Mal in der Geschichte der Bundesrepublik nachgewiesen, dass sich eine Regierungspartei zur Bekämpfung einer gegnerischen Partei verfassungswidriger und krimineller Methoden bedient hatte.

Die Mitwirkung an der Aufklärung der Polit-Affäre hat mir vor Augen geführt, welche Ausmaße ein unkontrollierter Gebrauch der Macht auch in einer Demokratie haben kann. Für mich war die Erkenntnis erschreckend, wie schnell sich Beschäftigte des Landes einschließlich der Staatsanwälte zur Beteiligung an gesetzeswidrigem Verhalten hinreißen lassen können, um ihre Karriere nicht zu gefährden.

In Schleswig-Holstein hatte sich anscheinend bei vielen noch nicht die Erkenntnis durchgesetzt, dass ein Regierungswechsel in einer Demokratie etwas ganz Normales ist. Uwe Barschel brauchte für seine Machenschaften willfährige Helfer, und die hat er gehabt.

Am 13. Januar legten wir vier SPD-Mitglieder im Untersuchungsausschuss den übrigen sechs Ausschussmitgliedern von CDU, FDP und SSW auf 121 Seiten unsere Beweiswürdigung und Bewertung vor. Auch die Bewertung durch die CDU-Mitglieder kam im Sondervotum zu dem Ergebnis, „dass Barschel verwerfliche Handlungen begangen, den politischen Anstand verletzt und massive Eingriffe in die Persönlichkeitsrechte Dritter vorgenommen hat". Eingeräumt wurde auch, dass Barschel an Pfeiffers Aktionen beteiligt war und damit gegen „geschriebenes und ungeschriebenes Recht verstoßen habe". Aber die CDU-Mitglieder kamen im Gegensatz zum SPD-Votum zu der Feststellung, dass Björn Engholm viel früher als er angegeben hat, von den Machenschaften gewusst habe.

Bereits am 16. Februar 1988 diskutierte der Landtag den gesamten Ausschussbericht. Die SPD hatte im Ausschuss auf weitere Beweisanträge verzichtet, um möglichst schnell zu den angestrebten Neuwahlen zu gelangen. In seinem Vortrag schloss der Ausschussvorsitzende Klaus Klingner, nachdem er eine neue politische Kultur beschworen hatte, mit dem Hinweis, dass „der Neuanfang im politischen Umgang sowohl nötig als auch möglich ist". Dem politisch Andersdenkenden dürfe nicht von vornherein der gute Wille abgesprochen werden. Nach einer langen Landtagsdebatte, an der sich 17 Abgeordnete beteiligten, wurde einstimmig beschlossen, dass der „Ausschuss seinen Auftrag erledigt hat".

Neuwahlen und Regierungswechsel

Der amtierende Ministerpräsident Henning Schwarz hatte zur Bedingung für seinen Rücktritt und die Neuwahl des Landtags die Verabschiedung des Landeshaushalts gemacht. Er habe „den Schlüssel für Neuwahlen in der Hand", war sein ständig wiederholter Satz. Da im Landtag weder die Regierung noch die Opposition über eine Mehrheit verfügte, war die Regierung

Mit Heide Simonis auf der Werft Nobiskrug

in der Defensive. Das Parlament hatte erstmals in der Landesgeschichte das Heft des Handelns in der Hand. Nach der Verabschiedung des Landeshaushalts konnte sich der Landtag am 9. März selbst auflösen. Der Termin für die Neuwahl wurde auf den 8. Mai 1988 festgelegt.

Damit im Hinblick auf die Neuwahlen auch möglichst viele Schleswig-Holsteiner detaillierte Kenntnisse über die Barschel-Affäre erhielten, gab der SPD-Landesverband den Bericht des Untersuchungsausschusses als Broschüre heraus.

Die SPD bereitete sich zeitgleich inhaltlich auf die Neuwahlen vor. Am 4. Februar 1988 appellierte ich als Kreisvorsitzender öffentlich an alle Parteimitglieder, im Wahlkampf „Selbstbeherrschung und Selbstbewusstsein, nicht aber Überheblichkeit oder Kleinmut zu zeigen". Ich kritisierte, dass die CDU wieder meine bisherige Gegenkandidatin, Gudrun Hunecke, im Wahlkreis aufgestellt habe. Sie müsse als stellvertretende CDU-Landesvorsitzende ebenso wie Stoltenberg „davon gewusst haben, dass der Wahlkampf aus der Staatskanzlei heraus geplant und geführt wurde" und solle dafür die politische Verantwortung übernehmen. Als regionales Wahlziel gab ich den Gewinn aller fünf Wahlkreise im Kreisgebiet für die SPD aus. Auch in diesem Wahlkampf hatte ich wiederum eine Wahlkampf-Kommission an meiner Seite, die unter der bewährten Führung von Hermann Peters und Hans-Peter Robin stand.

Kurzfristig hatte der SPD-Kreisvorstand beschlossen, Björn Engholm zu unserem Kreisempfang am 12. Februar nach Westerrönfeld einzuladen und die Gästeliste erstmalig um alle Ortsvereinsvorsitzenden der SPD zu erweitern. Der jährliche Kreisempfang war auf meinen Vorschlag hin erstmalig 1984 durchgeführt worden. Die mehr als 200 Gäste waren begeistert, als nach meiner Begrüßung und anschließenden Ausführungen und der Rede unseres Fraktionschefs im Kreistag, Wulf Jöhnk, Björn Engholm das Wort ergriff. Er hob in grundsätzlichen Ausführungen hervor, dass „die Demokratie, die Herrschaft des Volkes, von der Kontrolle lebe". „Wir alle müssen uns dieser Kontrolle ausliefern. Wer sich weigere, das zu tun, zerstöre die Wurzeln der Volksherrschaft". Schon am Nachmittag hatte ich die gewachsene Popularität unseres Spitzenkandidaten feststellen können. Gemeinsam mit Bürgermeister Rolf Teucher statteten wir dem Rendsburger Wochenmarkt in der Nordmarkhalle einen Besuch ab. Dichte Trauben von anderen Marktbesuchern ließen erkennen, dass die SPD und insbesondere Björn Engholm nach der Barschel-Affäre an Anerkennung ordentlich zugelegt hatten.

Heide Simonis und ich spürten die gute Stimmung auch bei unserem gemeinsamen Besuch der Werft Nobiskrug am 8. Februar 1988. Die Werft hatte zwischenzeitlich nach einer Insolvenz von ursprünglich 1250 Mitarbeitern auf nun 350 Mitarbeitern abspecken müssen. Wieder einmal standen die Wettbewerbshilfen für die Werften und die europaweiten Verzerrungen im Zentrum unserer Gespräche. Erst Jahre später konnte die EU-Kommission eine einheitliche Förderpraxis durchsetzen. Damit wurde, wenn auch viel zu spät, ein Wettstreit der Nationen mit den höchsten Schiffbauhilfen zu Lasten der Steuerzahler beendet.

Dem Informationsgewinn und der Absicht, sich gerade vor der Landtagswahl bei den Beschäftigten zu zeigen, galt unser nächster gemeinsamer Termin bei der Firma Ahlmann am 9. Februar 1988. Auch dieses Unternehmen hatte über die Jahre, insbesondere nach der Insolvenz 1974, die Zahl ihrer Mitarbeiter erheblich reduzieren müssen. Aus den Gesprächen mit der Geschäftsleitung und dem Betriebsrat gewannen wir die Erkenntnis für unsere Arbeit, dass sich die Arbeitsverwaltung praxisorientierter als bisher an der Umschulung von arbeitslosen Menschen beteiligen müsse.

Im neuerlichen Landtagswahlkampf folgten viele weitere gemeinsame Termine mit Heide Simonis bei Unternehmen, Einrichtungen, Behörden und Verbänden, die sowohl der Information als auch der Wahlwerbung dienten. Natürlich haben wir keine Gelegenheit ausgelassen, die Vorstellungen der SPD nach einem Wahlerfolg vorzustellen. Froh waren wir immer dann, wenn auch die lokale Presse über unsere Aktivitäten berichtete. Auch andere Mitglieder des „Schattenkabinetts" von Björn Engholm besuchten wieder meinen Wahlkreis. Die Veranstaltungen und Gespräche wurden häufig überlagert von Fragestellungen an mich zu den Hintergründen der Barschel-Affäre. Natürlich habe ich die besondere Aufmerksamkeit als Mitglied des Untersuchungsausschusses genossen.

Dennoch gab es im Landtagswahlkampf auch andere Themen, die polarisierten – zum Beispiel die Gesamtschule. Wieder mobilisierte die CDU bei den Menschen die Angst vor der angeblichen „Einheitsschule", während ich die Vorteile des längeren gemeinsamen Lernens hervorhob. Der Philologenverband erwies sich erneut als emsiger Wahlhelfer für die CDU. Auf einer Podiumsdiskussion am 29. Februar mit Bildungsexperten aller Parteien vor mehr als 200 Gymnasiallehrern warb ich für die Vorzüge der Gesamtschule. Ich war absolut kein Fachmann auf diesem Gebiet, aber fast alle Fragen waren auf mich fokussiert, weil jeder erwartete, dass die SPD die Wahl gewinnen würde. Ich berichtete von meinen eigenen Schulerfahrungen und berief mich auf die starke Nachfrage in den Regionen, in denen es bereits ein solches Schulangebot gab. Nachdem die zahlreich erschienenen Lehrkräfte der drei Rendsburger Gymnasien ihre Sorge um die Zukunft ihrer Schulgebäude geäußert hatten, betonte ich, dass es kein Recht der Eltern auf Beschulung ihrer Kinder in einem bestimmten Gebäude gebe. Nicht das Gebäude sei maßgebend, sondern das schulische Angebot. Zu meinem Bedauern wurde von den anwesenden Lehrkräften zu wenig über Bildungschancen und Lerninhalte diskutiert. Den meisten Anwesenden ging es vor allem um die Erhaltung des Gymnasiums, ohne die Förderung von Kindern aus bildungsfernen Familien zu berücksichtigen.

Neben dem Philologenverband engagierte sich auch in diesem Wahlkampf wieder der Vorstand der Schleswag, um mit einem „energiepolitischen Gesprächskreis“ für die einseitig auf die Atomenergie fixierte Politik der amtierenden Landesregierung zu werben. Ohne Rücksicht auf die große Zahl von Beschäftigten und ihren Familien in meinem Wahlkreis warb ich für eine Politik des Abschaltens der Atomkraftwerke und wies die Wahlkampfbeiträge des Energiemonopolisten Schleswag öffentlich als „Einmischung in den Wahlkampf“ zurück. Ich hob hervor, dass „die Schleswag nicht die energiepolitische Arbeitsgemeinschaft der CDU“ sei und sich deshalb auch nicht so benehmen solle. „Wenn das Unternehmen wirklich an Energiegesprächen interessiert ist, sollten auch atomkritische Wissenschaftler zu Wort kommen.“ Geärgert habe ich mich, als sich dann auch noch mein Freund und Gegenkandidat von der FDP, Fritjof Wilken, vor den Karren der Schleswag spannte. Er verteilte ein unsägliches Flugblatt, auf dem er aus angeblicher Sorge um die Arbeitsplätze Werbung für die Schleswag und deren Atomenergie-Kurs betrieb.

Die CDU hatte auf einem Landesparteitag den bisherigen Justizminister Heiko Hoffmann zu ihrem Spitzenkandidaten gewählt. Er wird für mich immer als kompetenter und anständiger Politiker in Erinnerung bleiben, obwohl ich viele seiner politischen Vorstellungen nicht teilte. Auf unserem turnusmäßigen Kreisparteitag am 16. April in Hohenwestedt – mitten in der heißen Phase des Wahlkampfes – kritisierte ich, dass er noch kein klares

Wort zu dem „skandalumwitterten Verhalten seiner Staatsanwälte in Lübeck" gesagt und noch keine Verfahren gegen Barschels Helfer in der Staatskanzlei eingeleitet hatte. Bewundert habe ich in den Folgejahren stets seine persönliche Integrität und sein Können, als CDU-Fraktionsvorsitzender in freier Rede insbesondere in Haushaltsdebatten eine profunde Kenntnis der Materie zu beweisen. In seinen Wahlveranstaltungen allerdings erhielt er nur wenig Unterstützung. Seine Anhänger glaubten ihm nicht, dass mit der durch die Barschel-Affäre ins Gerede gekommenen CDU ein Neustart und „ein neues Denken", dem Wahlkampfmotto der CDU, möglich sei, und blieben seinen Veranstaltungen weitgehend fern. Ich hielt Heiko Hoffmann mit Blick auf seine Partei öffentlich vor, dass „eine alte Flasche mit neuem Etikett eine alte Flasche bleibt" und dass die CDU weit von einem politischen Neuanfang entfernt sei.

Als Kreisvorsitzender konnte ich auf dem Kreisparteitag mit Stolz darauf verweisen, dass der Kreisverband mit 3.921 die höchste Mitgliederzahl in seiner Geschichte erreicht habe und 79 Ortsvereine zähle. Ich selbst wurde zum vierten Mal als Kreisvorsitzender wieder gewählt und erhielt mit 149 Ja-Stimmen, zwölf Ablehnungen und fünf Enthaltungen mein bisher bestes Ergebnis. Zu meinen Stellvertretern wurden Elke Heinz und Jürgen Baasch gewählt.

Einen Tag später, am 17. April, feierte der Kreisverband in Büdelsdorf im Rahmen einer großen Festveranstaltung das 125-jährige Bestehen der SPD. In einem Grußwort als Kreisvorsitzender äußerte ich mich auch zu meinem persönlichen Geschichtsverständnis: „Es ist vernünftig, sich der deutschen Geschichte zu erinnern, der Geschichte unserer Heimat. Sie war nicht, wie uns die meisten Schulbücher und die Heimatvereine vermitteln wollen, die Geschichte der Herzöge, Gutsherren und Kriege. Sie war vor allem die Auseinandersetzung der Knechte um ihre Befreiung, der Kampf der Lohnarbeiter gegen ihre Ausbeutung. Den Insten und Knechten auf den Höfen und den Arbeitern in den Fabriken wurden ihre Rechte nicht freiwillig gegeben. Sie mussten, und das ist so aktuell wie heute, in harten, mit vielen Entbehrungen verbundenen Auseinandersetzungen erkämpft werden." Die Festansprache hielt der Landesgeschäftsführer der SPD, Dr. Klaus Rave.

Auch in diesem Wahlkampf kamen neben Björn Engholm und den Mitgliedern seines Schattenkabinetts mit Oskar Lafontaine, Johannes Rau und Hans-Jochen Vogel viele Prominente aus der Bundespolitik ins Kreisgebiet.

Eine Kabarett-Veranstaltung im Rahmen der SPD-Kulturtournee mit Hans Scheibner im überfüllten Bürgerhaus in Büdelsdorf erreichte auch viele Bürgerinnen und Bürger, die sonst nicht zu SPD-Veranstaltungen erschienen. Höhepunkt des Wahlkampfes war das „Familientreffen" der SPD bei sommerlichem Wetter am 1. Mai in einem Zelt in Fockbek. Viele Gäste hatte ich bereits am Vormittag bei der traditionellen Mai-Kundgebung auf dem Rendsburger Altstädter Markt getroffen. Das „Familientreffen" des Kreisverbandes war im wesentlichen von den Ortsvereinsvorsitzenden der SPD-Ortsvereine im Amt Fockbek, Pierre Gilgenast, Dieter Koll, Karl-Heinz Auferkorte und Gerd Plikat hervorragend vorbereitet worden. Mit ihnen verbindet mich seit damals eine lange persönliche Freundschaft. Als Kreisvorsitzender und lokaler Landtagskandidat freute ich mich über den Besuch von Björn Engholm und über 3.000 Gästen, die eine fantastische Stimmung ausstrahlten. Engholm bekam seinen ersten Beifall, als er betonte, dass „dies mit Abstand die größte Versammlung" sei, „die ich in diesem Wahlkampf besucht habe". Eine Woche vor der Landtagswahl, die von der SPD unter das Motto „Zeit zum Aufklaren" gestellt worden war, zeigte sich bei allen eine große Siegeszuversicht. Auch deshalb bat Björn Engholm, „nicht so zu tun, als stünde das Wahlergebnis schon fest".

Nur wenige Tage vorher, am 28. April, hatte ich Oskar Lafontaine, den damaligen saarländischen Ministerpräsidenten und stellvertretenden Bundesvorsitzenden der SPD, auf dem Altstädter Markt zu Gast. Lafontaine stellte unter dem Beifall von mehreren hundert Besuchern fest, dass „eine Partei abgelöst werden müsse, wenn sie Macht missbraucht hat".

Da sich am 26. April die Atom-Katastrophe von Tschernobyl zum zweiten Mal jährte, hatten wir Wahlkämpfer noch einmal Gelegenheit, emotional auf die möglichen Folgen einer solchen Katastrophe in der Bundesrepublik hinzuweisen und für unseren Ausstiegskurs zu werben. Auch der CDU-Spitzenkandidat Heiko Hoffmann erkannte die für seine Partei politische Gefahr der Debatte. Er leitete einen kleinen Kurswechsel mit dem Hinweis ein, „die Kernenergie solle nur noch eine Übergangsenergie" sein. Er versprach, in seiner Verantwortung in Schleswig-Holstein keine neuen Kernkraftwerke zu bauern.

Die Landtagswahl am 8. Mai 1988 bescherte der schleswig-holsteinischen Sozialdemokratie den größten Wahlerfolg ihrer Geschichte. Mit Björn Engholm an der Spitze erzielte die SPD 54,8 Prozent der Stimmen,

9,6 Prozent mehr als bei der Wahl acht Monate zuvor. Die SPD gewann alle 44 Wahlkreise. In meinem Wahlkreis Rendsburg schenkten 61,3 Prozent der Wählerinnen und Wähler mir und der SPD das Vertrauen, 9,3 Prozent mehr als 1987. Obwohl ich im Wahlkampf eine zunehmende Unterstützung in der Bevölkerung gespürt hatte, weil man dafür nach einigen Jahren als Wahlkämpfer einfach eine „Nase" bekommt, war ich doch vom Ergebnis überwältigt. Als ich am späten Nachmittag des Wahltages gemeinsam mit meiner Frau den Landtag betrat, wurde ich schon im Foyer von einem mir nahe stehenden Journalisten über die erste Trendmeldung als Ergebnis von Nachfragen der Meinungsforschungsinstitute informiert, die erst nach Schließung der Wahllokale veröffentlicht werden durfte. Auf dem Weg in die Räumlichkeiten der SPD traf ich zufällig Björn Engholm, den ich über meine Informationen in Kenntnis setzte. Zu meinem Erstaunen reagierte er nicht euphorisch, sondern wirkte sehr nachdenklich.

Die SPD gewann 46 von 74 Parlamentssitzen, die CDU 27 und der SSW mit Karl-Otto Meyer einen Sitz. Die FDP scheiterte mit 4,4 Prozent an der Fünf -Prozent-Hürde. Die Grünen erreichten 2,9 Prozent, und damit ein Prozent weniger als im Vorjahr. Am 31. Mai 1988 wählte der Landtag zum ersten Mal seit 38 Jahren mit Björn Engholm wieder einen sozialdemokratischer Ministerpräsidenten.

Nur einen Tag später, am 1. Juni, nahm ich auf der Mitgliederversammlung der Rendsburger SPD Gelegenheit, den Wahlkampf und das Ergebnis öffentlich zu analysieren. Ich stellte fest, dass mit 60 Prozent Stimmanteil für die SPD in der Stadt Rendsburg das beste Ergebnis seit Gründung eines sozialdemokratischen Wahlvereins 1871 erreicht worden sei. Besonders hob ich die Strahlkraft und das Ansehen unseres Spitzenkandidaten Björn Engholm als Grundlage des Erfolges hervor. Die Mitglieder im SPD-Ortsverein rief ich auf, die Parteiarbeit für weitere gesellschaftliche Gruppen zu öffnen, Mitgliederversammlungen auch für noch Unentschlossene zu ermöglichen und attraktiver zu gestalten. Streitgespräche sollten als Forum der Auseinandersetzung um die besseren Ideen genutzt werden. Ich versprach, mich im Landtag für eine Reform der Landesverfassung einzusetzen, mit der die Rechte des Parlaments gegenüber der Regierung gestärkt werden. Zudem wolle ich mich persönlich bemühen, das mir als Kandidat entgegengebrachte große Vertrauen durch Fleiß und Bürgernähe selbstbewusst, aber nicht überheblich zu rechtfertigen. Abschließend kündigte ich zur Überraschung der

Anwesenden an, mein Mandat in der Ratsversammlung nach 14 Jahren Mitgliedschaft umgehend niederzulegen, um mich ganz der neuen Aufgabe in der Regierungspartei zu widmen. Diese Entscheidung fiel mir sehr schwer, war ich doch gerne Kommunalpolitiker in meiner Geburtsstadt Rendsburg gewesen. Wenige Tage später verabschiedete ich mich in einer Hauswurfsendung mit einem persönlich gehaltenen Schreiben bei allen Mitbürgerinnen und Mitbürgern meines angestammten städtischen Wahlkreises 17 im Stadtteil Mastbrook und bedankte mich für das in 14 Jahren entgegengebrachte Vertrauen.

Ende Mai wurde noch einmal deutlich, wie selbstverständlich die Vorgänger-Regierung mit dem Landesvermögen zu ihren Gunsten umgegangen war. Staatssekretär Carl Hermann Schleifer aus dem Finanzministerium hatte nach der Wahl, aber noch kurz vor dem Regierungswechsel, mit der CDU-Sozialministerin Ursula Gräfin Brockdorff einen Vertrag abgeschlossen, der sie zur Managerin des Kulturzentrums Salzau mit einem monatlichen Salär von 6.000 DM beförderte. Die SPD wiederholte nach Bekanntwerden des Skandals ihre Vorwürfe über die „Vetternwirtschaft" in der abgewählten Regierung. Nach einer in der CDU entstandenen Unmutsbewegung lösten die Beteiligten den Vertrag im „beiderseitigem Einvernehmen" auf. Der Landesvorsitzende Gerhard Stoltenberg empfahl seinen beiden Parteifreunden sogar den Parteiaustritt.

Nach seiner Vereidigung stellte Björn Engholm noch am 31. Mai sein Kabinett vor. Heide Simonis war jetzt Finanzministerin, ihr Staatsekretär wurde Klaus Gärtner. Seine Berufung war im Vorfeld in Fraktion und der Partei heftig kritisiert worden, weil er ein ehemaliger FDP-Bundestagsabgeordneter und nach wie vor aktives Mitglied dieser Partei war. Björn Engholm hatte ursprünglich einen ausgewiesenen Finanzexperten zur Unterstützung von Heide Simonis vorgesehen, der auch der SPD-Bundestagsfraktion als Berater zur Seite stand. Heide Simonis wollte allerdings nur mit Klaus Gärtner nach Kiel kommen. Björn Engholm musste ihre Entscheidung eher widerwillig akzeptieren, um sein Modernisierungskonzept insgesamt nicht zu gefährden. Wie es hieß, war Klaus Gärtner der wichtigste Mann im politischen Leben von Heide Simonis. Nach ihrer Biographin, Bettina Munimus, pflegte „Klaus Gärtner mit Heide Simonis eine langjährige persönliche Freundschaft, seit sie sich in den achtziger Jahren im Haushaltsausschuss des Deutschen Bundestages in Bonn kennen gelernt" haben. In der SPD-

Landtagsfraktion und bei den sozialdemokratischen Kabinettsmitgliedern hatte Klaus Gärtner wenig Freunde. Die enge Beziehung zu Heide Simonis bestand auch über seinen Rücktritt im Jahr 2002 hinaus. Seine Nachfolgerin hat sich mir gegenüber mehr als einmal darüber beklagt, dass Heide Simonis sich regelmäßig mit Klaus Gärtner treffe und sich von ihm statt von ihr beraten lasse.

Die Kabinettsliste von Björn Engholm „personifizierte den vorbereiteten landespolitischen Aufbruch" (Prof. Uwe Danker). Neben Heide Simonis waren auch Günther Jansen, Gisela Böhrk, Hans Wiesen, Klaus Klingner, Hans Peter Bull, Eva Rühmkorf, Marianne Tidick, Berndt Heydemann und Franz Froschmaier politische Schwergewichte, die sich weit über Schleswig-Holstein hinaus Anerkennung erworben hatten.

Wie vorgesehen, ernannte der neue Ministerpräsident mich zum „Parlamentarischen Vertreter des Ministers für Wirtschaft, Technologie und Verkehr". Björn Engholm wollte auf die nach dem Ministergesetz eigentlich vorgesehene Bezeichnung „Parlamentarischer Staatssekretär" verzichten, um den Reformwillen der neuen Regierung zu unterstreichen. Mit der steuer-

Mit Wirtschaftsminister Dr. Franz Froschmaier und Uwe Gunnesson nach der Ernennung zu Parlamentarischen Vertretern 1988

pflichtigen Aufwandsentschädigung war über die Amtszeit hinaus kein finanzieller Aufwand des Landes zum Beispiel beim Ruhegehalt verbunden. Die ungewohnte Bezeichnung löste allerdings bei vielen Gesprächspartnern zunächst Irritationen aus, weil sie aus dem politischen Alltag mit dem in der Bundespolitik und anderen Bundesländern üblicherweise verwendeten „Dienstgrad" vertraut waren.

Im Wirtschaftsministerium übertrug Minister Dr. Franz Froschmaier mir absprachegemäß die besondere Verantwortung für Fragen des Tourismus und des Schiffbaus. Ich übernahm die Leitung des von der SPD im Landtagswahlkampf geforderten „Beirat für Tourismus" und die Leitung des Beirats für „die Imagewerbung der Landesregierung". Später übernahm ich auch noch den Vorsitz im Beirat „zur Vorbereitung der 100-Jahr-Feier der Eröffnung des Nord-Ostsee-Kanals".

Beamteter Staatssekretär wurde Dr. Uwe Thomas, der kreative Kopf des Ministeriums, den Björn Engholm in Bonn abgeworben hatte. Mit Uwe Thomas hatte ich zunächst meine Probleme, weil er meinte, im Land auf meine Erfahrungen und die anderer verzichten zu können. Wir beobachteten uns zunächst gegenseitig mit Misstrauen, aber später entwickelte sich eine enge und vertrauensvolle Zusammenarbeit. Seine große Kompetenz habe ich immer zu schätzen gewusst. Damit unterschied ich mich von Heide Simonis, die ihn wenige Tage vor ihrer Wahl zur Ministerpräsidentin 1993 aus dem Amt schickte.

Anerkennung fand Uwe Thomas auch bei den Verantwortlichen in der SPD sowie in den Gewerkschaften und Unternehmensverbänden. Nach ersten Auseinandersetzungen über die Verteilung von Verantwortungen habe ich mit ihm bis zu seiner von Heide Simonis 1993 veranlassten Entlassung im gegenseitigen Respekt gut zusammen gearbeitet.

Als Anerkennung meiner bisherigen Arbeit für die Landtagsfraktion wertete ich die erneute Wahl in den Fraktionsvorstand, jetzt unter dem Vorsitz von Gert Börnsen.

Am 6. Juni 1988 konnte ich der regionalen Presse in meiner Funktion als SPD-Kreisvorsitzender mit großem Stolz verkünden, dass der Kreisverband nunmehr mit Heide Simonis und Hans Wiesen als Minister im Kabinett, mit Lianne Paulina-Mürl als Parlamentspräsidentin sowie fünf mit in ihren Wahlkreisen direkt gewählten Abgeordneten hervorragend vertreten sei. Ich beschrieb unsere gemeinsame Absicht, auch die Vorstellungen uns nicht so

Präsentation des Radwege-Konzepts

nahe stehender gesellschaftlicher Gruppen aufzugreifen und nicht nur im „eigenen Saft zu schmoren". „Wir wollen nicht abheben, sondern aufgreifen, was sich in der Gesellschaft tut", hob ich hervor.

Heide Simonis hatte mir auf meine Bitte hin vorab mitgeteilt, was ihr als Finanzministerin wichtig war. Sie wolle nicht mehr wie ihr Vorgänger „graue Eminenz" sein. „Mit dem Subventionsbericht und dem Beteiligungsbericht wollen wir mehr Transparenz." Nach ihren Worten sollten die Grundsätze von Haushaltsklarheit und Haushaltswahrheit die Richtschnur für die Führung des Haushalts sein.

Ich nutzte die Pressekonferenz, um der Öffentlichkeit das 4000. Mitglied unseres Kreisverbandes vorzustellen.

In der Kreisvorstandssitzung am 24. August 1988 wurde beschlossen, „den Genossen Andreas Breitner in den Kreisvorstandsverteiler aufzunehmen". Auf dem vergangenen Kreisparteitag hatte er erfolglos für eines der Beisitzer-Ämter im Kreisvorstand kandidiert.

In meiner neuen Funktion als Parlamentarischer Vertreter setzte ich umgehend ein Wahlversprechen um: die Erarbeitung eines Tourismuskonzepts für einen

„sanften Tourismus" in Schleswig-Holstein. Ich setzte auf die Unverwechselbarkeit der Urlaubs-, Kultur- und Naturangebote des Landes, eine der Landschaft angepasste touristische Infrastruktur und eine Strategie, die auf Qualität und nicht so sehr auf Quantität bestand. Sogenannte Bettenburgen sollte es in Schleswig-Holstein nicht mehr geben. Es bedurfte viel Überzeugungsarbeit in vielen öffentlichen Veranstaltungen und Gesprächen im ganzen Land, bis ich mich bei den Verantwortlichen der Tourismusverbände und des Deutschen Hotel- und Gaststättenverbandes sowie anderen Akteuren im Tourismus für diese neuen Ziele behauptet hatte. Hilfreich war die Einbindung aller wichtigen Akteure aus dem Tourismus, den betroffenen Ministerien und dem Umweltschutz in den neu gegründeten „Beirat für Tourismus". Damit verfügte Schleswig-Holstein als bisher einziges Bundesland über eine programmatische und konzeptionelle Grundlage für den „Sanften Tourismus".

Zu meinen Initiativen gehörte der Versuch, auch in Schleswig-Holstein die Chancen zu nutzen, die der immer beliebter werdende Fahrradtourismus bot. Nach einem Seminar mit allen touristischen Akteuren wurde ein Konzept mit Förderrichtlinien und einer entsprechenden Finanzierung verabschiedet. Radwege wurden kartiert, Vorschläge für die Beschilderung unterbreitet und in Anzeigen für das bisher so vernachlässigte Tourismussegment geworben.

Eine für mich wichtige Entscheidung zugunsten der Entwicklungschancen des heimischen Tourismus war der Aufbau eines landesweiten Reservierungssystems. Welche Dimensionen das Internet schon wenige Jahre später annehmen würde, war nicht einmal ansatzweise erkennbar, als sich die Regierung in enger Zusammenarbeit mit Gert Kramer vom Landes-Fremdenverkehrsverband entschloss, den Zugang heimischer Tourismusorte an die deutschen Reisebüros über ein EDV-System zu ermöglichen. Es bedurfte mehrere Jahre mit hohem finanziellem Aufwand, um das Projekt gegen viele Widerstände im parlamentarischen Raum durchzusetzen. Auch bei den Tourismusgemeinden gab es für das landesweite dezentrale Reservierungssystem „IRIS" große Akzeptanzprobleme, weil es nicht kostenlos zu haben war und es wegen der Vorreiterrolle des Landes Schleswig-Holstein bundesweit an Erfahrungen mangelte. Weil damals kein Bundesland wirtschaftlich so abhängig vom Tourismus war wie Schleswig-Holstein, erschien mir der Versuch vernünftig und der öffentliche finanzielle Aufwand vertretbar. Rückblickend muss ich feststellen, dass der Nutzen zu keinem Zeitpunkt in einem vertretbaren Verhältnis zu den öffentlichen Kosten stand. Das Internet hat „IRIS“ dann ohnehin bald überflüssig gemacht.

Breiten Raum in der Entwicklungsstrategie für einen „sanften Tourismus“ nahm über viele Jahre der Versuch ein, das Befahren des Strandes vor dem Nordsee-Bad St. Peter Ording mit dem Auto zu verhindern. Der SPD und insbesondere mir schien diese Form des Tourismus mit unseren Vorstellungen einer intakten Natur unvereinbar. Ich erinnere an eine Veranstaltung in dem Kurort, in der mir über 300 empörte Ortsansässige zu verdeutlichen versuchten, dass das Befahren des Strandes keine Umweltbelästigung darstelle. Andere hielten es für naiven Mut, dass ich mich ohne Polizeischutz in die Veranstaltung begeben hatte. Mit vielen Millionen Fördergeldern gelang es schließlich, die Gemeindevertreter umzustimmen und per Vertrag das Befahren der Strände nach einer Übergangszeit ab 1991 zu unterbinden. Nachdem allerdings die Fördergelder geflossen waren, bestand die Gemeinde später wieder auf ihren Autostrand. Leider hat die Landesregierung Jahre später der Gemeinde nachgegeben. Mit großem Bedauern habe ich registriert, dass die Kabinettsmitglieder, die nach meinem Ausscheiden als Parlamentarischer Vertreter 1996 die Verantwortung für den Wirtschaftszweig Tourismus übernahmen, sich von der Entwicklungsstrategie eines „sanften Tourismus“ verabschiedeten. Ich habe in diesem Politikbereich viele sympathische und kompetente Menschen kennen gelernt. Das gilt auch für die Mitarbeiterin und die Mitarbeiter im Ministerium sowie für die Journalisten, die ich regelmäßig im Lande und auf auswärtigen Tourismusmessen über die Besonderheiten des Urlaubsland Schleswig-Holstein informieren konnte.

Weniger Gestaltungsmöglichkeiten bot der Politikbereich Schiffbau. Die Appelle zur Diversifizierung von Produkten, um den Rückgang der Schiffbauaufträge und den damit verbunden Arbeitsplatzverlust aufzufangen, wurden von den Gewerkschaften, Betriebsraten und Geschäftsführern zwar begrüßt, aber letztlich nicht umgesetzt. Der Abbau von Arbeitsplätzen in den Schiffbaubetrieben des Landes sowie Insolvenzen waren trotz hoher Subventionen aus der Landeskasse unaufhaltsam. Rückblickend stellt sich für mich die Frage, ob der mit Landeskrediten finanzierte hohe Subventionsaufwand gerechtfertigt war. Uns fehlte der Mut, vor die Beschäftigten und ihre Gewerkschaften zu treten, um den Stopp der Werfthilfen zu verteidigen.

Der SPD-Kreisparteitag am 19. November in Owschlag sollte im Vorfeld der Kommunalwahlen 1990 der Standortbestimmung in der kommunalpolitischen Arbeit gelten. Schon durch die Anwesenheit von drei Mitgliedern aus dem Kabinett wurde sichtbar, dass nun die SPD das Land regierte. Auch Heide Simonis war erschienen, nun nicht mehr als Delegierte, sondern als Finanzministerin. In den Debatten ging es hauptsächlich um das Tempo, in dem Reformen umgesetzt wurden, die die SPD versprochen hatte. Während es vielen Delegierten zu langsam voranging, mahnte auch Heide Simonis zur Geduld. Sie warnte insbesondere davor, die Reform der Kommunalverfassung „im Schweinsgalopp" vorzunehmen.

Um die Umsetzung der von den SPD-Mitgliedern erwarteten Reformen im Land ging es auch in der Klausurtagung des Kreisverbandes am 25. und 26. 11. 1988 in Damp. In Anwesenheit von Heide Simonis diskutierten wir, wie und in welchen Schritten die Umsetzung von Reformen das Land voranbringen könnte. In einer Analyse der aktuellen politischen Situation hielt ich fest, dass „die Grünen an Attraktivität eingebüßt hätten und kein Thema für künftige Koalitionsüberlegungen seien". Bis zur Landtagswahl 1996 sollte ich Recht behalten. Beschlossen wurden auch Schwerpunkte für die künftige programmatische Arbeit der Kreis-SPD. Die Mitgliedschaft in der Partei sollte attraktiver und die demokratischen Mitspracherechte von kommunalpolitischen Vertretern und Bürgern gegenüber der hauptamtlichen Verwaltung gestärkt werden.

Es war das erste Mal, dass Sozialdemokraten wieder im Ferienzentrum Damp tagten. Nach der Affäre um die Aufnahme der Ostseeklinik in den Krankenhausbedarfsplan und den damit verbundenen Korruptionsvorwürfen hatte die SPD diesen Veranstaltungsort stets gemieden. Im Vorfeld hatte mich ein befreundeter Anwalt gefragt, ob ich bereit wäre, einem Gesprächswunsch des Geschäftsführers des Ferienzentrums, Dr. Wolfgang Hoppe, zu entsprechen. Nach meiner Zusage und einem Telefonat folgte ein Meinungsaustausch in Damp, mit dem die jahrelange Sprachlosigkeit beendet wurde. Einige Zeit später konnte ich auch in meiner Eigenschaft als Parlamentarischer Vertreter gemeinsame Projekte mit dem für die strukturschwache Region wirtschaftlich so bedeutenden Ferienzentrum vereinbaren und eine Landesförderung für ein neues Spaßbad und die Verkehrsberuhigung auf den Weg bringen.

Im Februar 1989 standen bei ihrer Verabschiedung die beiden Personen im Mittelpunkt, die ansonsten als hauptamtlich Beschäftigte des Kreisverbandes im Hintergrund zu agieren hatten: unser Geschäftsführer Fritz Reuter und seine Ehefrau und Kollegin, Rita Reuter, wurden nach 18 Dienstjahren feierlich in den Ruhestand verabschiedet. Neben Hans Wiesen, meinem Amtsvorgänger, konnte auch ich vor vielen anwesenden Repräsentanten der SPD die Verdienste der beiden würdigen. Ich hob hervor, dass beide wesentliche Anteile daran hätten, dass „aus dem landwirtschaftlich und konservativ geprägten Kreis eine Region geworden ist, in dem die Sozialdemokraten stärkste politische Kraft sind". In ihren Dienstjahren sei die Mitgliederzahl von 2.700 auf annähernd 4.100 gestiegen. Statt 58 zähle der Kreisverband nun 80 Ortsvereine.

Eine weitere personelle Zäsur stellte nur einen Monat später der Rücktritt von Wulf Jöhnk im Amt vom Fraktionsvorsitzenden der SPD im Kreistag dar. Der Verwaltungsrichter, der in seinem kommunalpolitischen Amt über die Parteigrenzen hinweg Anerkennung genoss, hatte – nicht zuletzt auf meine Empfehlung hin – bei Innenminister Hans-Peter Bull eine wichtige Aufgabe übernommen. Er wurde Leiter des schleswig-holsteinischen Verfassungsschutzes.

Sein Nachfolger in der Fraktion war Dieter Ellefsen. In einer persönlichen Aussprache haben wir vergangene Differenzen für erledigt erklärt, die jeweiligen Verantwortungsbereiche beschrieben und eine gedeihliche Zusammenarbeit zum Wohle unserer Wähler und Mitglieder vereinbart. Im Rückblick kann ich feststellen, dass die Kreistags-Fraktion mit Dieter Ellefsen einen hervorragenden Vorsitzenden hatte, der sich stets an die mit mir verabredeten Spielregeln gehalten hat.

Anfang 1989 galt im SPD-Kreisvorstand die besondere Aufmerksamkeit der Vorbereitung des Wahlkampfes zur Europawahl am 18. Juni 1989. Der an sich langweilige Wahlkampf wurde plötzlich interessant durch eine Zeitungsanzeige und Wahlplakate der CDU, die den Kreisvorstand der SPD und mich als Vorsitzender herausforderten. Im Text wurde unterstellt: „Radikale und SPD, Zukunft und Wohlstand ade. Der Pakt zwischen SPD und Grünen bedeutet: Krawalle, Gewalt und Straßenterror." In einer Presseerklärung am 22. Mai empörte ich mich über diesen „Verstoß gegen den politischen Anstand und die Beleidigung aller Mitglieder der SPD" und forderte den Kreisvorsitzenden der CDU, Otto Bernhardt, auf, sich umgehend von diesen Parolen zu distanzieren. Andernfalls würden wir nicht mehr an den geplanten gemeinsamen Podiumsdiskussionen teilnehmen. In seiner schriftlichen Antwort rügte Bernhardt zunächst den Wahlkampfstil der SPD um dann doch festzustellen, „dass weder der eigene Slogan noch der SPD-Slogan mein Stil einer Wahlkampfauseinandersetzung ist".

Bei der Europawahl am 18. Juni behauptete sich die Kreis-SPD als stärkste politische Kraft. Mit 44,7 Prozent der Stimmen bei einem Zugewinn von 5,3 Prozent gegenüber der letzten Europawahl lag der Kreisverband sogar noch weit über dem schon bundesweit besten Wahlergebnis der Landes-SPD. Erfreut zeigte ich mich in einer Presseveröffentlichung, dass die rechtsradikalen Republikaner es nur auf einen Stimmenanteil von 3,9 Prozent gebracht hatten.

Bereits kurz nach der Europawahl begann im Kreisvorstand die Suche nach einer Nachfolgerin oder einem Nachfolger für die Kandidatur zur Bundestagswahl 1990. Nach der Aufnahme ihres Ministeramtes hatte Heide Simonis ihr Bundestagsmandat niedergelegt und stand selbstverständlich für eine weitere Kandidatur nicht zur Verfügung. Politische Freunde rieten mir als Kreisvorsitzender, für den Bundestag zu kandidieren. Auch für private Freunde schien es selbstverständlich, dass der amtierende Kreisvorsitzende seine Bewerbung anmeldete. Tatsächlich habe ich mich mit dem Gedanken nicht allzu lange befasst. Durch viele dienstliche Termine war mir das „Bonner Klima" wohl bekannt und konnte bei mir nicht den Reiz auslösen, den später vermutlich die Bundeshauptstadt Berlin ausgelöst hätte. Außerdem wollte ich mein Familienleben nicht gefährden. Ich kannte viele Mitglieder des Bundestages und ihre diesbezüglichen Erfahrungen. Meine Frau freute sich über meine Entscheidung, meine Aufgaben im Kieler Landtag fortzusetzen.

Nachdem ich meine persönliche Entscheidung bekannt gemacht hatte, gingen die Bewerbungen von Barbara Bruhn, Helmut Hunecke, Edith Mecke-Harbeck, Ulrike Mehl und Helmut Mikelskis beim Kreisvorstand ein. Nach sehr schlechten Erfahrungen mit dem Wahlkreisbüro von Heide Simonis im fernen Bordesholm setzte ich im Kreisvorstand durch, dass sich alle Bewerberinnen und Bewerber vorher verpflichten sollten, dass das Abgeordnetenbüro dem Kreisbüro angegliedert und eine freiwillige Mandatsabgabe von monatlich 600 DM geleistet wird.

In den ersten neun Monaten des Jahres 1989 bestimmte die Diskussion über einen Regionalflughafen, die mögliche zivile Nutzung des Militärflughafens Hohn die politische Diskussion in der Region und in der gesamten SPD des Landes. Da Ministerpräsident Engholm für ein Jahr zugleich als

Bundesratspräsident amtierte, genoss er das Privileg, für dienstlich veranlasste Flüge den Militärflughafen des Lufttransportgeschwaders 63 in Hohn mitbenutzen zu können. So kam ihm die Idee, diesen Flughafen auch für die zivile Luftfahrt zu öffnen. Er trug dem Wirtschaftsminister seine Vorstellungen vor und stieß in der politischen Führung des Ministeriums umgehend auf Interesse. Ich drang darauf, die Bürgerinnen und Bürger sowie die verantwortlichen Kommunalpolitiker entgegen der Praxis früherer Landesregierungen sehr frühzeitig zu informieren. In Absprache mit Staatssekretär Uwe Thomas übernahm ich selbst die Aufgabe, die Vorstellungen der Landesregierung in der Region bekannt zu machen und für eine ergebnisoffene Prüfung dieses Ziels zu werben.

Am Dienstag, den 3. Mai 1989, konnte ich die Vorstellungen der Landesregierung vor 58 Bürgermeistern und anderen politischen Führungskräften der Region im Rendsburger Rathaus sowie anschließend der regionalen Presse vortragen. Ich betonte die Chancen für den Arbeitsmarkt und die regionale Infrastruktur, wenn ein Regionalflughafen zur Entlastung des Hamburger Flughafens in der Region angesiedelt werden würde, zumal die Bundeswehr ihre Bereitschaft zur zivilen Mitnutzung des Flughafens bereits erklärt habe. Konkretere Angaben konnte und wollte ich zu diesem Zeitpunkt nicht machen, zumal noch die Ergebnisse von Gutachten abgewartet werden müssten. Mir war wichtig zu erwähnen, dass „sich das Land nicht scheuen wird, von dem Projekt Abstand zu nehmen, wenn nachteilige Auswirkungen auf die Menschen in der Region zu groß sind." Nach den bekannt gewordenen gewalttätigen Ausschreitungen beim Ausbau des Frankfurter Flughafens fügte ich hinzu, dass „es hier in der Region keine Startbahn-West-Diskussion geben wird". Die Landesregierung wolle keinen Großflughafen bauen, sondern für interessierte Fluggesellschaften die Rahmenbedingen schaffen und damit auch standortbedingte Nachteile in der Region überwinden. Die Kommunalpolitikern nahmen dankbar auf, dass sie alle zu einem sehr frühen Zeitpunkt informiert und nicht vor vollendete Tatsachen gestellt wurden.

Die Medien berichteten mit verhaltenem Wohlwollen. Die Umweltverbände protestierten, und die CDU-Kreistagsfraktion unterstützte das Projekt und forderte eine „schnelle Entscheidung". Auch der Wirtschaftsrat der CDU begrüßte die Pläne. Allerdings gründeten einige Anlieger sofort eine Bürgerinitiative gegen das Projekt. Mit ihnen pflegte ich einen intensiven vertraulichen Kontakt. Überrascht war ich allerdings von einer Anzeigenaktion, in der sich 32 „Ärzte gegen die zivile Nutzung des Flughafens Hohn" artikulierten sowie von einem ablehnenden Beschlusses der Synode der Nordelbischen Kirche. Ich selbst war davon überzeugt, dass dem Projekt mindestens Zeit für eine ergebnisoffene Prüfung gegeben werden sollte, sah ich doch mehr Chancen für neue Arbeitsplätze als umweltbedingte Risiken. Auch Björn Engholm, Minister Franz Froschmeier und Wirtschafts-Staatssekretär Uwe Thomas warben nun offensiv in der Region für eine Prüfung. Der Ministerpräsident wandte sich „gegen vorschnelle Festlegungen, alle Beteiligten sollten sich erst dann entscheiden, wenn konkrete Unterlagen vorliegen".

Nun setzten in Gremien der SPD die ersten Absetzbewegungen ein. Nach der SPD-Fraktion in der Rendsburger Ratsversammlung, einigen Ortsvereinen und der Kreistagsfraktion fand ich auch im von mir geführten SPD-Kreisvorstand keine Unterstützung mehr. Auch in der SPD-Landtagsfraktion mehrten sich die Stimmen der Gegner, auch wenn die Ergebnisse der „ergebnisoffenen Prüfung" noch gar nicht vorlagen. Die Bedenken der Umweltschutzverbände gegen die Lärmbelästigung und die erwartete Gefährdung der Tierwelt im Fockbeker Moor sowie die vielen ablehnenden Leserbriefe in der Tagespresse verfehlten nicht ihre Wirkung. Nur selten vorher erhielt ein Thema so viel Aufmerksamkeit in der Tagespresse wie die ja noch gar nicht abgeschlossene Prüfung der zivilen Mitnutzung des Flughafens in Hohn. Nie wieder in meinem politischen Leben erhielt ich zu einem Thema soviel ablehnende persönliche Zuschriften von Bürgern.

In einer öffentlichen Versammlung in Hohn am 7. Juni forderte ich erneut eine sachliche Diskussion und schloss meine Ausführungen mit folgenden Worten: „Nehmen wir den Befürwortern ab, dass sie sich ernsthaft um neue Arbeitsplätze und damit eine Verbesserung der wirtschaftlichen Struktur bemühen und unterstellen wir den Gegnern des Projektes, dass sie sich zu Recht Sorgen um die natürlichen Lebensgrundlagen und die Lebensqualität machen."

Auch das von der Landesregierung in Auftrag gegebene und Ende August abgelieferte Gutachten sowie das Nutzungskonzept, das – wie erwartet – positive wirtschaftliche Impulse für die Region prognostizierte – stimmten die Kritiker nicht um. Nun ging es auch um meine Person. Die mir gelegentlich wohlgesonnene Tageszeitung „taz" sah mich schon „zwischen den Stühlen sitzen" und meinte, ich „redete mich um Kopf und Kragen". Gegenüber der Presse verhehlte ich bereits am 19. Mai nicht meine Enttäuschung über die vorschnellen Festlegungen gegen das Vorhaben. Allerdings gab ich zu erkennen, dass „solche übereinstimmenden Voten der regionalen Gremien der SPD nicht übersehen werden können" und „auch prägend für die Meinung der Landesregierung" seien.

Das Landeskabinett beschloss in seiner Sitzung am 5. September, zunächst an der weiteren Prüfung festzuhalten und den konkreten Bedarf für eine zivile Nutzung des Flughafens zu ermitteln. Erst nach dem März 1990 sollte eine Grundsatzentscheidung fallen.

Die tatsächliche Vorentscheidung fiel am 23. September 1989 auf dem Kreisparteitag der SPD in Fockbek. Ohne zu wissen, dass sich am selben Tag auch der FDP-Kreisverband auf seinem Parteitag gegen das Projekt ausgesprochen hatte, votierten alle Parteitagsdelegierten bis auf Minister Hans Wiesen und mich dafür, die Debatte um die zivile Nutzung des Militärflughafens Hohn und damit die noch gar nicht richtig begonnene „ergebnisoffene Prüfung" zu beenden.

Diese ablehnende Position sollte auch im Wahlprogramm der SPD für die Kommunalwahl verankert werden. Den Antrag gegen das Projekt hatte meine spätere Wahlkreismitarbeiterin Nathalie Jückstock als Mitglied des Landesvorstands der Jungsozialisten mit dem Argument begründet, ein Ausbau von Hohn passe nicht in die ökologische Politik der SPD. Ich warb nicht für die zivile Nutzung des Flughafens, sondern für das Recht, über die Chancen und Risiken nachdenken zu dürfen. Mein Vorschlag, die ergebnisoffene Prüfung abzuwarten und auf einem späteren Sonderparteitag zu entscheiden, wurde auch von meinem nicht gerade als Umweltschützer ausgewiesenen Rendsburger Parteifreund Klaus-Dieter Henkel mit dem Hinweis abgelehnt, die SPD sei eine „konsequent ökologische Partei". Er wolle, „dass wir der Landesregierung sagen, was sie machen soll". Die Kieler Nachrichten titelten am nächsten Morgen zutreffend: „Neugebauer gerät in Turbulenzen".

Zwei Tage später schrieb ich an Ministerpräsident Björn Engholm einen persönlichen Brief, in dem ich ihn bat, angesichts der Widerstände in der Region und in der SPD die Debatte über einen möglichen Ausbau des Flughafens Hohn zu beenden. Als Kreisvorsitzender der SPD müsste ich den eindeutigen Beschluss meines Kreisparteitages im Kommunalwahlkampf unterstützen. „Angesichts der massiven Bürgerproteste könnte eine weitere Debatte um Hohn nur noch politischen Schaden anrichten und die SPD als ökologische Partei unglaubwürdig machen."

Der Ministerpräsident antwortete mir mit „lieber Günter" am 4. Oktober und äußerte zunächst Verständnis für meine „schwierige Position". Er bedankte sich dafür, dass ich auf dem Kreisparteitag der SPD dafür geworben hatte, keine endgültigen Ablehnungsbeschlüsse zu fassen. Engholm warb dafür, die vom Kabinett beschlossene Bedarfsuntersuchung und die eventuell sich anschließende Umweltverträglichkeitsprüfung abzuwarten. Die Landesregierung wolle ihrer Verantwortung gerecht werden, „unter Abwägung der ökonomischen und ökologischen Interessen alle Möglichkeiten zu prüfen".

Gegenüber der Presse kündigte ich an, in der Landtagsfraktion ein sofortiges Ende der Hohn-Debatte zu beantragen. Ich sah keinen Anlass, vom Amt als Parlamentarischer Vertreter des Wirtschaftsministers zurückzutreten, wonach Journalisten mich fragten, erklärte aber auch: „Ein Spagat ist nicht länger möglich." Die Landtagsfraktion bat zunächst den zuständigen Arbeitskreis Wirtschaft um eine sachgerechte Prüfung und beschloss für die erste Sitzung nach den Herbstferien eine Grundsatz-Diskussion, an der auch der Ministerpräsident teilnehmen sollte. Der Landesausschuss der SPD forderte die Landesregierung am 6. Oktober auf, ihre ergebnisoffene Prüfung zu beschleunigen und noch vor der Kommunalwahl eine Entscheidung herbeizuführen.

Am 9. Oktober verabschiedete sich auch die CDU im Kreis von ihrer bisherigen Position. Der Kreisvorsitzender Otto Bernhardt stellte gegenüber der Presse fest, dass „Hohn als Zivilflughafen für die CDU kein Thema mehr" sei. Am 19. Januar 1990 stellte der Kleine Landesparteitag der SPD in Bad Segeberg nach intensiver Diskussion auf Vorschlag des Landesvorstands bedauernd fest, dass „die Frage noch nicht entscheidungsfähig ist". Damit sollte auch Zeit gewonnen werden, um den Kommunalwahlkampf nicht mit einer endgültigen Entscheidung zu belasten, zumal viele Kabinettsmitglieder immer noch von der Notwendigkeit der Flughafenplanung überzeugt waren. Ich verteidigte den Beschluss meines Kreisparteitags, konnte mich damit aber noch nicht durchsetzen.

Im April 1990 wurde der Landesregierung die eingeforderte Marktstudie vorgelegt. Sie prognostizierte 108.000 Passagiere bis zum Jahr 2000 und eine wirtschaftliche Betriebsführung, „wenn der überwiegende Teil der Investitionen durch verlorene Zuschüsse finanziert werden kann bzw. wenn eine Bezuschussung von 85 % gerechtfertigt werden kann". Ende August 1990 wurde das Umweltverträglichkeitsgutachten in Auftrag gegeben. Am 23. November teilte die Landesregierung durch ihre Pressestelle mit, dass „die Entscheidung zu Hohn offen bleibe".

Mir liegt kein Hinweis vor, dass die ursprüngliche Prüfungsabsicht, ob der Militärflughafen Hohn auch für den zivilen Flugverkehr genutzt werden kann, jemals offiziell von der Landesregierung beerdigt und damit abgeschlossen worden ist. Die Diskussion versandete.

Als Parlamentarischer Vertreter des Wirtschaftsministers besaß ich selbstverständlich auch Einfluss auf die Förderung von Gewerbeansiedlungen und Unternehmen in meinem Wahlkreis. Die Hilfen waren nach meiner festen Überzeugung allerdings nur im Rahmen von Förderrichtlinien und in aller Stille ohne öffentliches Selbstlob vertretbar. Mir gegenüber hat zu keinem Zeitpunkt irgendein Inhaber oder Geschäftsführer eines Unternehmens im Wahlkreis oder außerhalb persönliche Vergünstigungen als Gegenleistung angeboten. Ich hätte mich auch dagegen verwahrt. Deswegen bin ich immer wieder empört, wenn Politiker, bis hin zum ehemaligen Bundespräsidenten Christian Wulff, das auf Zeit verliehene Mandat für private Vorteile nutzen.

Meinen neuen Einfluss nutzte ich auch, um meine umweltpolitischen Vorstellungen mit mehr Gewicht in die Öffentlichkeit zutragen und für ein Umdenken zu werben. Bereits im Juni 1989 warb ich zum Beispiel öffentlich für ein staatliches Förderprogramm zur Energieeinsparung an Gebäuden. Ergänzend forderte ich, die herkömmlichen Glühlampen durch stromsparende Leuchten zu ersetzen. Es dauerte über 20 Jahre, bis die EU-Kommission ein solches Programm verpflichtend für die EU-Staaten auf den Weg gebracht hat. Breiten Raum bei meinen Gesprächen und Veranstaltungen im Land nahm das von der Landesregierung aufgelegte Förderprogramm „Arbeit und Umwelt" ein. Vor Ort boten sich die besten Chancen, mit Unterstützung der Medien am konkreten Beispiel für Investitionen in den Umweltschutz zu werben, um Arbeitsplätze zu schaffen oder zu sichern.

Im März 1989 startete ich eine umweltpolitische Initiative: einen öffentlichen Appell auf Plastiktüten zu verzichten. Leider erfolglos warb ich beim Einzelhandel um mehr Verständnis, dem Beispiel von Tourismusgemeinden zu folgen und einen umweltschonenden Beitrag zum Abfallvermeidung zu leisten.

Im Mai 1989 unterbreitete ich den kommunalen Gremien und der Öffentlichkeit den Vorschlag, bei der notwendigen Sanierung der Untereider bei Rendsburg einen ganz neuen Weg zu beschreiten. Nach Gesprächen mit politischen Freunden, die mehr als ich von der Sache verstanden, schlug ich vor, die Eider-Schleuse bei Nordfeld , die 1936 zur Vermeidung von Überschwemmungen errichtet worden war, wieder zu öffnen und die Untereider mit der Obereider zu verbinden. Damit sollte ein größerer Wasserdurchlauf den Reinigungsprozess ermöglichen. Der parteilose Umweltminister Professor Berndt Heydemann, dem ich mehr als andere Kolleginnen und Kollegen meiner Landtagsfraktion für sein umweltpolitisches Engagement Respekt und Anerkennung zollte, war bereit, den Sachverstand seines Ministeriums einzubringen. Nach einer gemeinsamen Schiffsfahrt auf der Eider wurde allerdings zu meinem Bedauern, wenn auch nicht ohne Verständnis, aus Kostengründen entschieden, von der Ausbaggerung und einer Verbindung der beider Eiderarme abzusehen.

Über die Nachfolge von Heide Simonis als regionale Vertreterin der SPD im Bundestag wurde auf dem Nominierungs-Parteitag am 2. Dezember 1989 in Eckernförde entschieden. Nach 15 Regionalkonferenzen stellten sich nur noch Edith Mecke-Harbeck, Ulrike Mehl und Barbara Bruhn den Delegierten zur Wahl. Bereits im Vorfeld hatte ich Ulrike Mehl in einem vertraulichen Gespräch mitgeteilt, dass ich die mir durch ihre Arbeit im Kreisverband sehr vertraute Barbara Bruhn unterstützen würde. Vielleicht lag es am massiven Einsatz der gesamten politischen Führung für Barbara Bruhn, dass sie gerade nicht gewählt wurde.

Die Basis entschied sich für die ausgewiesene Umweltpolitikerin Ulrike Mehl aus Groß Vollstedt. Im ersten Moment überraschte mich das Ergebnis. Bereits im ersten Wahlgang erhielt sie 89 von 172 abgegebenen Stimmen. Spätestens als Barbara Bruhn 1993 aus der SPD austrat, habe ich es bereut, mich nicht schon 1989 für Ulrike Mehl ausgesprochen zu haben. Sie hat ihre Arbeit im Bundestag in den folgenden 16 Jahren zur allseitigen Zufriedenheit wahrgenommen und sich auch durch ihre freundliche Art große Sympathien erworben. Ich habe mit ihr gern zusammengearbeitet und bin ihr bis heute freundschaftlich verbunden.

Am Abend des 9. November 1989 fielen die ersten Steine aus der Mauer im geteilten Berlin. Nie werde ich die Begeisterung der Menschen in beiden deutschen Staaten vergessen, von der auch ich unmittelbar in Berlin erfasst wurde. Der Zufall wollte es, dass ich am nächsten Morgen im Flugzeug von Kiel nach Berlin saß. Für den späten Nachmittag war im Schöneberger Rathaus, dem damaligen Sitz des Landesparlaments von West-Berlin, eine Mitgliederversammlung der „Partnerschaft der Parlamente" anberaumt. Nach der Landung machte ich mich sofort auf den Weg zum Brandenburger Tor und zum Check-Point Charly. Mein Versuch, über den Bahnhof Friedrichstraße in den Ostsektor zu gelangen, scheiterte an den Menschenmassen. Überall auf den Straßen im Zentrum von West-Berlin sah ich jubelnde Menschen aus dem Ostteil der Stadt. Der öffentliche Personennahverkehr kam zum Erliegen, so dass ich per Anhalter zum Schöneberger Rathaus fahren musste. Dort traf ich auf tausende von Menschen, die zu meiner Überraschung vor dem Rathaus auf eine Kundgebung mit Bundeskanzler Helmut Kohl, Willy Brandt und Außenminister Hans-Dietrich Genscher warteten. Nur wenige Meter von der Redner-Galerie entfernt wurde ich unmittelbarer Zeuge der von einem Pfeifkonzert ständig unterbrochenen Rede

Mit Hans Wiesen und Gerd Börnsen auf dem SPD-Bundesparteitag 1990

des Bundeskanzlers und des mich emotional erfassenden Redebeitrags von Willy Brandt. Unsere Tagung begann wegen der Kundgebung verspätet und ließ mich nur etwa eine Stunde ruhig auf dem Stuhl sitzen. Der historische Moment war einfach zu gewaltig. Nachdem ich das Rathaus vorzeitig verlassen hatte, begegnete ich einem Ostberliner Trabbifahrer, der mich nach dem Weg ins Zentrum fragte. Gemeinsam fuhren wir Richtung Brandenburger Tor. Hier standen die Menschen vor und auf der Mauer. Es war ein unglaublicher Anblick. So etwas hatte noch kurz zuvor niemand für möglich gehalten.

Auf dem Jahresempfang der Kreis-SPD am 9. Februar 1990 konnte ich unter großem Jubel der Gäste zwei führende Mitglieder des Kreisverbandes Hagenow in der Ost-SPD begrüßen, Till Backhaus und Martina von der Heide. Bereits auf dem Kreisparteitag am 2. Dezember 1989 hatten wir spontan 1000 DM eingesammelt, die wir dem Kreisverband in Mecklenburg-Vorpommern neben Sachspenden für die Arbeit zur Verfügung stellten. Till Backhaus wurde später SPD-Landesvorsitzender und Landwirtschaftsminister in unserem Nachbarland. Der Kreisvorstand beschloss eine Patenschaft mit dem SPD-Kreisvorstand in Hagenow und bestellte Klaus Stellmacher zum Beauftragten für die Unterstützung. Meine Frau und ich waren, wie andere Kreisvorstandsmitglieder auch, mehrere Male in Hagenow, um den neuen Parteifreunden Material für die technische Büroausstattung zu spenden und ihnen im Wahlkampf für die Wahl zur Volkskammer am 18. März 1990 und für die kommunalen Vertretungen am 8. Mai 1990 zur Seite zu stehen. In langen Gesprächen mit den DDR-Parteifreunden gaben wir Tipps für den Wahlkampf und diskutierten über die aktuelle Situation in der DDR sowie den Verlauf des deutschen Einigungsprozesses.

Als Parlamentarischer Vertreter des Wirtschaftsministers übernahm ich die Aufgabe, den Verantwortlichen in der DDR beim Aufbau einer touristischen Infrastruktur beratend zur Seite zu stehen. Daher führten mich insbesondere in der Zeit nach dem Mauerfall und bis zum 3. Oktober 1990, dem offiziellen Tag der Wiedervereinigung, mehrere Dienstreisen nach Mecklenburg. Meine Reise am letzten Tag des Bestehens der DDR hat mich besonders bewegt. Bei den vielen Gesprächen und Besuchen traf ich auf alte SED-Kader und auf Bürgerrechtler.

Für den 25. März 1990 waren in Schleswig-Holstein Kommunalwahlen angesetzt.. Zum ersten Mal seit 1974 stand ich nicht direkt zur Wahl, sorgte aber gemeinsam mit meinen Freunden im Kreisvorstand für eine organisatorische und publizistische Unterstützung der Wahlkämpfer in den Ortsvereinen. Das Wahlprogramm und die Wahl der Direktkandidaten für den Kreistag standen auf der Tagesordnung des Kreisparteitages am 23. September 1989 in Fockbek.

Am Wahlabend stellten wir mit Genugtuung fest, dass die SPD mit 42,9 Prozent und einem Zuwachs von 2,6 Prozent erstmals seit 40 Jahren die stärkste kommunalpolitische Kraft im Lande geworden war. Im Kreistag verlor die CDU ihre Mehrheit und erhielt wie die SPD 22 Mandate. Nun wurden die FDP mit drei Mandaten und die Grünen mit zwei Mandaten das berühmte „Zünglein an der Waage". Trotz des guten Abschneidens mit einem Zuwachs von 2,5 Prozent sowie der Tatsache, das beste Ergebnis bei einer Kreistagswahl in der Nachkriegszeit erzielt zu haben, überwog bei uns Sozialdemokraten die Enttäuschung. Wir hatten eigentlich mit einer absoluten Mehrheit gerechnet. Gegenüber der Presse erhob ich umgehend den Anspruch auf das Amt der Kreispräsidentin. Dafür kam nach der damaligen politischen Konstellation nur die Bürgermeisterin aus Schacht-Audorf, Brunhild Wendel, in Frage.

Die Verhandlungen mit der FDP blieben leider ohne Erfolg, so dass sich der Kandidat der CDU, Reimer Struve aus Bordesholm, mit Hilfe der FDP zum Kreispräsidenten wählen ließ. Noch bei ihrer Verabschiedung aus dem Kreistag nach 25-jähriger Mitgliedschaft am 6. Mai 1991 machte Brunhild Wendel keinen Hehl aus ihrer Enttäuschung, dass die „Krönung ihrer politischen Arbeit", an der FDP gescheitert war. Erst nach der Kreistagswahl 1994 konnte die SPD mit der Bürgermeisterin Elke Heinz aus Westerrönfeld das höchste politische Amt in Rensburg-Eckernförde besetzen. In meiner Heimatstadt Rendsburg erzielte die SPD 1990 mit exakt 50 Prozent ein weiteres Rekordergebnis bei einer Kommunalwahl und verteidigte ihre absolute Mehrheit in der Ratsversammlung.

Der Kreisparteitag im Rendsburger Conventgarten am 5. Mai 1990 bedeutete für den Kreisvorstand und für mich persönlich eine große Zäsur. Ich hatte mich nach acht Jahren als Kreisvorsitzender freiwillig und ohne inhaltliche politische Gründe entschieden, nicht wieder für das Amt zu kandidieren. Meine beiden Vorgänger seit der Gründung des Kreisverbandes, Kurt Hamer und Hans Wiesen, hatten nur jeweils sechs Jahre amtiert. Nach meiner Ansicht war die Zeit reif für einen Wechsel, zumal ich als Landtagsabgeordneter und Parlamentarischer Vertreter mit viel Arbeit ausgelastet war. Ich wollte meinem Prinzip treu bleiben, eine einmal übernommene Aufgabe zu 100 Prozent zu erfüllen. So konnte ich auch aus Überzeugung den Verdacht zurückweisen, mein Rückzug hätte seine Ursachen in der Niederlage bei der Abstimmung über die zivile Mitnutzung des Militär-Flughafens Hohn.

Als mein Nachfolger wurde mit meiner Unterstützung mein bisheriger Stellvertreter Jürgen Baasch gewählt. Er erhielt zu meinem Bedauern nur 68 Prozent der Stimmen. Seine Stellvertreter wurden Detlef Köpke und Christine Söffge. Über die überschwängliche Verabschiedung mit stehenden Ovationen habe ich mich sehr gefreut. Als Zeichen der Wertschätzung wertete ich auch das Spitzenergebnis bei der Wahl der Delegierten zum Landesparteitag.

In meiner Abschiedsrede konnte ich neben inhaltlichen Aussagen auf den großen Mitgliederzuwachs in meiner Amtszeit mit zwischenzeitlich 4.200 Mitgliedern in 83 Ortsvereinen verweisen. Der Kreisverband habe mit seinen Persönlichkeiten und seinen programmatischen Konzeptionen auch an politischen Einfluss und an Attraktivität bei Wahlen gewonnen. Im Kreistag und Landtag gebe es erstmals gestaltende Mehrheiten, und die SPD stelle erstmals alle fünf direkt gewählten Abgeordnete im Landtag. Ich verwies auf die große und nicht selbstverständliche personelle Geschlossenheit im Kreisverband und meine vertrauensvolle Zusammenarbeit mit den Vorsitzenden der Kreistags-Fraktion, Dieter Ellefsen und Wulf Jöhnk. Da ich während meiner Amtszeit auch immer die Finanzen des Kreisverbandes im Auge behalten hatte, freute ich mich, die Kasse meinen Nachfolgern schuldenfrei und geordnet übergeben zu können. Natürlich ließ ich meine Zuhörer wissen, dass „ich nur die Kommandobrücke, aber nicht das Schiff verlasse".

Mit dem Rückzug aus dem Amt des SPD-Kreisvorsitzenden ging ein weiterer Abschnitt in meinem politischen Leben zu Ende. Er war geprägt durch viele zeitliche und inhaltliche Herausforderungen in einer spannenden historischen Phase mit vielen Veränderungen in der Landes- und Deutschlandpolitik. Ich habe mich bemüht, nicht nur zu moderieren, sondern auch zu gestalten, Akzente zu setzen und die Attraktivität der politischen Inhalte zu steigern. Mit dem Ergebnis war ich zufrieden.

Reformtempo, Schubladenaffäre, Wechsel im Amt des Ministerpräsidenten

Die Mitglieder in den Landesparlamenten und dem Bundestag haben gemäß der Verfassung als einzige Berufsgruppe die Pflicht, aber eben auch das Recht, ihre Bezüge selbst zu bestimmen. Das setzt sie naturgemäß dem Neid, noch mehr der Missgunst ihrer Wählerinnen und Wähler aus. Nicht immer ist es nur Chronistenpflicht der Journalisten, wenn sie sich mit den Absichten von Parlamentariern zur Anpassung ihrer Diäten befassen. Sind doch auch Journalisten abhängig von den Gehaltsfestlegungen ihrer Verleger. Auch die Mitglieder der in den Parlamenten vertretenen Parteien sind regelmäßig empört, wenn sie über die Medien von solchen Planungen in den Fraktionen erfahren. Parteiaustritte und Resolutionen der Ortsvereins-Basis sind regelmäßig die Folgen. Sozialdemokratische Mitglieder und Sympathisanten sind besonders kritisch. Sie vergessen dabei häufig die historische Errungenschaft und Begründung der staatlichen Alimentation, die erst 1919 nach der Revolution in Deutschland eingeführt worden ist. Vorher mussten die Abgeordneten selbst die Kosten ihres Mandates tragen. Diese Praxis benachteiligte besonders sozialdemokratische Abgeordnete gegenüber wohlhabenden Parlamentariern aus dem Bürgertum, die nicht auf Geldsammlungen ihrer Parteifreunde angewiesen waren.

In meiner über 30-jährigen Mitgliedschaft im Landtag hat es mehrere Anpassungen der Diäten gegeben. Regelmäßig waren sich Journalisten und andere Kritiker einig, dass „gerade jetzt die Erhöhung nicht in die politische Landschaft“ passe, dass es „gerade jetzt nicht opportun“ sei, wo alle sparen müssten oder dass „die Abgeordneten mal wieder Selbstbedienung“ übten. Ich habe stets die These vertreten, dass Abgeordnete so bezahlt werden müssen, dass ein Mandat auch für Menschen attraktiv ist, die sich in der Verwaltung oder der privaten Wirtschaft beruflich zu einer Leitungsaufgabe mit entsprechender Dotierung hochgearbeitet haben. Dabei darf weder das Gehalt eines Werftarbeiters, noch das eines Sparkassendirektors die Messlatte sein. Die Höhe der Diäten muss gewährleisten, dass Abgeordnete ohne einen Nebenerwerb ihre wirtschaftliche Unabhängigkeit und den bisherigen Lebensstandard bewahren können.

Ich habe immer für eine Offenlegung der Nebeneinkünfte von Parlamentariern plädiert und habe es stets, wenn auch meistens vergeblich, kritisiert, wenn das Parlament darauf verzichten wollte, die Bezüge der Abgeordneten an die allgemeine Gehaltsentwicklung anzupassen. Denn der Versuch, die Erhöhung in den Folgejahren nachzuholen, führte regelmäßig zu noch heftigerer Kritik.

So war es auch im Sommer 1990, als zum ersten Mal nach dem Regierungswechsel und 42 Monate nach der letzten Anpassung die Abgeordneten-Diäten erhöht werden sollten. Mein Fraktions-Antrag vom 21. November 1989, die Einzelabrechnung der mandatsbedingten Ausgaben einzuführen, fand immerhin 14 Unterstützer. Erst mit der großen Diätenreform nach der Landtagswahl 2005 wurden die Regelungen so gefasst, dass jeder Abgeordnete für seine Altersversorgung selbst aufkommen muss, die Betriebsausgaben wie bei jedem Steuerzahler den Diäten gegenüber gestellt werden müssen und die jährliche Anpassung sich nach einem gesetzlich festgelegten und an der allgemeinen Gehaltsentwicklung orientierten Kriterien-Schlüssel vollzieht.

Noch bedeutsamer für das Land Schleswig-Holstein war in diesen Tagen allerdings die Verabschiedung einer neuen Landesverfassung. Sie sollte zum 1. August 1990 in Kraft treten und die 41 Jahre alte „Landessatzung" ersetzen. Eine neue Verfassung für das Land war als Folge der Barschel-Affäre von den Mitgliedern des damaligen Parlamentarischen Untersuchungsausschuss empfohlen worden. Eine mit Wissenschaftlern besetzte Enquete-Kommission leistete die Vorarbeit. Danach arbeitete ein Sonderausschuss des Parlaments unter dem Vorsitz von Gert Börnsen, dem neuen Fraktionsvorsitzenden der SPD, einen Verfassungsentwurf mit 60 Artikeln und legte ihn nach 30 öffentlichen Sitzungen dem Parlament vor. Parallel wurde in der SPD-Landtagsfraktion regelmäßig über den aktuellen Beratungsstand informiert und über Teilergebnisse abgestimmt. Mit knappen Mehrheitsentscheidungen konnten Änderungen durchgesetzt werden, die die Rechte der Landesregierung begrenzten. Auch deswegen wurde über die Medien der Verdacht verbreitet, die SPD-Landtagfraktion sei angesichts des desolaten Zustands der CDU zugleich Regierungs- und Oppositionsfraktion.

Eine herausgehobene Bedeutung bei den internen Beratungen galt der Neuregelung der Richterwahl in der Landesverfassung. Mehrfach kam es zu erregten Debatten, an denen auch das SPD-Landesvorstandsmitglied Wolfgang Neskovic teilnahm. Er plädierte leidenschaftlich gegen Gert Börnsens Absicht, Richter im Richterwahlausschuss nur mit der qualifizierten

Mehrheit von zwei Dritteln der Parlamentarier wählen zu lassen. Für ihn seien „Richter politisch rechts und zynisch und entschieden regelmäßig gegen die Politik", meinte Neskovic. Sie sollten mit einfacher Mehrheit auch gegen die Oppositionsparteien gewählt werden können. Die klare Mehrheit der Fraktion sprach sich aber – auch mit meiner Stimme – für den Vorschlag der „Konsenswahl" aus. Wolfgang Neskovic kritisierte daraufhin die Fraktion wegen „fehlender Legitimation durch die Landespartei". Einige Jahre später verließ er die SPD, um zu den Grünen zu wechseln. Mit Unterstützung seiner grünen Parteifreundin, Justizministerin Anne Lütkes, wurde er später zum Bundesrichter gewählt. Die Entscheidung war begleitet von heftigem publizistischen Gegenwind, vor allem, weil Neskovic in seinen Urteilen als Richter am Lübecker Landgericht in Drogensachen ein höchst umstrittenes „Recht auf Rausch" proklamiert hatte. Später verließ er auch die Grünen und zog für die Linke in den Bundestag ein. 2009 erlangte er sogar bei seiner Wiederwahl ein Direktmandat in Brandenburg. Im Dezember 2012 trat er aus der Linksfraktion aus, um als unabhängiger Kandidat sein Direktmandat bei der Bundestagswahl zu verteidigen – mit 8,1 Prozent ohne Erfolg.

Die neue Landesverfassung stärkte die Befugnisse des Parlaments und jedes einzelnen Abgeordneten gegenüber der Regierung. Ministerpräsident Björn Engholm hatte vorher in der SPD-Fraktion erhebliche Vorbehalte gegen das Akteneinsichtsrecht und das frühzeitige Informationsrecht der Abgeordneten angemeldet und „Fairness" für seinen Aufgabenbereich angemahnt. Gert Börnsen stellte insbesondere die neuen Initiativ-, Kontroll-, Frage-und Auskunftsrechte des Parlaments heraus. Künftig sollten die Parlamentsausschüsse öffentlich tagen. Das Eingabewesen wurde verbessert und das Untersuchungsausschussrecht erhielt Verfassungsgarantien. Wir Abgeordneten waren alle stolz auf unsere gemeinsamen Arbeitsergebnisse, die auch das Lob der überregionalen Medien fanden. Das neue Verfassungswerk wurde im Landtag von allen 74 Abgeordneten einstimmig verabschiedet.

Am 2. Dezember 1990 fand die erste Bundestagswahl nach der Wiedervereinigung statt. Kanzlerkandidat der Sozialdemokraten war der saarländische Ministerpräsident Oskar Lafontaine, für die CDU stellte sich Bundeskanzler Helmut Kohl der Wiederwahl. Zwei Monate nach der vollzogenen Einheit stand die SPD auf verlorenem Posten. Kohls Bundesregierung bestimmte den Prozess der Wiedervereinigung, besetzte alle Themen in den Medien und konnte sich bei den Bürgern der neuen Bundesländer zum

Hoffnungsträger machen. Zudem verschwiegen die Wahlkämpfer der CDU bewusst, welche finanziellen Folgen durch die Schaffung gleicher Lebensbedingen in Ost und West angesichts der desolaten Lage der Infrastruktur und der DDR-Wirtschaft auf sie noch zukommen würden.

Dagegen blieb der Wahlkampf der Sozialdemokraten eher defensiv. Während Willy Brandt bei seinen Wahlveranstaltungen überall in den neuen Ländern großen Zuspruch erhielt, musste Oskar Lafontaine mit der Bürde den Wahlkampf führen, sich nicht eindeutig für die Vereinigung der beiden deutschen Staaten eingesetzt zu haben. Er hatte wie ich auch die vom Einigungsprozess ausgelöste Euphorie unterschätzt. Die Nachfolgeorganisation der Unrechts-SED hatte vor dem Wahltag vor dem Bundesverfassungsgericht noch erfolgreich erstritten, dass bei dieser Bundestagswahl die übliche Fünf-Prozent-Hürde für Ost und West getrennt angewendet wurde. Am Wahlabend gingen die Bonner Koalitionsparteien CDU/CSU mit 44,1 Prozent und die FDP mit 10,9 Prozent bundesweit als Sieger hervor. Die SPD verlor gegenüber der Bundestagswahl 1987 über 3,5 Prozent der Stimmen und kam nur noch auf 33,5 Prozent.

In Schleswig-Holstein konnte die SPD nicht vom hohen Ansehen der Landesregierung unter Björn Engholm profitieren. Die bundespolitischen Themen dominierten bei dieser Wahl alles. Die SPD verlor gegenüber 1987 1,3 Prozent und blieb zweitstärkste politische Kraft in Schleswig-Holstein. Die CDU konnte sich um 1,6 Prozent auf 43,5 Prozent verbessern. Der große Verlierer der Einheitswahlen waren die Grünen. Ihr Stimmenanteil halbierte sich auf vier Prozent. In Rendsburg konnte sich die SPD mit 42,9 Prozent als immer noch stärkste politische Kraft behaupten, wenn auch mit einem Verlust von 3,7 Prozent. Im Kreis Rendsburg-Eckernförde rückte erstmals Ulrike Mehl für die SPD über die Landesliste in den Bundestag ein. Sie hatte sich im Wahlkampf viele Sympathien erworben und immerhin 40,8 Prozent der Erststimmen erhalten, auch wenn es ihr angesichts des bundesweiten Trends nicht gelang, den Wahlkreis direkt zu gewinnen.

Nach drei Jahren Abbau des Reformstaus in Schleswig-Holstein durch die erste sozialdemokratische Landesregierung seit 1950 begann bereits im Sommer 1991 die Vorbereitung auf die Landtagswahl 1992. Am 21. Juni 1991 tagte die Delegiertenversammlung im Wahlkreis 12 (Rendsburg) in Alt Duvenstedt, um den sozialdemokratischen Kandidaten zu nominieren. Als einziger Kandidat erhielt ich 36 Stimmen von 37 anwesenden Delegierten.

Die Vorstellung meiner Person nutzte ich zur Darstellung der in den vergangenen drei Jahren nach dem Regierungswechsel durchgesetzten Reformen. Ich nannte unter anderem die neue Landesverfassung, die Abschaffung des Radikalenerlasses, das größere Mitspracherecht der Bürger in kommunalen Angelegenheiten und die Einführung des Bürgerbegehrens. Die SPD habe die Wirtschaftsförderung reformiert, die Hochschulen des Landes ausgebaut und neue Forschungsprojekte ins Land geholt. Die Zahl der Arbeitslosen sei rückläufig und die Zahl von Arbeitsplätzen gestiegen.

Voller Stolz rief ich in Erinnerung, dass die Gesamtschule nun eine Regelschule geworden und das Mitspracherecht von Eltern und Schülern gestärkt worden sei. Auf der Liste der Reformpolitik standen auch die Abschaffung der Ministerialzulage, das Uferrandstreifenprogramm, das Bildungsurlaubsgesetz und die Gründung einer Technischen Fakultät an der Kieler Universität. Als Schwerpunkte meiner künftigen Arbeit im Parlament nannte ich den ökologischen Umbau der Gesellschaft, den Ausstieg aus der Atomenergie und den Kampf für mehr Kinderfreundlichkeit in der Gesellschaft.

Auch Erfolge im Wahlkreis konnte ich aufzählen – zum Beispiel meine Initiative zur Gründung des Technologiedreiecks Rendsburg, Neumünster und Kiel, der späteren KERN-Region, die Sicherung der Selbständigkeit der Bundesbahndienststelle Rendsburg, die Verhinderung der Nordspange, die Förderung der Industrieansiedlung Büdelsdorf durch das Land und die Sicherung von Auftragshilfen für die Werften .

In der deutschen Telekommunikations-Geschichte spielt die Gründung der Mobilcom 1991 eine bedeutende Rolle. Im Wirtschaftsministerium war Gerhard Schmid aus Schleswig mit der Idee vorstellig geworden, parallel zur Telekom, aber auch zu deren Ergänzung, ein Funktelefonnetz aufzubauen. Als ich in meiner Eigenschaft als Parlamentarischer Vertreter am 25. Juni 1991 im „Waldschlösschen" in Schleswig im Beisein des Firmengründers, seiner einzigen Mitarbeiterin und eines Vertreters der Telekom die Ansiedlung dieses innovativen Unternehmens in Schleswig-Holstein begrüßte und den Bewilligungsbescheid über einen Landeszuschuss in Höhe von 765.000 DM überreichte, ahnte niemand, welche „Achterbahn"-Entwicklung dieses Unternehmen in den nächsten Jahren nehmen würde. Gerhard Schmid wollte zunächst 17 Arbeitsplätze schaffen, siedelte später nach Büdelsdorf in eine neue große Firmenzentrale um, wurde zu einem gefeierten und auch von Bundeskanzler Gerhard Schröder umworbenen Milliardär, beteiligte sich an der Seite der France Telecom an der Ausschreibung der UMTS-Frequenzen des Bundes, um am Ende in der Privatinsolvenz zu landen. Als sich die France Telecom aus der Partnerschaft zurückziehen wollte, gelang es nur durch eine auch mit meiner massiven Unterstützung vom Land gewährte Bürgschaft, Mobilcom vor der Insolvenz zu retten und den Arbeitsplätzen eine sichere Zukunft zu gewähren. Gerhard Schmid wusste sich im Gegensatz zu vielen anderen Unternehmern immer an die Hilfe des Landes zu erinnern, ohne die es das Unternehmen nie gegeben hätte. Er lobte öffentlich das Engagement der Landesregierung und hatte auch später im Rahmen meiner Informationsbesuche im Wahlkreis immer eine offene Tür für mich. Als sich der Geschäftsführer Dr.Thorsten Grenz später aus dem Unternehmen verabschieden musste, bedankte er sich noch einmal schriftlich dafür, dass ich mit meinem Einsatz für Bürgschaften des Landes und des Bundes zum Erhalt des Unternehmens beigetragen habe. Das Unternehmen Mobilcom/Freenet/Debitel besteht mit seiner Zentrale in Büdelsdorf noch immer und trägt zur Sicherung hochwertiger Arbeitsplätze in der Region bei, auch wenn die Zahl der Arbeitsplätze erheblich zurück gegangen ist.

Heide Simonis hatte sich als Finanzministerin schnell hohes Ansehen in der schleswig-holsteinischen Bevölkerung und in den Medien erarbeitet. Mit Unterstützung ihres Staatssekretärs Klaus Gärtner griff sie häufig in die Haushaltspläne der anderen Ministerien ein. Nachdem ein Journalist ihr den Titel „Sparkommissarin" verliehen hatte, belegten auch andere Journalisten sie in Artikeln über ihre angebliche Knauserigkeit bei öffentlichen Ausgaben gern mit diesem Titel. Ich selbst fand nur wenige Belege für eisernes Sparen. Vermutlich hat Heide Simonis die „Auszeichnung" ihrer Entscheidung zu verdanken, die Bezüge der Beamten des Landes erst zum 31. eines Monats auszuzahlen, um mit dem einen Tag die Zinsen für die teilweise mit Schulden finanzierten Bezüge zu senken. Auch einige unangemeldete Informationsbesuche bei den Finanzämtern zu früher Stunde trugen mit Hilfe mitteilungsfreudiger Journalisten zum guten Ansehen bei. Da Heide Simonis in den Tarifauseinandersetzungen mit den Gewerkschaften des öffentlichen Dienstes Verhandlungsführerin der Arbeitgeberseite war, konnte sie durch die mit aller Härte geführten Verhandlungen, über die regelmäßig auch im Fernsehen berichtet wurde, ihr Ansehen außerhalb der betroffenen Berufsgruppen ausbauen.

In der „Halbzeitklausur" von Kabinettsmitgliedern mit den Mitgliedern des Fraktionsvorstandes am 18. Mai 1990 musste sie eine Erhöhung der Pro-Kopf-Verschuldung gegenüber 1988 von 10 Prozent bestätigen und einräumen, dass der Großteil der Zinsbelastung des Haushaltes auch noch zu den Banken im Süden der Republik abwandere und nur 11 Prozent im Lande verblieben. Bereits beim Regierungswechsel 1988 war das Land nach dem Saarland das Flächen-Bundesland mit der zweithöchsten Pro-Kopf-Verschuldung und hat diese rote Laterne auch bis zum Ende meiner parlamentarischen Tätigkeit 2009 nicht abgeben können. Strukturell war das Land bis auf wenige Jahre nach der Wiedervereinigung 1990 immer eines der Nehmer-Länder im Länderfinanzausgleich und damit auf die Prosperität in anderen Bundesländern angewiesen. Deshalb habe auch ich wiederholt angemahnt, in öffentlichen Diskussionen und parlamentarischen Initiativen verstärkt den Zustand der öffentlichen Finanzen zu thematisieren. Schleswig-Holstein hatte immer nicht nur ein Problem mit seinen Ausgaben, sondern stets auch Probleme auf der Einnahmeseite. Gerade die unter der Führung des sozialdemokratischen Bundeskanzlers Gerhard Schröder durchgesetzten Steuersenkungen für Unternehmen und Privatpersonen sowie die faktische Abschaffung der Vermögenssteuer unter Bundeskanzler Helmut Kohl haben zu nicht verantwortbaren Mindereinnahmen in den Haushalten des Landes und seiner Kommunen beigetragen.

Als mehrere Wirtschaftsförderinstitute zu einer neuen Investitionsbank bei der Landesbank zusammengeführt wurden, geschah dies ebenso auf Vorschlag von Heide Simonis als Finanzministerin wie der Verkauf des 25-Prozent-Landesanteils an der Werft HDW in Kiel. Der Verkaufserlös sollte in eine neue Technologierstiftung des Landes zur Förderung des Technologietransfers zwischen Industrie und Wissenschaft überführt werden. Der auch von mir unterstützte Verkauf der HDW-Beteiligung führte zu heftigen Diskussionen mit den Betriebsräten der Werft und Vertretern der IG Metall.

Bei der turnusmäßigen Neuwahl des Fraktionsvorstandes am 5. Juni 1990 gab es keine Überraschungen. Zu meiner Freude konnte ich mich gegen einige Kollegen durchsetzen und meine Mitgliedschaft im Führungsgremium der Fraktion verteidigen.

In der Bundes-SPD begann Ende 1990 eine Diskussion über die Nachfolge des Bundesvorsitzenden Hans-Jochen Vogel, der aus Altersgründen nicht wieder für das Amt kandidieren wollte. Angesichts des großen Erfolgs bei der Landtagswahl in Schleswig-Holstein 1988 und des zwischenzeitlich weit über die Landesgrenzen hinaus erworbenen Ansehens war Björn Engholm für die große Mehrheit der Parteimitglieder die Person, der man auch eine erfolgreiche Kandidatur gegen Bundeskanzler Helmut Kohl bei der Bundestagswahl 1994 zutraute. Ich hatte in vielen Gesprächen mit Björn Engholm nicht den Eindruck, dass er sich nach dem Amt des Bundesvorsitzenden drängte. Er zeigte im Gegenteil ein Desinteresse, das mich geradezu irritierte. Dennoch stellte er sich zur Wahl und wurde auf dem Bundesparteitag in Bremen am 29. Mai 1991 als einziger Kandidat mit der Zustimmung von über 90 Prozent zum neuen Bundesvorsitzenden der SPD gewählt. Ich war in Bremen dabei und begeisterte mich wieder einmal an Engholms Rhetorik, die seinen inhaltlichen Ausführungen einen besonderen Glanz verlieh. Auf dem Parteitag geriet ich auch eher zufällig in ein Interview des bekannten TV-Entertainers Hape Kerkeling mit Gerhard Schröder. Da dieses Interview seitdem viele Male im Fernsehen in allen möglichen Programmen wiederholt worden ist, wurde ich von Bürgern regelmäßig mit dem Hinweis angesprochen, man habe mich im Fernsehen mit Hape Kerkeling gesehen. Was ich gesagt habe, ging dabei zu meiner Erleichterung stets unter.

Im alten Plenarsaal des Landtags

Als Anfang der 1990er Jahre immer mehr Menschen insbesondere aus Asien und Afrika nach Deutschland kamen, erhielt das Thema „Asylbewerber“ eine emotionale politische Bedeutung und sorgte für viele ausländerfeindliche Reaktionen. Kommunen mit Asylbewerberheimen fühlten sich mit den Menschen überfordert, von denen die meisten von den Verwaltungsgerichten nicht den Status von politisch Verfolgten zuerkannt bekamen. Auch in der Region Rendsburg protestierten Gemeindevertreter, die gegen ihren Willen und begleitet von Protesten ihrer Bürgerinnen und Bürger gezwungen waren, Unterkünfte für die Asylbewerber zur Verfügung zu stellen. Ich nahm eine Veranstaltung des Diakonischen Amtes im Kirchenkreis Rendsburg am 4. Oktober 1991 zum Anlass, mich in einem Referat öffentlich für „die besorgniserregenden Ausmaße der sichtbaren Fremdenfeindlichkeit“ zu schämen. Der „Stammtisch“ habe sich der ausländischen Flüchtlinge angenommen und rechtsextreme Fanatiker würden Argumente durch Gewalt ersetzen. In Schleswig-Holstein seien 91.000 Ausländer gemeldet und viele Deutsche würden das Zusammenleben mit Ihnen als kulturelle Bereicherung empfinden. Andere wiederum würden in den ausländischen Mitbürgern nur eine Gefahr für die eigene Lebensgrundlage, Arbeitsplatz und Wohnraum sehen und hätten Angst, in der Gesellschaft selbst zu kurz zu kommen. Im Hinblick auf die steigende Zustimmung für die Parolen rechtsextremer Parteien fand ich es „schamlos, dass es im Lande wieder politische Parteien gibt, die auf Kosten von Asylsuchenden und Flüchtlingen Angst vor angeblicher Überfremdung schüren“. Ich sprach mich dafür aus, dass politisch verfolgte Menschen in Deutschland weiterhin Asyl genießen können, warb aber für eine Beschleunigung der Asylprüfungsverfahren vor den Verwaltungsgerichten.

Solche Thesen waren selbst nicht in allen sozialdemokratischen Kreisen populär. Als der Zustrom von Menschen mit zumeist wirtschaftlichen und weniger politischen Motiven immer größer und rechtsextreme Parteien wie in Schleswig-Holstein die DVU in die Landesparlamente gewählt wurden, ergriff Björn Engholm in seiner Funktion als SPD-Bundesvorsitzender im August 1992 die Initiative für eine Änderung des Asylrechts. Sie gingen, benannt nach dem Tagungsort, als Petersberger Beschlüsse in die Geschichte ein und führten zu einem Asylkompromiss mit den Unionsparteien. Für Flüchtlinge wurde es erheblich schwerer nach Deutschland zu kommen und zumindest für eine gewisse Zeit hier zu bleiben. Viele langjährige SPD-

Mitglieder verließen aus Protest die Partei. Auch in der Landtagsfraktion führte Engholms Initiative zu heftigen Auseinandersetzungen. Während mein Fraktionskollege Konrad Nabel mit Parteiaustritt drohte, habe ich die Petersberger Beschlüsse aus übergeordneten Gründen akzeptiert. Ich wollte den extremen Parteien und den Scharfmachern in der CDU nicht länger die Chance geben, mit fremdenfeindlichen Parolen neue Mehrheiten in den Parlamenten zu erzielen und damit sozialdemokratische Politik zu verhindern. An der kommunalen Basis wurden die Beschlüsse mit großer Zustimmung aufgenommen.

Mit Engholms Wahl zum Parteivorsitzenden geriet die politische Arbeit der SPD-Landtagsfraktion immer stärker in den Fokus der überregionalen Medien. Allerdings kam Engholm nun nicht mehr regelmäßig in die Fraktionssitzungen der SPD, da er in seiner neuen Funktion viele bundesweite Verpflichtungen wahrzunehmen hatte. Sein Chef der Staatskanzlei, Stefan Pelny, blockierte zu unserer Unzufriedenheit fast alle Wünsche nach Gesprächsterminen mit dem Hinweis auf die bundesweiten Verpflichtungen seines „Chefs" ab. In räumlicher Nähe wurde ein Verbindungsbüro zur Bonner Parteizentrale eingerichtet und mit einer Mitarbeiterin und einem Pressesprecher ausgestattet. Mit seiner Wahl zum Bundesvorsitzenden war Björn Engholm nach einer weit verbreiteten Auffassung der designierte Kanzlerkandidat für die Bundestagswahl 1994 und Hoffnungsträger für einen Regierungswechsel. Formal sollte die Nominierung allerdings noch nicht erfolgen, weil zunächst die Landtagswahl 1992 in Schleswig-Holstein zu bestehen war.

Der Termin für die Landtagswahl 1992 wurde auf den 5. April 1992 festgelegt. Ohne jede Diskussion wurde Björn Engholm von der SPD zum Spitzenkandidaten gekürt. Fast alle sahen in ihm den chancenreichen Herausforderer von Bundeskanzler Helmut Kohl. Als Hans Ulrich Klose, der damals Vorsitzender der SPD-Bundestagsfraktion war, wenige Wochen vor der Landtagswahl offen aussprach, dass Engholm Kanzlerkandidat werden solle, fürchteten wir zunächst öffentliche Kritik. Schließlich wollte er erst einmal als Ministerpräsident wiedergewählt werden. Aber entgegen unseren Erwartungen stieg seine Popularität im Lande sogar noch. Engholm reagierte mit dem Hinweis, das Amt des schleswig-holsteinischen Ministerpräsidenten sei das schönste Amt, das Amt des Bundeskanzlers aber das Wichtigste.

Auf dem Nominierungsparteitag der Landes-SPD musste ich mich mit dem Listenplatz 21 zufrieden geben. Er galt zwar noch als sicher, entsprach aber nicht meinen Erwartungen im Hinblick auf die geleistete Arbeit. Ich war ein Opfer der vorher eingeführten Quotenregelung geworden, nach der jeder zweite Listenplatz mit einer Frau zu besetzen war. Da es auch eine regionale Quote gab, musste ich den beiden Mitgliedern des Kabinetts aus dem Kreisgebiet, Hans Wiesen und Heide Simonis, sowie Ute Erdsiek-Rave und der Landtagspräsidentin Lianne Parlina-Mürl den Vortritt lassen. Heide Simonis kandidierte auf Platz sieben und erhielt mit 175 Ja-Stimmen sogar 15 Stimmen mehr als Björn Engholm für den Listenplatz 1.

Die Landes-CDU trat nach einem langen parteiinternen Auswahlverfahren mit Dr. Ottfried Hennig an, der sich in Bonn als Parlamentarischer Staatssekretär und Bundesvorsitzender einer Vertriebenen-Landsmannschaft (Ostpreußen) einen Namen gemacht hatte. Meine Gegenkandidatin der CDU im Wahlkreis wurde wiederum Gudrun Hunecke, der ich mehrfach in öffentlichen Reden nicht ohne Hintergedanken vorhielt, dass sie ihren Wohnsitz in Wankendorf im Kreis Plön hatte. Ich wollte meine Identifikation mit dem Wahlkreis und die regionale Verbundenheit herausstellen. Frau Hunecke wurde in Rendsburg ohne parteiinternen Gegenkandidaten nominiert.

Stand der Landtagwahlkampf 1988 bei der SPD gemäß der Vorkommnisse um die Barschel-Affäre noch unter dem Motto „Zeit zum Aufklaren", hieß es nun „Kurs halten Schleswig-Holstein". Wir Wahlkämpfer waren sehr optimistisch, mit den Ergebnissen der Reformpolitik und der hohen Popularität unseres Spitzenkandidaten einen erfolgreichen Wahlkampf führen zu können. Als ehrgeiziges Wahlziel hatte ich für die Kandidatur in meinem Wahlkreis zur Eröffnung des Wahlkampfes gegenüber der Presse „55 % plus x" genannt. Ich wolle dazu beitragen, den 1988 angestoßenen Reformprozess fortzusetzen.

Auch in diesem Wahlkampf hatte ich vor Ort mit Björn Engholm, Oskar Lafontaine, Rudolf Dressler und bis auf Heide Simonis, die sich in ihrem ehemaligen Wahlkreis nicht sehen ließ, allen Mitgliedern des Landeskabinetts sowie dem Kabarettisten Hans Scheibner und dem Kabarett „Staatisten" viele prominente Helfer. Sie zogen in den Veranstaltungen Menschen an, die ja allein meinetwegen nicht gekommen wären. Sie sorgten auch für eine Wahlkampf-Stimmung, ohne die ein erfolgversprechender Wahlkampf nicht geführt werden kann. Ich vermutete, dass wir es Björn Engholms neuer Rolle als Hoffnungsträger der Bundes-SPD zu verdanken hatten, dass in diesem Wahlkampf die gesamte Bundesprominenz der SPD so viele Termine wie noch nie absolvierte.

Es gab wohl keine Gemeinde in Schleswig-Holstein, in der nicht ein prominenter Politiker aus Bonn Wahlkampfhilfe leistete. Angesichts des großen Ansehens unseres Spitzenkandidaten in der Kulturszene engagierten sich auch so viele Künstler wie nie zuvor in einer Wählerinitiative für die SPD. Für den Wahlkampf der Landes-CDU zeichnete der Landesgeschäftsführer Jochen von Allwörden verantwortlich, der später zum Hauptamtlichen Senator in Rendsburg gewählt wurde und mit dem ich bis heute freundschaftlich verbunden bin.

Ein wichtiges Anliegen im Wahlkampf war mir ein Besuch bei der Umweltorganisation BUND. Gemeinsam mit der SPD-Bundestagsabgeordneten Ulrike Mehl besuchte ich am 13. Januar 1992 das Rendsburger Umweltzentrum des BUND im „Speicher". Im Anschluss an die Gespräche, in denen ich mich auch für die stärkere Berücksichtigung von Umweltbelangen bei wirtschaftlichen Planungen aussprach, erklärte ich zur Überraschung unserer Diskussionspartner meinen Beitritt zum BUND. Ichfreute mich, dass die Lokalpresse am nächsten Tag darüber berichtete.

Die inhaltlichen Hauptlinien des Wahlkampfes der Landes-SPD bestanden aus drei Schwerpunkten: Stärkung der Wirtschaft, ökologische Erneuerung und kinderfreundliches Schleswig-Holstein. Darüber hinaus sollte die Politik der nächsten vier Jahre in der Kontinuität der ersten SPD-Legislaturperiode stehen. Ansonsten setzten wir auf das große Ansehen von Björn Engholm, dem während des Wahlkampfes in einer Umfrage 52 Prozent der Befragten bescheinigten, dass er Chancen habe, bei der Bundestagswahl 1994 Bundeskanzler zu werden. 28 Prozent der Befragten meinten, durch die Ankündigung von Engholm, Kanzlerkandidat der SPD zu werden, sei die Bereitschaft, SPD zu wählen, gestiegen; nur 6 Prozent meinten, dass sie gesunken sei.

Am 19. Februar traf sich das Landeskabinett zu einer auswärtigen Sitzung in Rendsburg. Auch wenn ein Zusammenhang mit der Landtagswahl „selbstverständlich" zurückgewiesen wurde, passte der Termin gut in meinen Wahlkampfkalender. Am Nachmittag strömten alle Minister und Staatssekretäre in diverse Unternehmen und Einrichtungen in den Gemeinden meines Wahlkreises, um sich vor Ort zu informieren. Die örtlichen Zeitungen kamen nicht umhin, ihre Leserinnen und Leser über die wichtigen Erkenntnisse zu informieren.

Die größte Wahlveranstaltung fand am 20. Februar 1992 mit Björn Engholm im Büdelsdorfer Bürgerhaus mit über 500 Besuchern statt. Das Streitgespräch mit dem Landesvorsitzenden des ADAC, Max Stich, über das Thema „Freie Fahrt – wohin" interessierte am 25. Februar lediglich 50 Besucher. Großen Zuspruch erhielt eine Veranstaltung am 27. März mit dem saarländischen Ministerpräsidenten Oskar Lafontaine, die über 400 begeisterte Besucher in die Nordmarkhalle lockte. Unser gemeinsamer Freund Leo Petry aus Saarbrücken hatte diesen Auftritt wieder einmal vermittelt.

In den meisten Saal-Veranstaltungen herrschte Begeisterung, schließlich waren die Besucher überwiegend Mitglieder oder Sympathisanten der SPD. Ein realistischeres Bild von der Stimmung im Land habe ich immer an den öffentlichen Informationsständen oder vor den Supermärkten meines Wahlkreises bekommen. Dort trauten sich viele Bürger in der Halb-Anonymität ihre wahre Meinung zu sagen. Insbesondere die Verärgerung über den Zustrom vieler Flüchtlinge, über den jeden Tag in den Medien berichtet wurde, veranlasste viele Besucher der Informationsstände zu gehässigen Bemerkungen. Angesichts vieler unverschämter und teilweise hasserfüllter Äußerungen an die Adresse der SPD oder meiner Person waren Diskussionen in der Sache oft ausgeschlossen. Häufig wurden die Beschimpfungen mit dem Hinweis verbunden, man habe bisher SPD gewählt, wolle nun aber die DVU wählen. Die rechtsextreme „Deutsche Volksunion" des Münchener Verlegers Gerhard Frey führte in Schleswig-Holstein einen bisher nicht gekannten aufwändigen Wahlkampf mit teuren Hauswurfsendungen und Plakat-Aktionen. Mit Parolen wie „Kriminelle Ausländer abschieben, Scheinasylanten sofort ausweisen" oder „Deutsche wählen deutsch" oder „Deutsches Geld für Deutsche" versuchte die zentral gesteuerte Partei, die niederen Instinkte vieler Bürger anzusprechen. Ich erinnere mich an eine Diskussion in der Landtagsfraktion wenige Tage vor der Landtagswahl, in der über die Stimmungslage und einen möglichen Erfolg der DVU diskutiert wurde. Ministerin Marianne Tidick meinte mit dem Hinweis auf die Erfahrungen in ihren Saal-Veranstaltungen, die DVU sei kein Thema gewesen. Aufgrund meiner Erfahrungen an den Informationsständen wies ich darauf hin, dass die Stimmung sehr gereizt sei und die DVU wohl die Fünf-Prozent-Hürde überspringen und damit in den Landtag einziehen würde. Leider sollte ich Recht behalten.

Einen sehr irritierenden Beitrag zum Wahlkampf leistete sich der vom CDU-Spitzenkandidaten Ottfried Hennig für das Amt des CDU-Wirtschaftsministers auserkorene Elmshorner Unternehmer Dr. Hans Heinrich Driftmann. Er erklärte allen Ernstes am 17. März vor 40 Zuhörern auf einer Veranstaltung in Rendsburg, dass bei einer Fortsetzung einer SPD-geführten Landesregierung zahlreiche Unternehmen über eine Verlagerung ihrer Produktionsstätten in andere Bundesländer nachdenken werden. Wurde in früheren Wahlkämpfen der SPD immer unterstellt, sie sei „die fünfte Kolonne Moskaus", so sollen jetzt nach Ende des „kalten Kriegs" Abwanderungsgedanken den Bürgern Angst vor der SPD bereiten. Driftmann wurde nach seiner gescheiterten Bewerbung als Wirtschaftsminister später Präsident der Industrie- und Handelskammern im Land und im Bund.

Eine schlimme Entgleisung, die ich eher der rechtsextremen DVU zugetraut hätte, leisteten sich die Wahlkämpfer der CDU im Kreis Steinburg unter Führung des späteren Landtagspräsidenten Martin Kayenburg und des CDU-Bundestagsabgeordneten und späteren Wirtschaftsministers Dietrich Austermann. Eine Zeitungsanzeige der CDU mit Aussagen über „Asylmissbrauch" und „Gesamtschulzwang" wurde überschrieben mit der Frage: „Sollen die Türken entscheiden oder eine kurdische Terrororganisation, wer in Kiel regiert?" Die ehemalige CDU-Landtagsabgeordnete Irmlind Heiser aus Flensburg nahm die Anzeige zum Anlass, ihre Partei zu verlassen.

Leider ließ sich auch CDU-Spitzenkandidat Hennig in einer Hauswurfsendung von den rechtsextremen Parolen der DVU leiten. In einem persönlich gehaltenen Brief an seine „lieben Mitbürger" stellte er die rhetorische Frage: „Wohin haben uns in Schleswig-Holstein die Engholm-Experimente geführt?" Die Antworten gab er selbst. Das Land habe einen Spitzenplatz in der Kriminalitätsrate, der Rauschgiftkonsum nehme erschreckend zu, die Bürger müssten zunehmend um ihr Eigentum fürchten, der Missbrauch des Asylrechts müsse beendet werden, es dürfe keine weiteren Gesamtschulen geben.

Ins Fadenkreuz der CDU geriet auch Heide Simonis. Der CDU-Abgeordnete und ehemalige Minister Karl Eduard Clausen warf ihr mangelnden Sparwillen vor. Die Finanzministerin konterte mit dem Hinweis, dass „von den 1,5 Milliarden DM Zinsen, die 1992 aus dem Landeshaushalt bezahlt werden müssen, allein 1,2 Milliarden DM auf die Alt-Schulden der ehemaligen CDU-Regierung zurückzuführen" seien. „Der Anteil der Ausgaben, der über Kredite finanziert wird, beträgt heute nur 8,6 Prozent, 1987 lag er bei 10,4 Prozent."

Mit dem Ergebnis der Landtagswahl am 5. April konnte die SPD mehr als zufrieden sein. Zwar verlor sie gegenüber der Ausnahme-Wahl 1988 landesweit 8,6 Prozent, erreichte aber mit 46,2 Prozent das zweitbeste Ergebnis bei einer Landtagswahl überhaupt. Damit war die Fortsetzung unserer Reformpolitik möglich. Die SPD gewann wiederum alle 45 Wahlkreise und blieb im Land stärkste politische Kraft. Die CDU konnte sich lediglich um 0,5 Prozent auf nunmehr 33,8 Prozent verbessern.

Mit meinen Parteifreunden konnte ich mich am Wahlabend darüber freuen, dass ich zum fünften Mal hintereinander direkt in den Landtag gewählt wurde. Trotz eines Verlustes von 9,9 Prozent erreichte ich im Wahlkreis immer noch 51,4 Prozent der Stimmen. Das war das drittbeste SPD-Ergebnis aller Wahlkreise, obwohl, wie ich stolz verkündete, „der Wahlkreis bis einschließlich 1975 eine feste Hochburg der CDU gewesen" sei. Gegenüber der Ortspresse wies ich darauf hin, dass „die Kampagne der CDU-Kandidatin für die von mir abgelehnte Nordspange ein Fehlschlag war". Dieser Feststellung pflichtete zu meiner Überraschung selbst der Lokalchef der Landeszeitung, Jürgen Muhl, bei. Im Landtagwahlkampf war die Frage einer Nordumfahrung das beherrschende lokale Thema gewesen, kräftig angeheizt durch Herrn Muhl.

Das ausgezeichnete Abschneiden der SPD wurde überschattet vom Einzug der rechtsextremen DVU in den Landtag. Mit 6,3 Prozent konnte sie sechs Landtagsmandate erringen. Ich schämte mich für die 1.635 Wählerinnen und Wähler, die diese Partei allein in meinem Wahlkreis gewählt hatten. Offenkundig waren die ausländerfeindliche Politik dieser Partei und die Sorgen vieler Bürger vor der angeblichen „Überfremdung" mit asylsuchenden Menschen nicht ohne Wirkung geblieben.

Heide Simonis hatte bei dieser Wahl nach ihrem erfolglosen Debüt in 1975 in meinem späteren Wahlkreis erstmals wieder für den Landtag kandidiert. Und zwar am Kieler Ostufer. Dieser Wahlkreis war schon mit dem Kandidaten Jochen Steffen der Wahlkreis mit dem höchsten Stimmenanteil für die SPD im Land gewesen. Heide Simonis gewann überzeugend mit 58,8 Prozent, musste allerdings mit einem Minus von 11,6 Prozent auch den größten Stimmenverlust aller Wahlkreise gegenüber der Landtagswahl 1988 hinnehmen.

Alle SPD-Kandidaten hatten ihre Wahlkreise gewonnen. Wegen der Überhangmandate kam die Landesliste der SPD mit dem Spitzenkandidaten Björn Engholm nicht zum Zuge. Weil Engholm selbst keinen Wahlkreis hatte, erhielt er nun auch kein Landtagsmandat. Zum Glück war das für ihn kein Problem, denn anders als zum Beispiel in Nordrhein-Westfalen muss in Schleswig-Holstein der Ministerpräsident nicht Mitglied des Landtags sein.

Da wenige Tage nach der Wahl die Osterferien begannen, traf sich die neue Landtagsfraktion erst am 28. April zur Klausurtagung. Zunächst informierte Gert Börnsen die Fraktion über ein Gespräch mit der seit längerer Zeit an Krebs erkrankten bisherigen Landtagspräsidentin Lianne Paulina-Mürl. Obwohl auch sie ihren Eckernförder Wahlkreis gewonnen hatte, war vielen doch schon während des Wahlkampfes bewusst geworden, dass sie ihr Amt wegen ihrer schweren Krankheit wohl nicht mehr würde ausüben können. So waren wir zwar traurig berührt, aber von ihrer Erklärung nicht überrascht, dass sie „aufgrund eigener Entscheidung" ihr Landtagsmandat niederlegen würde, „weil sie dem Amt dauerhaft physisch nicht mehr gewachsen war". Diese Entscheidung hatte zur Folge, dass Björn Engholm als erster Nachrücker auf der Landesliste doch noch ein Landtagsmandat erhielt.

In unserer Fraktion gab es eine heftige Auseinandersetzung über den Umgang mit der Deutschen Volksunion (DVU) im Landtag. Einigkeit bestand darin, deren parlamentarische Rechte zu respektieren, aber ansonsten kein Entgegenkommen zu zeigen. Strittig war dagegen, ob die Geschäftsordnung des Landtages geändert werden sollte, um zu verhindern, dass eine Abgeordnete der DVU als ältestes Mitglied die erste Landtagssitzung eröffnet. Ich war gegen eine Änderung, weil ich fand, dass dies die DVU unnötig aufwerten würde, konnte mich aber nicht durchsetzen. Vor allem wegen des Drängens von Gert Börnsen und Björn Engholm wurde mehrheitlich beschlossen, dass künftig das dienstälteste Mitglied den Landtag als Alterspräsident eröffnen soll. Diese Änderung hatte später zur Folge, dass ich 2005 den Landtag eröffnen konnte, obwohl viele andere Kollegen an Lebensjahren älter waren als ich.

Neben der Besetzung der Funktionen in Fraktion und Landtag führte auch die Frage der künftigen Rechtsstellung der Parlamentarischen Vertreter zu einer leidenschaftlichen Debatte. Einige Kolleginnen und Kollegen blieben von der Oppositionsforderung nicht unbeeindruckt, das Amt ganz abzuschaffen. Für mich und andere Fraktionsmitglieder gab die Erfahrung über die in Deutschland ungewohnte Bezeichnung Anlass zur Forderung nach einer Anpassung an die übliche Amtsbezeichnung auf Bundesebene (Parlamentarischer Staatssekretär). Die Fraktion folgte mehrheitlich der Empfehlung von Björn Engholm, das Amt und den Titel beizubehalten, aber die Kompetenzen klarer zu beschreiben und die Amtsinhaber eindeutig der Landesregierung zuzuordnen. Damit war für mich kein Platz mehr im Fraktionsvorstand und in den Ausschüssen des Landtags.

Bei den Änderungen im Kabinett zeichnete sich bereits eine wichtige Personalentscheidung für die Zeit ab, in der Björn Engholm, wie erwartet, als Bundeskanzler in Bonn regieren würde. Günther Jansen, unser Sozialminister, wurde stellvertretender Ministerpräsident. Mir fiel es schwer, der Aussage Engholms zu glauben, dass diese Entscheidung „kein Präjudiz für die Nachfolge" sei, zumal ich in Günther Jansen die geeignetste Person für eine solche Nachfolgeregelung sah. Günther Jansen selbst irritierte wenige Tage später seine Anhänger mit der Aussage, „nicht als Ministerpräsidenten-Kandidat zur Verfügung zu stehen". Dafür erntete er in der Fraktionssitzung am 4. Mai 1992 Kritik vom wiedergewählten Fraktionsvorsitzenden Gert Börnsen.

Unberührt von den Veränderungen im Landeskabinett blieb Heide Simonis. Als Sprecherin der Arbeitgeber des öffentlichen Dienstes war sie in diesen Tagen gefordert, mit den Tarifparteien im öffentlichen Dienst eine Einigung zu erzielen. Vom Ministerpräsidenten erhielt sie für diese schwere Aufgabe Rückendeckung mit dem Hinweis, ÖTV und SPD seien „zwar gesellschaftspolitische Partner, aber tarifpolitische Gegner".

Nach dem Verzicht der bisherigen Landtagspräsidentin wurde die ebenfalls in unserem Kreisgebiet beheimatete Ute Erdsiek-Rave als einzige Kandidatin von der SPD-Fraktion zur Wahl der Landtagspräsidentin vorgeschlagen. Zu meiner Überraschung erhielt sie bei der Nominierung nur 37 Ja-Stimmen von den 44 anwesenden SPD-Abgeordneten.

Der Wiederwahl von Björn Engholm zum Ministerpräsidenten folgte eine Umbesetzung im Landeskabinett. Ich persönlich war über den Wechsel im Amt des Ministers für Wirtschaft, Technik und Verkehr nicht überrascht. Auf den von mir geschätzten Franz Froschmaier folgte der mir als kompetenter Staatssekretär bestens bekannte Uwe Thomas. Sein beamteter Staatssekretär wurde Peer Steinbrück, den Björn Engholm zwei Jahre vorher aus dem Büro des nordrhein-westfälischen Ministerpräsidenten Johannes Rau abgeworben und zum Staatssekretär im Umweltministerium ernannt hatte. Ich blieb erwartungsgemäß Parlamentarischer Vertreter im Wirtschaftsministerium.

Zu meinen Aufgaben als Parlamentarischer Vertreter gehörte es auch, den Tourismus-Standort Schleswig-Holstein auf Messen und Veranstaltungen zu repräsentieren. Viele Male warb ich gegenüber Reisejournalisten auf Touristik-Messen in Stuttgart, München, Leipzig und Göteborg für unser Land und pflegte die Kontakte mit den schleswig-holsteinischen Ausstellern. Nach der Landtagswahl 1992 ging beim Ministerpräsidenten der schriftliche Wunsch nach Aufnahme einer Partnerschaft mit der Region Pays de la Loire im Westen Frankreichs ein. Engholm bat mich, mit einer kleinen Delegation aus Tourismus-Experten vor Ort in Frankreich die Gespräche mit den politisch Verantwortlichen zu führen und die Bedingungen für die Aufnahme einer offiziellen Partnerschaft zu erkunden. Zur Delegation, die sich Anfang September 1992 auf den Weg machte, gehörten unter anderem der Geschäftsführer des Fremdenverkehrsverbandes, Gert Kramer, und der Landesvorsitzende des Hotel- und Gaststättenverbandes, Eike Pirrwitz. Leider starb der nicht nur von mir sehr geschätzte Eike Pirrwitz wenige Jahre später viel zu früh an einer tückischen Krankheit. Nach den Gesprächen in Nantes und Umgebung, bei denen mir meine Sprachkenntnisse in Französisch entgegenkamen, konnte ich die Aufnahme einer offiziellen Partnerschaft empfehlen. Engholm lud die Verantwortlichen aus Pays de la Loire kurz darauf zum Gegenbesuch ein und begründete eine noch heute bestehende grenzübergreifende Partnerschaft.

Zu meinen Vorstellungen über die Entwicklung eines „Sanften Tourismus" in Schleswig-Holstein gehörte auch der Ausbau des Rad-Tourismus. Unser Land hinkte dem bundesweiten Standard weit hinterher. Während sich andere Regionen in Deutschland mit ausgebauten Radwegenetzen und entsprechenden Broschüren an eine neue umwelt- und gesundheitsbewusste Urlaubergruppe wendeten, waren diese Chancen in unserem Land bisher kaum erkannt worden. Ausgerüstet mit einem Gutachten über die ökonomischen Chancen des Radtourismus ergriff ich die Initiative zur Schaffung und finanziellen Förderung eines einheitlichen, kreisübergreifenden

Beschilderungssystems. Mit dem Ostseeküsten-Radweg von Flensburg bis zur Lübecker Bucht folgte der erste regionalübergreifende Fernradwanderweg. Nun unternahmen auch die Tourismusregionen im Lande Anstrengungen zur Beschilderung und Kartierung von Radwegenetzen für den Fern- und Nahtourismus. Was heute selbstverständlich erscheint, war noch Anfang der neunziger Jahre von vielen Akteuren im Tourismus mit Skepsis begleitet worden. Einige Tourismuskommunen wehrten sich mit Unterstützung der Landtags-Opposition sogar gegen die Vorgaben des Landes für eine einheitliche Beschilderung und verbaten sich die „Bevormundung" aus Kiel.

Bei meiner Initiative, mit touristischen Hinweisschildern an Autobahnen und Bundesstraßen auf überregional bekannte Hotels und Gaststätten hinzuweisen, gab es Widerstand allerdings nicht in den Tourismusgemeinden, sondern bei den Straßenverkehrsbehörden, insbesondere bei der Verkehrsabteilung im Wirtschaftsministerium. Erst mit Unterstützung des Hotel- und Gaststättenverbandes und der Mitglieder im „Beirat für Tourismus" gelang es mir, mich gegen die Bedenkenträger durchzusetzen. Ein Erlass von Dezember 1992 erlaubte nun fortan überall im Land die Aufstellung von braunen Schildern mit weißer Schrift, um auf touristisch bedeutsame Betriebsstätten hinzuweisen.

Um die Akzeptanz für die Strategie des „Sanften Tourismus" zu erweitern, rief ich im Dezember 1992 die Tourismusgemeinden zu einem „Wettbewerb der Ideen" auf. Mit neuen Richtlinien wollte ich Projekte fördern, die „einen umweltbewussten Urlaub mit alternativen Verkehrsmitteln ermöglichen oder das Verständnis der Urlauber für die Natur und das Verhalten in der Natur förderten". Auch die umweltverträgliche Gestaltung der touristischen Angebote oder das Kennenlernen des regionalen Brauchtums sollten mit jeweils bis zu 70.000 DM gefördert werden.

Als am 8. Oktober 1992 Willy Brandt starb, besuchten meine Familie und ich gerade ein befreundetes Ehepaar in einem Vorort von Washington D.C. in den USA. Die traurige Nachricht erfuhr ich am Abend aus den US-Fernsehnachrichten. Wegen Willy Brandt war ich in die SPD eingetreten und hatte viele Male die Gelegenheit, ihn persönlich zu sprechen. Zuletzt vor seinem Tod beim gemeinsamen Frühstück in einem Kieler Hotel, nachdem wir schon am Vorabend in einer kleinen Runde, an der auch Björn Engholm beteiligt war, im gleichen Hotel lange zusammengesessen hatten. Ich war sehr traurig, als ich von seinem Tod erfuhr, obwohl seine schwere Erkrankung bekannt war. Willy Brandt war mein großes politisches Vorbild. Ich bewunderte seinen Widerstand gegen den Nationalsozialismus, die Reformpolitik während seiner Regierungszeit und insbesondere die von ihm eingeleitete Ostpolitik. Die meisten seiner Bücher habe ich geradezu verschlungen, seinen Reden auf den Bundesparteitagen der SPD immer gespannt und aufmerksam zugehört. Als wir nach dem Rückflug aus den USA in Hamburg in unser Auto stiegen und im Radio die Übertragung der Trauerfeierlichkeiten aus Berlin verfolgten, musste ich weinen.

Ende 1992, mitten in den Haushaltsberatungen für das Jahr 1993, stand die SPD-Landesregierung seit dem Regierungswechsel 1988 erstmals vor der Herausforderung, einen von der Steuerschätzung vorhergesagten Einbruch bei den Steuereinnahmen in Höhe von 262 Millionen DM bewältigen zu müssen. In einer Sondersitzung der Landtagsfraktion am 16. Dezember musste Heide Simonis als Finanzministerin dem Landeskabinett und der Landtagsfraktion Sparvorschläge vorlegen. Niemand konnte zu diesem Zeitpunkt ahnen, dass sich diese Prozedur bis zum Ende der Regierungszeit der SPD und meiner Mitgliedschaft im Parlament 2009 noch viele Male wiederholen würde. Die Höhe der bereits vor den notwendigen Sparanstrengungen in Aussicht genommenen Neuverschuldung auf dem Kreditmarkt in Höhe von 1,1 Milliarden DM beschreibt die desolate Finanzlage des Landes bereits im Jahr 1992. Wenn von der „Neuverschuldung" die Rede ist, wird von Menschen, die nicht so mit dem Haushaltsrecht vertraut sind, übersehen, dass die tatsächliche Aufnahme von neuen Schulden wesentlich höher ist. Der Begriff beschreibt nur die Differenz zwischen den neuen Schulden und der Tilgung bzw. Rückzahlung von Altschulden.

Da der Ministerpräsident vorgab, die im Haushaltsentwurf festgelegte Höhe der Neuverschuldung nicht zu überschreiten, was nach dem Wortlaut der Landesverfassung auch gar nicht zulässig gewesen wäre, war viel Fantasie bei Heide Simonis und den Fraktionsmitgliedern gefragt. Wir behalfen uns mit einer Vielzahl von kleinen Einschnitten in den Stellenplan und in die Haushaltspläne der Ministerien. Es war erst der Anfang vieler nachfolgender Einschnitte.

In der Kreispolitik sahen wir Sozialdemokraten Anfang 1993 erstmals die Chance, das Amt des Landrats zu besetzen. Nach der Kommunalwahl hatte die CDU keine Mehrheit mehr im Kreistag, um die Wiederwahl des Amtsinhabers und Parteimitglieds Geerd Bellmann zu sichern. Uns war nicht verborgen geblieben, dass es auch innerhalb der CDU Auseinandersetzungen um die Nachfolge gab. Die Kritik an Bellmanns Amtsführung war bald übergreifend. Bei der Frage einer erneuten Kandidatur hielt sich Bellmann lange Zeit bedeckt, bis er schließlich verzichtete. Erst als andere Mitglieder der CDU ihre Bewerbungen wieder zurückgenommen hatten, stellte sich Geerd Bellmann unmittelbar vor der auf den 15. Februar 1993 festgelegten Wahl im Kreistag doch wieder zur Verfügung. Ich hatte im Vorfeld der Wahl Kontakt mit dem Fraktionsvorsitzenden der FDP im Landtag, Wolfgang Kubicki, aufgenommen, um mit ihm das Abstimmungsverhalten der FDP-Fraktion im Kreistag und mögliche politische Angebote der Landtags-SPD für ein Entgegenkommen der FDP zu sondieren. Leider scheiterte meine Initiative infolge einer von Wolfgang Kubicki zu verantwortenden Indiskretion vorzeitig. So blieb auch offen, ob der Einfluss des Kieler FDP-Chefs auf seine Parteifreunde in Rendsburg-Eckernförde überhaupt für Absprachen gereicht hätte. Nie wieder habe ich nach diesen negativen Erfahrungen mit seiner Verlässlichkeit versucht, Absprachen mit Wolfgang Kubicki einzufädeln.

Unumstrittener Kandidat der SPD wurde Dieter Ellefsen. Ich hielt es für meine Aufgabe, bei seiner Kandidatur im Saal des Kreistages anwesend zu sein. Nachdem die ersten beiden Wahlgänge für die Bewerber Bellmann und Ellefsen jeweils 22 Stimmen ergeben hatten, mussten die abgegebenen Stimmen für den unterlegenen Jens Ruge von der FDP den Ausschlag geben. In einer Sitzungsunterbrechung verlangte die FDP von der SPD die Unterstützung ihres Kandidaten, andernfalls würden sie für den Bewerber der CDU stimmen. Wir wollten uns auf dieses Angebot nicht einlassen. Nach dramatischen Stunden wurde Geerd Bellmann schließlich in der Stichwahl mit 26 Stimmen gewählt. Dieter Ellefsen erhielt zu meinem auch öffentlich geäußerten Bedauern lediglich 23 Stimmen.

Die Schubladenaffäre

Ende Februar 1993 rüttelte ein Bericht der Zeitschrift „Stern" die politische Landschaft in Schleswig-Holstein auf. Die Folgen des Berichts sollen die politische Diskussion der nächsten drei Jahre in der SPD und im Land prägen und zu großen personellen Veränderungen in der SPD führen. Die „Schubladenaffäre" hatte begonnen.

Der „Stern“ berichtete, dass die ehemalige Lebensgefährtin von Reiner Pfeiffer, Elfriede Jabs, erfahren haben wollte, dass Pfeiffer in zwei Raten insgesamt 40.000 DM „von der SPD“ erhalten habe. Der Berichterstattung folgte am 1. März eine gemeinsame Pressekonferenz von Günther Jansen, der dazu einen Klinikaufenthalt unterbrach, und seiner Ehefrau Sabine in Kiel. Günther Jansen bestätigte, dass er über Klaus Nilius als Überbringer zwei Mal jeweils 20.000 DM an Pfeiffer gezahlt habe. Das Geld stamme nicht von der SPD, die Geldzahlungen seien auch nicht der „Lohn der SPD für Pfeiffers Dienste“. Er habe die von seiner Mutter stammenden Barmittel über Jahre in seiner Schublade gesammelt. So erhielt die Affäre ihren Namen. Zu seinen Motiven sagte Günther Jansen, er habe Pfeiffer in wirtschaftlicher Not helfen wollen. Dem „Whistleblower“ solle Gerechtigkeit widerfahren, denn ausgerechnet Reiner Pfeiffer, der als einziger aus dem Täterkreis die Machenschaften von Uwe Barschel aufgedeckt habe, sei nun mit dem Verlust der beruflichen Existenz bestraft worden, während alle andern in ihren Ämtern verblieben waren und teilweise sogar noch befördert worden seien.

Erst später wurde bekannt, dass der „Stern“ bereits am 13. Januar seine Informationen von Frau Jabs erhalten hatte, vermutlich als Folge einer persönlichen Trennung, und der Journalist und CDU-Politiker Werner Kalinka sowie die Staatsanwaltschaft umgehend informiert worden waren. Die Staatsanwaltschaft wiederum berichtete bereits am 3. Februar dem Justizministerium. Von nun an glühten abseits der Öffentlichkeit beim Chef der Staatskanzlei, Stefan Pelny, bei Björn Engholm, Klaus Nilius und Günther Jansen die Drähte.

In der Fraktionssitzung am 2. März 1993 wurde der „Fall Jansen/Pfeiffer“ in Anwesenheit von Björn Engholm und des SPD-Landesvorsitzenden Willy Piecyk intensiv diskutiert. Günther Jansen lag wegen eines Bandscheibenvorfalls wieder in der Klinik. Als Mitglied des Untersuchungsausschusses von 1987 war mir die Brisanz sofort klar. Ich notierte für mich: „Wer nimmt Günther die Naivität ab? Sind Jansen und Nilius noch zu halten? Ich glaube nein. Man wird jetzt Engholm jagen. Die Presse hat Lunte gerochen.“

In der Fraktionssitzung bezeichnete Fraktionschef Gert Börnsen das Verhalten von Jansen als „unklug“. Jetzt seien den Spekulationen Tür und Tor geöffnet. Es sei auch fahrlässig gewesen gegenüber Björn Engholm. Engholm selbst konnte den Vorgang „politisch nicht begreifen“. Klaus Nilius hätte das Geld nicht übergeben dürfen. Die Folgen seien schwerwiegend. In der

Diskussion überwogen die kritischen Stimmen gegenüber Günther Jansen, auch wegen der befürchteten Auswirkungen auf Björn Engholms Integrität. In die Fraktionssitzung wurde eine Presseerklärung der CDU gereicht, in der bereits von Rücktrittsforderungen und der Einsetzung eines weiteren Untersuchungsausschusses die Rede war. Am Ende der Diskussion stellte ich für mich fest: „Das Verhalten von Günther Jansen war falsch und naiv, aber ich glaube seinen Motiven, er wird wohl nicht zu halten sein."

Nun ging alles sehr schnell. Bereits am Sonntag, den 7. März, traf ich mich mit einigen Fraktionskollegen in Neumünster, um die organisatorischen Vorbereitungen für einen nicht vermeidbaren Untersuchungsausschuss zu treffen und die textlichen Vorschläge der SPD für einen Parlamentsantrag zu beraten.

Am darauf folgenden Dienstag wurden in der Fraktion die neun Mitglieder der SPD für den Untersuchungsausschuss benannt. Als Parlamentarischer Vertreter und somit Teil der Exekutive schied ich als Mitglied aus, wurde aber von Gert Börnsen gebeten, im Hintergrund beratend zur Verfügung zu stehen. Selten habe ich an einer so lebhaften und von Unterstellungen begleiteten Fraktionssitzung teilgenommen. Insbesondere Stefan Pelny musste sich für sein Verhalten viel Kritik anhören. Die Abgeordnete Ingrid Olef verließ unter Protest den Sitzungssaal, nachdem ihr Antrag, auch Klaus Nilius in der Fraktion zu seinem Verhalten zu befragen, von dessen Dienstvorgesetztem Stefan Pelny zurück gewiesen worden war.

Vorsitzender des Gremiums sollte Heinz-Werner Arens werden. Wieder einen Tag später, am Mittwoch, den 10. März 1993, wurde der Untersuchungsausschuss in einer Sondersitzung des Landtags mit den Stimmen aller Abgeordneten, außer der DVU, eingesetzt und begann sofort nach seiner Konstituierung am 23. März mit seiner Arbeit.

Am 15. März bekannte Klaus Nilius in einer Stellungnahme, dass er den Parlamentarischen Untersuchungsausschuss 1987 mehrfach belogen habe. Er habe „am Spitzenkandidaten der SPD vorbei eine eigenständige Pressepolitik betrieben". Für mich irritierend waren seine Auskünfte über dubiose Begleitumstände bei den Geldübergaben, die an Methoden erinnerten, die man eher der Mafia zuordnet. In der nächsten Fraktionssitzung informierte Gert Börnsen die erregten Mitglieder über ein Telefonat mit Björn Engholm, der „von nichts etwas gewusst habe".

Nun setzte in der Landes-SPD eine monatelange Phase der Verunsicherung und der gegenseitigen Verdächtigungen ein, die auch die Landtagsfraktion erfasste. Die Fraktion war in zwei Lager gespalten. Wer hat 1987 wann was gewusst und nicht gesagt, fragte der eine Teil. Ich gehörte zur Mehrheit, die darauf verwies, dass selbst Verfehlungen einzelner Mitglieder der SPD beim Umgang mit Erkenntnissen über die Machenschaften von Uwe Barschel und Reiner Pfeiffer deren Verstöße gegen die Verfassung und den politischen Anstand nicht aufwiegen.

Das Klima in der Fraktion war so total vergiftet, dass ich mich manches Mal bei der Heimfahrt nach Rendsburg fragte, warum ich mir die Mitgliedschaft noch antue. Obwohl der Fraktionsvorsitzende Gert Börnsen immer wieder die Fraktionsdisziplin und Vertraulichkeit einklagte, gelangten Teile der internen Fraktionsberatungen mit Namensnennung in die Tageszeitungen. In verschiedenen Zeitungen besonders des Springer-Konzerns wurde schon abstrusen Thesen Raum gegeben, nach denen Uwe Barschel nicht Täter, sondern Opfer der Machenschaften aus der Staatskanzlei gegen Björn Engholm gewesen sei.

Nach den später aufgeschriebenen Erkenntnissen des Untersuchungsausschusses erfuhr der Kieler SPD-Bundestagsabgeordnete Norbert Gansel vom Rechtsanwalt Peter Schulz am 18. März 1993, dass dieser Björn Engholm in der Nacht vom 7. auf den 8. September 1987, also fünf Tage vor der Landtagswahl, über ein Gespräch von Günther Jansen, Klaus Nilius, und ihm selbst mit Reiner Pfeifer informiert habe. Norbert Gansel konfrontierte Engholm mit dieser brisanten Nachricht und setzte innerhalb der SPD-Führungsgremien eine intensive Beratung in Gang. Björn Engholm verteidigte sich mit dem Hinweis, den Inhalt der Information „nach einem langen Wahlkampftag" und anschließendem Alkoholkonsum nicht richtig realisiert zu haben. Er habe 1987 über seine Nicht-Kenntnis der Machenschaften „vor der Wahl" die Wahrheit gesagt.

Am 23. März erschien Günther Jansen im Kieler Landeshaus und erklärte seinen Rücktritt vom Amt des Sozialministers. Auf seiner wohl nicht zufällig ausgewählten Krawatte konnte man lesen: „Nobody is perfect". Jansen bestätigte vor der Presse, dass er sich „am 7. 9. 1987 in Lübeck mit Herrn Pfeiffer auf dessen Wunsch" getroffen habe, um dessen Behauptungen über die Barschel-Aktivitäten gegen Björn Engholm anzuhören. Am Ende des Gesprächs habe er erklärt, „dass ich seine Aussagen in der letzten Woche vor der

Wahl seitens der SPD nicht verwerten wolle, zumal ich auch Zweifel an der Richtigkeit und allemal an der Beweisfähigkeit seiner Behauptungen hatte. Der Öffentlichkeit ist nicht bekannt, dass ich es nach Abschluss des Untersuchungsausschusses als nicht gerecht empfunden habe, dass die einen aus dem Umfeld Dr. Barschels ihre Berufe behielten ..., während Herr Pfeiffer keine neue berufliche Chance bekam. Das war und ist es, was bei aller Schuld auch von Herrn Pfeiffer meinem Gerechtigkeitsgefühl widersprach."

Mit mir waren viele traurig über den Rücktritt, den ich persönlich aber angesichts der großen Zweifel innerhalb der SPD und in der Öffentlichkeit an der „Zahlung aus der Schublade" sowie der dubiosen Umstände bei der Übergabe der Geldzahlungen an Reiner Pfeiffer als unvermeidlich angesehen habe. Ich glaube der Version von Günther Jansen, auch wenn ich es nicht gutheißen kann, dass Reiner Pfeiffer, der ja ganz wesentlich an den Machenschaften gegen Björn Engholm beteiligt war, auf so dubiosen Wegen finanziell geholfen wurde. Meine Überzeugung fußt auf der unverwechselbaren integeren Persönlichkeit von Günther Jansen, der allen bekannten Klischees über angeblich geldgierige Politiker gerade nicht entspricht. So war zum Beispiel erst während der Affäre bekannt geworden, dass er einige Jahre vorher einem ehemaligen Referenten des SPD-Landesverbandes, Bernd Michels, einen hohen Kredit ohne Garantien gewährt hatte, damit dieser seine privaten Spielschulden begleichen konnte. Einige Jahre später wurde Bernd Michels angeklagt, über 15 Jahre „kontinuierlich und konspirativ" für die Staatssicherheit der DDR gearbeitet zu haben und Informationen über die schleswig-holsteinische SPD, insbesondere über Günther Jansen und Björn Engholm weitergegeben zu haben. In seinem Urteil gelangte das Oberlandesgericht Schleswig am 27. November 1996 zu der Feststellung, dass Michels einen Teil des an Günther Jansen komplett zurückgezahlten Geldes von der Staatssicherheit der DDR erhalten habe, ohne dass Jansen davon wusste. Michels bestritt diese auf eine Zeugenaussage beruhende Erkenntnis vor Gericht. Bernd Michels wurde zu einer Freiheitsstrafe von 18 Monaten auf Bewährung verurteilt. Ich kannte Bernd Michels sehr gut und habe viele Jahre gerne mit ihm zusammengearbeitet, sowohl im SPD-Landesverband als auch später in seiner Tätigkeit für den NDR. Nach dem Urteil habe ich jegliche Nähe zu ihm gemieden.

Ich glaube auch deshalb an die private Geldleistung von Günther Jansen, weil die Beweisaufnahme im Untersuchungsausschuss keinen Zweifel daran gelassen hat, dass die Zahlungen an Reiner Pfeiffer nicht aus den Kassen der SPD oder einer ihrer Gliederungen oder ihr nahestehender Organisationen stammten. Im September 1993, noch während der Dauer des Untersuchungsausschusses, schlug ich nach Rücksprache mit politischen Freunden, aber ohne ihn selbst vorab zu informieren, öffentlich vor, Günther Jansen für die SPD im vakanten Bundestagswahlkreis Plön-Neumünster zu nominieren. Zu meinem Bedauern konnte sich Jansen dann angesichts der immer noch gegen ihn erhobenen Vorwürfe nicht entschließen, sich offiziell um eine Kandidatur für den Bundestag zu bewerben. Mir selbst schrieb er, dass er sich über meine Aktion geärgert habe. Er selbst, so Günther Jansen, „hätte so etwas immer anders angelegt". Aber er wisse, das ich ihm keine zusätzlichen Probleme auferlegen wollte. Sein Hinweis: „Du weißt, dass ich dich schätze und mag" hat mich gefreut. Günther Jansen nahm im gleichen Monat ein Angebot des in Rendsburg ansässigen Diakonischen Werkes an, gegen Tagespauschalen seine umfänglichen Erfahrungen als Berater einzubringen.

Mit dem Rücktritt von Günther Jansen waren die Erschütterungen innerhalb der SPD nicht zu Ende. Wie von mir erwartet, stürzten sich nun die Journalisten und die Opposition auf Björn Engholm. Ich selbst war Zeuge von Veranstaltungen, in denen der Ministerpräsident nicht zum eigentlich vorgesehenen Thema befragt wurde, sondern Auskunft über sein angeblich früheres Wissen um die Machenschaften Barschels geben sollte.

Im Untersuchungsausschuss stellte sich später heraus, dass Norbert Gansel den Ministerpräsidenten bereits am 23. März aufgefordert hatte, den Anwalt Peter Schulz von der Schweigepflicht zu entbinden. Auch hatte Gansel Engholm aufgefordert, in Parteiveranstaltungen nicht mehr zu behaupten, dass er „seinen Aussagen im damaligen Untersuchungsausschuss nichts hinzuzufügen" habe. Als die Vorwürfe immer lauter wurden, versuchte Björn Engholm einen Befreiungsschlag. Sein Vorgehen hatte er mit der Parteiführung abgesprochen. Auf drei Kreisparteitagen am 27. März 1993 in Kiel, Bad Segeberg und bei uns im Kreis Rendsburg-Eckernförde wollte er gegenüber den Zweiflern und Nörglern selbstbewusst auftreten und den Unterstellungen, nicht die Wahrheit gesagt zu haben, ein Ende bereiten.

Am Morgen des 27. März erschien Björn Engholm verspätet auf unserem Kreisparteitag in Altenholz. Seine Rede war kurzfristig in eine lange vorher verabredete Tagesordnung eingeschoben worden. Da ich im Plenum keine

Verpflichtungen zu übernehmen hatte, wartete ich auf dem Parkplatz, um ihn in Empfang zu nehmen. Seine Verspätung entschuldigte er mit einem „sehr langen" Gespräch mit dem Vorsitzenden des Zentralrats der Juden, Ignatz Bubis am Abend zuvor. Ich erzählte von der tollen Stimmung auf dem Parteitag. Die Mitglieder stünden hinter ihm, und nun sollte er selbst die unanständigen Angriffe auf seine Integrität gebührend zurückweisen. In der Tat wurde Engholm mit stehendem Beifall begrüßt. Walter Selle aus Felm, ein Urgestein der Kreis-SPD, attackierte in einer kämpferischen Rede „jene Journalisten und Oppositionspolitiker", die aus dem „Opfer" Engholm einen „Täter" machen wollten. Björn Engholm erfüllte mit seinen Ausführungen die Erwartungen seiner Zuhörer. Für den Untersuchungsausschuss war später relevant, dass er auch „in eigener Sache" ausgeführt hatte, dass „er seinen Aussagen im damaligen Untersuchungsausschuss nichts hinzuzufügen" habe.

Das war, wie wir nach drei Wochen erfuhren, nicht die Wahrheit. In einigen Medien und in der SPD wurde später kolportiert, Norbert Gansel habe Engholm aufgefordert, seine Aussagen auf den drei Kreisparteitagen öffentlich zu korrigieren und habe diese Forderung auch Journalisten „gesteckt". Im Bericht des Untersuchungsausschusses wird festgehalten, dass Norbert Gansel am 5. April versucht hat, „Engholm erneut davon zu überzeugen, mit der Wahrheit zu kämpfen". Weiter wird in diesem Bericht über den 7. April festgehalten, dass „Gansel gegenüber Simonis angedeutet hat, dass Engholm noch in der Nacht vom 7. auf den 8. September 1987 von Rechtsanwalt Peter Schulz von den Machenschaften Pfeiffers im Auftrag von Barschel erfahren habe." Heide Simonis selbst erklärte im SPD-Kreisparteiausschuss am 10. Mai 1993, sie sei „am 7. April von Norbert Gansel informiert worden, nicht für Jansen und Engholm die Hand ins Feuer zu legen". Nach den Erkenntnissen der Mitglieder im Untersuchungsausschuss hat Norbert Gansel am 12. April Johannes Rau, den Stellvertreter Björn Engholms als Bundesvorsitzender, davon unterrichtet, dass „Engholm vor dem Ausschuss 1987 die Unwahrheit gesagt" habe. Ich war in diesen Tagen überrascht, als ich von Journalisten darauf angesprochen wurde und verwies die Sache in das Reich des Küstenklatsches. Durch wen auch immer gezielt an Journalisten gesteckt, die für Engholm belastende Aussage des Rechtsanwalts Peter Schulz war der Nährboden für weitere Spekulationen.

Am Montag, den 3. Mai 1993, erfuhr ich am Nachmittag in meinem Kieler Büro, dass Björn Engholm noch am selben Tag seinen Rücktritt erklären werde. Er werde am Abend in Rendsburg in einer gemeinsamen Sondersitzung von Landtagsfraktion, Landesvorstand und Kabinett eine Erklärung abgeben. Ich war konsterniert und enttäuscht, aber nicht mehr überrascht. Das Trommelfeuer der Medien in den letzten Wochen hätte wohl auch mich resignieren lassen.

Nie zuvor habe ich den Parkplatz des Conventgartens in Rendsburg mit so vielen Aufnahmewagen aller deutschen TV-Sender besetzt gesehen wie an jenem Abend um 18 Uhr. Nie wieder seit diesem Tag stand Rendsburg im Fokus der bundesdeutschen Politik.

Björn Engholm legte den Anwesenden unter Ausschluss der Medien die Gründe für seine Entscheidung dar, die Ämter des Ministerpräsidenten und die des SPD-Bundesvorsitzenden mit sofortiger Wirkung niederzulegen. Er zählte zunächst Beispiele für die „seit 1983" gegen ihn gerichtete „Schmutzkampagne" auf. Gegen seine innere Überzeugung habe er den Anwalt Peter Schulz von der Schweigepflicht entbunden, den Anruf von Peter Schulz „um Mitternacht" am 7. September 1987 habe er „nicht richtig wahrgenommen". „Die politischen Gegner haben alles für die Erhaltung ihrer Macht getan." An seine Ausführungen schloss sich eine erregte, teilweise sehr lautstarke Aussprache an, an der auch ich mich beteiligte und um Verständnis für Engholms Verhalten warb. Andere hielten sich mit Kritik nicht zurück. Ute Erdsiek-Rave meinte, ein inhaltlicher Neubeginn sei nicht erforderlich und schlug Heide Simonis als Nachfolgerin vor. Heide Simonis erklärte sodann unter großem Beifall der Anwesenden ihre Bereitschaft zur Kandidatur, verwahrte sich aber dagegen, von einer Regierungskrise zu sprechen. Gert Walter offenbarte, dass er zwar gegen den Rücktritt von Engholm gewesen sei, sich aber gemeinsam mit Norbert Gansel für eine „Vorwärts-Offensive" ausgesprochen habe. Ich horchte auf und suchte nach einer Begründung, als er für Heide Simonis volle Entscheidungsfreiheit bei der Besetzung des Kabinetts einforderte.

Norbert Gansel forderte mehr Zeit vor einer Entscheidung über Björn Engholms Nachfolge. Er wollte zunächst das weitere Verfahren beraten und verlangte eine Urwahl der SPD-Mitglieder. Er stünde als Nachfolger für Engholm „nur zur Verfügung, wenn die Mitglieder beteiligt werden". Allen war im Kleinen Saal des Conventgartens aufgefallen, dass die freundschaftlichen

Beziehungen zwischen Heide Simonis und Norbert Gansel aus der Zeit des „Nordpool" im Bundestag längst beendet waren. Sein Ehrgeiz und seine Eitelkeit waren schon vorher nicht verborgen geblieben. Ihm wurde unterstellt, er habe Engholms politisches Ende mit Indiskretionen gegenüber der Presse selbst herbeigeführt, um Ministerpräsident werden zu können. In der dann folgenden Abstimmung entschieden sich die Mitglieder des Landesvorstandes einstimmig gegen die Urwahl. Damit war der Weg für Heide Simonis frei.

Norbert Gansel unternahm auf dem SPD-Landesparteitag am 18. Juni 1994 einen weiteren Anlauf, die Urwahl des Ministerpräsidenten in der Satzung des SPD-Landesverbandes zu verankern. Sein Antrag wurde mit 88 Nein-Stimmen bei 51 Ja-Stimmen und sechs Enthaltungen abgelehnt.

Mit dem Wechsel im Amt des Ministerpräsidenten endete eine große politische Karriere, die sonst vielleicht ins Amt des Bundeskanzlers geführt hätte. Der Name Björn Engholm stand für eine neue ungezwungene Form des Umgangs zwischen den politischen Akteuren und ihren Wählerinnen und Wählern, für eine längst überfällige Reformpolitik, für einen neuen Stellenwert der Kultur sowie für einen neuen politischen Stil. Aus der Staatskanzlei wurde berichtet, dass er seine Mitarbeiterinnen und Mitarbeiter sehr gefordert habe.

Ich habe Björn Engholm selbst nur zweimal aufbrausend erlebt. Einmal im Gespräch mit dem Personalrat über eine Betriebsvereinbarung im Zusammenhang mit auch nach meiner Meinung ungerechtfertigten Forderungen des Personalratsvorsitzenden. Ein anderes Mal mir gegenüber, als ich ihm am Rande eines vereinbarten Gesprächs in seinem Amtszimmer berichtete, dass die Fraktion gerade eine Kürzung der Diäten für die Mitglieder der Landesregierung beschlossen habe. Als Björn Engholm nach den ersten Jahren des Reformeifers das „Signal zur Langsamkeit" ausgeben hatte, wurde er völlig zu Unrecht von einigen Journalisten und dann von der Opposition als „amtsfaul" diskreditiert. Dabei wollte Engholm nur darauf hinweisen, dass unser Reformtempo bei der Verabschiedung von Gesetzen dazu geführt hatte, dass selbst Abgeordnete in ihren Wahlkreisen nicht mehr erklären konnten, welche Politikbereiche bereits reformiert worden waren.

Ich habe mich oft gefragt, wie ich an seiner Stelle nach Kenntnis der Machenschaften aus der Kieler Staatskanzlei unter Uwe Barschel entschieden hätte. Ich will nicht mehr ausschließen, dass Björn Engholm bereits im

Juli 1987 von seinem Pressereferenten über das Gespräch zwischen Reiner Pfeiffer und Klaus Nilius erfahren hatte. Aber wie hätte er damit umgehen sollen? Bestand nicht die Gefahr, dass Pfeiffer von Barschel veranlasst worden war, dem Gegenkandidaten von der SPD eine Falle zu stellen? Und wer im Lande hätte Uwe Barschel solche Machenschaften zugetraut? Die Medien hätten Björn Engholm verbal hingerichtet, wenn er auch nur ansatzweise das Gehörte in Vorwürfe gegen Barschel gekleidet hätte. Und am Tag vor der Landtagswahl bestand schon gar keine Gelegenheit mehr zu einer objektiven Darstellung des Gehörten. Leider hat Engholm gegenüber dem Untersuchungsausschuss des Landtags unwahre Behauptungen über den Termin seiner Kenntnisnahme der Machenschaften Barschels aufgestellt und dafür die politischen Konsequenzen gezogen. Mit jedem Tag, an dem sich Engholm nach dem 7. September 1987 von der Wahrheit entfernte, wurde es schwerer, wenn nicht gar angesichts der öffentlichen Meinung unmöglich, sich zu ihr zu bekennen. Ich bin froh, dass mir selbst eine solche Lage erspart geblieben ist.

Während viele Parteifreunde, die sich in der Vergangenheit gern an der Seite von Björn Engholm für die Medien ablichten ließen, plötzlich großen Wert auf räumlichen Abstand legten, habe ich bis heute freundschaftlichen Kontakt zu ihm. Für mich bleibt er Opfer einer beispiellosen persönlichen Kampagne der Landesregierung und der Landes-CDU unter Uwe Barschel und Gerhard Stoltenberg. Es ist für mich besonders tragisch, dass Uwe Barschel letztlich mit der politischen Vernichtung seines gefürchteten Gegenkandidaten posthum erfolgreich war.

Im Dezember 2000 versuchte das Magazin „Focus" unter Berufung auf angebliche Ermittlungsergebnisse der Stasi-Unterlagen-Behörde, Engholm als Stasi-„IM für besondere Aufgaben" zu denunzieren. Das Magazin berichtete, Björn Engholm sei bereits seit 1971 unter dem Decknamen „Beethoven" registriert.

Engholm wies die Verdächtigungen als „hinterhältiges und bösartiges Spiel" zurück. „Aus Verhandlungen über Fischereirechte oder Reiseerleichterungen eine Agententätigkeit zu konstruieren, ist wirklich hirnrissig." Für die Bundesregierung stellte deren Sprecher klar, dass die Vorwürfe vom bundesdeutschen Verfassungsschutz „schon Mitte der 90er Jahre" als nicht relevant eingestuft worden seien.

Heide Simonis verändert das Kabinett

Nach dem Rücktritt von Björn Engholm begann Heide Simonis umgehend mit den Vorbereitungen für die Bildung ihres Kabinetts. Ein eilig einberufener Landesparteitag am 16.Mai bestätigte den Vorschlag des Landesvorstandes, Heide Simonis als Deutschlands erste Ministerpräsidentin zu nominieren. Für den 19. Mai wurde eine Sondersitzung des Landtages anberaumt, auf der die Wahl und die anschließende Vereidigung auf der Tagesordnung standen.

Am Tag zuvor saß ich wie an jedem Dienstagvormittag im Wirtschaftsministerium mit Wirtschaftsminister Uwe Thomas und Staatssekretär Peer Steinbrück in der „Politischen Runde“ zusammen, in der wir regelmäßig Termine sowie strategische und inhaltliche Angelegenheiten besprachen. Da für den laufenden Tag Entscheidungen von Heide Simonis über die Besetzung ihres Kabinetts erwartet wurden, spekulierten wir über mögliche personelle Veränderungen. In das Gespräch platzte ein Telefonat aus der Staatskanzlei mit der Bitte an Uwe Thomas, sich zu einem Gespräch mit Heide Simonis ins Landeshaus zu begeben. Uwe Thomas kehrte mit der für mich unfassbaren Nachricht zurück, er sei entlassen worden. Peer Steinbrück sollte sein Nachfolger werden. Uwe Thomas sagte, Heide Simonis habe ihm vorgehalten, sich vor Jahren in der Diskussion über eine mögliche Beteiligung an der Landesbank nicht nur für die aus ihrer Sicht falsche Alternative, die NordLB (Norddeutsche Landesbank), ausgesprochen zu haben, sondern dies auch noch in ungehöriger Form vorgetragen zu haben. Ich war empört. Uwe Thomas war unbestritten ein kompetenter Wirtschaftsminister und sowohl bei den Unternehmensverbänden wie auch bei den Gewerkschaften anerkannt. Bis zur Sitzung der Landtagsfraktion am Nachmittag hatte ich Zeit nachzudenken, wie ich persönlich mit diesem unerhörten Verhalten umgehen sollte.

In der Landtagsfraktion erhob ich schwere Vorwürfe an die Adresse von Heide Simonis und erklärte wegen ihrer Personalentscheidung meinen sofortigen Rücktritt von Amt des Parlamentarischen Vertreters. Auch in der Fraktion herrschte eine gespannte Atmosphäre. Viele Mitglieder teilten meine Kritik und bestärkten mich in meinen Konsequenzen. Dass Mitglieder der CDU-Fraktion mir in öffentlichen und persönlichen Erklärungen ihren „Respekt“ zollten, hakte ich als typisches Oppositionsverhalten ab. Gefreut habe ich mich dagegen über die positive Beschreibung meines bisherigen Wirkens insbesondere für den Tourismus in der Landespresse. Das Nachrichtenmagazin „Der Spiegel“ benannte mein Verhalten als Beispiel für den schlechten Start der Regierung von Heide Simonis.

Nun wurde spekuliert, ich würde am nächsten Tag im Landtag Heide Simonis nicht meine Stimme geben, was angesichts der Ein-Stimmen-Mehrheit der SPD ihre Wahl zur Ministerpräsidentin hätte scheitern lassen. Von solchen Versuchungen war ich weit entfernt. Im Gegenteil, ich appellierte am Wahltag beim Zählappell in der Landtagsfraktion an alle Mitglieder, Heide Simonis bloß die Stimme zu geben, damit der Verdacht einer fehlenden Stimme nicht auf mich fiel. Heide Simonis wurde auch mit meiner Stimme zur ersten Ministerpräsidentin in Deutschland gewählt.

In den nächsten Tagen führten sowohl Heide Simonis als auch Gert Börnsen, Willy Piecyk, unser Landesvorsitzender, der neue Wirtschaftsminister Peer Steinbrück und Ex-Minister Uwe Thomas in einer Art Seelenmassage Einzelgespräche mit mir, um mich zur Fortsetzung meiner Tätigkeit als Parlamentarischer Vertreter anzuhalten. Am 25. Mai entschloss ich mich nach reiflicher Überlegung, meinen Rücktritt vom 18. Mai zurückzunehmen. Gegenüber der Presse erwähnte ich in einer Stellungnahme, dass „niemand verlangt habe, meine Kritik an der Entlassung von Uwe Thomas zurückzunehmen und das ich dazu auch nicht bereit gewesen wäre“. Ich ergänzte, dass ich „selbstverständlich an der Fortsetzung der erfolgreichen Politik der SPD-Landesregierung und an der Erfüllung des Wählerauftrags interessiert sei“.

War es Eitelkeit, Freude an der Fortsetzung der bisherigen Arbeit im Wirtschaftsministerium oder Parteidisziplin, was mich bewogen hat, diesen ungewöhnlichen Schritt zu gehen? Ich ließ mich vermutlich von allen drei Gründen leiten. Richtig geärgert hat mich allerdings ein Kommentar des Leiters der Lokalredaktion der Landeszeitung, Jürgen Muhl, der mir allen Ernstes unterstellte, ich hätte nur wegen der steuerpflichtigen Aufwandsentschädigung in Höhe von monatlich 1.908 DM mein Amt wieder aufgenommen. Diese Unterstellung fand ich ungehörig und verletzend. Solche Gedanken haben bei mir während meiner gesamten politischen Arbeit keine Rolle gespielt, weil mir meine Unabhängigkeit immer wichtiger war.

Dennoch war der Rücktritt vom Rücktritt ein großer persönlicher Fehler, den ich sehr bald bereut habe. Ich hätte selbstbewusst zu meiner Entscheidung stehen und mich nicht umstimmen lassen sollen.

Schon bald darauf hatte ich wieder Anlass, über eine Personalentscheidung im Rahmen der Kabinettsumbildung von Heide Simonis zornig zu sein. Erst nach Rückkehr von einer lange geplanten vierzehntägigen Reise nach Kanada für die von mir mit gegründete „Partnerschaft der Parlamente" auf Einladung kanadischer Ministerien und des Deutsch-Kanadischen Kongresses erfuhr ich Hintergründe über die würdelose Entlassung des Staatssekretärs im Justizministerium, Uwe Jensen.

Uwe Jensen teilte den Landtagsabgeordneten der SPD mit, dass er „nach 14 Jahren aktiver Politik, davon neun Jahre im Landtag, fünf Jahre für die Regierung, von einer Genossin von heute auf morgen in wenigen Minuten in drei, vier kurzen Sätzen hinausgeworfen" wurde. Er verwies auf die auch von mir geteilte große Anerkennung, die seine Arbeit und damit die Arbeit der Landesregierung stets gefunden habe und dass „niemand diesen Abgang versteht, jeder ihn zutiefst ungerecht empfindet". Betroffen zeigte sich Uwe Jensen, dass seine Entlassung in eine Nähe zu seiner Aussage im Untersuchungsausschuss gerückt worden sei. Diese Äußerung bezieht sich auf den 17. Mai 1993, dem Tag vor der geplanten Wahl von Heide Simonis zur Ministerpräsidentin. Uwe Jensen sollte am Nachmittag vor dem Untersuchungsausschuss über die Kenntnisnahme und Weitergabe eines Berichts der Staatsanwaltschaft zur Aussage von Frau Jabs über angebliche Geldzahlungen an Reiner Pfeiffer berichten. Am Vormittag habe Heide Simonis bei Uwe Jensen „aufgeregt und außer sich" angerufen. Sie meinte, vermutlich unter Hinweis auf seine geplante Aussage, es „würde am Nachmittag eine Bombe platzen". Sie wolle auf gar keinen Fall in den Ausschuss. Nach der Aussage von Uwe Jensen wolle Heide Simonis von ihm eine „dienstliche Erklärung", nachdem „er sie dort eingebrachte habe". Im Untersuchungsausschuss wurde Uwe Jensen am Nachmittag gefragt, ob er vor der Aussage an diesem Tag mit irgendeiner Person gesprochen habe. Selbstverständlich hat er sich wahrheitsgemäß auf das Gespräch mit der designierten Ministerpräsidentin bezogen. Für Uwe Jensen ist die Aufregung von Heide Simonis bis zum heutigen Tag unbegreiflich.

Ich hatte volles Verständnis für die Verärgerung von Uwe Jensen über die Entlassung, die ich für grundlos und nicht nachvollziehbar hielt. Nicht ausschließen will ich, das der Rauswurf aus der Regierung auf die Absicht von Heide Simonis zurückzuführen ist, den bisherigen Chef der Staatskanzlei, Stefan Pelny, durch ihren Vertrauten, Staatssekretär Klaus Gärtner, zu ersetzen. Tatsächlich wurden Stefan Pelny der Nachfolger von Uwe Jensen im Justizressort und Klaus Gärtner Chef der Staatskanzlei. Bei der Amtseinführung von Stefan Pelny in Abwesenheit seines Vorgängers besaß der Personalratsvorsitzende den Mut, darauf hinzuweisen, „dass letztendlich er infolge einer unrühmlichen, unendlichen Geschichte seinen Stuhl freimachen musste, und die Art und Weise, wie ihm dies vermittelt worden ist, schmerzt und wirft viele Fragen nach den in unserer Gesellschaft zählenden Wertigkeiten auf". Die Entlassung von Herrn Jensen habe die Mitarbeiterinnen und Mitarbeiter geschockt. Viele seien traurig und zornig. Herr Jensen habe „dieses Haus über fünf Jahre mit der ihm eigenen menschlichen, offenen sympathischen der Sache verpflichteten Art geführt".

Nach diesen Personalentscheidungen driftete das Verhältnis zwischen Heide Simonis und mir weiter auseinander. Wir sahen uns nur noch regelmäßig an jedem Dienstagnachmittag in den Fraktionssitzungen, bei internen Haushaltsberatungen oder bei gemeinsam besuchten Veranstaltungen und hatten uns nicht mehr viel zu sagen.

Zu meinem Bedauern beendete Heide Simonis die von Björn Engholm gegründete „Denkfabrik". Björn Engholm hatte mit dem Hinweis, „dass wer arm ist, besonders schlau sein muss" mit intelligenten Personen, zu denen auch der spätere Wirtschaftsminister Bernd Rohwer gehörte, über tagesaktuelle Aufgaben hinausgehende Lösungsansätze nachdenken lassen. Heide Simonis ließ sich wohl von der Absicht leiten, sich von ihrem Vorgänger zu emanzipieren. Mit dieser falschen Entscheidung wurde der Regierungsglanz unter Björn Engholm durch Alltagsarbeit ersetzt. Politisch verblasste der Einfluss des Landes auf die Bundespolitik. Nur die Einmaligkeit einer Ministerpräsidentin mit undiplomatischer Wortwahl wurde noch mit Schleswig-Holstein politisch identifiziert.

Ich war nicht der einzige, den Heide Simonis bis zu ihrem Ausscheiden aus dem Parlament spüren ließ, dass sie nichts vergessen kann. Auch in der Personalie Uwe Jensen konnte Heide Simonis sehr nachtragend sein. Ihre Abneigung gegenüber dem für seine solide und bedächtige Arbeit sowie seine juristische Kompetenz anerkannten Uwe Jensen zeigte sich erneut im Herbst 1996. Nach der Berufung des Präsidenten des Oberverwaltungsgerichts, Wulf Jöhnk, zum Staatssekretär im Justizministerium wurde Uwe Jensen vom Präsidialrat mit der besten Benotung zum Nachfolger vorgeschlagen. Auch die CDU-Landtagfraktion signalisierte eine Zustimmung zu seiner Wahl. Dennoch beharrte Heide Simonis auf ihren Vorschlag, das Amt einem CDU-Bewerber zu übertragen, um in Absprache mit der CDU dafür die Leitung des Lübecker Amtsgerichts für einen Sozialdemokraten zu greifen. Mein heftiger Protest in der Fraktionssitzung war vergeblich. Die Fraktionsmitglieder wollten Heide Simonis nicht mit einer Abstimmungsniederlage blamieren.

Im Sommer 1994 gab Heide Simonis erneut Anlass zur Verärgerung über ihre Personalpolitik. Der weit über alle Parteigrenzen anerkannte parteilose Umweltminister Professor Berndt Heydemann hatte nach einem Jahr die Lust an einer weiteren Zusammenarbeit mit Heide Simonis verloren und trat zurück. Eigentlich sollte er nach dem Willen von Heide Simonis bereits 1993 nach ihrer Wahl zur Ministerpräsidentin ausgewechselt werden. Mit Rückenstärkung der Fraktion, bei der Heydemann über einen großen Rückhalt verfügte, konnte ihr Vorsitzender Gert Börnsen diese Absicht durch seinen Einspruch 1993 vereiteln. Ich halte es im Hinblick auf das Erstarken der Grünen bei der nachfolgenden Landtagswahl 1996 für einen großen strategischen Fehler von Heide Simonis, nicht an Berndt Heydemann festgehalten zu haben. Sein Engagement im Natur- und Umweltschutz hat die Umweltpolitik der SPD sehr geprägt und dem Land genützt. Ich habe sein Engagement sehr geschätzt und bin seinen parlamentarischen Debattenbeiträgen immer mit großem Interesse gefolgt. Um so größer war nicht nur bei mir die Empörung, dass die von Heide Simonis zu unserer großen Überraschung ausgesuchte, ebenfalls parteilose Nachfolgerin, Edda Müller, schon nach wenigen Amtstagen ihre Kritik an der Arbeit ihres Vorgängers mit den Worten beschrieb, „sie habe verbrannte Erde übernommen". Diese Kritik war nicht nur völlig unberechtigt, sie war auch unanständig und führte sowohl auf dem SPD-Landesparteitag am 18. Juni 1994 als auch in der Fraktionssitzung drei Tage später zu lebhafter Kritik. Zu meinem Unverständnis war Edda Müller nicht bereit, sich für diese Entgleisungen bei ihrem Vorgänger zu entschuldigen. In der Umweltpolitik hat Edda Müller bis zu ihrem Ausscheiden aus dem Kabinett nach der Landtagswahl 1996 keine Spuren hinterlassen.

Eine Abwechslung brachte für mich die schon erwähnte Teilnahme an einer zweiwöchigen Reise nach Kanada im Juni 1993. Auf dem Besuchsprogramm standen viele Gespräche mit Unternehmern, Handelskammern, Parlamentariern und Regierungsvertretern in den Provinzen Ontario, Manitoba sowie der Hauptstadt Ottawa. In der Provinz Manitoba führte unsere kleine Delegation Gespräche mit dem Premierminister sowie den zuständigen Ministern für Umwelt, Arbeit und Handel und Tourismus. Auf einem Parteitag der damals regierenden konservativen Partei in Ottawa begegneten wir auch der Ministerpräsidentin Kim Campbell. Beim Besuch eines im Bau befindlichen „Endlagers" für Atommüll wurde deutlich, dass auch die Kanadier noch keine Lösung für ihren Atommüll hatten. In der Hauptstadt von Manitoba, Winnipeg, war ich Wochenend-Gast eines deutschstämmigen Bauunternehmers, der es als Einwanderer zu großem Reichtum gebracht hatte. Ein Jahr später konnte ich ihn bei mir zu Hause in Rendsburg zu einem Gegenbesuch empfangen.

Im Juni 1993 habe ich als erster Politiker öffentlich gefordert, mit den Planungen für einen Ersatz der Rendsburger Eisenbahnhochbrücke zu beginnen. Das Thema war in den nächsten Jahren Anlass für viele öffentliche Erklärungen, Konferenzen und Landtagsanträge. Da ich in unmittelbarer Nähe zum Wahrzeichen der Stadt geboren wurde und aufgewachsen war, wusste ich, wovon ich sprach. Am 1913 fertiggestellten Bauwerk aus Stahl nagte der Zahn der Zeit. Obwohl Ingenieure der Schifffahrtsverwaltung des Bundes dem Objekt weitere 25 Lebensjahre bescheinigen wollten, bestand und besteht aus meiner Sicht Handlungsbedarf. Nach meinen Erfahrungen würde es 20 Jahre vom Beginn der Planungen bis zur Eröffnung einer Alternative dauern, die angesichts der Bebauungsdichte in der Region nur in einem Eisenbahntunnel bestehen kann. Ich empfahl auch eine gemeinsame Schienen und Straßenunterquerung zu prüfen. Erstaunt nahm ich später zur Kenntnis, dass auch Otto Bernhardt als Chef der Rathausfraktion der Rendsburger CDU das Anliegen unterstützte.

Nach der Landtagswahl 1996 konnte ich durchsetzen, dass das Neubau-Projekt im Koalitionsvertrag von SPD und Grünen verankert wurde. Als ich einige Wochen später für meine SPD-Fraktion einen Antrag im Landtag begründete, der die Aufnahme von Planungen für einen Ersatz der Eisenbahnhochbrücke forderte, erntete ich bei den Mitgliedern von CDU und FDP nicht nur Ablehnung, sondern auch großes Gelächter. Diese ablehnende Position hat sich bis zu meinem Ausscheiden aus dem Landtag 2009 grundlegend verändert. Die SPD nahm die Forderung im Jahr 2000 in ihr Landtagswahlprogramm auf, und die Landesregierung meldete das Vorhaben nach der Landtagswahl noch ohne die Zustimmung der CDU und FDP

Staatssekretär Ulrich Lorenz und Kreispräsidentin Elke Heinz

im Landtag zum Bundesverkehrswegeplan bei der Bundesregierung an. Als sich SPD und CDU 2005 auf eine Große Koalition verständigten, wurde meine noch 1996 belächelte Forderung Inhalt des Koalitionsvertrages. Zur Landtagswahl 2009 übernahm die CDU die Forderung sogar in ihr Wahlprogramm. Dennoch harrt das nun parteiübergreifende Anliegen immer noch der Umsetzung. Auch in meinen Gesprächen im Bundesverkehrsministerium habe ich keine Einsicht erkennen können. Dort hieß es stets, es fehle das Geld, man habe die Brücke gerade mit Millionenaufwand saniert, und außerdem werde sie sowieso nicht mehr so stark beansprucht werden, wenn eines fernen Tages die feste Fehmarnbeltquerung fertig sei. Mir bleibt nur die Hoffnung, dass meine Befürchtungen über einen möglichen Verkehrskollaps auf der wichtigsten Nord-Süd-Verbindung im Schienenverkehr des Landes vielleicht doch unbegründet sind.

Vor den Kommunalwahlen 1994 suchte die Führung der Landes-CDU nach einem zugkräftigen Thema, um das große Tief, in das sie nach der Barschel-Affäre gefallen war, programmatisch zu überwinden. CDU-Chef Ottfried Hennig überraschte selbst seine eigenen Parteifreunde außerhalb des Landtags mit der Forderung nach „mehr Demokratie durch die Direktwahl von Bürgermeistern und Landräte". Mit der Unterschriftensammlung für einen Volksentscheid wollte er dem Kommunalwahlkampf der CDU einen Mobilisierungsschub geben. Auch die SPD-Landtagsfraktion war von diesem Vorschlag völlig überrascht, hatte sich die CDU im Landtag doch noch drei Jahre vorher mit allen Mitteln der Aufnahme von mehr Mitwirkungsrechten von Bürgern in der Kommunalpolitik widersetzt und entsprechende Gesetzentwürfe der SPD abgelehnt. In vielen Kommunen mit CDU-Mehrheiten gab es immer noch keine Bürgerfragestunde und die Ausschüsse tagten hinter verschlossenen Türen. In der SPD wurde die Initiative des politischen Gegners als großes Risiko gesehen. Gert Börnsen sprach von „einer Riesengefahr für die SPD". Mit Argumenten war der populistischen Forderung kaum zu begegnen, schließlich wollte niemand „gegen mehr Demokratie sein. Bei den Kommunalpolitikern von CDU und SPD hielt sich die Begeisterung in Grenzen. Hier fürchtete man nicht zu Unrecht um den politischen Einflusses der gewählten Mandatsträger.

Ich selbst war und bin ein Gegner der Direktwahlen. Ich wandte mich schon 1993 dagegen, weil ich als ehemaliger Kommunalpolitiker die Gefahr sah, dass sie die vom Volk gewählten kommunalen Vertretungen schwächen würden. Dennoch habe ich gegen meine Überzeugung geraten, im Landtag den Initiativen der CDU zuzustimmen. Ich wollte einen Volksentscheid vermeiden, bei dem die Vertreter der SPD den Wählern hätten darlegen müssen, warum sie die unmittelbare Beteiligung der Wähler für falsch hielten.

Es bedurfte nach vielen von Meinungsverschiedenheiten geprägten Diskussionen in der Landtagsfraktion erst eines dritten Landesparteitags am 13. Mai 1995 im Kongresszentrum in Damp, bis sich eine knappe Mehrheit für die Direktwahlen fand. Die Landes-CDU war im Ergebnis erfolgreich gewesen: Sie hatte mit einem Thema den Kommunalwahlkampf dominiert, mit ihrer Mobilisierung die notwendige Zahl an Unterschriften gesammelt und sich inhaltlich durchgesetzt. Nur die ursprünglich von der CDU angedachte Direktwahl auch der ehrenamtlichen Bürgermeister war am Widerstand der eigenen Parteibasis gescheitert. Die Direktwahlen wurden zum 1. April 1998 eingeführt.

Die Erfahrungen mit der Direktwahl haben die anfängliche Skepsis bestätigt. Die Beteiligung bei den Direktwahlen von hauptamtlichen Bürgermeistern und Landräten tendierte zwischen 25 Prozent und 35 Prozent. Nur wenn sie mit überregionalen Parlamentswahlen zusammengelegt waren, gaben mehr Menschen ihre Stimme ab. Der Verlust an politischer Bedeutung der gewählten ehrenamtlich tätigen Kommunalpolitiker ist gravierend. Der Bürgermeister ist nach Abschaffung der Magistratsverfassung nicht mehr nur zuständig für die Umsetzung der Beschlüsse des ehrenamtlich besetzten Magistrats, der Stadtregierung. Er hat in vielen Bereichen ein eigenes Entscheidungsrecht. Die Berufung auf die Direktwahl durch die Einwohnerinnen und Einwohner gibt ihm zugleich eine emotionale Unabhängigkeit gegenüber der gewählten Kommunalvertretung.

Es war ein Verdienst der Großen Koalition von SPD und CDU, 2009 wenigstens die Direktwahlen der Landräte wieder abzuschaffen. Die Beteiligungen an diesen Wahlen lagen teilweise noch unter 25 Prozent. Die Wahlbürger konnten sich mit dem für die Verwaltung des Kreises zuständigen Landrat noch weniger identifizieren als mit ihrem Bürgermeister.

Die Kommunalwahlen waren auf den 20. März 1994 festgelegt worden. Für Heide Simonis war es der erste Stimmungstest nach ihrer Wahl zur Ministerpräsidentin ein Jahr zuvor. Für den Kreistag kandidierte erstmals auch der 24-jährige Student Kai Dolgner, der später mein Wahlkreismitarbeiter und 2009 mein Nachfolger als SPD-Landtagskandidat wurde. Seine Bewerbung erinnerte mich daran, dass auch ich bereits im Alter von 25 Jahren zum Mitglied der Rendsburger Ratsversammlung und zum ehrenamtlichen Senator der Stadt gewählt wurde. Dolgner gewann seinen Büdelsdorfer Kreistags-Wahlkreis mit großem Vorsprung.

Am Wahlabend bestätigte sich, dass die SPD-Kommunalpolitiker für das Desaster bei der Aufarbeitung der Barschel-Affäre bestraft wurden. Zwar blieb die SPD mit 39,5 Prozent stärkste politische Kraft im Lande, musste aber landesweit einen Verlust von 3,4 Prozent einstecken. Erstaunt war ich, dass die CDU von ihrer Initiative zur Einführung von Direktwahlen und den internen Differenzen in der SPD nicht profitieren konnte. Sie büßte gegenüber 1991 noch einmal 3,8 Prozent ein. Mit 37,5 Prozent erzielte sie das schlechteste Ergebnis bei Kommunalwahlen seit 1945. Eindeutiger Gewinner waren die Grünen mit 10,3 Prozent. Erfreut nahm ich nach den Erfahrungen mit der inzwischen völlig zerstrittenen rechtsextremen DVU im Landtag zur Kenntnis, dass weder DVU noch NPD in Schleswig-Holstein ein einziges kommunales Mandat erringen konnten.

In Rendsburg-Eckernförde verlor die SPD gegenüber 1990 nur 2,4 Prozent und erreichte 40,2 Prozent, die CDU verlor 3,9 Prozent. Da die Grünen sich von 5 auf 9,2 Prozent verbesserten, konnte erstmals in der Geschichte des Kreises ein Bündnis aus Sozialdemokraten und Grünen geschmiedet werden. Zum ersten Mal stellte die SPD mit Elke Heinz aus Westerrönfeld die Kreispräsidentin. Elke Heinz war auch einige Jahre meine Stellvertreterin im Amt des SPD-Kreisvorsitzenden. Sie löste Reimer Struve aus Bordesholm ab, der das Amt zehn Jahre lang ausgeübt hatte. Elke Heinz wurde eine erfolgreiche und über die Parteigrenzen anerkannte Vorsitzende des Kreistags, bis sie das Amt 2003 nach zwei Legislaturperioden freiwillig in jüngere Hände legen wollte.

In Rendsburg konnte die SPD ihre absolute Mehrheit in der Ratsversammlung mit 49,0 Prozent verteidigen. Die CDU verlor 5,8 Prozent gegenüber der Kommunalwahl 1990 und hinterließ eine „total enttäuschte" Ortsvorsitzende Gudrun Hunecke. Das gute Abschneiden der SPD war schon deshalb erstaunlich, weil mit der Bürgerinitiative „WIR" eine völlig neue Gruppierung sofort 11,1 Prozent der Stimmen erhalten hatte.

Nach meinem intensiven Einsatz im Kommunalwahlkampf hatte ich mit Blick auf die Landtagswahl 1996 begründete Hoffnung, den Wahlkreis wieder gewinnen zu können. Heide Simonis lenkte von ihrer Verantwortung an den Stimmenverlusten der SPD auf Landesebene mit dem Hinweis ab, dass „im wesentlichen regionale Probleme" eine Rolle gespielt hätten. Auf die Frage, ob in den Grünen ein „zukünftiger Partner heranwachse", antwortete Heide Simonis, dass sie 1996 „noch einmal die absolute Mehrheit gewinnen" wollte.

Der Kommunalwahl folgte im Herbst am 16. Oktober die Bundestagswahl 1994. Der Kanzlerkandidat der SPD, Rudolf Scharping, blieb gegenüber Bundeskanzler Helmut Kohl (CDU) chancenlos. Zwar konnte sich die SPD bundesweit um 3,3 Prozent auf 36, 8 Prozent verbessern, doch blieben die Unionsparteien trotz eines Verlustes von 2,1 Prozent immer noch bei 41,7 Prozent der Stimmen. Die FDP erreichte trotz eines Verlustes von 4,4 Prozent noch 6, 6 Prozent, die gemeinsam mit der CDU zur Regierungsbildung reichten. Die PDS erhielt als Nachfolgepartei der Unrechts-SED der DDR bundesweit nur 4,3 Prozent. Weil sie aber vier Direktmandate gewann – allesamt im Ostteil von Berlin – war sie gemäß dem Bundeswahlgesetz von der Fünf-Prozent-Hürde befreit. Im Regierungsteam von Rudolf Scharping standen Gerhard Schröder für Wirtschaft und Energie sowie Oskar Lafontaine für Finanzen. Für Heide Simonis und die schleswig-holsteinische SPD war das Landesergebnis ein Warnschuss im Hinblick auf die Landtagswahl 1996. Die SPD erreichte nur 42, 8 Prozent und blieb damit weit unter den Zugewinnen auf der Bundesebene. Die CDU blieb mit 45,7 Prozent stärkste politische Kraft im Lande. Die Landes-FDP halbierte ihr Wahlergebnis von 1990 und stürzte auf drei Prozent ab. Die Kandidatin der SPD im Kreisgebiet, Ulrike Mehl, konnte zwar ihren Wahlkreis gegen den Bewerber von der CDU, Gerhard Stoltenberg, erwartungsgemäß nicht gewinnen, verringerte aber den Abstand auf 4,2 Prozent. Sie gelangte wieder über die Landesliste in den Bundestag.

Im Landtag, der SPD-Landtagsfraktion, dem Untersuchungsausschuss und in den Medien tobte unterdessen die Auseinandersetzung um die Bewertung der sogenannten Schubladenaffäre und den Umgang von SPD-Politikern mit angeblich frühem Wissen weiter. In der Landtagsfraktion bildeten sich zwei Lager, ein Spiegelbild der Verhältnisse unter den sozialdemokratischen Vertretern im Untersuchungsausschuss. Hier argumentierten insbesondere Bernd Saxe und Ruth Springer gegen die Täterrolle von Günther Jansen und Björn Engholm, während der andere Teil unter der politischen Führung des Ausschussvorsitzenden Heinz-Werner Arens und Claudia Preuß-Boehart sich zunehmend der Argumentationslinie der CDU anschloss. Demnach sollte vorwiegend Reiner Pfeiffer für die Machenschaften aus der Staatskanzlei verantwortlich gewesen sein und nicht Uwe Barschel. Einige Repräsentanten der SPD hätten frühes Wissen darüber absichtsvoll verheimlicht. Ich selbst war von dieser Argumentation nicht überzeugt. Ich wunderte mich, dass Verschwörungstheorien verbreitet wurden und plötzlich aus dem Nichts auftauchende Zeugen sich genau erinnern konnten, was sie bereits 1987, also sieben Jahre vorher, an Nachbartischen oder bei privaten Geburtstagsfeiern mitgehört haben wollten. Zu einem verbalen Schlagabtausch kam es in der Fraktionssitzung am 30. November 1993, als über ein sogenanntes Arens-Papier diskutiert wurde. Björn Engholm warf ihm vor, eine Komplott-Theorie verbreitet zu haben. Gert Börnsen nannte das Verhalten von Arens „katastrophal". Börnsen wurde von mir unterstützt, als er ihn zum „Kronzeugen der Opposition" ernannte. Zum ersten Mal wurde thematisiert, dass die Fraktion womöglich von den „falschen Leuten" im Ausschuss vertreten werde. Meine Vier-Augen-Gespräche mit Heinz-Werner Arens und Vermittlungsgespräche mit beiden Gruppierungen im Auftrag des Fraktionsvorstandes blieben ohne Ergebnis. Sie belasteten leider erheblich mein bisher freundschaftliches Verhältnis zu Heinz-Werner Arens, der wie ich 1979 erstmals zum Mitglied des Landtags gewählt worden war.

Einige Mitglieder der Landtagsfraktion führten die abgrundtiefe Verachtung für Björn Engholm, die sie bei Heinz-Werner Arens beobachteten, auf ein angebliches nicht eingelöstes Versprechen zurück. Engholm sollte Arens zugesichert haben, nach dem Wahlsieg Bildungsminister zu werden. Eva Rühmkorf, die dann tatsächlich Bildungsministerin wurde, berichtet in ihren Erinnerungen („Hinter Mauern und Fassaden") von einem Gespräch mit Heinz-Werner Arens wenige Tage nach der Landtagswahl 1988. Arens habe sie informiert, dass er im Sommer 1987 von Engholm erfahren habe, dass er nicht Bildungsminister werden könne. „Er solle aber Staatssekretär im Bildungsministerium werden". Rühmkorf, die von dieser angeblichen Absprache nichts wusste, hatte sich mit Peter Kreyenberg bereits einen anerkannten Verwaltungsjuristen an ihre Seite geholt. Sie bat Engholm, mit Arens ein klärendes Wort zu sprechen.

Unterstützung bekam Heinz-Werner Arens vom SPD-Bundestagsabgeordneten Norbert Gansel. Er meldete sich öffentlich und auf Parteitagen immer wieder zu Wort, um mit Gert Börnsen, Günther Jansen und Björn Engholm „abzurechnen". Meine freundschaftliche Beziehung mit Norbert Gansel wurde von ihm aufgekündigt, als er in seinem Eifer gar die Forderung erhob, auch Aufzeichnungen von Björn Engholms Telefongesprächen in den Untersuchungsausschuss einzuführen, die die DDR-Staatssicherheit bis 1989 illegal mitgeschnitten hatte. Damit sollte angebliches frühes Wissen von Engholm belegt werden können. Eine solche rechtstaatswidrige Forderung widerte mich regelrecht an. Entsprechend empörte ich mich auf einem Landesparteitag und äußerte mich in diesem Sinne auch in einem Interview gegenüber dem ZDF. Heinz-Werner Arens und die Anhänger seines Kurses gestatteten der sogenannten Gauck-Behörde sogar, ihre von der Stasi übernommenen Unterlagen an den Untersuchungsausschuss zu übergeben. Die Unterlagen wanderten zwar in den Panzerschrank des Landtages, wurden aber von einigen Abgeordneten eingesehen. Ein leitender Beamter der Stasi-Unterlagen-Behörde wurde angehört. Erst eine Entscheidung des Kieler Amtsgerichts vom 26. Mai 1995 stoppte diesen rechtsstaatswidrigen Eifer. Die SPD-Fraktion entschied in ihrer Sitzung am 4. April 1995 bei drei Gegenstimmen und drei Stimmenthaltungen, dass „sie die Einsichtnahme und Verwendung illegal abgehörter Telefonate durch die Stasi aus grundsätzlichen Erwägungen ablehnt".

Illegal abgehörte Telefongespräche, und damit war auch die Veröffentlichung im März 1995 in der Zeitschrift „Tango" gemeint, dürften in keinem Fall Einfluss auf die abschließende Bewertung haben. Zu meiner großen Enttäuschung haben sich einige Mitglieder der SPD im Untersuchungsausschuss anschließend nicht an den Fraktionsbeschluss gehalten. Gerade dieses Verhalten veranlasste wiederum eine Gruppe von sieben Fraktionskollegen, zu denen ich gehörte, sich am 28. April 1995 mit einem Beschwerdebrief an Heide Simonis, Gert Börnsen und Willy Piecyk zu wenden. Wir wiesen darauf hin, dass der rechtsstaatswidrige Umgang mit illegalen Schnüffelprotokollen keine Lappalie sei, sondern grundsätzliche Positionen unserer Partei berühre. Deshalb gab es für uns keine Begründung für das Abweichen von dem Fraktionsbeschluss. Am Ende des Schreibens forderten wir, die Handlungsfähigkeit der Fraktion wieder herzustellen und „dass es wieder einen Konsens über die Geschlossenheit in der Umsetzung von Fraktionsbeschlüssen gibt".

Zu den Besonderheiten der Befragungen im Untersuchungsausschuss zählte auch ein angebliches Gespräch im ehemaligen Arkaden-Cafe hinter dem Landeshaus, bei dem der Kellner und der NDR-Redakteur Jürgen Grossmann einige Tage vor der Landtagswahl 1987 Aussagen von Gert Börnsen gehört haben wollen. Gert Börnsen bestritt die Aussagen nicht nur inhaltlich. Laut seinem Terminkalender und der Aussagen anderer Beteiligter habe dieses Treffen gar nicht stattgefunden.

Als unvorstellbar und ungeheuerlich empfand ich einen elektronischen Lauschangriff des zwischenzeitlich eingestellten Magazins „Tango" auf ein Mitglied der SPD im Untersuchungsausschuss, Ruth Springer. In einem Telefonat am 8. Januar 1995 soll sie mit Klaus Nilius Absprachen getroffen haben, „um Barschels ehemaligen Medienreferenten Reiner Pfeiffer an einer Aussage zu hindern, die die SPD belasten könnte". Anstatt das verfassungswidrige Mithören und die Veröffentlichung des Telefonats zu kritisieren, machten auch einige SPD-Mitglieder im Untersuchungsausschuss die im „Tango" zitierten Ausführungen von Ruth Springer zum eigentlichen Thema. Sie musste nach öffentlichen Protesten den Ausschuss verlassen. Mit ihren Vorhaltungen an Ruth Springer konnten CDU und FDP erfolgreich davon abzulenken, dass Werner Kalinka, ein früherer und späterer CDU-Landtagsabgeordneter aus dem Kreis Plön, Redakteur bei „Tango“ war.

Seit Aufnahme der Beratungen des Parlamentarischen Untersuchungsausschusses 1993 gab es keine Sitzung der Landtagsfraktion, in der nicht heftig über Berichte aus dem Ausschuss oder Verfahrensabläufe gestritten wurde. Viele andere landespolitische Aufgaben gerieten in den Hintergrund. Ich habe nie gezögert, die Ergebnisse des Untersuchungsausschusses von 1987/1988 gegen die neuen Verschwörungstheorien zu verteidigen.

Die Diskussionen in der Partei blieben insbesondere für den Fraktionsvorsitzenden Gert Börnsen nicht folgenlos. Am 13. Juni 1995 unterlag er auf der Wahlkreiskonferenz der Kieler SPD bei der Kandidatur um einen Landtagswahlkreis seinem Parteifreund Jürgen Weber. Vielleicht nicht ganz zufällig war einige Tage zuvor vom Magazin „Stern“ berichtet worden, Börnsen sei von der Stasi unter dem „OM Kobra“ abgeschöpft worden. Auch eine angebliche Mitarbeit für den bundesdeutschen Verfassungsschutz wurde ihm nachgesagt. Börnsen wies die Unterstellungen in einer Sondersitzung der Landtagsfraktion am 14. Juni zurück. Nicht wenige in der Fraktion vermuteten im Hintergrund Norbert Gansel als Verantwortlichen für den Sturz von Börnsen. Dieser bat nach einer längeren Diskussion mit tränenerstickter Stimme um das Vertrauen der Fraktion. In einer geheimen Abstimmung sprachen 42 Abgeordnete der Fraktion ihm das erbetene Vertrauen aus, zwei Mitglieder hatten keine Meinung und enthielten sich. Am selben Tag schrieb Gert Börnsen einen Leserbrief an den „Stern“, in dem er unter Hinweis auf ein Schreiben des Bundesbeauftragten für die Stasi-Unterlagen, Joachim Gauck, vom 2. August 1993 mitteilte, dass er tatsächlich ohne sein Wissen vom Ministerium für Staatssicherheit der DDR in den achtziger Jahren mit dem Decknamen „Kobra“ als angeblicher „Agent“ des westdeutschen Verfassungsschutzes geführt worden sei. Der Präsident des Bundesamtes für Verfassungsschutz habe ihm bestätigt, dass er nach den bekannten Daten der bundesdeutschen Verfassungsschutzbehörden nicht als Agent des Verfassungsschutzes tätig gewesen sei.

Alle Versuche der Opposition, auch die neue Ministerpräsidentin Heide Simonis in den Strudel der SPD-internen Streitigkeiten und in die Nähe von früherem Wissen um die Machenschaften von Uwe Barschel hinein zu ziehen, scheiterten. Simonis war klug genug, sich mit öffentlichen Erklärungen zurückzuhalten. Gegenüber dem NDR-Fernsehen machte sie am 9. März 1995 eine Ausnahme. Sie wandte sich gegen das Abhören von Telefonaten und die Einführung abgehörter Gespräche in den Untersuchungsausschuss. Angesprochen auf ihren Hinweis, der Untersuchungsausschuss sei so wichtig wie ein Kropf, meinte Simonis, es gebe „verdammt große Probleme in Schleswig-Holstein". „Wir wissen, dass Mitglieder meiner Partei im ersten Untersuchungsausschuss gelogen haben. Das ist alles andere als verzeihlich und auch nicht schön. Und dafür haben wir uns beim Wähler zu entschuldigen". Nun solle das Parlament sich aber wieder mit ganzer Kraft um die Probleme des Landes kümmern. Heide Simonis erinnerte an die nachgewiesenen Lügen von Uwe Barschel in der sogenannten Ehrenwort-Pressekonferenz und verbat sich, „daraus einen Wahlbetrug der SPD zu machen". Diese klaren Worte von Heide Simonis kamen zwar spät, aber nicht zu spät.

In der Fraktionssitzung am 8. November 1994 hörten wir, dass Björn Engholm sein Landtagsmandat niedergelegt habe. Er selbst war nicht erschienen. Damit endete eine bedeutende Ära der Landespolitik, die 1983 mit seiner Wahl in den Landtag so hoffnungsvoll begonnen hatte und viele Höhen und einen Tiefpunkt verzeichnete. Der Mandatsniederlegung ging eine Woche vorher eine leidenschaftliche Diskussion in der Landtagsfraktion voraus, in der in krankheitsbedingter Abwesenheit von Björn Engholm (er sei „physisch angeschlagen") über seinen bekannt gewordenen Beratervertrag für ein Energieunternehmen gestritten wurde. Dass Engholm die Fraktion darüber nicht informiert hatte, nannte Gert Börnsen „einen groben Fehler", verteidigte aber den Beratervertrag. Die Ostsee-Beratung durch den früheren Ministerpräsidenten liege „im Interesse des Landes". Während der Kollege Klaus-Peter Puls die sofortige Mandatsniederlegung verlangte, wurde Engholms Verhalten von Heide Simonis und auch von mir verteidigt.

Mit Genugtuung nahm ich in der Fraktionssitzung am 29. November 1994 zur Kenntnis, dass auch Günther Jansen als Geschäftsführer der Park-Klinik in Manhagen vor Hamburg eine neue Aufgabe gefunden hatte.

Je näher der Zeitpunkt der Verabschiedung des Berichts des Untersuchungsausschusses heranrückte, desto frostiger wurde die Atmosphäre in der Landtagsfraktion. Gert Börnsen wandte sich noch einmal am 2. Juni 1995 an die Medien, um die Mitglieder des Untersuchungsausschusses „zur Einsicht und Umkehr" aufzufordern. Insbesondere wehrte er sich gegen ihn selbst bestreffende „Äußerungen in verleumderischer Absicht". An einen

Erfolg seines Appells an Heinz-Werner Arens, „die Haltlosigkeit der CDU-Behauptungen zu bezeugen und die Opposition zur Mäßigung zu rufen" wird er selbst nicht geglaubt haben. Auch ich habe mich in mehreren Sitzungen der Landtagsfraktion gegen den Eifer der selbst ernannten Aufklärer gewandt. Für mich bleibt die von ihnen aufgestellte Behauptung, „dass es keine gerichtsverwertbaren Hinweise für die Urheberschaft Uwe Barschels an den von Reiner Pfeiffer gegen Björn Engholm durchgeführten Aktionen gibt" eine bewusste Legendenbildung. Für die Mehrheit der Mitglieder in der SPD-Landtagsfraktion und den SSW gaben zwei Mitglieder der SPD im Untersuchungsausschuss, Bernd Saxe und Rolf Selzer, sowie Karl-Otto Meyer für den SSW einen „Minderheitenbericht" ab. Ich teilte die Feststellung, dass der neue Untersuchungsausschuss wesentlich neue Erkenntnisse zur Intensität, zu Häufigkeit und Inhalten der unmittelbaren Kontakte zwischen Barschel und Pfeiffer gegenüber den Erkenntnissen aus der Beweisaufnahme des Untersuchungsausschusses von 1988 nicht erbracht habe. Pfeiffer, der noch am 24. April 1987 an Barschel geschrieben hatte, er sei „bereit für ihn und seinen Wahlsieg bis zum Umfallen zu kämpfen", habe im Auftrag von Uwe Barschel seine Machenschaften gegen Björn Engholm entwickelt. Das Minderheiten-Papier kam auch zu der Schlussfolgerung, dass es keine Anhaltspunkte für eine andere Herkunft der Geldzuwendungen von Günther Jansen gab. Das Geld stamme aus dem Privatvermögen der Familie Jansen. Man habe auch erkannt, dass Günther Jansen für seine Zahlungen keine anderen als von ihm benannte Motive gehabt habe.

Kurz vor der Verabschiedung von zwei unterschiedlichen Voten aus der SPD-Landtagfraktion unternahm ich gemeinsam mit meinen Kollegen Holger Astrup und Klaus-Peter Puls einen letzten Versuch, zwischen beiden Positionen zu vermitteln. Gegenüber der Fraktion und dann auch gegenüber der Presse musste ich am 31. Oktober die Sinnlosigkeit eines solchen Unterfangens eingestehen.

Günther Jansen und Björn Engholm nahmen selbst noch kurz vor der Sondersitzung des Landtags am 19. Dezember 1995, auf der die Ergebnisse des Untersuchungsausschusses nach 30 Monaten Beratungszeit diskutiert werden sollten, in getrennten Schriftsätzen zum Bericht der Ausschussmehrheit Stellung. Björn Engholm beschwerte sich, weil „das Ergebnis aus Vermutungen, Annahmen, Behauptungen und Unterstellungen" bestehe und Beweise fehlten. Ich teilte sein Bedauern, dass der Ausschuss „mehrheitlich vermieden hat, zwischen den Verleumdungskampagnen der Barschel-CDU sowie den eigentlichen Machenschaften Barschels und seines Gefolges und der Kenntniserlangung über die Machenschaften und Kenntnisse über deren Hintergründe zu unterscheiden". Ähnlich äußerte sich auch Günther Jansen in einem 25 Seiten langen Schreiben vom 30. November 1995. Er stellte zutreffend fest, dass „Teile des Ausschusses ... mit gewollten Rechtsverletzungen nur ein Ziel verfolgt" hätten, nämlich „durch Vermutungen ... und einseitiger Einordnung von Fakten eine neue Wahrheit zu konstruieren".

In der Sitzung der SPD-Landtagsfraktion am 12. Dezember 1995 sollte die Sondersitzung des Landtages vorbereitet werden. Hier prallten noch einmal alle persönlichen Unterstellungen und Herabsetzungen der beiden Gruppierungen in der Fraktion mit großer Leidenschaft und Böswilligkeit aufeinander. Auch ich war nicht frei von emotionalen Bewertungen. Ich teilte den Vorwurf von Gert Börnsen, dass „der Arbeitskreis PUA (Parlamentarischer Untersuchungsausschuss) an der Fraktion und dem Fraktionsvorstand vorbei gearbeitet" habe. Obwohl sich in der Abstimmung 21 Mitglieder gegen fünf Gegenstimmen und Enthaltung von Heinz-Werner Arens für einen „gemeinsamen Bericht" aussprachen, war die Gruppe um Claudia Preuß-Boehart zunächst nicht zur Zustimmung bereit, weil sie „die Gesamtbewertung für falsch" hielt. Erst nach zwei Pausen und fünf Änderungen kam es zu einer „einstimmigen Bewertung". Die Eintracht in der Fraktion hielt nur zwei Tage. Bereits am 14. Dezember 1995 widerrief Claudia Preuß-Boehart ihre Zustimmung zum Kompromiss.

Auch in der Landtagsdebatte zeigten sich noch einmal die unterschiedlichen Auffassungen der SPD-Mitglieder. Dabei sollte der Ausschussbericht lediglich „zur Kenntnis genommen" werden. Die SPD brauchte viele Jahre, um sich vom Streit um die Bewertung der Barschel-Machenschaften und ein früheres Wissen von SPD-Mitgliedern zu erholen. Viele Mitglieder hatten die Partei aus Enttäuschung oder Verärgerung verlassen. Private Freundschaften brachen auseinander. Der Untersuchungsausschuss hatte zwar 30 Monate getagt, politische Karrieren beendet, obskure Zeugen mit nicht beweisbaren Behauptungen gehört und viel Merkwürdiges zutage geführt, aber in der Wahrnehmung der Öffentlichkeit an den wesentlichen Feststellungen des ersten Untersuchungsausschusses zu den Machenschaften aus der von Uwe Barschel geführten Staatskanzlei nichts geändert. Darüber verspüre ich noch heute kein geringes Maß an Genugtuung. So dürfte es auch den drei Bischöfen der Nordelbischen Kirche ergangen sein, die bereits im Frühjahr 1994 in einem Appell an den Landtag von skurrilen Ergebnissen der Zeugenvernehmungen berichtet und ein schnelles Ende des Ausschusses gefordert hatten. Sie wiesen zu Recht frühzeitig darauf hin, dass neue Erkenntnisse nicht zu erwarten seien, aber die Politikverdrossenheit im Lande verstärkt werde. Ich hatte erst durch die Berichterstattung des „Spiegel" von den kriminellen Aktionen aus der Staatskanzlei und der CDU-Parteizentrale erfahren. Ich bin sehr unsicher in der Einschätzung, wie ich mich selbst verhalten hätte, wenn ich schon vorher etwas davon gehört hätte.

Landtagswahlen 1996, mein endgültiger Bruch mit Heide Simonis

Schon als der Untersuchungsausschuss seine Arbeit aufnahm, war klar, dass die Opposition alles daran setzen würde, mit dem Abschluss sehr dicht an den Termin für die nächste Landtagswahl 1996 zu gelangen. Das ist der Opposition nicht vorzuwerfen. Schließlich ist ein Parlamentarischer Untersuchungsausschuss in erster Linie ein politisches Kampfinstrument zur Durchsetzung politischer Ziele. Im Ergebnis waren CDU und FDP mit dieser Strategie erfolgreich, dieses Mal sogar mit tatkräftiger Unterstützung einiger Sozialdemokraten.

Die parteiinternen Auseinandersetzungen und die Rücktritte von Günther Jansen und Björn Engholm blieben nicht ohne Einfluss auf die Vorbereitungen der SPD für die Landtagswahl. Landesgeschäftsführer Werner Kindsmüller musste sein Amt aufgeben, weil wegen seiner Aussagen und seinem Verhalten im Zusammenhang mit dem Untersuchungsausschuss der Landesvorsitzende Willy Piecyk nicht mehr mit ihm zusammenarbeiten wollte. Er hatte vor laufender NDR-Kamera aus seinem Tagebuch vertrauliche Gespräche vorgelesen. Gert Börnsen wurde in seinem Kieler Wahlkreis nicht wieder aufgestellt. Ich selbst spürte im Wahlkreis keinen Gegenwind. Viele Veranstaltungen in den SPD-Ortsvereinen habe ich genutzt, um meine Version der zeitlichen und politischen Abläufe im Zusammenhang mit den Machenschaften aus der Staatskanzlei zu erklären. Nur mit Mühe konnte ich beim Ortsverein Fockbek den Mitgliedern einen Antrag auf Parteiausschluss von Heinz-Werner Arens ausreden.

Bereits am 20. Februar 1995 habe ich den Medien und den Ortsvereinen meines Wahlkreises mein Interesse mitgeteilt, 1996 wieder für den Landtag zu kandidieren. Mit meinen 46 Jahren stand ich vor der Entscheidung, Berufspolitiker zu werden, mich um ein Mandat als Bürgermeister oder Landrat zu bewerben oder in die Steuerverwaltung zurückzukehren. Trotz aller Verärgerung über die Vorgänge im Untersuchungsausschuss entschied ich mich für die Fortsetzung meiner Arbeit im Landtag. Natürlich hatte ich vorher bei vielen politischen Freunden sondiert, wie eine weitere Bewerbung ankommen würde. Da ich mich bei den parteiinternen Auseinandersetzungen klarer als andere positioniert hatte, rechnete ich auch mit einer Gegenkandidatur in der SPD. Ohne den Eindruck, mit meinem Politikstil akzeptiert zu werden, hätte ich nicht kandidiert. Ich meinte auch, mit Leidenschaft noch etwas für die Menschen und ihre Umwelt bewegen zu können. Mit meiner Entscheidung waren die Brücken für die Rückkehr in den gelernten Beruf zwar nicht formal, aber doch faktisch abgebrochen.

Die Wahlkreiskonferenz war für den 6. Juni 1995 in Fockbek festgesetzt worden. Bereits am 17. Mai hatte sich mein eigener Ortsverein Rendsburg einstimmig für meine erneute Kandidatur ausgesprochen. Dem folgte am 31. Mai der SPD-Ortsverein Fockbek, der sich nach einer Laudatio seines Ortsvereinsvorsitzenden, Pierre Gilgenast, ebenfalls einstimmig für meine Kandidatur aussprach. Auch aus den anderen Ortsvereinen hörte ich positive Signale. Am 6. Juni wurde ich in Fockbek in geheimer Wahl bei einer Enthaltung von allen anwesenden Delegierten gewählt. Meine Vorstellung nutzte ich für eine damals noch unpopuläre Ankündigung. Im Gegensatz zu Heide Simonis befürwortete ich eine Koalition mit den Grünen, falls die Sozialdemokraten bei der Landtagswahl die absolute Mehrheit verfehlen würden.

Im Sommer 1995 wurde der Nord-Ostsee-Kanal 100 Jahre alt. Als Parlamentarischer Vertreter des Wirtschaftsministers war ich verantwortlich für die Vorbereitung der Jubiläumsfeiern. Als sich am 20. Juni 1995 ein großer Schiffskorso von Brunsbüttel nach Kiel begab, standen bei traumhaftem Wetter Zigtausende von Menschen an den Ufern des Kanals, um die Schiffe aus vielen Ländern zu bewundern. Zusammen mit Bundespräsident Roman Herzog, Heide Simonis und Vertretern aus der internationalen Politik und der Diplomatie stieg ich in Rendsburg am Kreishafen auf das Flaggschiff, das Segelschulschiff der Bundesmarine „Gorch Fock“. Es war ein beeindruckendes Erlebnis.

Auf dem SPD-Landesparteitag am 25. und 26. November in Neumünster wurde Heide Simonis erstmals mit 155 Ja-Stimmen, elf Gegenstimmen und einer Enthaltung für Platz eins der Landesliste nominiert. Da die SPD zwischenzeitlich die Frauenquote bei der Besetzung politischer Ämter beschlossen hatte, musste ich mit dem aus meiner Sicht ungerechten Listenplatz 20 zufrieden sein. Die Beschlüsse über eine bessere Absicherung von weiblichen Bewerbern auf Wahllisten habe ich nach anfänglichen Zweifeln unterstützt. Die Quotenregelung garantiert endlich nach den Erfahrungen vergangener Jahrzehnte eine gleichberechtigte Vertretung von Frauen in den Parlamenten und kommunalen Vertretungen. 1995 und auch auf den nächst folgenden Listenparteitagen war ich über die Frauenquote hinaus auch ein Opfer von zu vielen Prominenten aus dem Kreisgebiet. Landeslisten werden auch immer nach regionalen Gesichtspunkten aufgestellt. Als meine Gegenkandidatin wurde von der CDU wiederum Gudrun Hunecke aufgestellt und für ihre politische Arbeit mit Platz 3 auf der Landesliste der CDU belohnt.

Der Landesparteitag sprach sich gegen meine Stimme mit großer Mehrheit für die Herabsetzung des Wahlalters bei Kommunalwahlen auf 16 Jahre aus. Ich halte eine solche Regelung, die gemäß der Koalitionsvereinbarung der SPD, der Grünen und dem SSW vom Juni 2012 auch auf die Beteiligung an Landtagswahlen ausgedehnt werden soll, nach wie vor für unangemessen. Ich sehe darin eine Anbiederung an die wenigen jungen Menschen, die in diesem Alter schon in der Lage sind, sich selbst eine fundierte politische Meinung zu bilden.

Gemeinsam mit Heide Simonis besuchte ich im November 1995 das Rendsburger Polizeirevier.

Im November 1995 startete ich die Aktion „Bürokratie mit Herz“, die bald weit über die Grenzen meines Wahlkreises hinaus für Aufmerksamkeit sorgte. Unter dem Motto „Die Peitsche für den Amtsschimmel“ ging es mir dabei um ein ernsthaftes Anliegen. Ich wollte im öffentlichen Dienst das kundenorientierte Denken stärken. Nach meinen Vorstellungen sollten die Bürger in den Dienststuben der Behörden genau so behandelt werden „wie in einem Autohaus“. Der Start dieser Aktion fand in den Medien große Resonanz. Ich forderte die Bürgerinnen und Bürger auf, sich vertraulich bei mir zu melden, wenn sie in Amtsstuben unangemessen behandelt wurden oder unverständlich formulierte Anträge und Vordrucke erhielten. Das Ergebnis übertraf die Erwartungen. Zweimal habe ich einen Preis für besonders dienstleistungsorientierte Beamte verliehen.

Eine noch heute von vielen Besuchern der Stadt Rendsburg bewunderte Einrichtung ist das Ergebnis meiner Initiative aus 1995: die Schiffsbegrüßungsanlage unter der Eisenbahnhochbrücke am Nord-Ostsee-Kanal. In einem Schreiben an den Verkehrsverein Rendsburg und dem Verein Regional Marketing Rendsburg schlug ich vor, eine solche Anlage in Verbindung mit einem gastronomischen Betrieb einzurichten. Eine solche Einrichtung bot eine hervorragende Möglichkeit, Rendsburg stärker als bisher im Ausflugtourismus zu positionieren und ganzjährig Besucher aus dem Land und aus Dänemark anzulocken. Jürgen Muhl, der Lokalchef der Landeszeitung, zog meine Anregung in seiner wöchentlichen Kolumne ins Lächerliche. Das hinderte den Verein Regional Marketing Rendsburg erfreulicherweise nicht an der Umsetzung. Am 2. Juni 1997 wurde die Eröffnung bei den „Brückenterrassen" an der Schwebefähre gefeiert. Die Schiffsbegrüßungsanlage hat sich über die Jahre zu einer Touristenattraktion entwickelt. Bei einer Jubiläumsfeier nach zehn Jahren durfte ich die Festrede halten und genüsslich an die mich persönlich herabsetzenden Ausführungen in der Lokalpresse erinnern.

Der Wahlkampf für die Landtagswahl am 24. März 1996 war ganz auf die Person Heide Simonis abgestellt, umso mehr stand sie auch im Fokus der Kritik von CDU und FDP. Heide Simonis warb um „klare Verhältnisse". „Wer Rot-Grün nicht will, muss SPD wählen. Eine SPD-Alleinregierung wird mit den Problemen besser fertig als Koalitionen." Die Landes-CDU mit ihrem Spitzenkandidaten Ottfried Hennig witterte nach ihrem vergleichsweise gutem Abschneiden bei den vorangegangen Wahlen und der öffentlich sichtbaren Zerrissenheit in der Landes-SPD eine Siegchance. Sie setzte neben viel Papier die gesamte Bundesprominenz mit Bundeskanzler Helmut Kohl an der Spitze in ungezählten Wahlkampfterminen ein. Die Kritik der CDU richtete sich vor allem am Anstieg der Landesschulden, der „Stellenvermehrung in der SPD-Ministerialbürokratie", der „Blockade des wirtschaftlichen Fortschritts", dem Unterrichtsausfall und den angeblich „immer neuen Abgaben und Steuern".

Heide Simonis fuhr mit einem in den Landesfarben Blau-Weiß-Rot gespritzten Wahlkampfbus von Ort zu Ort, um in den außergewöhnlich kalten Winterwochen auf den Marktplätzen die Menschen zu erreichen. Auch in

Rendsburg und Büdelsdorf machte sie am 27. Januar 1996 und am 23. März einen Stopp. In ihren Reden stellte sie heraus, dass sie die einzige Ministerpräsidentin in Deutschland sei. Geschätzt und immer wieder von Beifall begleitet wurde ihre unkomplizierte Aussprache, die sich so deutlich vom Stil der meisten Politiker abhob. Auch deshalb erfreute sie sich im Verhältnis zu ihrem Gegenkandidaten von der CDU mit 61 Prozent zu 20 Prozent hervorragender persönlicher Umfragewerte. Ihr Bekanntheitsgrad wurde in einer Umfrage mit 70 Prozent ermittelt. Auf einer Skala von minus 5 bis plus 5 erreichte Heide Simonis einen Zufriedenheitsgrad von 2,1, während die SPD als Partei nur auf 0,5 gelangte.

Bereits beim Wahlkampfauftakt hatte die Landespartei ihre Zuneigung zu extravaganten Hüten in die Wahlwerbung aufgenommen. Zwei Wochen vor der Landtagswahl signalisierte eine Meinungsumfrage im Auftrag des NDR ein Ergebnis von 44 Prozent für die SPD. Heide Simonis nutzte jede Gelegenheit, ihre Gegnerschaft zu den Grünen zu betonen, denen allerdings zwei Wochen vor dem Wahltag nicht nur der erstmalige Einzug in den Landtag, sondern sogar acht Prozent der Stimmen vorhergesagt wurden. Sie wolle „die grünen Kröten nicht schlucken", war ihr tägliches Credo. Da Wirtschaftsminister Peer Steinbrück auch eine Koalition mit der FDP nicht ausschließen wollte, sah sich der SPD-Landesvorsitzende Willi Piecyk veranlasst, in einer Pressemitteilung darauf hinzuweisen, dass die SPD die FDP als Koalitionspartner ablehne. Noch im Wahlhearing des NDR vier Tage vor der Wahl bekräftigte Heide Simonis ihren Willen zur absoluten Mehrheit und verwahrte sich gegen den Vorwurf ihres Herausforderers, Otfried Hennig, sie strebe ein rot-grünes Bündnis an.

Auch mir behagte der kalte Winter in keiner Weise. Wie in allen Wahlkämpfen vorher hatte ich auch diesmal die letzten vier Wochen für den Straßenwahlkampf reserviert. Jeden Tag, vormittags wie nachmittags, stand ich gemeinsam mit Wahlhelfern auf den Marktplätzen in Rendsburg oder vor Einkaufzentren in den Orten meines Wahlkreises. Saalveranstaltungen verloren an Bedeutung, da immer weniger interessierte Bürgerinnen und Bürger sie besuchten. Daher sah ich mich veranlasst, die Menschen direkt „auf der Straße" anzusprechen und um Vertrauen zu werben. Dafür waren die Voraussetzungen angesichts des kalten Wetters besonders ungünstig, hatten es die Menschen doch sehr eilig, wieder ins Warme zu gelangen.

Ins Zentrum meiner persönlichen Wahlwerbung stellte ich neben den landestypischen Themen einige regionale Schwerpunkte: Ersatzbau für die Eisenbahnhochbrücke, der Ausbau der Naherholung, die Verlängerung des Kündigungsschutzes bei der Umwandlung von Miet- in Eigentumswohnungen, die Intensivierung der Landesförderung beim Wohnungsbau, bei Gewerbegebieten und beim Abfallwirtschaft-Modell in Rendsburg und Büdelsdorf. Wieder sprach ich mich gegen die Nordspange und für eine naturnahe Eidersanierung aus.

Als regionale Erfolge in der Standortpolitik nannte ich die Elektrifizierung der Bahnstrecke Hamburg-Flensburg, den Ausbau der Fachhochulen in Kiel und Flensburg, die Gründung der technischen Fakultät an der Kieler Universität und die Gründung der Technologiestiftung Schleswig-Holstein. Ich war davon überzeugt, dass die Landesregierung seit dem Regierungswechsel 1988 für die Menschen und Unternehmen gute Arbeit geleistet hatte.

Ein an mich persönlich gerichtetes Schreiben des damaligen Vorsitzenden der FDP-Bundestagsfraktion Hermann Otto Solms vom 7. Februar 1996 („Sehr geehrter Herr Neugebauer"), sorgte bei mir nicht nur für Empörung, sondern verhalf mir auch zu einem landesweiten publizistischen Echo. Solms hatte sich an mich mit der Frage gewandt, was eine Landtagswahl mit meiner Arbeit im öffentlichen Dienst zu tun habe, und die Antwort gleich hinzugefügt. Nur die Wahl der FDP bei der Landtagswahl garantiere „den öffentlichen Dienst in seiner Leistungsfähigkeit zu stärken". Alle Tageszeitungen berichteten über meine Beschwerde gegen die unzulässige Nutzung meiner Adresse und die illegale Parteienfinanzierung durch die mit Steuergeldern finanzierte FDP-Bundestagsfraktion. Genüsslich hatte ich meinem Protest den Hinweis hinzugefügt, dass „meine soziale Einstellung es mir verbiete, eine Splitterpartei der Besserverdienenden zu wählen". Es war noch nicht lange her, dass die FDP sich in einem Entwurf für ihr Bundestagswahlprogramm selbst als „Partei der Besserverdienenden" bezeichnet hatte, wofür sie auch von der SPD heftig gescholten worden war.

Neben Heide Simonis, die am 18. Januar gemeinsam mit mir in Alt Duvenstedt auftrat, konnte ich in meinem Wahlkreis in Veranstaltungen den stellvertretenden Ministerpräsidenten Claus Möller begrüßen, den stellvertretenden SPD-Bundesvorsitzenden Wolfgang Thierse, Bildungsministerin Gisela Böhrk und den Landtags-Fraktionsvorsitzenden Gert Börnsen.

Gerade in diesem Wahlkampf hatte ich wegen des nasskalten Wetters allen Anlass, mich bei meinen vielen Helfern in der Wahlkampfkommission und in den Ortsvereinen zu bedanken.

Der Wahlabend brachte für Heide Simonis und die SPD lange Gesichter und eine große Enttäuschung. Entgegen den Prognosen vor der Wahl musste Heide Simonis in ihrem ersten Wahlkampf als Spitzenkandidatin der SPD mit 39,8 Prozent einen Stimmenverlust gegenüber der Wahl von 1992 von 6,4 Prozent zur Kenntnis nehmen. Von ehemals 45 Mandaten blieben nur noch 33.

Die Grünen mit ihrer Spitzenkandidatin Irene Fröhlich erreichten 8,1 Prozent und waren damit erstmals in der Landesgeschichte mit sechs Abgeordneten im Parlament vertreten. Die CDU verbesserte sich landesweit um 3,4 Prozent auf 37,2 Prozent. Sie erhielt aber nur 30 Mandate. Erfreut haben alle Parteienvertreter am Wahlabend registriert, dass die rechtsextreme DVU die für den Einzug in den Landtag notwendige Fünf-Prozent-Hürde, wenn mit 4,3 Prozent auch knapp, verfehlt hatte. Die Wahlbeteiligung war 1995 mit 71,8 Prozent noch erstaunlich hoch.

Der Auszug der DVU aus dem Landtag beendete eine unerträgliche Situation im Parlament. Die Rechtsextremisten nutzten das Plenum ausschließlich für demagogische Auftritte, in denen sie alle Probleme des Landes auf „die Ausländer" zurückführten. Wir vermuteten wohl nicht zu Unrecht, dass die Reden in der Münchener Parteizentrale geschrieben wurden. In den Ausschüssen des Landtags wurden die Abgeordneten der DVU nur selten gesehen. Am Ende der Legislaturperiode hatte sich die DVU in drei rechtsextreme politische Lager zerstritten und aufgeteilt. Zu meinen positiven Erfahrungen zählt, dass sich alle anderen Fraktionen beim Umgang mit der DVU einig waren.

Ich konnte mich am Wahlabend nach einem intensiv geführten Wahlkampf darüber freuen, meinen Wahlkreis mit 43,8 Prozent zum sechsten Mal gewonnen zu haben, auch wenn meine Stimmverluste mit 7,2 Prozent höher als im Landesdurchschnitt ausfielen.

Mit diesem Ergebnis hatte die SPD ihre seit 1988 bestehende absolute Mehrheit verloren. Die SPD brauchte einen Koalitionspartner. Noch am Wahlabend machte Heide Simonis fälschlicherweise die Bundespolitik für die herben Verluste verantwortlich. Während die meisten der über 200 Gäste der Wahlparty im SPD-Fraktionssaal über die Koalitionsfrage diskutierten, ließ sich Heide Simonis trotz wiederholter Fragen der Journalisten keine Präferenz entlocken. Das Wort „Grüne" kam nur insoweit über ihre Lippen, dass sie die „Möglichkeit einräumte, dass auch grüne Frösche netter werden können". Ich selbst sah in Gesprächen mit Pressevertretern keine Alternative zu einer Koalition mit den Grünen.

Es folgten Gespräche mit den Grünen, der FDP und auch mit dem SSW, denn eine mögliche SPD/FDP-Koalition hätte alleine keine Mehrheit gehabt und wäre auf die Unterstützung des SSW angewiesen gewesen. Der SPD-Landesvorsitzende Willy Piecyk teilte am 29. März mit, dass der Landesvorstand beschlossen habe, Koalitionsverhandlungen mit der Partei Bündnis90/Die Grünen aufzunehmen. Dabei unterließ er nicht den Hinweis, dass es in weiten Kreisen erhebliche Vorbehalte gegenüber den Grünen gebe. Er rief dazu auf, diese Ängste mit abbauen zu helfen.

Die erste Gesprächsrunde mit den Grünen am 12. April eröffnete Heide Simonis mit einem Statement, in dem sie zunächst an die Erfolge in der bisherigen sozialdemokratischen Regierungszeit erinnerte. Sie hob hervor, „vieles von dem, was wir 1988 begonnen haben, findet sich auch in programmatischen Aussagen der Grünen wieder". Heide Simonis sprach von den bundespolitischen Auswirkungen, „möglicherweise auch für die Bundestagswahl 1998", und wies auf die schwierige Haushaltssituation hin. Es müsse „gespart und gleichzeitig gestaltet" werden. „Eine Arbeitsteilung, bei der die SPD für die Streichungen und die Grünen für die Streicheleinheiten zuständig sind, kann es nicht geben". Abschließend warb sie um eine vertrauensvolle Zusammenarbeit.

Dennoch endete die erste Verhandlungsrunde mit einem Eklat. Die Grünen beanstandeten, völlig korrekt, dass „Klaus Gärtner, Chef der Staatskanzlei und FDP-Mitglied neben Heide Simonis und uns gegenüber am Verhandlungstisch sitzt". Dieses Verhalten sei nicht akzeptabel, „da es um Verhandlungen zwischen zwei Parteien, SPD und Bündnisgrünen geht, gleichberechtigt und auf Augenhöhe". Erst in der zweiten Gesprächsrunde kam es zu ernsthaften Verhandlungen, nachdem Klaus Gärtner zur Verbitterung von Heide Simonis am Nebentisch Platz genommen hatte.

FDP-Chef Wolfgang Kubicki versuchte derweil, seine Partei nochmals als Koalitionspartner ins Gespräch zu bringen. Mit dem Verweis auf unbewiesene, angeblich bei ihm eingegangene Ankündigungen warnte er für den Fall von Rot-Grün vor der Abwanderung von Unternehmen. Er wolle sich

„aus Staatsräson Gesprächen mit der SPD nicht verweigern". Die Warnung vor der angeblichen Abwanderung von Unternehmen war mir nicht unbekannt. Sie wurde regelmäßig vor Wahlen unter Beteiligung des CDU-nahen Unternehmensverbandes wiederholt.

Der Koalitionsvertrag stand bis zur Schlussverhandlung auf des Messers Schneide, wie Heide Simonis vor der Landtagsfraktion am 13. Mai 1996 berichtete. Heide Simonis unterrichtete uns, dass sie den Grünen am Ende ein Ultimatum gesetzt habe, binnen einer dreiviertel Stunde dem ausgehandelten Koalitionsvertrag zuzustimmen. Als größtes Zugeständnis an die Grünen wertete ich die verabredete Einführung des Zweistimmen-Wahlrechts bei künftigen Landtagswahlen. Die in den Augen von Kollegen zu großzügige Zuerkennung von zwei Kabinettsressorts, drei Staatssekretären und das Amt einer stellvertretenden Ministerpräsidentin hat mich nicht überrascht. Durchsetzen konnte sich die SPD bei einer zentralen Wahlkampfaussage der Grünen, die Verhinderung des Weiterbaus der Autobahn A 20. Den Grünen wurde allerdings zugestanden zu erklären, dass sie dieses für die wirtschaftliche Struktur des Landes wichtigste Straßenbauprojekt weiterhin für überflüssig halten.

Auf dem Landesparteitag der SPD am 18. Mai in Neumünster stimmten nur vier Delegierte gegen den Koalitionsvertrag. Kontroverser wurde ein Antrag aus dem Kreisverband Herzogtum Lauenburg diskutiert, der von den Landtagsabgeordneten bei Übernahme eines Ministeramtes den Verzicht auf das Landtagsmandat verlangte. Nachdem auch Heide Simonis sich sehr leidenschaftlich gegen die Annahme ausgesprochen hatte, wurde der Antrag mit 49 Ja-Stimmen bei 95 Gegenstimmen abgelehnt. Als „weiße Salbe zur Beruhigung" empfand ich den angenommenen Alternativ-Antrag des Landesvorstandes, zur Kandidatenaufstellung für die nächste Landtagswahl eine Regelung zu erarbeiten. Ich selbst war in meinem Urteil sehr schwankend.

Mit der Konstituierung der neuen Landesregierung endete für mich eine weitere Phase des politischen Handelns. Bereits einige Wochen vor dem Wahltag hatte ich Heide Simonis schriftlich wissen lassen, dass ich meine Aufgabe als Parlamentarischer Vertreter des Wirtschaftsministers nach acht Jahren nicht fortsetzten wollte und sie das bei ihrer Personalplanung berücksichtigen möge. Nicht genannt hatte ich ihr meine Gründe. Obwohl ich zu diesem Zeitpunkt keine Zusagen für eine künftige verantwortliche Funktion in der Landtagsfraktion hatte, strebte ich für meine politischen

Entscheidungen wieder mehr Unabhängigkeit an. Im Wirtschaftsministerium hatte ich zunehmend das Gefühl, vom Wirtschaftsminister Peer Steinbrück und seiner beamteten Staatssekretärin Helga Schmid mehr geduldet als respektiert zu werden. Obwohl ich die wirtschaftspolitische Kompetenz und rhetorische Schlagfertigkeit von Peer Steinbrück stets zu schätzen wusste, gab es in der „Chemie" zwischen uns beiden immer häufiger Unstimmigkeiten.

Peer Steinbrück bedankte sich bei mir für die achtjährige Tätigkeit im Ministerium im Rahmen eines kleinen Empfangs am Tage der Konstituierung des neuen Landtags am 23. April 1996. Dazu waren zu meiner Freude neben Mitarbeitern des Hauses, mit denen ich besonders eng zusammengearbeitet habe, auch die Mitglieder des Beirats für Tourismus geladen worden. Über die anerkennenden Worte von Peer Steinbrück, in denen er besonders meine Erfolge in der Tourismuspolitik hervorhob, habe ich mich sehr gefreut. Er rief auch in Erinnerung, dass ich „keineswegs nur die frohen Botschaften überbracht" habe. „So hat er sich beispielsweise nicht gescheut, den Bürgerinnen und Bürgern von St. Peter Ording 1991 zu sagen, dass die Strand-Befahrung auslaufen wird. Ebenso überbrachte er einen ablehnenden Bescheid für die Förderung des Schwimmbades in Kellenhusen."

An diesem Tag erreichte mich auch ein Schreiben der Ministerpräsidentin, in dem sie sich bei mir „für Ihre engagierte politische Unterstützung des Ministers und für Ihre erfolgreiche Tätigkeit zum Wohle Schleswig-Holsteins in Angelegenheiten der Imagewerbung, der Fremdenverkehrswerbung und der Fremdenverkehrsförderung" bedankte. Ich hätte, meinte sie weiter, „in hohem Maße zu den Erfolgen unserer gemeinsamen Arbeit beigetragen".

Die ungewohnte förmliche Anrede und Grußformel in diesem Schreiben hatte mich nicht überrascht. Wenige Tage vorher war es zwischen uns beiden zu einer sehr langen Aussprache am Telefon gekommen, die nach den Belastungen aus 1993 zum endgültigen Bruch der seit 1974 bestehenden Beziehungen führte. Was war der Anlass für den Anruf von Heide Simonis zu später Stunde, nachdem meine Frau und ich gerade von einem Kinobesuch zu Hause eingetroffen waren?

Der SPD-Ortsverein Büdelsdorf hatte mich lange vor der Wahl gebeten, auf der Hauptversammlung am 27. März, also drei Tage nach der Landtagswahl, den Wahlkampf und das Wahlergebnis einer Analyse zu unterziehen. Zu diesem Zeitpunkt hatten Heide Simonis und ihr Vertrauter Klaus

Gärtner (FDP) in ihren Überlegungen noch eine Zusammenarbeit mit der FDP einkalkuliert.

Nach dem schlechten Abschneiden der SPD bei dieser Wahl stießen meine Ausführungen nicht nur auf die Neugierde regional tätiger Journalisten, sondern auch auf das Interesse eines Fernsehteams des Polit-Magazins der ARD, Report. Wie üblich in freier Rede sprechend, bemühte ich mich in meiner Analyse, Stärken und Schwächen des Wahlkampfes zu benennen, verschwieg aber auch nicht den strategischen Fehler, den die Spitzenkandidatin meiner Ansicht nach begangen hatte. Ich kritisierte die Zuspitzung des Wahlkampfes auf die Person Heide Simonis und die Vernachlässigung von Zukunftsthemen. Ich selbst habe wegen des Kinobesuchs die Sendung im Fernsehen nicht sehen können. Laut einem Wortmitschnitt wurden nach der An-Moderation („der Abgeordnete Günter Neugebauer sucht nicht nach Ausflüchten, sondern redet Klartext, auch in Richtung Heide Simonis") nachfolgende Sätze gesendet, die ich im folgenden Zitat nur stilistisch leicht verändert habe:

„Wer einen potenziellen Partner ständig schlecht redet, ihn unattraktiv redet, der macht sich selbst als potenzieller Partner dieser Partei für viele unattraktiv. Ich plädiere dafür, dass die Sozialdemokraten in der langfristigen Perspektive in Deutschland mehrheitsfähig werden. Weil es diese Mehrheit wegen der aktuellen Situation zur Zeit nicht gibt, müssen wir daran interessiert sein, dass es eine Mehrheit für eine Reformpolitik gibt. Und die kann aus meiner Sicht nur auf rot-grün angelegt sein."

Der Moderator erwähnte noch die „breite Zustimmung", die meine Ausführungen gefunden hätten und zitierte zum Beweis im Originalton den SPD-Ortsvereinsvorsitzenden Dieter Ellefsen. Der Bericht endete mit dem Hinweis, dass sich niemand eine Koalition mit der FDP vorstellen könne.

In Gegenwart meiner mithörenden Ehefrau beschimpfte Heide Simonis mich am Telefon wegen dieser kritischen Worte über eine halbe Stunde lautstark und keifend. Sie ließ mich selbst kaum zu Wort kommen, pöbelte und ließ nicht gelten, dass ich in der Versammlung auch über die Stärken des Wahlkampfes gesprochen hatte. Nachdem sie auch noch namentlich Dieter Ellefsen in ihre Kritik einbezogen hatte, versprach sie mir: „Solange ich hier in Schleswig-Holstein etwas zu sagen habe, wirst du nichts mehr!" Für meine Frau und mich war erkennbar, dass die Enttäuschung von Heide Simonis über das Wahlergebnis sehr tief sitzen musste, dass sie sich angesichts unserer langjährigen Zusammenarbeit zu solchen Tiraden hinreißen ließ. Ich war entsetzt. Heide Simonis wusste aus vielen gemeinsamen Fraktionssitzungen, dass ich mich im Gegensatz zu vielen Kolleginnen und Kollegen immer zu Wort gemeldet hatte, wenn Lob, aber eben auch Tadel zu vergeben waren. Leider sah ich mich häufig veranlasst, intern auch Teile der Politik von Heide Simonis oder ihre öffentlichen Bemerkungen zu kritisieren. Diese generelle Einstellung, die einige mutig, andere naiv nannten, habe ich bis zum Abschluss meiner parlamentarischen Arbeit beibehalten. Sie mag mir nicht immer genutzt haben, aber ich war mit mir immer im Reinen.

Bereits einige Monate vor der Landtagswahl 1996 wurde intern über die Nachfolge von Gert Börnsen als Vorsitzender der Landtagsfraktion diskutiert. Gert Börnsen war bekanntlich in seinem Wahlkreis in Kiel nicht wieder für den Landtag nominiert worden. Der Parlamentarische Geschäftsführer und Vorsitzende des letzten Untersuchungsausschusses, Heinz-Werner Arens, hatte bereits sein Interesse bekundet. Nach den Vorgängen während der Beratungen des Untersuchungsausschusses war er für einige Kollegen und auch für mich nicht mehr für diese integrierende Aufgabe geeignet. Als Ergebnis von zwei vertraulichen Beratungen im kleinen Kreis übernahm ich den Auftrag, bei der Parlamentspräsidentin, Ute Erdsiek-Rave, zu sondieren, ob sie gewillt sei, den Fraktionsvorsitz zu übernehmen. Auch unser Landesvorsitzender Willy Piecyk wurde vertraulich konsultiert.

Zwei Tage nach der Landtagswahl wurde Ute Erdsiek-Rave mit 29 Ja-Stimmen bei zwei Nein-Stimmen und zwei Enthaltungen zu unserer neuern Fraktionsvorsitzenden gewählt. Heinz Werner Arens wurde in offener Abstimmung einstimmig als ihr Nachfolger für das Amt des Landtagspräsidenten vorgeschlagen. In der offiziellen und geheimen Fraktions-Abstimmung am 15. April erhielt er 24 von 31 Stimmen. Der Wechsel war geräuschloser als erwartet.

Auf der nächsten Fraktionssitzung übernahm ich nach achtjähriger Tätigkeit als Parlamentarischer Vertreter wieder Führungsaufgaben in der Fraktion. Für meine Bewerbung um das Amt des Finanzpolitischen Sprechers und Vorsitzenden des Arbeitskreises Finanzen als Nachfolger von Lothar Hay erhielt ich in geheimer Wahl 23 von 31 Stimmen. Wegen meiner Erfahrungen im Ministerium übernahm ich für eine Übergangszeit auch die Sprecherfunktion für den Politikbereich Tourismus.

Heide Simonis stellte der Landtagsfraktion am 21. Mai die personelle Zusammensetzung ihres neuen Kabinetts vor. Drei sozialdemokratische Staatssekretäre wurden entlassen. Ralf Stegner wurde neuer Staatssekretär von Heide Moser im Sozialministerium und begann mit 35 Jahren eine Karriere, die ihn 2009 bis zur Kandidatur um das Amt des Ministerpräsidenten und 2014 ins Amt des stellvertretenden SPD-Bundesvorsitzenden führte. Er war mir als Sprecher von Günther Jansen im Sozialministerium eher beiläufig bekannt. Heide Simonis und Ralf Stegner kannten sich aus ihrem gemeinsamen SPD-Ortsverein Bordesholm. Der ehemalige SPD-Landeschef und langjährige Europa-Abgeordnete Gert Walter übernahm das Europa- und Justizministerium. Walter betonte vor der Fraktion, er wolle „eine Justizpolitik der ruhigen Hand" führen. Dankbar zeigte er sich, dass mit Wulf Jöhnk, meinem ehemaligen Vertreter im Rendsburger SPD-Ortsvereinsvorstand, ein anerkannter Jurist und erfahrener Richter sein Staatssekretär werden sollte.

Die erste öffentliche Erklärung in meiner neuen Funktion galt der Beschreibung der künftigen Aufgaben. Dazu zählte ich neben der Haushaltskonsolidierung Maßnahmen zur Bekämpfung der Steuerhinterziehung und den Einsatz für mehr Steuergerechtigkeit und Steuervereinfachung. Ich forderte zudem eine Intensivierung von Betriebsprüfungen und Steuerfahndungen. Daneben müsse es „statt der üblichen nicht öffentlichen Festsetzungen von Geldbußen künftig vermehrt öffentliche Anklagen von Steuerstraftätern geben". Da ich meine Kritik an der mangelhaften Ausstattung der Betriebsprüfung mit vielen Zahlen und Fakten untermauern konnte, erreichte ich in der neuen Funktion auf Anhieb ein großes Medienecho. Die öffentliche Aufmerksamkeit für dieses Thema nutzten wir, um die Forderungen „nach mehr Steuergerechtigkeit" auch in einem Landtagsantrag zu formulieren und zur Abstimmung zu stellen.

Mit Unterstützung des Finanzministers Claus Möller konnten die Steuerfahndung und Betriebsprüfung in den Folgejahren personell aufgestockt werden. Leider scheiterte eine Initiative des Landes Schleswig-Holstein im Bundesrat, die sich aus den Prüfungen ergebenen Mehrsteuern in den Bundesländern zu belassen und nicht im Länderfinanzausgleich zu verrechnen. Mit der Initiative sollten die Anreize für die Länder erhöht werden, mehr Prüfer einzustellen, weil die steuerlichen Mehrergebnisse die zusätzlichen Personalkosten um ein Vielfaches finanzieren würden. Mit Claus Möller habe ich über die ganze Amtszeit vertrauensvoll und ergebnisorientiert zusammengearbeitet.

Das kann ich auch in Bezug auf meine Kollegin Monika Heinold von den Grünen feststellen. Als gelernte Erzieherin übernahm sie nach ihrem erstmaligen Einzug in den Landtag 1996 selbstbewusst dieses sehr schwierige Amt der finanzpolitischen Sprecherin. Mit großer Energie, Intelligenz und strategischem Denken ausgestattet, hat sie sich schnell in die ihr fremde Materie eingearbeitet. Monika Heinold nahm regelmäßig als Gast an den Sitzungen des Arbeitskreises Finanzen der SPD teil. Ich habe mich bemüht, manchmal zur Verärgerung meiner Parteifreunde, ihr die Entfaltungsmöglichkeiten zu ermöglichen, ohne die eine Koalition zweier Parteien nicht erfolgreich bestehen kann.

Wir beide trafen uns regelmäßig zu vertraulichen Beratungen mit Finanzminister Claus Möller, um Informationen auszutauschen und strategische Absprachen zu treffen. Bei Haushaltsberatungen, die meistens weit nach Mitternacht endeten, haben wir vorab oder in Pausen vertraulich über „rote Linien" gesprochen, die jede Koalitionsfraktion bei den Verhandlungen berücksichtigen muss. Manchmal haben wir uns in den Sitzungen von Arbeitskreisen oder Finanzausschüssen auch die Bälle zugespielt. Wenn es aus Rücksicht auf Mitglieder meiner Fraktion nicht zweckmäßig war, bestimmte Fragen zu stellen oder Bemerkungen zu treffen, gab ich Monika Heinold vorab entsprechende Hinweise. Ich konnte dann als Vorsitzender Verständnis zeigen und Unterstützung signalisieren. Die harmonische und faire politische Zusammenarbeit mit Monika Heinold erfuhr auch keine wesentlichen Abstriche, als ich ab 2005 als Vorsitzender des Finanzausschusses zugleich Mitglied einer Regierungskoalition von SPD und CDU wurde. Monika Heinold ist eine der engagiertesten und sympathischsten Abgeordneten, die ich im Landtag kennenlernen durfte.

Mit dem Einzug der Grünen in die Landesregierung gab es nicht nur Korrekturen in der politischen Ausrichtung. Konnten alle wichtigen Entscheidungen bisher in der SPD-Fraktion bzw. dem Landeskabinett allein entschieden werden, bedurfte es nun stets der Abstimmung über Inhalte und Verfahren. Jeder Kabinettssitzung voraus ging eine Sitzung des „Roten Kabinetts" und den Sitzungen der SPD-Facharbeitskreise folgte die Information an die jeweiligen Fachsprecher der Grünen. Beschlüsse in der SPD-Fraktion wurden umgehend der zeitgleich tagenden Fraktion der Grünen übermittelt.

In meinen regelmäßigen Sprechstunden, am Telefon oder auf der Straße sprachen mich häufig Menschen an, die sich Unterstützung in Angelegenheiten versprachen, die mit meiner eigentlichen Aufgabe als Wahlkreisabgeordneter oder Landespolitiker wenig oder gar nichts zu tun hatten. Mal ging es um die Suche nach einer geeigneten Wohnung, eines Ausbildungs- oder Arbeitsplatzes oder bei Angehörigen des öffentlichen Dienstes um Versetzungswünsche innerhalb des Landes. Manche Petenten entschuldigten sich zunächst mit dem Hinweis, sie hätten aber nicht SPD gewählt. Mich hat die politische Präferenz in solchen Fällen nie interessiert. Nur mit Nazis wollte ich nichts zu tun haben.

Mich erreichten auch hin und wieder Bitten um Unterstützung von Menschen oder Vereinigungen außerhalb meines Wahlkreises. So meldete sich im Sommer 1996 eine Bürgerinitiative aus Bistensee. Der Ort lag im Wahlkreis meiner Landtagskollegin Ulrike Rodust. Mit ihr sprach ich mich ab, bevor ich mich der Sache annahm. Das war vertretbar, weil der westliche Teil des Bistensees zu meinem Wahlkreis zählte. Ich sagte der Bürgerinitiative meine Unterstützung zu, weil ihr Anliegen mich aus Gerechtigkeitsgründen überzeugte. Das Verhalten eines Neubürgers, das mir beschrieben wurde, fand ich wirklich empörend. Er hatte einen mit Landesmitteln geförderten Rundwanderweg um den Bistensee, der vor seinem neuen Haus entlanglief, einfach abgesperrt. Der Mann, ein Augenarzt aus Rendsburg, hatte ein Grundstück mit direktem Zugang zum Bistensee erworben und – gegen die Vorschriften des Landesnaturschutzgesetzes – innerhalb einer 50-Meter-Zone zum Seeufer bebauen können. Der seit 25 Jahren amtierende Bürgermeister Hans-Klaus Solterbeck sowie seine Gemeindevertreter hatten sich offenbar auf die Zusage des Bauherrn verlassen, dass er den im Bebauungsplan eingezeichneten Wanderweg erhalten würde. Zwischenzeitlich hatte der Neubürger aber die Vorzüge seines Seegrundstücks erkannt, fühlte sich an seine Zusagen nicht mehr gebunden, versperrte den Zugang zu seinem Grundstück und brachte Bewegungsmelder und andere Hindernisse an. Das sorgte im Dorfe für einige Unruhe. Ich ging mit dem Fall an die Presse, holte Fernsehteams und den Petitionsausschuss des Landtags an den See und bat erfolglos um ein Gespräch mit dem Augenarzt. Zusammen mit dem grünen Umweltminister Klaus Müller fanden wir eine Lösung: ein umweltfreundlicher Holzbohlenweg, der am Ufer um das Seegrundstück herum führen sollte.

Später trat der Minister von seiner Zusage zurück. Der Grundbesitzer hatte mit zwei grünen Kreistagsabgeordneten gesprochen und diese verweigerten nun gegenüber ihrem Umweltminister die „Zustimmung der Parteibasis". Der langjährige Bürgermeister musste zurücktreten und auch ein juristisches Verfahren half der Gemeinde nicht weiter. Das Gericht hatte zu Recht erkannt, dass der Rundwanderweg zwar im Bebauungsplan eingetragen war, aber nicht im Grundbuch. Ich nutzte meinen politischen Einfluss, um der Gemeinde über das Enteignungsrecht zu ihrem Recht kommen zu lassen. Da ein solches Verfahren sehr langwierig ist und der Grundstücksbesitzer angekündigt hatte, alle juristischen Instanzen auszuschöpfen, zog die finanziell arme Gemeinde nach einigen Jahren ihren Enteignungsantrag zurück. Für diesen Schritt hatte ich Verständnis. Das Gerechtigkeitsempfinden vieler Naherholungssuchenden und Einwohner von Bistensee war dennoch schwer verletzt.

Eine andere Bitte um Unterstützung erreichte mich 1996 aus Kreisen von Inhabern kleinerer Unternehmen, denen ich mich sehr verbunden fühlte. Sie bedrängten mich, endlich etwas gegen die Pflichtmitgliedschaft in den Industrie- und Handelskammern (IHKs) zu unternehmen. Nach Rücksprache mit meinem Landtagskollegen Helmut Plüschau aus Wedel, der sich in dieser Angelegenheit bereits vor seiner Wahl in den Landtag bundesweit einen Namen gemacht hatte, forderte ich öffentlich die Abschaffung der Zwangsmitgliedschaft. Über die Resonanz in den Medien konnte ich mich nicht beklagen. Viele Gewerbetreibende aus dem ganzen Land schrieben mir und wünschten mir Erfolg. Die Rechtslage war sehr unübersichtlich. Auf der Grundlage eines „Vorläufigen Gesetzes über die Industrie- und Handelskammern in Schleswig-Holstein" waren in unserem kleinen Bundesland drei Kammern mit einer großen Personalausstattung gebildet worden. Da sie über die Zwangsmitgliedschaft, wie ich die Rechtslage gerne provozierend umschrieb, jeden Gewerbetreibenden erfassten, sahen sie wenig Anlass, ihre Kosten- und Aufgabenstrukturen zu überprüfen. Wenn ihr Geld knapp wurde, erhöhten die Kammern einfach die Gebühren. In den letzten Jahren allerdings stellten sie Überschüsse in die Rücklagen, statt sie an die Mitglieder zurückzugeben. Zu meinem Ärger mischten sich die Präsidenten und Hauptgeschäftsführer auch regelmäßig an der Seite von CDU und FDP in politische Debatten ein, die weit über die Interessensvertretung der

Pflichtmitglieder hinausgingen. Sozialdemokratisch orientierte Gewerbetreibende beklagten sich mir gegenüber regelmäßig, dass auch in ihrem Namen konservative Forderungen gestellt oder CDU-Vorschläge unterstützt wurden. Dieselben Funktionäre, die keinen Anlass ausließen, den „freien Kräften des Marktes“ das Wort zu reden, verwahrten sich gegen solche Überlegungen in ihrem eigenen Bereich. An den Wahlen zu den Selbstverwaltungsgremien der Kammern nahmen meistens nicht mehr als zehn Prozent der Gewerbetreibenden teil. Als ich eine parlamentarische Initiative im Landtag zur Zusammenfassung der drei Kammern in Schleswig-Holstein und eine Bundesratsinitiative zur Abschaffung der Pflichtmitgliedschaft auf Bundesebene forderte, hatte ich nach Auffassung der drei Präsidenten der IHKs und ihrer Geschäftsführer „den Bogen überspannt“. Sie verlangten ein Gespräch mit dem Geschäftsführenden Fraktionsvorstand. In diesem Gespräch erklärte der Fraktionsvorsitzende Lothar Hay in meinem Beisein, dass ich zwar weiterhin meine Meinung sagen dürfe – eine pure Selbstverständlichkeit – aber in diesem Punkt nicht im Namen der Fraktion spreche. Ich war enttäuscht vom fehlenden Mut und der mangelnden Unterstützung meiner Parteifreunde.

Im November 2000 versuchte ich noch einmal, die ineffizienten Strukturen bei den drei Industrie- und Handelskammern zu verändern. Ich forderte eine Fusion der drei Handelskammern in Kiel, Lübeck und Flensburg. Dies wiesen die bezahlten Verantwortlichen in den Kammern natürlich sofort zurück. Wirtschaftsminister Bernd Rohwer, später selbst Hauptgeschäftsführer der Kammer in Lübeck, äußerte sich zurückhaltend und riet den Kammern, neue Formen der Zusammenarbeit mit gemeinsamen Kompetenzzentren zu suchen.

Die Interessen des regionalen kleinen Einzelhandels vertrat ich auch im Herbst 1996, als sich im Rendsburger Rathaus Finanzinvestoren meldeten, die im Norden der Stadt auf dem ehemaligen Gelände der DeTeWe ein großes Einkaufszentrum errichten wollten, den heutigen Eiderpark. Mir war klar, dass ein solches Einkaufszentrum mit mehr als 20.000 Quadratmetern auf der grünen Wiese der Innenstadt einen großen Teil der Kaufkraft entziehen würde. In vielen Gesprächen, Presseerklärungen und einer Podiumsdiskussion warnte ich vor dem Ausbluten der Innenstadt und dem Verlust von kleinen selbständigen Existenzen, Arbeits- und Ausbildungsplätzen. Mit einem Gutachten, das sie selbst bestellt hatten, gelang es den

Finanzinvestoren den Bürgermeister, die CDU und Teile der SPD von den angeblichen Vorteilen ihres Vorhabens zu überzeugen. In dem Gutachten war die Rede von einem Einzugsbereich von 157.000 Menschen. Selbst aus Eckernförde sollten die Kunden künftig anreisen. An meiner Seite standen einige Ratsmitglieder der SPD, die FDP, die Industrie- und Handelskammer, der Einzelhandelsverband, die Gewerkschaft HBV und viele Einzelhändler aus der Innenstadt. In einer Hauptversammlung des SPD-Ortsvereins sowie einer von mir angeregten öffentlichen Podiumsdiskussion hatte ich jeweils einen schweren Stand. In der Hauptversammlung der SPD am 20. November 1996 stellte ich den Antrag, eine Mitgliederversammlung über diese für die Entwicklung der Stadt so weitreichende Entscheidung abstimmen zu lassen. Er wurde mit knapper Mehrheit abgelehnt. Die vielen Leerstände und geringen Käuferströme in der Rendsburger Innenstadt bestätigen heute, dass meine damaligen Warnungen berechtigt waren. Der mehrfache Wechsel in der Eigentümerstruktur des Eiderparks sowie bestehende Leerstände lassen auch für den Eiderpark nichts Gutes erwarten.

Nachdem ich meine neue Aufgabe als finanzpolitischer Sprecher der SPD-Landtagsfraktion übernommen hatte, begann ich, den gesamten Haushaltsplans des Landes genau zu studieren. Im Haushaltsplan des Bildungsministeriums für 1996 stieß ich auf eine mir bislang verborgen gebliebene Förderung der „Stiftung Schloss Glücksburg" in Höhe von 236.000 DM. Es lag sicherlich auch an meiner Ablehnung jeglicher Form der Monarchie, dass ich sofort hellhörig wurde. Niemand, finde ich, sollte Einfluss und Macht aufgrund seiner Geburt erlangen, sondern nur durch eigene Leistungen und nach demokratischer Wahl. Immer wieder habe ich zornig beobachten müssen, dass selbst seriöse deutsche Medien Menschen mit „Baron" oder „Prinz" betitelten, obwohl diese Begriffe seit der Abschaffung der Monarchie in Deutschland durch die Weimarer Reichsverfassung von 1919 bloße Teile des Nachnamens sind. Adelsverbände und bestimmte Medien arbeiten erfolgreich daran, diese Tatsache zu verstecken. Zu denen, die sich gern mit den längst abgeschafften Adelstiteln anreden lassen, gehören auch die Familienangehörigen, die das Schloss Glücksburg benutzen dürfen. Als ich Heide Simonis am Rande einer Haushaltsberatung darauf hinwies, dass die Mitarbeiter ihres Bildungsministeriums den Stiftungsvorstand mit der unzulässigen und unterwürfigen Anrede „Prinz Christoph" ansprachen, überraschte mich ihre Reaktion. Auch sie spreche ihn mit „Hoheit" an.

Zwischen 1985 und 1996 hatte die „Stiftung Schloss Glücksburg" insgesamt 2,1 Millionen DM aus dem Landeshaushalt für die Unterhaltung des ihr zur Nutzung überlassenen Schlosses erhalten. Da dies nach den Ergebnissen meiner Recherchen völlig zu Unrecht geschah, thematisierte ich die unzulässige Förderpraxis des Landes in den Haushaltsberatungen für das Jahr 1997. Ich konnte die Mitglieder im SPD-Arbeitskreis Finanzen sowie die Vertreterin unseres grünen Koalitionspartners, Monika Heinold, und danach beide Landtagsfraktionen von meinem Vorschlag zur Streichung dieser Ausgabe überzeugen.

Worum ging es? Das Schloss Glücksburg war bis 1864 Eigentum des dänischen Königs und ging mit der für Preußen siegreichen Beendigung des preußisch-österreichischen Krieges gegen Dänemark auf den preußischen König über. Nach der Abschaffung der Monarchie 1919 wurde der bis 1922 bestehende „Herzoglich-Glücksburgische Fideikommiß" zu dem das Schloss gehörte, in die Familienstiftung „Schloß Glücksburg" umgewandelt. Bei dieser Umwandlung wurde die Verpflichtung zur ordnungsgemäßen Unterhaltung des Schlosses als Verpflichtung gegenüber der neuen Familienstiftung beibehalten. 1948, nach Auflösung des Landes Preußen durch den alliierten Kontrollratsbeschluss, einigte sich das Land als nunmehriger Eigentümer des Schlosses mit der „Herzoglichen Familie" darauf, dass diese im Rahmen der Bodenreform 900 Hektar Land behalten durfte, wenn sie im Gegenzug das ihnen zur Nutzung überlassene Schloss samt Inventar aus den Erträgen des Grundvermögens in Thumby und Grünholz unterhalten würde. Diese Verpflichtung zugunsten des Landes Schleswig-Holstein wurde im Grundbuch abgesichert und mit einer Sicherungshypothek von 3.000.000 DM belegt. Nach dem Vertrag von 1951 wurde der von der Familie zu leistende Unterhalt für das Wasserschloss mit jährlich 120.000 DM beziffert. Gemäß der Berechnung von Experten entsprach dies 1998 einer Summe von etwa 500.000 DM.

Bei meinen Recherchen hatte ich festgestellt, dass die „Herzogliche Familie" dieser Verpflichtung über viele Jahre nicht nachgekommen war. Nicht nur auf mich machte das Schloss einen heruntergekommenen Eindruck. Diese Erkenntnisse fanden ihre Bestätigung 1999 in einem offiziellen Prüfungsbericht des Landesrechnungshofes. Was der Bericht ans Licht brachte, war haarsträubend. Zahlreiche Bestimmungen der Landeshaushaltsordnung, des Steuerrechts, des Sozialversicherungsrechts und des Arbeitsrechts waren missachtet worden. Der Landesrechnungshof stellte außerdem fest, dass auch das Kultusministerium in einer Form des vorauseilenden Gehorsams gegenüber den Schloss-Nutzern die gebotene gründliche Kontrolle der Familienstiftung versäumt hatte. In den Beratungen des Finanzausschusses kritisierten die Mitglieder der SPD und Grünen nicht nur die eigene Landesregierung, sondern auch Herrn Christoph Prinz zu Schleswig-Holstein, den Vorsitzenden der Familienstiftung. Mit Rückenstärkung des Landesrechnungshofes wurde per Beschluss gegen die CDU durchgesetzt, dass weitere Landesmittel nicht fließen dürften. In mehreren Presseartikeln sprach ich mich dafür aus, der Familie des Herrn Christoph zu Schleswig-Holstein über die Stiftungsaufsicht des Innenministers die Nutzung des Wasserschlosses gemäß den Vereinbarungen in der Stiftungs-Satzung binnen drei Jahren zu entziehen, wenn sie ihren Verpflichtungen zum Unterhalt des Schlosses nicht nachkommen würde.

Herr Christoph Prinz zu Schleswig-Holstein reagierte auf diese Forderung, indem er seine politischen Freunde einlud. Mit Jost de Jager, dem damaligen bildungspolitischen Sprecher der CDU-Landtagsfraktion, an der Spitze, forderten die CDU-Politiker anlässlich eines Ortstermins am 6. Oktober 1998 in Glücksburg die Wiederaufnahme der Förderung. De Jager meinte, den Äußerungen von Lothar Hay, der als zuständiger Wahlkreisabgeordneter mich unterstützt hatte, und mir hafte der „Geruch von Klassenkampf" an. Konsequent beantragte die CDU-Landtagsfraktion, wenn auch vergebens, bei den Haushaltsberatungen für das Jahr 1999 die Bereitstellung von 256.000 DM für das Schloss Glücksburg.

In gleichlautenden Schreiben an Lothar Hay und mich bat Herr Prinz zu Schleswig-Holstein uns am 15. September 1998 „eindringlich, nicht wieder Vorwürfe gegen mich bzw. meine Familie in der Stiftungsangelegenheit in Umlauf zu bringen" und schrieb weiter: „Zunächst einmal möchte ich davon absehen, juristische Schritte gegen Sie einzuleiten, behalte mir dies aber im Wiederholungsfall vor." Natürlich ließen Lothar Hay und ich uns von solchen Einschüchterungsversuchen nicht beirren. In Absprache mit meinem Landtagskollegen, der damals Vorsitzender des Finanzausschusses war, verwahrte ich mich schriftlich gegen den Versuch, frei gewählte Abgeordnete an ihrer verfassungsgemäßen Kontrollfunktion zu hindern. Ich empfahl dem Briefschreiber, sich „nach der Abschaffung von Adelsrechten durch die Weimarer Reichsverfassung 1919 wie alle anderen Nachkommen von ehemaligen Mitgliedern solcher Häuser auch, demokratischen Gepflogenheiten zu unterwerfen". Privilegierte Sonderbehandlungen seien ausgeschlossen.

Politische Unterstützung in den vielen Sitzungen des Finanzausschusses, in denen die Förderpraxis des Landes und der Prüfungsberichts der Landesrechnungshofes auf der Tagesordnung standen, erhielten wir vom damaligen Bildungs-Staatssekretär Ralf Stegner, der die Mängel und Versäumnisse in der jahrelangen Vergabepraxis bestätigte und von „erheblichen finanziellen Nachteilen des Landes" sprach. Stegner meinte, die Vorwürfe seien in der Substanz berechtigt. Sie richteten sich „gegen die Stiftung, Aufsichtsgremien und frühere Förderpraxis des Ministeriums".

Nach der eindeutigen Rechtslage zugunsten des Landes scheiterte folgerichtig die von der Familienstiftung angestrengte gerichtliche Klärung im Jahr 2003. Die Vereinbarungen von 1951 wurden für weiterhin wirksam erklärt. Die Berufung beim Oberlandesgericht wurde 2005 zurückgenommen. Zur Zeit der Großen Koalition kam es auf Anregung der Staatskanzlei am 25. April 2007 zu einer abschließenden Gesprächsrunde in entspannter Atmosphäre auf dem Schloss Glücksburg, zu der Herr Christoph Prinz zu Schleswig-Holstein Lothar Hay und mich eingeladen hatte. Wir sahen uns dennoch außerstande, seinem Wunsch zur Wiederaufnahme der institutionellen Förderung zu entsprechen. Absprachegemäß erhielt er kurze Zeit später die offizielle Ablehnung aus der Staatskanzlei.

Nach der Bildung der rot-grünen Landesregierung 1996 begannen umgehend die Beratungen für die mittelfristige Planung der Finanzausstattung des Landes. Die Steuereinnahmen entwickelten sich ungünstig. Die Ministerpräsidentin, ihr Finanzminister Claus Möller und die Mitglieder des Arbeitskreises Finanzen standen deshalb vor schwierigen Beratungen. Bereits im April 1996 wurden der SPD-Fraktion die Risiken für den Haushalt dargestellt. Die nach der Wiedervereinigung 1990 aufgelebte Konjunktur hatte auch zu deutlichen Steuermehreinnahmen geführt, die nun wieder einbrachen. Belastend war die von der CDU-geführten Bundesregierung durchgesetzte Abschaffung der Vermögenssteuer, die allein zu einem Minus von jährlich 250 Millionen DM im Landeshaushalt führte. Für die Haushaltsberatungen 1997 legte die Landesregierung ein Paket von Ausgabekürzungen vor, die naturgemäß weder bei den Mitgliedern der regierungstragenden Fraktionen noch bei den Empfängern von Landeszuschüssen auf

Begeisterung stießen. Niemand war überrascht, dass die Opposition aus CDU und FDP den Sparkurs heftig kritisierte und den betroffenen Verbänden und Menschen ihre Unterstützung zusagte. Als ein Beispiel für eine Obstruktionspolitik der CDU, welche die Grenzen einer gewöhnlichen Oppositionskritik überschritt, ist mir die Initiative „Rettet die Polizei-Reiterstaffel" von Anfang 1997 in Erinnerung. Trotz der angespannten Situation der Landesfinanzen unterstützte die Landes-CDU die Proteste gegen die von uns beschlossene Abschaffung der teuren Lübecker Reiterstaffel. Sie strengte sogar einen landesweiten Volksentscheid an, dem erfreulicherweise kein Erfolg beschieden war. Bei meinen jährlichen Anträgen zur Abschaffung des ebenfalls überteuren Polizeiorchesters mit einem jährlichen Zuschuss-Bedarf von einer Million Euro blieb ich in der Fraktion ständig ohne eine Mehrheit.

Um zu vermeiden, dass die ohnehin schon hohe Neuverschuldung noch weiter stieg, verständigten sich Landesregierung und die sie tragende Fraktionen auf das Prinzip „alternativ statt additiv". Mehrausgaben sollten durch Minderausgaben ausgeglichen werden. Natürlich wurde dabei von den Facharbeitskreisen der Fraktion auch viel getrickst, um Ausgabenwünsche für sicherlich segensreiche Politikfelder durchzusetzen. Es war Aufgabe des Arbeitskreises Finanzen, politisch Sinnvolles mit dem finanziell Machbaren in Einklang zu bringen. Das geschah immer in der Erwartung, dass sich die Einnahmen tatsächlich so entwickelten wie geplant. Probleme entstanden stets im Jahr darauf, wenn sich herausstellte, dass die zumeist optimistisch geschätzten Steuereinnahmen nicht erreicht, die Ausgaben aber geleistet worden waren. Die Netto-Neuverschuldung, also der Differenzbetrag zwischen den neu aufgenommenen Krediten abzüglich der Tilgung von alten Schulden, stieg kontinuierlich. Nachdem die rot-grüne Koalition in Bonn nach dem Regierungswechsel 1998 die „größte Steuerreform aller Zeiten" beschlossen hatte, waren alle Hoffnungen auf endlich wieder steigende Steuereinnahmen vorbei. Die von Bundeskanzler Gerhard Schröder und seinem Finanzminister Oskar Lafontaine in drei Schritten auf den Weg gebrachte Steuerentlastung für Spitzenverdiener und Unternehmen führte zu riesigen Steuerausfällen im Landeshaushalt und in den kommunalen Haushalten. In einem Jahr mussten sogar mehr Körperschaftssteuern erstattet werden, als eingenommen wurden. Die schleswig-holsteinische SPD hatte sich parteiintern der Steuerreform widersetzt, blieb aber leider ohne Erfolg. Im Landtag bezeichnete ich die Begründung für die Steuerentlastung mehrmals als Lüge. Angeblich sollten sich die Steuersenkungen selbst finanzieren, weil dank der Entlastung mehr Arbeitsplätze entstünden. Ich verwies auf die historische Erfahrung: In keinem Industriestaat war ein solcher Effekt jemals eingetreten. Leider habe ich rückblickend recht behalten.

Die Prozeduren bei der Aufstellung der Landeshaushalte wiederholten sich Jahr um Jahr bis zum Ende der rot-grünen Regierungszeit 2005. Es blieb beim „alternativ statt additiv", jährlich wurden neue Sparprogramme aufgelegt und regelmäßig stellten sich die führenden Politiker von CDU und FDP vor dem Landeshaus an die Seite der von Einsparungen betroffenen Demonstranten und ihrer Verbände, um die sofortige Rücknahme für den Fall des Regierungswechsel zu verkünden. Dem Abschluss der Haushaltsberatungen gingen regelmäßig eine Vielzahl von internen Diskussionen und Nachtsitzungen der Koalitionspartner voraus. Monika Heinold für die Grünen und ich für die SPD konnten an der Seite unserer Fraktionsvorsitzenden anschließend die „erfolgreichen Beschlüsse" in einer Pressekonferenz vorstellen. Unbeliebt machte ich mich im Verlauf der Haushaltsberatungen jedes Jahr beim Finanzminister und der SPD-Fraktion, wenn ich die Entwicklung der neuen Verschuldung kritisierte, auf die im Haushaltsentwurf erkennbaren Risiken auf der Einnahmeseite hinwies und den Mut zu durchgreifenden strukturellen Einsparungen vermisste. Höhepunkt der zumeist jährlichen Haushaltsberatungen waren die Landtagsdebatten vor der Endabstimmung im Landtag kurz vor dem Weihnachtsfest. Beim Schlagabtausch der Argumente durfte ich als finanzpolitischer Sprecher die Haushaltsvorschläge der Regierungskoalition verteidigen. Natürlich nannte ich sie immer „alternativlos".

Mehrere Male habe ich erwogen, mein Amt als finanzpolitischer Sprecher niederzulegen. Ich war frustriert, weil ich weder beim Finanzminister, noch bei der Ministerpräsidentin oder der Mehrheit der Landtagsfraktion mit meinen Warnungen auf Gehör stieß. Zu meinem Bedauern fehlte es Finanzminister Claus Möller beim Abbau von Subventionen an der Unterstützung durch die Ministerpräsidentin.

Viel Kritik erntete ich bei meinen politischen Freunden im Kabinett und in der Landtags-Fraktion stets, wenn ich mich öffentlich über den mangelnden Sparwillen beklagte. Erstmals sah ich mich im Dezember 1996 bei der Vorstellung des ersten Haushaltsentwurfs unter meiner Verantwortung als finanzpolitischer Sprecher veranlasst, „meine Landesregierung“ öffentlich zum nachhaltigen Sparen aufzufordern. Ich verlangte eine Überprüfung sämtlicher Subventionen „ohne Tabus“. Dabei dürfe „auch nicht vor den Programmen Halt gemacht werden, für die sich der grüne Koalitionspartner stark gemacht hat“. Die Landesregierung solle endlich ihre Schularbeiten machen und die Kommunen von überflüssigen Aufgaben entlasten. Wenn in den Beratungen mit den Ressorts Korrekturen in den Haushaltsanmeldungen durchgesetzt werden konnten, wandten sich manche Kabinettsmitglieder anschließend an die Fachpolitiker in der Fraktion, die dann entsprechende Anträge stellten, um die gestrichenen Ausgaben doch wieder in den Haushaltsentwurf hineinzuschreiben.

In fast jedem Jahr gab es Probleme mit dem Artikel 53 der Landesverfassung. Danach durften die Kredite die Summe der Investitionen nicht überschreiten. Der Investitionsbegriff erwies sich als sehr schwammig und führte regelmäßig im Parlament zu unterschiedlichen Interpretationen. Die Auflagen der Landesverfassung entwickelten sich zudem zu einem stumpfen Schwert, weil sie Ausnahmen für den Fall zuließen, dass das wirtschaftliche Ungleichgewicht durch die zusätzlich aufgenommenen Kredite behoben wird. Die Regierungsfraktionen folgten mehrere Jahre dem Vorschlag der Landesregierung, im Landtag vor der Verabschiedung des Landeshaushalts ein solches Ungleichgewicht festzustellen. Ich habe immer dafür plädiert, das Prinzip der Nachhaltigkeit nicht auf die Gebiete Energiepolitik und Umweltschutz zu beschränken. Auch die Haushalts- und Finanzpolitik muss das Prinzip der Nachhaltigkeit beachten, wenn unser Lebensstandard nicht ausschließlich zu Lasten künftiger Generationen gesichert werden soll. Als nach meinem Ausscheiden aus dem Landtag 2010 über die Aufnahme einer sogenannten Schuldenbremse in die Verfassung diskutiert wurde, haben meine ehemaligen Fraktionskollegen zu meiner Genugtuung zugestimmt.

Um den Auflagen der Landesverfassung zu genügen, sah sich die Landesregierung veranlasst, gegen Entgelt fast ihren gesamten Gebäudebestand an die landeseigene Investitionsbank zu übertragen. Der von der Opposition abwertend als „Deal“ beschriebene Vorgang führte monatelang zu turbulenten Auseinandersetzungen im Finanzausschuss und dem Parlament. Schließlich verbot das von der Opposition angerufene Bundesverfassungsgericht der Landesregierung, die Einnahmen aus dem Gebäudeverkauf gegen die Schuldenaufnahme aufzurechnen. Damit war der gewollte Effekt verhindert.

Als ungewöhnlich empfand ich in diesem Zusammenhang das Verhalten des damaligen Präsidenten des Landesrechungshofes, Gernot Korthals, einem ehemaligen CDU-Landrat. Im Herbst 1997 hielt ich ihm im Landtag eine unzulässige parteipolitische Unterstützung der Oppositionsparteien vor. Statt Ratgeber des Parlaments sei er Teil der Opposition, warf ich ihm vor. Unser Verhältnis blieb bis zum Ende seiner Amtszeit gespannt. Viele Male kritisierte ich ihn dafür, die Unabhängigkeit des Landesrechungshofes durch zügellose öffentliche Kritik an der Finanzpolitik der Regierungskoalition zu gefährden. Dabei war mir immer präsent, dass ich an seiner Ernennung nicht unschuldig gewesen war. Björn Engholm hatte als Ministerpräsident intern den Kieler Jura-Professor Albert von Mutius für dieses Amt vorgeschlagen. In einer kleinen Beratungsrunde gelang es Holger Astrup und mir, überzeugende Argumente für die Wahl des Chefs der landeseigenen Wohnungsbau-Kreditanstalt, nämlich Gernot Korthals, zu finden. Er war der erste Präsident des Landesrechnungshofes, der nicht den Regierungsparteien angehörte. Auch diese Personalie gehörte zum neuen Politik-Stil der Regierung Engholm.

Angesichts einbrechender Steuereinnahmen aufgrund der Steuerreform und der Konjunkturschwäche musste sich das Land mit den Stimmen der SPD und den Grünen auch von weiteren Vermögensteilen wie zum Beispiel der landeseigenen Wohnungsbaugesellschaft und der Landesentwicklungsgesellschaft trennen. Uns Sozialdemokraten fiel diese Entscheidung sehr schwer, waren wir doch eigentlich davon überzeugt, dass die Landesregierung die Steuerung politischer Aufgaben nicht der Privatwirtschaft überlassen sollte.

Leider beteiligten sich auch die von der SPD oder den Grünen geführten Ministerien unzureichend an den Sparappellen des Finanzausschusses. Monika Heinold und ich hatten die Idee, alle 250 Förderprogramme des Landes auf Null zu stellen, gegen heftige Vorwürfe der Opposition und der eigenen Fraktionen durchgesetzt. Künftig sollten nur noch Subventionen aus der Landeskasse gezahlt werden, wenn die Programme als unverzichtbar neu beantragt und mit einer Zielbeschreibung schriftlich von den Ministerien begründet werden konnten. Zu unserer großen Enttäuschung wurden sowohl von der Staatskanzlei als auch von den Ministerinnen und Ministern alle Förderprogramme schriftlich als „unverzichtbar“ für das Land bewertet. Nur der Finanzminister schlug ein Energieförderprogramm zur Abschaffung vor. Er hatte es leicht, denn die Solar-Förderung war zwischenzeitlich von der neuen Bundesregierung übernommen worden.

Die Finanzpolitiker setzten sich dennoch bei einigen Förderprogrammen mit ihren Vorschlägen durch. Nicht nur die Opposition war erzürnt. In einem Fall bat der Journalistenverband mich um ein dringendes Gespräch. Drei mir sehr bekannte Journalisten, die in ihren Medien von der Landesregierung und den sie tragenden Fraktionen mehr Mut zum Sparen einforderten, beschwerten sich über die Streichung von 25.000 DM für die Ausbildung von Journalisten. Der Landeszuschuss sei „natürlich unverzichtbar", um eine qualitätvolle Ausbildung zu gewährleisten. Ich lehnte es ab, die Streichung zurückzunehmen und wies darauf hin, dass die Verlage selbst für diese sinnvolle Aufgabe verantwortlich seien.

Vor jeder Kabinettssitzung trafen sich die sozialdemokratischen Mitglieder im „roten Kabinett" um die offiziellen Beratung vorzubereiten. Ähnlich war es bei den jährlichen Haushaltsberatungen. Auf Einladung von Heide Simonis trafen sich der Chef der Staatskanzlei, Klaus Gärtner, Finanzminister Claus Möller, der Fraktionschef und die Finanzpolitiker der SPD-Fraktion im Gästehaus der Landesregierung zu abendlichen Runden. Wir Fraktionsvertreter waren immer wieder überrascht, wie wenig sich Heide Simonis, die ja selbst fünf Jahre Finanzministerin gewesen war, mit dem Landeshaushalt auskannte.

Finanzminister Claus Möller lud die Spitzen der Regierungskoalitionen und die finanzpolitischen Sprecher sowie die Vorsitzende des Finanzausschusses, Ursula Kähler, regelmäßig zu informellen Gesprächen ins Finanzministerium ein. Da diese Gesprächsrunden aus Termingründen zunächst immer an einem Sonntag stattfanden, behielten sie den Namen „Sonntagsrunde" auch dann noch, als sie längst in die Abendstunden eines Werktages verlegt waren.

Das vielleicht bedeutendste Gremium zur Kontrolle der Landesregierung war die „Haushaltsprüfgruppe" des Finanzausschusses. Jede Fraktion war unter der Leitung der Vorsitzenden des Finanzausschusses mit nur einem Mitglied vertreten, im Regelfall die finanzpolitische Sprecherin oder der finanzpolitische Sprecher. Ich selbst habe der Haushaltsprüfgruppe von 1996 bis 2009 angehört, ab 2005 als ihr Vorsitzender. Die Gruppe tagte streng vertraulich. Hauptaufgabe war die Beratung der jährlichen Kontrollberichte sowie der Sonderberichte des Landesrechnungshofes, die sogenannten

„Bemerkungen". Unter der gesetzlich vorgeschriebenen Vertraulichkeit der Beratungen waren wir uns bei der Bewertung von Versäumnissen oder Fehlern meistens einig.

Die Vertreter der Regierungsparteien und der Oppositionsvertreter zogen im Landeswohl an einem Strang. Die Ergebnisse legte der Vorsitzende nach vielen Sitzungen im Beisein der Vertreter des Landesrechnungshofes und der zuständigen politischen Leitungen der jeweiligen Ministerien erst dem Finanzausschuss und dann dem Landtag zur Abstimmung vor. Nach meiner Erinnerung wurden während meiner Mitarbeit alle Beschlüsse der Haushaltsprüfgruppe vom Landtag angenommen. Meistens allerdings zur Verärgerung der zuständigen Fachminister und der von ihnen um Hilfe gebetenen Abgeordneten aus den Facharbeitskreisen. In der Wahrnehmung unserer Kontrollverpflichtungen habe ich mich nie von dem Prinzip abbringen lassen, dass Versäumnisse und Fehler auch dann benannt werden müssen, wenn sie von der eigenen Regierung zu verantworten sind.

Im September 1997 entdeckten wir in der Haushaltsprüfgruppe unter dem Vorsitz von Lothar Hay Verstöße gegen das Haushaltsrecht und dubiose Beschaffungsvorgänge am Universitätsklinikum Kiel, dass wir uns einstimmig spontan entschlossen, die Staatsanwaltschaft einzuschalten. Die Kieler Nachrichten schrieben am 24. Januar 1998 von einem „einmaligen Vorgang in der Parlamentsgeschichte des Landes". Die zuständige Ministerin, Gisela Böhrk, hat anschließend wochenlang nicht mit mir gesprochen, obwohl ihr Ministerium große Fehler einräumen musste.

Mit Heide Simonis teilte ich die Vorbehalte gegen Privilegien der Landesbeamten. Allerdings achtete ich sehr darauf, meine Vorbehalte weniger verletzend für die Betroffenen zu formulieren. Ich unterstützte Heide Simonis in ihren Anstrengungen, neue Mitarbeiterinnen und Mitarbeiter im Landesdienst nicht mehr als Beamtinnen und Beamte, sondern als Angestellte zu beschäftigen. Die Folgen der jahrzehntelangen Praxis waren im Landeshaushalt unübersehbar. Da mit dem altersbedingten Ausscheiden eines Landesbeamten im Regelfall eine Wiederbesetzung nötig war und die ausgeschiedenen Beamten sich erfreulicherweise auch eines langen Ruhestandes erfreuen konnten, stiegen die Kosten für die Pensionen überproportional an und lagen bald bei 25 Prozent dessen, was das Land für die Bezüge der aktiven Mitarbeiter ausgab. Bei Beamten sparte das Land zwar den Arbeitgeberanteil für die Sozialversicherung, musste dafür aber später die Pensionen vollständig aus der Landeskasse bezahlen. Im Ergebnis waren Beamte teurer als Angestellte. Der Vorschlag der Ministerpräsidentin, von Ausnahmen im hoheitlichen Bereich wie der Polizei abgesehen, nur noch Angestellte zu beschäftigen und darüber einen Pensionsfonds für die Zukunft anzulegen, stieß nicht nur bei den Beamtenverbänden und der Opposition aus CDU und FDP auf Protest. Auch Abgeordnete der SPD-Fraktion ließen sich in ihren Wahlkreisen verunsichern, zumal auch der Landesrechungshof den Pensionsfond kritisiert hatte. Die CDU-Opposition meinte, mit dem Geld des Pensionsfonds sollten besser zusätzliche Stellen für Lehrkräfte finanziert werden. Heide Simonis musste zu meinem Bedauern feststellen, dass ihre Initiativen auch in anderen von der SPD geführten Bundesländern nicht die notwendige Unterstützung erfuhren. Nachdem der Druck der Opposition im Landtag und in den Medien immer größer geworden war, gehörte ich zu den ganz wenigen Abgeordneten in der Landtagsfraktion, die an dem Konzept der Ministerpräsidentin festhalten wollten. Heide Simonis war mit ihren Plänen gescheitert. Beamte wurden eingestellt, der Pensionsfonds aufgelöst und die freigewordenen Finanzmittel zur Schließung aktueller Haushaltslöcher verwendet. Eine Chance zur nachhaltigen Entlastung des Landeshaushalts war vertan.

Heide Simonis verlor stetig die Fähigkeit, sich mit konstruktiven politischen Vorschlägen aus der Landtagsfraktion auseinanderzusetzten. Hinter jeder noch so gut gemeinten Kritik an einer Sachentscheidung vermutete sie einen Angriff auf ihre Person. Es sprach sich auch in der Landtagsfraktion herum, dass sie in den Kabinettssitzungen zunehmend aggressiv auf kritische Bemerkungen ihrer Kabinettskollegen reagierte. Nachdem sie 1994 durch ihren rüden Umgangston die über alle Fraktionsgrenzen hinaus anerkannten Minister und Professoren Hans Peter Bull und Berndt Heydemann aus dem Kabinett „gemobbt" hatte, ernannte sie nach der Landtagswahl 1996 mit Peer Steinbrück und Gerd Walter wieder zwei hochkarätige Minister. Beide waren nicht geneigt, ihre im Einzelfall abweichende Meinung nur aus Rücksicht auf Heide Simonis zu unterdrücken. Da sie in der Öffentlichkeit auch über ein hohes Ansehen verfügten, sorgte sich Heide Simonis, wie zu vernehmen war, um ihre eigene Autorität.

Zu einem Eklat kam es Anfang Juni 1998. Gerd Walter und Peer Steinbrück hatten ein gemeinsam erarbeitetes Europa-Papier vorgelegt. Als sie es vorstellten, sprach sich Wirtschaftsminister Peer Steinbrück gegen „eine

Politik im Pepita- Stil" aus, woraus Medienvertreter sofort und wohl nicht zu Unrecht eine Kritik an der Politik von Heide Simonis herauslasen. Es wurde kolportiert, dass es in der folgenden Sitzung des Landeskabinetts zu einer erregten Aussprache gekommen sei, in der die Ministerpräsidentin auf Anerkennung ihrer Autorität bestanden habe.

Mitten in die Auseinandersetzung zwischen Heide Simonis und Peer Steinbrück fiel mein 50. Geburtstag am 13. Juni 1998. Ich feierte in einem größeren Kreis mit meiner Familie sowie privaten und politischen Freunden in der Begegnungsstätte der Arbeiterwohlfahrt in Elsdorf-Westermühlen. Sie fühle sich nicht zum Feiern in der Lage. Auch mein Hinweis, dass Peer Steinbrück seine Teilnahme schon Wochen vorher wegen eines anderen wichtigen Termins abgesagt hatte, konnte sie nicht umstimmen.

Dieser andere Termin war ein Geburtstagsempfang für den nordrhein-westfälischen Ministerpräsidenten Johannes Rau, dessen Büroleiter Steinbrück vor seinem Wechsel nach Schleswig-Holstein gewesen war. Das hatte er mir bereits einen Monat vor meinem Geburtstag in einem zwei Seiten langen handgeschriebenen Brief mitgeteilt. Zum Geburtstag schickte er noch einmal einen zweiseitigen handschriftlichen Brief. Interessant fand ich, wie er darin unser Arbeitsverhältnis charakterisierte: „In vielen Einschätzungen weiß ich mich mit Dir keineswegs einig, aber das sollte uns nicht daran hindern, diese auszutauschen." Von Heide Simonis bekam ich lediglich ein Standartschreiben, das aus drei Sätzen mit zu solchen Anlässen üblichen Formulierungen bestand. Handschriftlich war nicht einmal die Anrede.

Ein Dauerthema im Kieler Parlament war die dringend notwendige Sanierung des Landeshauses. Der Handlungsbedarf war zwar unübersehbar, aber es fehlte der politische Mut, die Kosten gegenüber den Steuern zahlenden Bürgern zu vertreten. Deshalb wurde das Vorhaben immer wieder verschoben. Im August 1998 ergriffen der Vorsitzende des Finanzausschusses, mein Freund Lothar Hay, und ich die Initiative für einen im Parlamentsalltag ungewöhnlichen Antrag. Wir handelten aus Sorge um den Werterhalt des Landeshauses, das schließlich allen Steuerzahlern gehörte. Nach meiner festen Überzeugung sollten wir mit dem Landeshaus genauso umgehen wie mit den anderen landeseigenen Gebäuden. Gemeinsam mit den für unsere Initiative sehr aufgeschlossenen finanzpolitischen Sprechern der anderen Parlamentsfraktionen, Monika Heinold, Wolfgang Kubicki, Thomas Stritzl und Anke Spoorendonk, schrieben wir dem Parlamentspräsidenten Heinz

Werner Arens einen Brief, in dem wir ihm die Bereitstellung der Haushaltsmittel für die Jahre 1999 bis 2001 zusicherten. Ziel sei es, die Substanz des Gebäudes für Besucher, Medienvertreter, Mitarbeiter und Abgeordnete zu erhalten. Darüber hinaus sollten der Plenarsaal neu gebaut und energiesparende Maßnahmen getroffen werden. Entgegen meiner Erwartung gab es angesichts des breiten Übereinstimmung der Finanzpolitiker keinen nennenswerten Widerstand in den Fraktionen und den Medien. Nach Abschluss der Baumaßnahmen, die leider den geplanten Kostenrahmen erheblich überschritten, waren alle stolz auf den fraktionsübergreifenden Konsens sowie über die gelungene Leistung der Architekten bei der Errichtung eines neuen Plenarsaales und einer neuen Kantine.

Gerne erinnere ich an die Zusammenarbeit mit Finanzminister Claus Möller, auch wenn wir in der Einschätzung der Risiken der von ihm vorgelegten Haushaltsentwürfe längst nicht immer einer Meinung waren. Ich habe sein sympathisches Auftreten und den kommunikativen Stil seiner Politik stets zu schätzen gewusst. Für mich war er eine integere Persönlichkeit. Monika Heinold und ich trafen uns während seiner Amtszeit regelmäßig ein bis zwei Male im Monat zu Abstimmungsgesprächen in seinem Büro. Er konnte zuhören, zeigte Verständnis für die Profilierungsinteressen der Koalitionsfraktionen und hielt sich an die vereinbarten Vorgehensweisen.

Nur einmal kam es zwischen uns zu einem richtigen politischen Zerwürfnis. Im Zusammenhang mit dem Streit um die Veräußerung von Landesimmobilien an die landeseigenen Investitionsbank sollte Claus Möller am 1. September 1998 dem von CDU und FDP angerufenen Bundesverfassungsgericht einen Bericht über die Haushaltslage des Landes geben. Wenige Wochen später wurde bekannt, dass er dabei den Zufluss einer Zahlung nach dem Schenkungs- und Erbschaftssteuergesetz von Anfang August 1998 in Höhe von 170 Millionen DM unterschlagen hatte. Die Opposition warf ihm vor, das Parlament und das Bundesverfassungsgericht falsch informiert zu haben, um „ein besonders düsteres Bild der Finanzsituation des Landes zu zeichnen“. Nach dem Haushaltsgesetz war Möller verpflichtet, bei Summen über 50 Millionen DM das Parlament „unverzüglich“ zu informieren. Die Oppositionsparteien stellten umgehend einen Missbilligungsantrag für die nächste Landtagsdebatte, der auch vom Koalitionspartner, den Grünen, mit einer gewissen Sympathie begleitet wurde. Auch ich war sehr verärgert über das Verhalten des Ministers und sah Erklärungsbedarf. Monika Heinold und ich stellten uns der Aufgabe, einen alternativen Antrag für das Parlament zu formulieren, der in einer weniger schroffen Formulierung unsere Verärgerung zum Ausdruck bringen sollte. Wir trafen uns mit Claus Möller zu einem vertraulichen Gespräch am 6. November 1998 in Rendsburg, in dem wir mit ihm die Endfassung unserer abgespeckten Kritik erörterten. In der Landtagsdebatte stellten die Oppositionsparteien nach einer lebhaften Debatte ihren schärfer gefassten Missbilligungsantrag zugunsten der milderen Rüge unseres Antrages zurück. So fiel der Beschluss des Landtages über die Rüge an den Finanzminister, parlamentarisch ungewöhnlich, einstimmig aus. Nur Heide Simonis enthielt sich als Abgeordnete der Stimme. Die Landeszeitung meinte in ihrer Berichterstattung, ich hätte in meiner Rede „für Heiterkeit gesorgt", weil ich in einem Entlastungsangriff Möller als „tüchtigen Finanzminister gelobt" habe. Die Mitglieder meiner Fraktion brachten ihren Unmut über das Verhalten des Finanzministers auch dadurch zum Ausdruck, dass sie sich während der Debatte überwiegend in der Cafeteria des Landtags aufhielten. Natürlich war Claus Möller nicht begeistert von der Debatte und dem Beschluss. Ich glaube, dass er mir diese „Missbilligung" nie verziehen hat. Ob diese Vorgänge auch eine Rolle gespielt haben, als wenige Tage später sein Staatssekretär Jochen Lohmann überraschend in den Ruhestand ging und die Ministerpräsidentin meinen Landtagskollegen Uwe Döring ernannte, entzieht sich meiner Kenntnis. Ich erinnerte mich allerdings an die Prophezeihung von Heide Simonis im legendären Telefonat nach der Landtagswahl 1996.

Als Claus Möller sein Amt als Finanzminister 2004 auf Drängen von Heide Simonis an Ralf Stegner übergeben musste, haben Monika Heinold und ich diesen Wechsel sehr bedauert. Mit Claus Möller hatten wir gemeinsam sehr viele, teilweise auch unpopuläre Entscheidungen auf den Weg gebracht. Für die von mir seit meiner aktiven Zeit in der Steuerverwaltung angestrebte Auflösung der Oberfinanzdirektion Kiel als Beitrag zur Verwaltungsreform war er genau so aufgeschlossen wie für die Abschaffung der Beihilfeberechtigung von sogenannten Wahlleistungen im Krankheitsfall. Sehr schnell bekamen Monika Heinold und ich die Veränderungen in der Zusammenarbeit der Finanzsprecher der beiden Koalitionsfraktionen mit dem neuen Finanzminister zu spüren. An die Stelle des Austausches von Anregungen und Vereinbarungen traten mit der Übertragung des Amtes auf Ralf Stegner seine Monologe. Unsere Fragen oder Anregungen zu Haushalts-

oder Finanzthemen wurden stets mit dem Hinweis beantwortet, er habe bereits alles geprüft und selbstverständlich im Griff. Monika Heinold und ich waren uns bereits nach einigen Wochen einig, diese Gesprächskultur zu beenden. Wir wollten nicht länger kostbare Zeit verschwenden. Ungehalten und verständnislos waren wir beide auch über eine seiner ersten Maßnahmen im Finanzministerium. Ralf Stegner ordnete an, dass Nachfragen von uns generell nicht mehr wie unter Claus Möller üblich an die Abteilungsleiter zu stellen waren, sondern nur noch über die Leitung seines Ministerbüros. Dieser Kontrolle wollten wir uns nicht unterwerfen. Wir fanden andere, vertrauliche Wege, um an unsere Informationen zu gelangen.

Die Kommunalwahlen 1998 fanden am 22. März statt. Mit banger Neugierde verfolgten wir Sozialdemokraten, wie die Wähler in der Halbzeit der Legislaturperiode die Arbeit der Landesregierung bewerten würden. Weil die nächsten Bundestagswahlen nicht fern waren, blickten viele überregionale Medien auf den Stimmungstest in Schleswig-Holstein. Angesichts der schlechten Umfragewerte für die amtierende Bundesregierung aus CDU/CSU und FDP hofften wir auf Rückenwind aus Bonn, wo die Bundesregierung damals noch ihren Sitz hatte. Am Wahlabend sprach Heide Simonis von einem „sehr schönen Ergebnis für uns". Die SPD legte landesweit um 2, 9 Prozent zu und bekam 42,4 Prozent der Stimmen. Sie konnte offenbar auch von den wochenlangen Auseinandersetzungen profitieren, die sie mit dem grünen Koalitionspartner über verkehrspolitische Themen ausgefochten hatte. Die Grünen kamen nur noch auf 6,8 Prozent. Ihre Wählerschaft hatte sich fast halbiert. Die CDU verbesserte sich von 37,5 Prozent auf 39,1 Prozent, während die FDP sich landesweit mit 4,8 Prozent lediglich um 0,4 Prozent verbessern konnte. Einen Zugewinn für die SPD brachte auch die Wahl zum Kreistag Rendsburg-Eckernförde. Mit 42,4 Prozent und damit einem Zugewinn von 2,1 Prozent blieb die SPD stärkste politische Kraft und konnte mit den Grünen (5,8 Prozent) und dem SSW (5,7 Prozent) eine politische Zusammenarbeit vereinbaren.

Katzenjammer herrschte dagegen bei den Sozialdemokraten im Rendsburger Rathaus. Sie verloren gegenüber der Wahl von 1994 3,2 Prozent und kamen nur noch auf 45, 8 Prozent. Damit war die bisherige absolute Mehrheit dahin. Die Ursache war klar: Erstmals war der SSW bei der Wahl zur Ratsversammlung angetreten. Die Partei der dänischen Minderheit erreichte auf Anhieb 6,5 Prozent. Die CDU verbesserte sich leicht um 0,6 Prozent auf 32,9 Prozent. Uwe Meise blieb Bürgervorsteher.

Der Kommunalwahl folgte am 27. September die Bundestagswahl 1998. Nachdem sich der niedersächsische Ministerpräsident Gerhard Schröder dank seines hervorragenden Abschneidens bei der Landtagswahl gegen den saarländischen Ministerpräsidenten und SPD-Bundesvorsitzenden Oskar Lafontaine als Kanzlerkandidat durchgesetzt hatte, folgte ein furioser Wahlkampf. Von einer gegenseitigen Abneigung zwischen Schröder und Lafontaine war öffentlich nichts zu sehen. Sie vermittelten stets den Eindruck tiefer persönlicher Verbundenheit. Oskar Lafontaine ließ sich sogar zu dem später sprichwörtlich gewordenen Satz hinreißen, zwischen sie beide passe „kein Blatt Papier“. Der amtierende Kanzler Helmut Kohl war zur Überraschung seiner Parteifreunde in der CDU und – wie man aus einer Biographie von Heribert Schwan weiß – auch seiner Frau nach 16 Jahren Kanzlerschaft erneut als Kandidat für die CDU angetreten. Nicht nur die Umfragen, sondern auch die Stimmung im Straßenwahlkampf ließen deutlich erkennen, dass Kohl den Zeitpunkt für einen ordentlichen Abgang verpasst hatte. Seine Zeit war abgelaufen, er hatte es nur nicht erkannt und seine Parteifreunde waren nicht mutig genug, es ihm zu erklären.

Ich erinnerte mich an eine Erfahrung aus der Anfangszeit meiner kommunalpolitischen Tätigkeit. 1974 hatte die langjährige CDU-Kommunalpolitikerin Emma Faupel trotz ihres hohen Alters und nach vielen Jahren verdienstvoller politischer Arbeit gegen den Rat ihrer Parteifreunde noch einmal für die Ratsversammlung kandidiert – und verloren. Ich hatte mir vorgenommen, dass mir so etwas nicht passieren soll.

1998 gelang der Machtwechsel in Bonn bzw. Berlin, den die SPD so lange herbeigesehnt hatte. Mit einem Zuwachs von 5 Prozent auf insgesamt 41,1 Prozent konnte die SPD gemeinsam mit den Grünen regieren, die trotz eines Verlustes von 0,8 Prozent noch 6,5 Prozent der Stimmen erreichten. Für die Unionsparteien war der Stimmenverlust von 6,7 Prozent ein Desaster. Die SPD wurde sogar stärkste Fraktion im Bundestag und stellte mit dem früheren DDR-Oppositionellen Wolfgang Thierse den Bundestagspräsidenten. In Schleswig-Holstein hatten die Sozialdemokraten doppelten Anlass zur Freude. Neben dem Machtwechsel in Bonn gelang es, nach über 18 Jahren mit einem Vorsprung von 10 Prozent vor der CDU erstmals wieder bei einer Bundestagswahl stärkste politische Kraft im Lande zu werden. Die SPD verbesserte ihr Ergebnis um 5, 8 Prozent auf 45,4 Prozent. Die CDU verlor in ihrem ersten Bundestagswahlkampf ohne Gerhard Stoltenberg 5,8 Prozent und erreichte nur noch 35,7 Prozent. Auch in Rendsburg-Eckernförde gelang eine Sensation: Die SPD-Kandidatin Ulrike Mehl sich konnte sich mit 48,8 Prozent der Erststimmen erstmals gegen ihren Konkurrenten von der CDU, Otto Bernhardt, durchsetzen. Auch alle anderen Direktkandidaten der SPD in Schleswig-Holstein gewannen ihre Wahlkreise. Die Stimmung auf der Wahlparty in Kiel war überschwänglich. Heide Simonis stellte noch am Wahlabend fest, dass es nun darum gehe, die Republik zu reformieren und insbesondere die Zahl von Menschen ohne Beschäftigung, insbesondere unter den Jugendlichen, zu reduzieren. In der rot-grünen Koalition in Kiel erhofften wir uns endlich die Umsetzung all der Initiativen, die wir in den vergangenen zwei Jahren mit unserer Mehrheit über Resolutionen im Landtag beim Bundesgesetzgeber eingefordert hatten. Mit rot-grünen Mehrheiten in Kiel und im Bonn sollte eine neue Epoche der Reformpolitik beginnen. Ich selbst setzte insbesondere auf eine gerechtere Steuer- und Verteilungspolitik.

Am 29. September 1998 erschien Heide Simonis in der Landtagsfraktion mit gelben Blättern in der Hand. Von gelben Manuskriptseiten las Heide Simonis gewöhnlich ihre Reden bei öffentlichen Veranstaltungen oder in Parlamentsdebatten ab. Sie war während meiner Parlamentszugehörigkeit das einzige Mitglied einer Landesregierung, das mehrfach gegen das ungeschriebene Gesetz der freien Aussprache in der Landtagsfraktion durch das Ablesen vorbereiteter Notizen verstieß. Heide Simonis schien also gut vorbereitet. Zwei Tage nach der Bundestagswahl gab sie im Rahmen der Aussprache über das Ergebnis der Bundestagswahl eine schriftlich vorbereitete Erklärung ab, deren Inhalt uns überraschte. Unter anderem wehrte sie sich gegen interne Kritik und „Durchstechereien", die von Fraktionsmitgliedern nach außen getragen würden. Sie habe „draußen" ein gutes Image. Sie reagierte damit auf verschiedene Presseartikel, in denen ihr vorgehalten worden war, es fehle ihr an Schubkraft und Ideen für eine erfolgreiche Fortsetzung der Politik über die nächste Landtagswahl hinaus.

Ihrer Erklärung folgte eine intensive Debatte. Danach überraschte uns Heide Simonis mit der Ankündigung, sie wolle „die SPD in die Landtagswahl 2000 führen". Ich vermutete in der ungewöhnlich frühen Erklärung anderthalb Jahre vor der Landtagswahl, dass sie allen Spekulationen über mögliche andere Bewerber in der SPD die Nahrung nehmen wollte. In den Medien waren bereits der SPD-Landesvorsitzende Willy Piecyk und Gerd Walter genannt worden.

Nach dem anstrengenden Bundestagswahlkampf hatten wir alle die Herbstferien dringend nötig. Während dieser Erholungspause bahnte sich eine Überraschung an: Unsere Fraktionsvorsitzende Ute Erdsiek-Rave bat mehrere Kollegen, darunter auch mich, um Rat, ob sie einem Ruf von Heide Simonis ins Kabinett folgen sollte. Die Ministerpräsidentin hatte wohl erkannt, dass sie mit der Bildungspolitik zwar keinen Wahlkampf gewinnen, ihn aber durchaus verlieren konnte. Die amtierenden Bildungsministerin, Gisela Böhrk aus Lübeck, war in den letzten Monaten ihrer Amtszeit von den Medien wegen vieler Fehler beim administrativen Vollzug ihrer Politik in Verruf geraten. Sie musste selbst bekennen, dass sie es nicht vermocht hatte, die Erfolge ihrer Politik richtig zu kommunizieren.

Ich riet Ute Erdsiek-Rave, mit der mich nach langjähriger gemeinsamer politischer Arbeit im SPD-Kreisverband Rendsburg-Eckernförde eine persönliche Sympathie verband, im eigenen Interesse, aber auch im Hinblick auf die Wahlchancen bei der Landtagswahl 2000 dem Ruf zu folgen. Tatsächlich wurde sie am 28. Oktober 1998 zur neuen Ministerin für Bildung, Wissenschaft, Forschung und Kultur berufen.

Damit stellte sich in der Landtagsfraktion die Frage der Nachfolge im Amt des Fraktionsvorsitzenden. Es bewarben sich Holger Astrup und Lothar Hay. Während viele Fraktionsmitglieder bei Lothar Hay die Sensibilität beim Umgang mit politischen Themen sowie seine Kollegialität gegenüber Mitarbeitern und Mitglieder schätzten, stand Holger Astrup mehr für pragmatisches Handeln. Mit 18 von 32 abgegebenen Stimmen wurde mein Freund Lothar Hay nach einem ungewöhnlich intensiven internen Wahlkampf zum neuen Fraktionsvorsitzenden gewählt. Holger Astrup blieb Parlamentarischer Geschäftsführer und Gisela Böhrk wurde wieder eine „einfache" Abgeordnete.

Der Termin für die nächste Landtagswahl am 27. Februar 2000 wurde ungewöhnlich früh festgelegt, nämlich bereits am 15. Dezember 1998. Der SPD-Kreisvorstand hatte mögliche Bewerber für eine Kandidatur gebeten, ihre Bereitschaft bis zum 15. Februar 1999 anzumelden. Ich dachte einige Zeit über meine politische und persönliche Zukunft nach und beriet mich mit meinen politischen Freunden in den SPD-Ortsvereinen im Wahlkreis, bis ich den Parteimitgliedern und der Lokalpresse offiziell mitteilte, dass „ich mich im Jahr 2000 noch einmal zur Wahl stellen" wollte. Ich begründete meine Entscheidung mit den noch abzuarbeitenden Aufgaben zur Verbesserung der Lebensqualität und Wirtschaftskraft im Wirtschaftsraum Rendsburg. Außerdem meinte ich auch nach über 20 Jahren im Landesparlament wahrheitsgemäß feststellen zu können, dass „bei mir noch ausreichend Leidenschaft, Lust, Energie und Gestaltungswille vorhanden" seien, um für die Menschen einiges zum Guten zu bewegen. Eine parteiinterne Gegenkandidatur war, wie die Lokalpresse richtig vorhersah, nicht in Sicht. Nach einer so langen Zeit im Landtag empfand ich das nicht als unbedingt selbstverständlich. Deshalb war ich glücklich und sogar etwas stolz, als ich auf der Delegiertenkonferenz am 19. April 1999 im Büdelsdorfer Bürgerhaus von den 29 anwesenden Delegierten in geheimer Abstimmung einstimmig bei einer Enthaltung erneut zum Direktkandidaten für den Wahlkreis gewählt wurde. Zu einem Schwerpunktthema erhob ich in der Vorstellungsrede die Zusammenarbeit im Wirtschaftraum Rendsburg. Ich forderte mehr kommunale Zusammenarbeit

Bundeskanzler Gerhard Schröder unterstützt Heide Simonis beim Landtagsswaahlkampf 2000

und den freiwilligen Zusammenschluss von Gemeinden, lehnte aber eine „Eingemeindung von oben“ per Landesgesetz ab.

Zu meinem Gegenkandidaten wählten die Mitglieder der CDU den Bürgermeister Hans-Jürgen Schröder aus der Wahlkreisgemeinde Alt Duvenstedt. Er konnte sich parteiintern mit 92 von 177 Stimmen gegen die Rendsburger CDU-Politikerin und Journalistin Susanne Wiemer durchsetzen, für die sich auch der CDU-Kreisvorsitzende Otto Bernhardt eingesetzt hatte. Ich war über diese Entscheidung nicht unglücklich, da ich in der über die Parteigrenzen hinaus bekannten Susanne Wiemer die für mich gefährlichere Konkurrentin erkannte. Mit Hans-Jürgen Schröder habe ich einen fairen Wahlkampf ohne persönliche Anfeindungen geführt.

Das Jahr 1999 begann für uns Sozialdemokraten mit einem Paukenschlag. Wenige Monate nach der erfolgreichen Bundestagswahl trat der SPD-Bundesvorsitzende und Finanzminister Oskar Lafontaine im März 1999 von beiden Ämtern zurück. Das persönliche Zerwürfnis mit Gerhard Schröder, das über die Monate des Wahlkampfes für die Öffentlichkeit unsichtbar blieb, war offensichtlich nicht mehr zu kitten. Oskar Lafontaine erklärte den Machtkampf für verloren. Ich hatte für seine Entscheidung nicht das geringste Verständnis. Gerhard Schröder war für mich der Hauptverantwortliche für das Desaster. Dennoch war ich mit der Begründung und der Form des Rücktritts nicht einverstanden. Nach meiner Einschätzung hatte sich Lafontaine der Verantwortung in nicht akzeptabler Weise entzogen. Er hatte damit viele Mitglieder und Wähler der SPD enttäuscht, die sich viel von der Persönlichkeit und seiner Politik versprochen hatten. Gegenüber der Presse meinte ich optimistisch, an der Politik der Bundesregierung werde sich nichts ändern, „weil sie durch unser Wahlprogramm festgelegt ist“. Wie falsch ich mit dieser Prognose lag, zeigte sich in den nächsten Jahren. Bereits wenige Wochen später verabschiedete sich die SPD-geführte Bundesregierung von dem Vorhaben, die Vermögensteuer wieder einzuführen. Ich nahm diese Absicht als finanzpolitischer Sprecher zum Anlass, „meine Bundesregierung“ dafür öffentlich heftig zu kritisieren. Gemeinsam mit Monika Heinold von den Grünen brachte ich mit Unterstützung der Ministerpräsidentin einen Antrag in den Landtag ein, mit dem die Landesregierung zu einer Bundesratsinitiative zur Wiedereinführung der Vermögensteuer verpflichtet werden sollte. Den Vorschlag des Bundeskanzlers, die Gesetzesinitiative vom

Bund auf die jeweiligen Bundesländer zu übertragen, fand ich „völlig unakzeptabel“.

Auch persönlich hat mich Lafontaines Rücktritt schwer enttäuscht. Seine politische Ziele und die Wege ihrer Umsetzung lagen mir näher als die Politik von Gerhard Schröder. Wie sehr ich mich in Lafontaines Charakter geirrt hatte, konnte ich bald feststellen. Ausgerechnet die Bild-Zeitung, für mich stets der verlängerte Arm der CDU und ein Kampforgan gegen die SPD, bezahlte ihn für eine wöchentliche Kolumne, in der er die Politik der SPD und der von ihr geführten Bundesregierung in unanständiger Weise bekämpfte. Als Lafontaine einige Jahre später aus der SPD austrat, empfand ich das als befreiend. Als Bundesvorsitzender der Partei „Die Linke“ sah er in seiner ehemaligen Partei den Hauptgegner. Er schämte sich auch nicht, gemeinsam mit ehemaligen führenden Repräsentanten der DDR-Staatspartei SED aufzutreten und das Unrechtsregime zu verharmlosen.

Im Sommer 1999 beendete der Landtag auf meine Initiative hin ein Relikt aus dem Jahr 1964, die Hilfskasse der Abgeordneten. Sie war als gemeinsame Unfall- und Lebensversicherung in der Trägerschaft eines eigenständigen Vereins gegründet worden, um unverschuldet in Not geratene Abgeordnete finanziell zu helfen. Zu jener Zeit waren die Entschädigungen für Abgeordnete noch so niedrig, dass ein Mandat nur neben einem Beruf ausgeübt werden konnte. Jeder Abgeordneter zahlte monatlich 150 DM in die Hilfskasse ein.

So kam über die Jahre ein Kapital von mehr als einer Million DM zusammen. Aus den Zinserträgen wurden die Prämien für die Versicherung bezahlt. Jährlich traten die Abgeordneten auf Einladung des gewählten Vorstands im Plenarsaal zu einer Vereinsversammlung zusammen, um den Jahresabschluss zu beraten und zu beschließen. Wenn die Kapitalerträge wegen eines niedrigen Zinsniveaus zur Prämienzahlung nicht ausreichten, musste laut Haushaltsgesetz der Steuerzahler über den Haushalt des Landtags die Differenz übernehmen. Das schien mir nicht länger vertretbar zu sein, zumal die Diäten inzwischen 7.460 DM monatlich betrugen und die meisten Abgeordneten Vollzeitpolitiker waren. Unter den Abgeordneten gab es nur einen verhaltenen Widerstand dagegen, die Hilfskasse aufzulösen. Fortan war es jedem Abgeordneten überlassen, ob er sich gegen die Gefahren des Lebens versichern wollte.

Überraschender Sieg bei der Landtagswahl 2000 und Autoritätsverfall von Heide Simonis

Die Sozialdemokraten des Landes starteten ihren Wahlkampf für die Landtagswahl 2000 am 9. Oktober 1999 auf einem Landesparteitag in Damp. Mit 98 Prozent wurde Heide Simonis wieder zur Spitzenkandidatin gewählt. „Unser Kompass bleibt die soziale Gerechtigkeit", sagte sie in ihrer Vorstellungsrede. Sie bekräftige zu meiner Freude die Forderung nach Wiedereinführung der Vermögensteuer mit dem Hinweis, „wer Rentnern, Arbeitslosen und Sozialhilfeempfängern Opfer abverlangt, der muss auch den Vermögenden einen Beitrag abverlangen".

Höhepunkt des Parteitags sollte der Auftritt von Bundeskanzler Gerhard Schröder werden. Als er den Saal betrat, begrüßten ihn die Delegierten mit stehenden Ovationen, was ich völlig unangemessen fand. Obwohl es für viele kein Geheimnis war, dass die persönliche Chemie zwischen Heide Simonis und Gerhard Schröder nicht stimmte, versprach er, im Januar 2000 in Schleswig-Holstein eine Woche Wahlkampf zu machen, „damit das Land rot bleibt". Ich vermutete, dass er um seine eigene Reputation fürchtete, falls Schleswig-Holsteins Regierung von der SPD an die CDU fallen sollte.

Auf der Landesliste, die auf diesem Parteitag verabschiedet wurde, musste ich mich zu meiner Enttäuschung mit Platz 20 zufrieden geben, da nach der Regional- und Frauenquote nun auch noch eine Jugendquote eingeführt worden war. Rendsburg-Eckernförde hatte im Vergleich zu den anderen 14 Kreisverbänden der SPD mit zwei Ministern zu viele Spitzenpolitiker, die sich im oberen Teil der Landesliste wiederfinden wollten und sollten.

Bereits lange vor der Delegierten-Konferenz der Sozialdemokraten hatte sich die Christdemokraten am 8. Mai 1999, ebenfalls in Damp, für den ehemaligen Verteidigungsminister und Generalsekretär der CDU, Volker Rühe, als Spitzenkandidaten entschieden. Obwohl in Hamburg wohnhaft, bezeichnete er sich wegen seiner Ferienwohnung in Tönning als Schleswig-Holsteiner. In seiner Bewerbungsrede lobte er Heide Simonis, „die ich lange von Bonn her kenne und als heitere und charmante Persönlichkeit immer geschätzt habe. Sie ließ sich als Finanzexpertin feiern, wollte Bundesfinanzministerin werden. Sie ist leider trotz Mühens auf dem Fachgebiet ihrer Leidenschaft gescheitert." Volker Rühe wurde mit 304 Ja-Stimmen von 323 abgegebenen Stimmen für den Listenplatz 1 nominiert.

Umfrage-Ergebnisse des Jahres 1999 sorgten bei uns Sozialdemokraten für Verunsicherung. Der CDU-Kandidat hatte auf mehreren Kompetenzfeldern einen deutlichen Vorsprung gegenüber Heide Simonis. Noch Anfang November 1999, also drei Monate vor der Wahl, lag die CDU bei 47 und die SPD bei 37 Prozent.

Zu unserer klammheimlichen Freude belastete ein kleiner Schatten der Auseinandersetzungen aus der Barschel-Affäre den Wahlkampf. Der CDU-Kandidat Volker Rühe musste sich öffentlich vorhalten lassen, mehrere höhere Beamte der Landesregierung, die der CDU angehörten, „natürlich in deren Freizeit" für seine Wahlkampfaktionen eingesetzt zu haben. Das betraf auch den eigentlich zur Unabhängigkeit verpflichteten Präsidenten des Landesrechnungshofs, Gernot Korthals.

Umso ärgerlicher war für uns Sozialdemokraten, dass der eigens zur Unterstützung der Öffentlichkeitsarbeit in der Landtagsfraktion eingestellte Referent Thomas Röhr sich übereifrig bemühte, an Volker Rühes Staatsexamensarbeit aus dem Jahr 1970 zu gelangen, um sie nach Zitaten durchzuforsten, die sich im Wahlkampf möglicherweise gegen ihn verwenden lassen würden. Was vielleicht ein normaler Vorgang hätte sein können, war angesichts der von Sozialdemokraten zu Recht kritisierten Vorkommnisse während der Barschel-Zeit nicht hinnehmbar. Lothar Hay erfuhr durch einen befreundeten Journalisten von dem Vorgang, informierte umgehend die Gremien von Partei und Fraktion und kündigte dem neuen Referenten. Der Landesvorsitzende Franz Thönnes wies zu Recht darauf hin, dass der private Bereich im Wahlkampf tabu sei und lobte Lothar Hay für sein schnelles und entschlossenes Handeln.

Eine unerwartete Wendung erhielt der Landtagswahlkampf durch Nachrichten aus Bonn. Journalisten konnten dem ehemaligen Bundeskanzler Helmut Kohl und anderen CDU-Spitzenpolitikern nachweisen, dass sie in den vergangenen Jahren mehrere Millionen DM an Wahlkampfspenden in „schwarzen Kassen" verwaltet hatten. Helmut Kohl klärte nie auf, woher das Geld kam, das er erhalten hatte, und berief sich darauf, er habe den Spendern sein „Ehrenwort" gegeben. Das war genau so ungesetzlich wie die unterlassene Information der Bundestagsverwaltung über die Spendeneingänge. Es entsprach meiner Lebenserfahrung, dass auch viele andere Mandatsträger in der CDU von den gesetzeswidrigen Machenschaften gewusst haben müssen, zumal viele Wahlkampfaktivitäten der CDU mit diesem

Schwarzgeld finanziert wurden. Ich konnte auch nicht glauben, dass Volker Rühe, der als ehemaliger Generalsekretär der Bundes-CDU einer der engsten Vertrauten von Helmut Kohl gewesen war, von der Spendenpraxis nichts gewusst haben wollte.

Weil viele Bürgerinnen und Bürger im Land dies genau so sahen, stürzten die bisher hervorragenden Umfragewerte von Volker Rühe und seiner CDU in den Keller. Ein erster Hinweis über den Meinungsumschwung war die Bürgermeisterwahl in Lübeck, die mein Fraktionskollege Bernd Saxe überraschend gewann. Angesichts der täglichen neuen Meldungen über die Parteispendenaffäre der CDU kam ihm auch zugute, dass sein CDU-Gegenkandidat ein ehemaliger enger Mitarbeiter von Helmut Kohl gewesen war.

Während des Landtagswahlkampfes hatte ich eine ganz persönliche Auseinandersetzung mit Volker Rühe. Die Kreishandwerkerschaft hatte am 4. Februar 2000 wie in jedem Jahr zur „Amtsköste" ins Hohe Arsenal in Rendsburg geladen. Die Einladungen aus der Handwerkerschaft nahm ich während meiner ganzen Amtszeit immer gerne an. Das Zusammentreffen mit allen einflussreichen Vertretern des Handwerks bot in angenehmer Atmosphäre stets die Gelegenheit zum Austausch von Erkenntnissen und Erfahrungen. Im Einladungsschreiben deutete nichts darauf hin, dass auch Volker Rühe erscheinen und eine Rede halten würde. Deswegen war nicht nur ich, sondern auch unsere Bundestagsabgeordnete Ulrike Mehl und meine Landtagskollegin Ulrike Rodust überrascht und geradezu erzürnt, als Volker Rühe im Saal erschien. Wir drei besprachen uns kurz und dann ging ich zu Egon Splinter, dem Chef der Kreishandwerkerschaft. Ich teilte ihm unsere Empörung darüber mit, dass die „Amtsköste" für eine Wahlwerbung der CDU missbraucht werden sollte. Wir würden die Veranstaltung umgehend verlassen, wenn Volker Rühe sprechen würde, ohne dass einer von uns auch das Wort ergreifen dürfte. Ich fand es ehrenwert, dass er mir umgehend zusicherte, nach Volker Rühe zu den rund 100 anwesenden Vertretern des regionalen Handwerks sprechen zu dürfen.

Nachdem Volker Rühe als von Egon Splinter angekündigter Festredner und CDU-Spitzenkandidat seinen „Wahlkampfauftritt" absolviert hatte, ergriff ich das Wort. Dank meiner Erfahrungen als Finanzpolitiker und ehemaliger Parlamentarischer Vertreter des Wirtschaftsministers war ich mit den wirtschaftspolitischen Themen, die Rühe angesprochen hatte, bestens vertraut und konnte seine Kritik ohne Vorbereitung fundiert und mit überzeugenden Beispielen zurückweisen. Mit meinem Auftritt war ich im Gegensatz zu Volker Rühe sehr zufrieden. Als ich fertig war, verließ er den Saal mit hochrotem Kopf und grußlos.

Die vielen kleinen Veranstaltungen und ungezählten Begegnungen an den Informationsständen im Landtagswahlkreis wurden ergänzt durch eine Großveranstaltung mit Heide Simonis und dem stellvertretenden dänischen Ministerpräsidenten Svend Aucken in Rendsburg sowie einem ganztägigen Besuch von Bundeskanzler Gerhard Schröder im Rendsburger Rathaus und beim Telekommunikationsunternehmen Mobilcom in Büdelsdorf.

Besonders gern erinnere ich mich an die Wahlkampfunterstützung durch Regine Hildebrandt am 9. Februar. Die äußerst beliebte Sozialministerin aus Brandenburg, leider schon ein Jahr später zu früh an Krebs verstorben, begleitete mich bei mehreren Wahlkampfterminen in Fockbek und Rendsburg. Nur selten habe ich in Wahlkämpfen eine solch sympathische Unterstützung erfahren dürfen.

Gefreut habe ich mich, dass auf einer auch von mir besuchten Großveranstaltung der Grünen mit Außenminister Joschka Fischer in der Nordmarkhalle dazu aufgerufen wurde, mir und nicht dem aussichtslosen Direktkandidaten der Grünen, Peter Swane, bei der Landtagswahl die Erststimme zu geben. Die Landtagswahl 2000 sollte die erste Wahl zu einem Landtag werden, bei der die Wähler zwei Stimmen abgeben konnten. Gemeinsam mit Peter Swane veröffentlichte ich noch wenige Tage vor der Landtagswahl eine „Rendsburger Erklärung", in der wir beide unsere jeweiligen Parteifreunde in der Bundesregierung aufgeforderten, beim Atomausstieg und den Verhandlungen mit den Energiekonzernen eine „härtere Gangart" einzulegen und so schnell wie möglich mit dem Ausstieg aus der Atomenergie zu beginnen.

In Rendsburg-Eckernförde konnten die Wähler am Tag der Landtagswahl auch noch darüber befinden, wer in den nächsten sechs Jahren Landrat des Kreises werden sollte. Meine Partei hatte sich auf einem Kreisparteitag mit 102 zu 53 Stimmen für den Fraktionsvorsitzenden im Kreistag, Dieter Ellefsen, ausgesprochen. Die CDU hatte den bis dahin in der Region unbekannten Wirtschaftsjuristen Wolfgang von Ancken aus Hannover nominiert.

Der Landratswahlkampf stand im Schatten des Landtagswahlkampfes. Ich glaubte zu erkennen, dass meine Parteifreunde für die Wahl von Dieter

Ellefsen nicht so intensiv warben, wie es erforderlich gewesen wäre. Ich persönlich habe ihm jede Unterstützung gewährt und, manchmal gegen viele Vorbehalte, für seine Wahl geworben. Leider konnte er am Wahltag in der Region Rendsburg nicht an meine Ergebnisse anknüpfen und unterlag seinem Konkurrenten von der CDU. Ich bin nach wie vor der Überzeugung, dass er kein bequemer, aber ein erfolgreicher Landrat geworden wäre. Nach der verlorenen Landratswahl trat Dieter Ellefsen zu meinem Bedauern, wenn auch mit meinem menschlichen Verständnis von seinen Ämtern im Kreistag zurück. Anders als es eine Falschmeldung in der Presse besagte, habe ich ihn nicht zum Rücktritt aufgefordert.

Am Wahlabend hatten die Sozialdemokraten Anlass zur Freude. Aufgrund der großen Verärgerung in der Bevölkerung über die Parteispendenaffäre erreichte die CDU ein desaströsen Ergebnis. Damit hatte drei Monate vorher niemand gerechnet. Die SPD gewann 41 von 45 Wahlkreisen. Bei den Zweitstimmen gelang der SPD ein Plus von 3,3 auf 43,1 Prozent. Die CDU fiel von 37, 2 auf 35,2 Prozent. Unser Koalitions-Partner, die Grünen, verloren 1,9 Prozent und landeten bei 6,2 Prozent.

Meinen Wahlkreis konnte ich mit einem Erststimmenanteil von 49,8 Prozent zum siebten Mal direkt gewinnen. Auch bei den Zweitstimmen erreichte ich mit 47,5 Prozent das drittbeste Ergebnis in allen 45 Wahlkreisen. Zufrieden habe ich registriert, dass ich selbst in der Hochburg meines Gegenkandidaten, dem Amt Fockbek und sogar in Alt Duvenstedt, in denen Schröder als anerkannt guter Amtsvorsteher und Bürgermeister amtierte, mehr Stimmen als er bekommen hatte. In meiner Heimatstadt Rendsburg schenkten mir 49,8 Prozent der Wähler ihr Vertrauen.

Ich konnte meine Aufgaben als Finanzpolitischer Sprecher der SPD-Landtagsfraktion fortsetzten, die Koalition aus SPD und Grünen war bestätigt worden und Heide Simonis blieb Ministerpräsidentin. Bereits zwei Tage nach der Landtagswahl sorgte Heide Simonis nicht nur in unserer Landtagsfraktion für eine große Überraschung. Sie gab das Ausscheiden von Gert Walter, Horst Bülck, Ekkehard Wienholtz sowie Rainder Steenblock und Angelika Birk von den Grünen aus ihrem Kabinett bekannt. Nach Peer Steinbrück, der Heide Simonis schon vorher verstimmt den Rücken gekehrt und das Amt des Wirtschaftsministers in Nordrhein-Westfalen übernommen hatte, hatten drei weitere sehr kompetente Sozialdemokraten die Zusammenarbeit mit Heide Simonis aufgekündigt. Die Autorität von Heide

Simonis in der Landtagsfraktion ließ merklich nach, was allerdings zunächst nur in kleinen Gesprächsrunden auf den Fluren des Landeshauses ein Thema war. Die Medien berichteten unter Berufung auf „engste Mitarbeiter" über „Amtsmüdigkeit" und „Verschleißerscheinungen". Das wies Heide Simonis jedoch mit dem Hinweis zurück, sie sei „noch knackig". Den „Heckenschützen, die offensichtlich vor allem ihre eigene Karriere fördern wollten", werde sie „das Handwerk legen". Namen nannte sie nicht.

Ich wurde ohne Gegenkandidaten als Vorsitzender des Facharbeitskreises Finanzen bestätigt und durfte an den Koalitionsverhandlungen mitwirken. Mit einer Zugehörigkeit zum Landtag von 21 Jahren war jetzt nur noch meine Fraktionskollegin Gisela Böhrk länger als ich Mitglied des Landtags.

Die Beratungen für den ersten Haushalt nach der Landtagswahl stellten die wiedergewählten Koalitions-Fraktionen und die von ihr gestellte Landesregierung vor ernsthafte Auseinandersetzungen. Hohen zusätzlichen Ausgabeforderungen standen bereits in der Planung riesige Mindereinnahmen durch die Steuerreform gegenüber. Zwischen uns und den Grünen gab es unterschiedliche Vorstellungen vom Sparkurs. Aber auch innerhalb meiner Fraktion hatte nach meinem Eindruck noch nicht jedes Mitglied die Dramatik der Finanzlage erkannt. Eine Haushaltsklausur der SPD-Fraktion musste vorzeitig abgebrochen werden. Ich wehrte mich gegen den Vorschlag, die Haushaltslücke zur Beruhigung der Landtagsabgeordneten wie in einigen Vorjahren mit globalen Mehreinnahmen und globalen Minderausgaben zu decken. Eine Bestätigung für meine Forderung nach intensiverem Einsatz von Steuerprüfern erhielt ich durch die Mitteilung des Finanzministers, dass er für das Jahr 2000 mit 20.000 Fällen von Steuerhinterziehung bei Einkünften aus Kapitalvermögen rechne. Allein daraus sollten Mehreinnahmen von 400 Millionen DM resultieren.

Die dramatische Lage der Landesfinanzen war auch in den nächsten Jahren das prägende Thema der Landespolitik. Allein für den Haushalt 2002 musste eine Lücke zwischen erwarteten Einnahmen und Ausgaben von über einer halben Milliarde Mark geschlossen werden. Meine Aufgabe sah ich immer wieder darin, in der Fraktion, aber insbesondere auch in Presseverlautbarungen gegenüber der Öffentlichkeit für die Fortsetzung des Konsolidierungskurses zu werben.

Für mich waren weitere Einsparungen im Haushalt unerlässlich, wenn die notwendigen Maßnahmen zur Sicherung des Bildungsangebots und zur

Verbesserung der regionalen Wirtschaftsstruktur finanziert werden sollten. Immer wieder wies ich in Reden innerhalb und außerhalb des Landesparlaments darauf hin, dass es zum Schuldenabbau keine Alternative gebe. Im Mai 2001 formulierte ich öffentlich die Erwartung, „dass die Ministerpräsidentin ihren Finanzminister in seinen Bemühungen weiter tatkräftig unterstützt". Meine grüne Kollegin Monika Heinold ergänzte, „dass das Zusammenfügen aller Interessen im Kabinett Chefin-Sache" sei. Anlass für unsere Appelle war der Eindruck, dass Heide Simonis den Mut und die Motivation für notwendige, aber auch in den Regierungsfraktionen ungeliebte Sparanstrengungen verloren hatte.

Meine Mahnungen waren auch in den eigenen Reihen unpopulär. Die Oppositionsparteien CDU und FDP verunsicherten unsere Abgeordneten, indem sie immer wieder neue Aufgaben forderten und vor Verbands- und Interessensvertretern versprachen, im Falle ihrer Wahl Haushaltskürzungen rückgängig zu machen. Die traditionsgemäß jährlich im Mai und November durchgeführten Steuerschätzungen stellten uns immer wieder vor schwierigste Haushaltsberatungen, die den Weg aus der Verschuldung erschwerten. Die leeren Kassen im Land und seinen Kommunen bestätigten die schleswig-holsteinischen Sozialdemokraten mit ihrer Ablehnung der von der Bundesregierung unter Gerhard Schröder auf den Weg gebrachten angeblich „größten Steuerreform". Besonders empörte ich mich über die Unternehmenssteuer-Reform. Sie führte zu der unverantwortlichen Situation, dass die Kapitalgesellschaften im Bund im Jahr 2000 nicht einen Pfennig Steuern zahlen mussten, während es 1999 noch 46 Milliarden DM gewesen waren. Auch deshalb verlangte ich in allen Gesprächen mit den Finanzpolitikern der SPD auf Länder- und Bundesebene eine Korrektur der Unternehmensbesteuerung.

Begleitet wurden die Haushaltsberatungen stets von Gesprächen mit den Verbandsvertretern der unterschiedlichen gesellschaftlichen Gruppen. Sie alle hatten Verständnis für unsere allgemeinen Sparbemühungen – aber dieses Verständnis endete stets, wenn ihre eigene Gruppe betroffen war. Bis auf wenige Ausnahmen habe ich das durchaus nachvollziehen können.

Überregionale Aufmerksamkeit erhielten meine Kollegin Monika Heinold von den Grünen und ich im Februar 2001 mit einer parlamentarischen „Kleinen Anfrage" an unsere eigene Landesregierung. Wir forderten eine detaillierte Aufstellung über die finanzielle Beteiligungen des Landes und ihre

Begründungen an internationalen, bundesweiten oder länderübergreifenden Einrichtungen und Programmen ein. Die öffentliche Beachtung galt weniger dem Inhalt, sondern vielmehr dem Umfang der Antwort. 342 Seiten waren absoluter Landesrekord. Mit der Initiative wollten wir Kenntnisse über Verpflichtungen des Landes erlangen, die ohne parlamentarischen Einfluss dem Land hohe Kosten verursachten.

Einig waren wir Finanzpolitiker von der SPD und den Grünen uns ausnahmsweise mit dem Landesrechnungshof in der Notwenigkeit, die Frühpensionierungen insbesondere im Bereich der Lehrkräfte in den Schulen zu erschweren. Die Ressorts der Landesregierung sperrten sich dagegen, obwohl insbesondere in den Bereichen Bildung und Steuerverwaltung für jeden frühzeitig ausscheidenden Beamten ein neuer eingestellt werden musste und das Land gleichzeitig die zusätzlichen Pensionen zu zahlen hatte. Mit dem Beschluss, dem Finanzausschuss jährlich einen Bericht über die Entwicklung der Frühpensionierungen vorlegen zu müssen, konnte die Landesregierung endlich zum Handeln gebracht werden. Richtig erfolgreich wurde unsere Initiative aber erst, als analog der Praxis bei den Frührentnern eine Kürzung der Pensionen beschlossen wurde.

Im September 2000 stellte Heide Simonis in der Fraktionssitzung ihre Pläne vor, die Ladenöffnungszeiten in Schleswig-Holstein zu liberalisieren. Die Ladenbesitzer sollten selbst entscheiden, wie lange sie ihre Geschäfte wochentags geöffnet haben. Die Schutzrechte der Arbeitnehmer sollten die Tarifparteien eigenständig regeln. Ich gab formal meinen Protest zu Protokoll. Unter Hinweis auf den vor Jahrzehnten gefundenen politischen Kompromiss zwischen den Schutzrechten der Arbeitnehmer und den Verkaufswünschen der Arbeitgeber sowie der familienfeindlichen Folgen sprach ich mich gegen eine Änderung aus. Von einer solchen Regelung würden nur die großen Discounter profitieren, nicht der kleinteilige, familiengeführte Einzelhandel. Ich berief mich auch auf den Protest der Gewerkschaften. Aber Heide Simonis hatte mit ihrer Anregung einen Zug in Bewegung gesetzt, der in der Landtagsfraktion nur noch auf verhaltenen Widerstand stieß und nicht mehr aufzuhalten war. Der angebliche Fortschritt durch eine Liberalisierung folgte den Anregungen aus der FDP. Für mich ist dies bis heute ein gesellschaftlicher Rückschritt.

Viel wurde über die politische Zusammenarbeit der norddeutschen Küstenländer geredet, getan wurde wenig. Die Landesregierungen verteidigten regelmäßig die eigenen Interessen und die Landesminister dachten nicht daran, ihre Verantwortung auf die Ressorts der Länderkollegen zu übertragen. Mir schien im März 2001 die Zeit reif für eine länderübergreifende Zusammenarbeit der sozialdemokratischen Finanzpolitiker, um die jeweiligen Landesregierungen zu größeren Anstrengungen zu bewegen. Ich lud zu einer Konferenz nach Kiel ein, der noch viele weitere Gesprächsrunden folgten, die auch der Vorbereitung der zweimal im Jahr tagenden Konferenzen der finanzpolitischen Sprecher der SPD im Bund und in den Ländern galten. Nach meiner Wahl 2005 zum Vorsitzenden des Finanzausschusses ergriff ich die Initiative zu regelmäßigen Zusammentreffen der beiden Ausschüsse für Haushalt und Finanzen in Hamburg und Schleswig-Holstein. Ziel war die gemeinsame Beratung der finanziellen Entwicklung von Einrichtungen und Behörden, die zwischenzeitlich, insbesondere auf Drängen der Finanzpolitiker, zusammengelegt worden waren. Nach drei gemeinsamen Gesprächsrunden gaben wir Vertreter des Schleswig-Holsteinischen Landtags entmutigt auf. Nach unserem Eindruck erschienen die Vertreter aus Hamburg nicht nur inhaltlich schlecht vorbereitet, sondern vermittelten uns auch wenig Interesse an gemeinsamen Beratungen. Es machte sich bemerkbar, dass die Hamburger Bürgerschaft ein „Feierabend-Parlament“ war.

Im Laufe des Frühjahrs 2001 setzten in Rendsburg die öffentlichen Spekulationen über die Nachfolge von Rolf Teucher im Amt des Bürgermeisters von Rendsburg ein. Obwohl die Wahl erst im Herbst 2002 stattfinden sollte, zeichnete sich ab, dass der Amtsinhaber sich einer Direktwahl, wie sie inzwischen vom Landtag vorgeschrieben war, nicht mehr stellen wollte. In den Medien wurde ich als Kandidat der SPD gehandelt. Zu diesem Zeitpunkt wollte ich mich öffentlich noch nicht äußern, obwohl ich nicht uninteressiert war. Gegenüber der Lokalpresse ließ ich allerdings in einem Interview durchblicken, dass ich „nicht auf Stellensuche sei“ aber im Bürgermeister-Amt „eine reizvolle Aufgabe“ sehe. Rolf Teucher teilte mir im Herbst 2001 vertraulich mit, dass er tatsächlich nicht wieder kandidieren wollte. Er bat mich, sein Nachfolger zu werden. Auch aus den Reihen der maßgebenden Vertreter meiner Partei erreichten mich viele Bitten. Nun stand ich vor einer schwierigen Entscheidung. Meine Parteifreunde waren überrascht und sehr enttäuschst, als ich ihnen nach reiflicher Abwägung meinen Entschluss übermittelte, meine politische Arbeit auf Landesebene fortsetzen zu wollen. Ich sagte aber zu, ihnen binnen zwei Monaten einen Vorschlag für eine

Kandidatin oder einen Kandidaten zu unterbreiten. Die Zusage knüpfte ich an die Bedingung, alleiniges Mitglied der Findungskommission zu sein.

In einem Pressegespräch teilte ich der interessierten Öffentlichkeit am 15. Januar 2002 meine Absage an eine Kandidatur für die Bürgermeister-Nachfolge mit. Dabei unterlief mir in der Begründung der folgenreiche Lapsus, ich wolle weiterhin in der „Landesliga und nicht in der Kreisliga spielen". Da mir der verletzende und missverständliche Charakter dieses Satzes sofort bewusst wurde, nahm ich ihn augenblicklich zurück. Dennoch nahm der Lokalchef der Landeszeitung, Jürgen Muhl, obwohl selbst im Pressegespräch nicht anwesend, diesen Satz zum Anlass für einen bitterbösen Kommentar in der Landeszeitung. Seine Kritik an meiner angeblichen Überheblichkeit hinterließ Spuren, an die ich noch Jahre später erinnert wurde. Der ungerechte Vergleich war gefallen, auch wenn ich mich umgehend mit einem Leserbrief um die zutreffende Interpretation bemüht habe.

Als einziges Mitglied der Findungskommission führte ich viele Gespräche mit Personen, die mir für die Aufgabe im Amt des Bürgermeisters geeignet erschienen. Im Ergebnis war entweder ich nicht begeistert, oder die aus meiner Sicht geeigneten Personen zogen ihre Bereitschaft aus unterschiedlichen Gründen wieder zurück. Auf Anregung meiner Fraktionskollegin Ulrike Rodust sprach ich auch mit dem persönlichen Referenten des damaligen Innenministers Klaus Buß, Andreas Breitner. Breitner kannte ich als früheren Gast in den Sitzungen des Kreisvorstandes der SPD unter meinem Vorsitz.

Als persönlicher Referent begleitete er seinen Minister häufig in die Sitzungen der SPD-Landtagsfraktion. Es zeigte sich schnell, dass Andreas Breitner und ich dieselben Vorstellungen von der Amtsführung eines Bürgermeisters hatten. Als sehr ambitioniert empfand ich seine Vorstellung über die Führung des Wahlkampfes.Klaus Buß sagte mir zu, den Wahlkampf seines Mitarbeiters nach Kräften zu unterstützen. In einer vertraulichen Gesprächsrunde mit dem amtierenden Bürgermeister Rolf Teucher, der Fraktionsvorsitzenden Karin Wiemer-Hinz und dem SPD-Ortsvereinsvorsitzenden, Helge Hinz, konnte ich Andreas Breitner kurze Zeit später in meiner Wohnung als Ergebnis meiner Kandidatensuche vorstellen. Nachdem Andreas Breitner unsere Runde verlassen hatte, verständigten sich die Teilnehmer einstimmig darauf, ihn gemeinsam im Frühjahr 2002 den Gremien der SPD vorzuschlagen.

Zu meiner Überraschung berichtete die Landeszeitung im Januar 2002 über das Geheimtreffen in meiner Wohnung und die getroffene Personalauswahl. Ich weiß bis heute nicht, wie die Landeszeitung davon erfahren hat, zumal alle Beteiligten behaupteten, sich an die vereinbarte Vertraulichkeit gehalten zu haben.

Die Gremien der SPD stimmten später unserem Vorschlag zu. Andreas Breitner startete als krasser Außenseiter in einen Wahlkampf gegen den nicht unbeliebten hauptamtlichen Senator der CDU, Jochen von Allwörden. Die Landeszeitung unterstützte den CDU-Kandidaten in ihrer täglichen Berichterstattung auf eine penetrante Weise, die auf viele Leser geradezu peinlich wirkte. Andreas Breitner besuchte in einer bis dahin beispiellosen Aktion alle Rendsburger Haushalte und schaffte in der Stichwahl am 6. Oktober 2002 mit 51,2 Prozent der Stimmen einen knappen Sieg. Dabei hatte er im ersten Wahlgang am 22. September 2002 nur 39 Prozent der Stimmen erzielt, während sein Gegenkandidat Jochen von Allwörden mit 44 Prozent die Erwartungen zwar nicht erfüllen konnte, aber doch noch relativ klar vorn gelegen hatte. Noch heute erinnern sich viele Rendsburger daran, dass sie am frühen Morgen des Wahltags mit freundlichen Grüßen von Andreas Breitner eine Tüte mit Brötchen vor ihrer Haustür vorfanden. Jochen von Allwörden zeigte sich als ein fairer Verlierer. Ich hatte sein sympathisches und ungezwungenes Auftreten schon vor der Wahl zu schätzen gewusst. Unsere vertrauensvolle politische Zusammenarbeit bestand auch weiterhin, nachdem er in Kiel zum Geschäftsführer des Städteverbandes berufen wurde. Andreas Breitner blieb Bürgermeister bis zu seiner Ernennung zum Innenminister des Landes im Juni 2012.

Der Tag der ersten Direktwahl eines Rendsburger Bürgermeisters war nicht zufällig auf den 22. September gelegt worden. Wegen der an diesem Tag festgesetzten Bundestagswahl erwarteten die Politiker in Rendsburg eine hohe Wahlbeteiligung. Die Sozialdemokraten im Land hatten dem Wahltag mit besonderer Spannung entgegen gesehen. Wegen des laufenden Untersuchungsausschusses im Landtag, über den noch zu berichten sein wird, war die Ministerpräsidentin besonderen Angriffen der Opposition ausgesetzt. Dennoch bestand am Wahlabend im Kieler Landeshaus trotz eines Stimmenverlustes von 2,5 Prozent Grund zum Jubeln. Die SPD blieb stärkste politische Kraft, obwohl sich die CDU mit ihrem Spitzenkandidaten Peter Harry Carstensen um 0,3 Prozent auf 36,0 Prozent verbessern konnte.

Peter Harry Carstensen wurde in diesem Bundestagswahlkampf erstmals über die Fachgrenzen der Agrarpolitik bundesweit bekannt, da er im Schattenkabinett des Kanzlerkandidaten der Unionsparteien, Edmund Stoiber, als Bundeslandwirtschaftsminister vorgesehen war. Weil der Koalitionspartner, die Grünen, sich landesweit um 3 Prozent verbessern konnten, wurde schon am Wahlabend zwar nicht von Heide Simonis, aber von Finanzminister Claus Möller für die Vertreter der Medien klargestellt, dass sich alle Spekulationen über ein Zusammengehen der SPD mit der FDP erübrigt hätten. Heide Simonis bewertete allerdings das schlechte Abschneiden der FDP auf Bundesebene. Es habe sie „glücklich gemacht, dass mit Spaß und dicken Backen in Deutschland keine Wahlen zu gewinnen" seien. Sie bezog sich dabei auf den bundesweiten Wahlkampf der FDP, in dem diese Partei erstmals mit dem „Kanzlerkandidaten" Guido Westerwelle und dem Zielprojekt „18 %" vor die Wähler trat.

Auf Bundesebene kam es zu einem Kopf-an-Kopf-Rennen zwischen der SPD mit Gerhard Schröder sowie der CDU/CSU mit dem Kanzlerkandidaten Edmund Stoiber, dem bayerischen Ministerpräsidenten. Die SPD verlor 2,5 Prozent der Stimmen und erreichte 38,4 Prozent, während die Unionsparteien sich um 3,5 Prozent auf 38,6Prozent verbessern konnten. Angesichts der Stimmengewinne der Grünen um 1,8 Prozent auf 8,5 Prozent war die Fortsetzung der Regierungskoalition in Berlin unter Bundeskanzler Gerhard Schröder mit einer knappen Mehrheit gesichert. Die PDS, die Nachfolgeorganisation der DDR-SED, scheiterte mit 4 Prozent zwar an der Fünf-Prozent-Hürde, gewann aber zwei Direktmandate in Berlin. Im Bundestagswahlkampf hatten die Frage der geordneten Zuwanderung von Ausländern und der von der Regierungskoalition gegen den Widerstand der Unionsparteien und der FDP beschlossene Ausstieg aus der Atomenergie besondere emotionale Rollen gespielt.

Das Ansehen des sozialdemokratischen Kanzlerkandidaten in der Bevölkerung war wenige Wochen vor der Bundestagswahl durch seinen fernsehwirksamen Einsatz bei der Bekämpfung des Hochwassers an der Oder enorm angestiegen.

In Rendsburg-Eckernförde gelang es der Kandidatin der SPD, Ulrike Mehl, ihren Wahlerfolg von 1998 zu wiederholen. Mit 42,6 Prozent, aber einem Stimmenverlust von 2,3 Prozent, siegte sie über ihren Gegenkandidaten von der CDU, Otto Bernhardt, der lediglich 37,3 Prozent erreichte.

Der Bedeutungsverlust der Ministerpräsidentin und die Filz-Affäre

Nach der Landtagswahl 2000 sank das Ansehen von Heide Simonis sowohl bei den Politikern im Landeshaus als auch bei den Journalisten. In der Fraktion erlebten wir sie immer häufiger sehr aufbrausend und sie war immer weniger in der Lage, kritische Meinungen zu reflektieren. Auch aus den Kabinettssitzungen wurden ihre schrillen Ausbrüche kolportiert. Abgeordnete sahen sich bestätigt, als Medienvertreter das Desinteresse der Ministerpräsidentin an Strukturreformen bemängelten. Während der Landtagssitzungen sah man sie häufig ungeniert im Lifestyle-Magazin „Gala" blättern, anstatt den Debattenbeiträgen zu folgen.

Überhaupt verbreitete sich auf den Fluren des Landeshauses der Eindruck, dass die einstige „ Macherin" Heide Simonis dünnhäutiger geworden, körperlich ausgebrannt war und weniger Lust an der Politik empfand. In der Landtagsfraktion wurde mit Unbehagen registriert, dass sie sich mehr und mehr in ihrem sogenannten „Küchenkabinett" bewegte, zu dem neben ihrem Vertrauten, der Chef der Staatskanzlei, Klaus Gärtner, auch die Sekretärin Jutta Ziehm, der Pressesprecher Gerhard Hildenbrand und ihr Büroleiter Knut Büchmann gehörten.

Die schlechte Stimmung in der Landtagsfraktion blieb auch bei den Journalisten nicht unbemerkt. So nahm die erste ernsthafte Debatte über die Nachfolge der Ministerpräsidentin an Fahrt auf. Heide Simonis wird nicht erfreut gewesen sein, dass dabei immer häufiger der Vorsitzende der SPD-Landtagsfraktion, Lothar Hay, genannt wurde. Hay bestritt allerdings jegliche Ambitionen. Aber allein die Diskussion über einen möglichen Amtsverlust untergrub die Autorität von Heide Simonis. Lothar Hay sah sich veranlasst, alle Mitglieder der Landtagsfraktion zu einem Geheimtreffen in eine Kieler Gasstätte einzuladen, um „ohne Protokoll" über das weitere Verhalten der Landtagsfraktion zu diskutieren. Heide Simonis und andere Mitglieder des Kabinetts waren nicht geladen.

Auch ich meldete mich in dieser Gesprächsrunde zu Wort. Ich wies angesichts des Autoritätsverlustes der von uns als Regierungsfraktion erwarteten Aufgaben darauf hin, dass die Fraktion sich schnell entscheiden müsse, „die Ministerpräsidentin zu stürzen oder zu stützen". Der derzeitig von der Öffentlichkeit wahrgenommene Zustand des Unmuts und Nichtregierens müsse ein Ende haben. Nachdem sich fast alle Mitglieder der Fraktion zu Wort gemeldet hatten und alle genannten personellen Alternativen abgewinkt waren, verließen wir die Gaststätte in der Hoffnung, dass es gemeinsam mit Heide Simonis noch einmal gelingen würde, einen neuen Anlauf für eine aktive reformorientierte Regierungsarbeit zu unternehmen.

Zu der in der Fraktion sorgenvoll registrierten Amtsmüdigkeit der Ministerpräsidentin gesellten sich auch politische Probleme. Die Vorstellungen für die mittelfristige und aktuelle Finanzplanung wurden durch die Steuermindereinnahmen aufgrund der schwächelnden Konjunktur und der Steuerreformen völlig über den Haufen geworden. Auch eine falsche Berechnung der Einsparungen im Haushalt der Bildungsministerin nach der Verbeamtung von 800 Lehrkräften führte im Frühjahr 2001 zu einer wochenlangen öffentlichen und parlamentarischen Kritik an der Landesregierung. Auch wir Finanzpolitiker waren ungehalten, dass dem Parlament ein Defizit von 35 Millionen Euro vorenthalten worden war.

Während das Bildungsministerium „einer grauen Maus" im Ministerium die Verantwortung für die fehlerhafte Berechnung zuschieben wollte, glaubten wir gemeinsam mit den Oppositionsparteien eher an eine Absicht der politischen Leitung zur Verschleierung des tatsächlichen Haushaltsbedarfs. Wir behielten unsere Vermutung und das von uns ermittelte tatsächliche Defizit von 42 Millionen Euro aus Gründen der Loyalität für uns.

Auch die Zerstörung der World Trade Centers in New York am 11. September 2001 durch radikale und verblendete Islamisten hatte Auswirkungen auf die Haushaltplanung des Landes. War es uns Finanzpolitikern über Jahre noch gelungen, zusätzliche Haushaltsanforderungen aus den zuständigen Ressorts für Justiz und Inneres zurückzuweisen, so konnten sich nun die Regierungsfraktionen den Anträgen der Regierung sowie dem öffentlichen Druck nicht länger entziehen. Für den Verfassungsschutz, den Katastrophenschutz und die Justiz wurden sofort 192 neue Planstellen zur Verfügung gestellt und hohe Sachkosten bewilligt.

Die Geschehnisse am 11. September 2001 haben sich wie bei den meisten Menschen auch in meinem Gedächtnis tief verankert. Die Fernseh-Bilder jenes Tages werde ich immer vor Augen haben. Als die ersten Nachrichten eintrafen, tagte gerade die SPD-Fraktion im Landeshaus. Ich saß – wie fast immer – Heide Simonis genau gegenüber und konnte beobachten, wie sie einen Hinweis von einem Mitarbeiter erhielt und darauf mit ernster Miene reagierte. Die Ministerpräsidentin unterbrach die laufende Diskussion über ein landespolitisches Thema mit dem Hinweis, dass sich in New York in diesen Minuten ein schreckliches Unglück ereignet habe. Ein Flugzeug habe wohl versehentlich das World Trade Center getroffen. Viele Tote seien zu erwarten. Unser Fraktionschef Lothar Hay schlug vor, die Sitzung umgehend zu unterbrechen und die Fernseher in den Büros einzuschalten. Die Berichterstattung dauerte angesichts der bekannt gewordenen Ereignisse länger als geplant. Die Fraktionssitzung wurde an diesem Tag nicht wieder aufgenommen.

Am späten Nachmittag fuhren wir nach Hohwacht an der Ostsee, wo die alljährliche Haushaltsklausur des Arbeitskreises Finanzen stattfinden sollte. Auch der Fraktionsvorstand und mehrere Kabinettsmitglieder waren dabei. Angesichts der schrecklichen Nachrichten aus New York und den ausufernden Spekulationen über das Ausmaß und die Täter waren wir nicht in der Lage, zur „Tagesordnung" im doppelten Sinne überzugehen. Stattdessen hörten wir Innenminister Klaus Buß zu, der uns berichtete, welche Maßnahmen die deutschen Sicherheitsbehörden unmittelbar nach den Anschlägen ergriffen hätten. Am späten Abend entschieden wir, die Klausurtagung ausfallen zu lassen und verließen das Hotel am nächsten Morgen nach einer unruhigen Nacht.

Für die Ministerpräsidentin wurde die Liste der Negativmeldungen nach der Landtagswahl über die Entwicklung des Landeshaushalts durch die Nachricht über die Erkrankung ihres wichtigsten Vertrauten und Beraters verlängert. Klaus Gärtner, Chef der Staatskanzlei, hatte im Frühjahr 2000 während der Koalitionsverhandlungen zwischen der SPD und den Grünen einen Schlaganfall erlitten, der ihn über viele Monate arbeitsunfähig machte. Auch nach seiner Rückkehr in die Schaltzentrale der Regierungsmacht gewannen viele Beobachter den Eindruck, dass er noch nicht voll genesen war und viel von seiner einstigen Führungsstärke eingebüßt hatte. Ich führte den Autoritätsverlust und die allseits testierte Führungsschwäche von Heide Simonis auch auf diesen Umstand zurück. Klaus Gärtner blieb bis zum 12. März 2002 im Amt, bis er im Zusammenhang mit der sogenannten Filzaffäre ausscheiden musste.

Die Filzaffäre

Anfang Februar 2002 wurde erst gerüchteweise und dann in der Presse bekannt, dass der ehemalige Staatssekretär im Finanzministerium, mein früherer SPD-Landtagskollege Dr. Joachim Lohmann, nachdem er am 30. November 1988 aus dem Ministerium ausgeschieden war, bereits im Frühjahr des nächsten Jahres Beraterverträge mit zwei IT-Unternehmen abgeschlossen hatte. Obwohl wir beide gemeinsam noch kurze Zeit vor seinem Ausscheiden aus dem Amt Änderungen des Landesbeamtengesetzes mit Anrechnungsregelungen für Vergütungen neben den Pensionszahlungen auf den Kabinettsweg gebracht hatten und er vom Landesbesoldungsamt auch erinnert worden war, Nebeneinkünfte für eine Anrechnung auf die Ruhestandsbezüge zu melden, erfolgte keine Anzeige. Pikant waren die Beraterverträge auch deshalb, weil Lohmann vorher als Staatssekretär genau mit diesen IT-Firmen die Kosten- und Leistungsrechnung für das Land Schleswig-Holstein aufgebaut und ein Computersystem angekauft hatte. Lohmann räumte die Beraterverträge sofort ein, bestritt aber einen Zusammenhang mit seiner früheren Tätigkeit.

Ich war empört über diese ungeheuerliche Verhaltensweise eines Sozialdemokraten. Während sich die Opposition schon auf einen Untersuchungsausschuss vorbereitete, wurde zudem in der ersten Märzwoche bekannt, dass auch der frühere Beauftrage der Landesregierung für die Weltausstellung Expo 2000 in Hannover, Dr. Karl Pröhl, bisher unbekannte Nebentätigkeiten ausgeübt und sein Amt für private Geschäfte ausgenutzt haben sollte. Konkret ging es hauptsächlich um seine Unterstützung der Absichten des von Falk Brückner gelenkten Unternehmens B&B, das Kieler Schloss zu erwerben und in eine feine Seniorenresidenz umzuwandeln. Pröhl kannte ich sehr gut aus unserer gemeinsamen Zeit im Wirtschaftsministerium. Er arbeitete dort als Pressesprecher, als ich Parlamentarischer Vertreter des Ministers war.

Nicht nur die Opposition fragte, was die Mitglieder der Landesregierung wann über diese rechtswidrigen Nebentätigkeiten gewusst hatten. Wir stimmten mit der Opposition sofort überein, beide Themenbereiche und die Verantwortung der Landesregierung in einem Untersuchungsausschuss zu klären.

Obwohl ich mit meinen Aufgaben als finanzpolitischer Sprecher und Vorsitzender des Fraktions-Arbeitskreises Finanzen angesichts der schwierigen

Haushaltslage eigentlich ausgelastet war, ließ ich mich von meinem Fraktionschef Lothar Hay dazu überreden, Obmann der SPD in diesem Ausschuss zu werden. In der Landtagsfraktion wurde der Vorschlag von Lothar Hay einmütig unterstützt. Allerdings ließ ich meine Fraktionskollegen vorab wissen, dass ich „ohne Ansehen der Person" auch dann meine Aufgabe erfüllen würde, wenn eigenen Parteifreunde betroffen wären. Jedes Mitglied muss gewusst haben, dass sich diese Äußerung auch auf mögliche Pflichtverletzungen der Ministerpräsidentin Heide Simonis oder ihres dienstlichen Umfeldes beziehen konnte. Angesichts meiner Erfahrungen mit Untersuchungsausschüssen ahnte ich, welche Belastung auf mich zu kommen würde. Mir fehlte allerdings die Fantasie, mir vorzustellen, dass die Arbeit mehr als zweieinhalb Jahre bis zum Ende des Jahres 2004 dauern würde. Leider hat sich meine damalige Erwartung, während dieser Zeit bei meinen Aufgaben als finanzpolitische Sprecher von meinen Stellvertreter Wolfgang Fuß entlastet zu werden, nicht erfüllt.

Mit meinen Mitstreitern der SPD im Untersuchungsausschuss, Rolf Fischer, Holger Astrup, Jutta Schümann, Arno Jahner und Thomas Rother begann eine vertrauensvolle Zusammenarbeit. Meine „Gegenspieler" als Obleute waren Trutz Graf Kersenbrock für die CDU und Wolfgang Kubicki für die FDP. Mein langjähriger Parlamentskollege Thomas Stritzl von der CDU wurde Vorsitzender. Mühsam gestaltete sich die Suche nach einem Juristen, der mir zuarbeiten sollte. Falk Stadelmann erwies sich als eine gute Wahl. Nach seinem Wechsel als Referent ins Wirtschaftsministerium wurde unser Fraktionsmitarbeiter Torsten Pfau ein hervorragender Ersatz.

Mit einer Sondersitzung des Landtags am 29. April 2002 wurde der Parlamentarische Untersuchungsausschuss offiziell eingesetzt. Allerdings hatten wir schon einige Wochen vorher begonnen, die Akten zu studieren.

Parlamentarische Untersuchungsausschüsse sind „das schärfste Schwert" der Opposition im Parlament. Natürlich war mir bewusst, dass sich auch dieser zu einem Kampfinstrument der Opposition entwickeln würde. Das empfand ich als absolut legitim. Schon das erste Studium der Akten, gezielte Informationen aus der Staatskanzlei und Informationen in den Medien ließen erkennen, dass Heide Simonis und ihr Vertrauter Klaus Gärtner in den Fokus geraten würden.

Am Rande des SPD-Landesparteitages am 9. März 2002 in Kiel bat ich Heide Simonis um ein Vier-Augen-Gespräch, auf das sie sich nur widerwillig einließ. Ich konfrontierte sie mit einigen Erkenntnissen, die ich aus den Akten gewonnen hatte. Als ich die Möglichkeit ansprach, Klaus Gärtner solle zurücktreten, damit sie selbst aus der Schusslinie komme, wies sie die Anregung brüsk zurück.

Am folgenden Dienstag, den 13. März 2002, erschien Heide Simonis mit maschinebeschriebenen „gelben Papieren“ in der Fraktionssitzung und las den überraschten Fraktionskollegen unter Tränen vor, dass „Klaus Gärtner die politische Verantwortung übernommen“ habe und am 15. April aus dem Amt ausscheiden würde. Außerdem teilte sie mit, dass Karl Pröhl fristlos gekündigt worden sei.

Für die Landtagsfraktion reagierte Lothar Hay „mit Respekt“ auf Klaus Gärtners Schritt. Vor den Fraktionsmitgliedern wiederholte Heide Simonis am 19. März ihre Feststellung, dass Klaus Gärtner von den Nebentätigkeiten Pröhls „nichts gewusst habe“. Da in den Medien die aus meiner Sicht unnötige Aussage von Heide Simonis große Beachtung fand, wonach sie „alles gewusst habe, was auch Klaus Gärtner gewusst hat“, sah sich Lothar Hay bereits in der Fraktionssitzung am 16. April nach einem Lage-Bericht der Ministerpräsidentin zu der Feststellung veranlasst, „Heide Simonis braucht das Vertrauen der Fraktion“ und „die Fraktion bejaht die Aufklärung und alle Fakten müssten auf den Tisch“. In dieser Fraktionssitzung hatte die unter öffentlichen Druck geratene Ministerpräsidentin behauptet, dass sie „keine Kenntnisse von den Machenschaften Pröhls gehabt und erst am 20. Februar 2002 von seiner unternehmerischen Tätigkeit erfahren“ habe. Pröhl habe bei der Investitionsbank eine hohe Vertrauensstellung mit vielen Freiheiten gehabt. Sie widersprach auch der für sie nicht ungefährlichen öffentlichen Behauptung des unternehmerischen Partners von Dr. Pröhl, Falk Brückner, sie habe am 2. März 2001 in seiner Gegenwart über das gemeinsame wirtschaftliche Engagement gesprochen. Weitere Gespräche mit Brückner habe es nie gegeben.

Für mich begann mit dem Studium der Akten, der Vorbereitung auf die Befragungen in den wöchentlichen Sitzungen des Untersuchungsausschusses, den vorbereitenden Gesprächsrunden im Arbeitskreis der Fraktion sowie den Beratungen mit meinem juristischen Mitarbeiter ein Beschäftigungs-Marathon. Nebenbei waren die Aufgaben im Wahlkreis und als finanzpolitischer Sprecher Verpflichtungen in einer schwierigen Haushaltslage des Landes zu erfüllen.

Im weiteren Verlauf waren auch Vorgänge zu prüfen, die sich mit dem früheren Bau des CAPs am Kieler Hauptbahnhof, dem Rendsburger Eiderpark, dem sogenannten Deutschen Orden in München, dem Verkauf des Kieler Schlosses und dem Herrenhaus Bredeneek bei Kiel befassten. Immer war der Projektentwickler Falk Brückner involviert, manches Mal auch gemeinsam mit seinem Partner Karl Pröhl.

In der schon erwähnten Sondersitzung des Landtags am 29. April konnten sich alle Parteien einstimmig auf die Einsetzung des Untersuchungsausschusses verständigen. Aber bereits in der Landtagsdebatte fiel auf, dass die Oppositionsparteien ihren Fokus auf die Ministerpräsidentin richteten. CDU und FDP warfen der Landesregierung „Korruption, Bestechlichkeit und Filz“ vor. Der Ministerpräsidentin wurde persönlich vorgehalten, sie habe „längst die Übersicht verloren oder weggeschaut“. Lothar Hay verteidigte die so herausgeforderte Heide Simonis für die SPD mit dem Hinweis, man werde ihr „bei jedem Versuch Dritter, mögliche kriminelle Handlungen von Dr. Pröhl mit ihr in Verbindung zu bringen, den Rücken stärken“. So scheiterte denn auch schon in der ersten Sitzung des Untersuchungsausschusses der Versuch der FDP, Heide Simonis den rechtlichen Status als „Betroffene“ zu geben an der Mehrheit von SPD und Grünen. Ich sprach von einer „öffentlichen Vorverurteilung“ und stellte vor der Presse klar, dass sich der Untersuchungsauftrag „nicht gegen Heide Simonis richte“. Einigkeit bestand hingegen darin, Karl Pröhl, Klaus Gärtner und Joachim Lohmann den rechtlichen Status von „Betroffenen“ einzuräumen.

Begleitet wurde unsere Aufklärungsarbeit angesichts der Bedeutung der Vorwürfe für die Ministerpräsidentin, auch wenn sie im rechtlichen Sinne nicht „Betroffene“ war, durch ein großes Aufgebot von regional und überregional tätigen Journalisten. Nicht nur die Oppositionsparteien versuchten durch gezielte Informationen an Journalisten, Einfluss auf die Berichterstattung zu nehmen. Auch wir nutzten das Instrument der Lancierung von Hintergrundinformationen. Nach jeder der insgesamt 86 Sitzungen stand ich den Vertretern der Printmedien und des NDR für eine Kommentierung des Ablaufs zur Verfügung. Diese mündliche Kommentierung wurde von mir stets durch eine offizielle Pressemitteilung der SPD-Landtagsfraktion ergänzt.

Der Untersuchungsausschuss verständigte sich angesichts des öffentlichen Interesses an der Verantwortung der Ministerpräsidentin darauf, zunächst den Komplex der Nebentätigkeiten des Expo-Beauftragten, Dr. Karl Pröhl, die sogenannte Filz-Affäre, aufzuklären. Erst danach sollte die sogenannte Computer-Affäre des ehemaligen Staatssekretärs Dr. Joachim Lohmann aufgerufen werden. Dazu kam es allerdings erst ab Anfang November 2003.

Insgesamt wurden neben den „Betroffenen“ 14 Auskunftspersonen angehört. Von allen Befragungen hatte die Befragung des Projektplaners Falk Brückner den geringsten Aufklärungswert, aber den höchsten Unterhaltungswert. Er war der Hauptbelastungszeuge der Opposition. Seine Behauptung, Heide Simonis habe von den Nebentätigkeiten seines Partners Karl Pröhl gewusst, brachte die Ministerpräsidentin trotz ihres umgehenden Dementis in eine schwierige Lage. Sie gab allerdings ihren Kritikern viel Raum für Unterstellungen, weil sie wiederholt behauptete, „alles gewusst zu haben, was Klaus Gärtner wusste“.

Zu einer eigentlich geplanten zweiten Befragung Brückners kam es nicht mehr, weil er Anfang November 2002 mit 46 Jahren beim Joggen plötzlich tot zusammenbrach. Der Ausschuss-Vorsitzende, der Kieler CDU-Abgeordnete Thomas Stritzl, verstieg sich zu der dreisten Forderung, die Mitschuld der Ministerpräsidentin an dessen Tod zu hinterfragen. Der von seinem Parteifreund, Trutz Graf Kerssenbrock, am 18. November 2002 gestellte Antrag auf Einbeziehung der Todesermittlungsakten fand zwar keine Mehrheit, konnte aber nach geltendem Minderheiten-Recht trotz unseres Widerstandes und meiner Warnung vor Verschwörungstheorien nicht abgewehrt werden. Intern haben wir Sozialdemokraten vereinbart, diese Akten demonstrativ nicht einzusehen.

Mit Heide Simonis habe ich nach dem denkwürdigen Gespräch am Rande des Landesparteitags am 9. März 2002 bis zum Abschluss des Untersuchungsausschusses und auch danach nie wieder über den Untersuchungsgegenstand gesprochen. Ich war mir nach allem, was ich aus Akten und von Informanten erfahren hatte, zwar nicht sicher, ob sie und Klaus Gärtner in allen Punkten die Wahrheit sagten, aber mir lag sehr viel, Heide Simonis gegen die manchmal sehr ehrenrührigen Angriffe insbesondere von Wolfgang Kubicki und Trutz Graf Kerssenbrock zu verteidigen. Ihre „Chefin der Staatskanzlei“ als Nachfolgerin von Klaus Gärtner, Ulrike Wolff-Gebhardt, hat sich dafür nach Beendigung des PUA persönlich bei mir bedankt. Allerdings klagte sie auch darüber, dass Heide Simonis sie häufig übergehe und stattdessen immer noch regelmäßig den Rat von Klaus Gärtner einhole. Von Heide Simonis habe ich nie ein Wort des Dankes gehört.

Für den 3. Juni 2002 war mit Dr. Karl Pröhl die erste bedeutende Befragung angesagt. Bei dieser und auch noch späteren Befragungen von Pröhl und auch von Joachim Lohmann fiel es mir schwer - vielleicht war es sogar unmöglich – bei den Fragestellungen und Bewertungen objektiv zu bleiben. Schließlich handelte es sich bei beiden um ehemalige Mitarbeiter bzw. Kollegen, mit denen ich in der Vergangenheit gut zusammen gearbeitet hatte. Meine Enttäuschung über das von Geltungssucht und finanziellem Ehrgeiz geprägte Verhalten saß sehr tief. Karl Pöhl gab sich in seiner ersten öffentlichen Befragung zur Verärgerung von uns Ausschussmitgliedern und der zahlreich erschienenen Medienvertretern sehr wortkarg. In der Bewertung konnte ich anschließend festhalten, dass „es keine neuen Hinweise gebe, dass die Ministerpräsidentin vor dem 20. Februar von seinen Nebentätigkeiten (für die B&B-Firmengruppe des Falk Brückner) informiert war". Gegenüber der Staatsanwaltschaft hatte Pröhl allerdings – auf 24 Seiten protokolliert, Klaus Gärtner erheblich belastet. Demnach war Gärtner über die Nebentätigkeiten informiert. Während ich diese Aussagen zurückhaltend mit dem Hinweis zu entwerten versuchte, man dürfe Pröhl „per se nicht alles glauben", er sei „für die SPD kein Kronzeuge", hielt es CDU-Obmann Kerssenbrock „für schwer vorstellbar, dass Frau Simonis nichts gewusst haben will". Aber auch ich musste zur Kenntnis nehmen, dass die Vorwürfe gegen Klaus Gärtner sehr gravierend waren.

Als bekannt wurde, dass das Ausschussmitglied Wolfgang Kubicki von der FDP anwaltlich für zwei Unternehmen aus dem Dunstkreis der Projektentwickler Pröhl und Brückner tätig geworden war, musste der FDP-Chef auf Antrag der SPD selbst in den Zeugenstand. Ich hatte mich schon vor der öffentlichen Anhörung am 10. Juni 2002 intern im Untersuchungsausschuss-Arbeitskreis der SPD mit meiner Meinung durchsetzen können, trotz des Drängens von Journalisten und Parteifreunden auf die Forderung nach seinem Ausschluss aus dem Untersuchungsausschuss zu verzichten.

Immer wieder ging es in der Befragung aller Zeugen insbesondere von Mitarbeitern der Staatskanzlei und des Finanzministeriums um die für die Opposition wichtige Frage, wann Heide Simonis und Klaus Gärtner von Pröhls Nebentätigkeiten erfahren haben. Kerrsenbrock nährte regelmäßig die Hoffnungen seiner CDU auf einen baldigen Rücktritt der Ministerpräsidentin durch immer neue Spekulationen über noch zu erwartende Aussagen. Da solche Ankündigungen stets von der Bild-Zeitung und dem Nachrichtenmagazin „Focus" in Verbindung mit vertraulichen Unterlagen verbreitet wurden, glaubten wir den Initiator der unzulässigen Indiskretionen zu kennen. Ich selbst lehnte Interviews mit der Bild-Zeitung ab. Mit dem „Focus" sprach ich nur, wenn ich Unterstellungen zurückweisen wollte. Ab 2003 beteiligte sich auch „Spiegel online" unter Bezugnahme auf „Aussagen aus dem Umfeld der Kieler SPD" an Verdächtigungen über ein frühes Wissen von Heide Simonis.

Zu einem Höhepunkt der Arbeit im Untersuchungsausschuss kam es am 16. September 2002. Am Vormittag wurde mit Falk Brückner, zwei Monate vor seinem Tod, ein selbst ernannter „Kronzeuge" gegen Heide Simonis gehört, am Nachmittag die Ministerpräsidentin selbst. Der Termin war brisant, weil er sechs Tage vor der Bundestagswahl lag und die SPD schlechte Nachrichten in den Medien nicht gebrauchen konnte. Deshalb hatte ich schon im Vorfeld der Vernehmungen gegenüber den Landeshaus-Journalisten erklärt, dass „Simonis die Unterstellungen und Spekulationen im öffentlichen Raum klarstellen und zurückweisen wird".

Brückner trat sehr selbstbewusst auf und lobte Karl Pröhl als hoch qualifizierten Partner. Aus Gesprächen mit Klaus Gärtner selbst und Berichten seines Partners meinte er gesicherte Erkenntnisse darüber zu besitzen, dass die Staatskanzlei über die Nebentätigkeiten informiert war und sie stillschweigend duldete. Klaus Gärtner soll sogar Interesse gezeigt haben, als Brückner ihm die Mitgliedschaft im Aufsichtsrat seines Unternehmens angeboten habe, in dem Karl Pröhl bereits Anfang 2001 zum Vorstand berufen war. Brückner bestätigte auch die Version von Karl Pröhl, dass dieser bei einem Geburtstagsessen der Ministerpräsidentin am 4. Juli 2001 „im kleinen Kreis" mit seiner Ehefrau anwesend gewesen und über Pröhls Nebentätigkeit offen gesprochen worden sei. Für den Obmann der FDP, Wolfgang Kubicki, waren die Aussagen so brisant, dass er noch während der Befragung einen Antrag auf Vereidigung von Falk Brückner ankündigte.

Heide Simonis wies in ihrer Vernehmung am Nachmittag alle Verdächtigungen zurück. Auch bei der kleinen Geburtstagsfeier am 4. Juli 2001 habe es sich nur um ein dienstliches Gespräch mit ihrem Staatssekretär gehandelt. Karl Pröhl sei nur spontan mit seiner Frau hinzugebeten worden, weil Dienstliches zu besprechen war. Sie habe auch einen Zeitungsbericht des Journalisten Christian Hauck in der Landeszeitung vom 13. Oktober 2001, in dem bereits öffentlich über diesbezügliche Aktivitäten von Pröhl und Brückner im Zusammenhang mit einer anderen Verwendung des Kieler Schlosses berichtet worden war, nicht wahrgenommen. Beide Aussagen erschienen wenig glaubhaft, aber ich behielt meine Zweifel für mich. Auch in der Fraktion mehrten sich jetzt die Sorgen, dass Heide Simonis den Untersuchungsausschuss politisch nicht überleben würde.

Ihr ehemaliger Staatssekretär Klaus Gärtner bestätigte die Aussagen von Heide Simonis, als er am 4. November 2002 im Ausschuss als „Betroffener" vernommen wurde. Gärtner erklärte außerdem, seine Ehefrau habe keinen Beratervertrag mit Brückners Unternehmen gehabt. Ihr Reitunterricht bei der Ehefrau von Karl Pröhl sei auch regulär bezahlt worden. Er habe erst am 20. Februar.2002 von Pröhls ungenehmigten Nebentätigkeiten erfahren. Auf eine Frage des FDP-Obmanns Wolfgang Kubicki an seinen Parteifreund reagierte Gärtner sehr verärgert: Er habe sich „nicht die Frage gestellt, warum Pröhl die Unwahrheit gesagt hat".

Dennoch war dieser Termin für Klaus Gärtner kein Erfolg. Zwar stützte er wie erwartet die Versionen von Heide Simonis, musste aber auch grobe Fehler einräumen. In seiner Vernehmung hielt ich ihm drei an ihn gerichtete Schriftstücke vor, aus denen er unabhängig voneinander die Nebentätigkeiten seines Mitarbeiters Karl Pröhl hätte erkennen können. Die Medien beschrieben seine Reaktion auf meinen Vorhalt als sehr arrogant. Gärtner meinte: „Dann bekenne ich dreimal, dass ich das übersehen habe".

Da parallel zum Untersuchungsausschuss auch die Staatsanwaltschaft Kiel wegen Bestechlichkeit, Betrug und Steuerhinterziehung ermittelte, ließen wir uns mehrmals von den ermittelnden Staatsanwälten vertraulich über den aktuellen Stand der Ermittlungen informieren. Auch diese Behörde hatte über 50 Zeugen zu den Vorwürfen vernommen.

Ein heftiger Streit entzündete sich Anfang 2003 um den Terminkalender von Heide Simonis. Der Ausschuss hoffte, in ihm Hinweise auf Kontakte zwischen der Ministerpräsidentin und Karl Pröhl zu finden. Der Streit dauerte mehrere Monate, weil die Staatskanzlei das Begehren mit dem Hinweis auf den Schutz der Privatsphäre ablehnte. Während wir Sozialdemokraten nur dem Vorsitzenden und seinem Vertreter die Einsicht gestatten wollten, bestanden CDU und FDP darauf, dass die Obleute aller Fraktionen den Kalender durchblättern sollten.

Nach längerer Diskussion beugten wir uns diesem Vorschlag, verständigten uns aber darauf, nur die Tage vom 4. bis zum 28. Februar 2002 zu betrachten. Zudem sollten die Unterlagen für „vertraulich“ erklärt werden. Auch dieser Kompromissvorschlag stieß auf den Widerstand der Ministerpräsidentin. Erst am 22. Mai 2003, in der 50. Ausschuss-Sitzung, setzten sich CDU und FDP bei Enthaltung der SPD durch. Die Staatskanzlei blieb stur, deshalb wurde beim Amtsgericht Kiel die Beschlagnahme der Terminkalender beantragt. Ende November unterbreitete das Amtsgericht einen Vorschlag für eine zeitlich begrenzte Einsicht. Nachdem die Landesregierung auch dies abgelehnt hatte, wies das Amtsgericht Kiel die Anträge auf Beschlagnahme der Terminkalender im Sommer 2004 zurück. Zu diesem Zeitpunkt waren die Beratungen in der Pröhl/Brückner-Affäre längst abgeschlossen.

Ich hatte für die Zurückhaltung von Heide Simonis stets großes Verständnis, enthielten die Terminkalender doch auch alle privaten Termine und Arztbesuche. Zudem berief sich die Landesregierung nach meiner Meinung zu Recht auf den „Kernbereich exekutiver Eigenverantwortung“. Erst viele Jahre später wurde öffentlich, dass Heide Simonis in dem Zeitraum mit einer Krebserkrankung zu kämpfen hatte und verständlicherweise kein Interesse daran fand, dass dies durch Indiskretionen aus ihrem Terminkalender bekannt wurde.

Auch die Beschlagnahme der Terminkalender des Finanzministers Claus Möller und seines Staatssekretärs Uwe Döring sowie der Kabinettsprotokolle von 2001 und 2002 konnte die Opposition nur unter Berufung auf das Minderheitenrecht gegen die Enthaltung von SPD und Grünen durchsetzen. Allerdings blieb auch hier der Erfolg aus, weil die Anträge im Sommer 2004 vom Amtsgericht Kiel abgelehnt wurden bzw. in Bezug auf die Vorlage der Kabinettsprotokolle gar nicht entschieden wurden.

Es verstärkte sich bei uns der Verdacht, dass die Opposition die Arbeit des Untersuchungsausschusses durch immer neue Beweisanträge und Zeugenbefragungen in die Länge ziehen wollte, um in die zeitliche Nähe der Landtagswahl 2005 zu gelangen. Wiederholt, wenn auch vergebens appellierte ich an CDU und FDP, die Arbeit zu beenden, weil neue Erkenntnisse nicht zu erwarten seien. Da auch die Journalisten angesichts manchmal sehr obskurer Zeugen der Opposition, die wenig oder gar nicht zur Wahrheitsfindung beitragen konnten, das Interesse verloren hatten, konnte ich mit medialer Unterstützung rechnen.

Kaum neue Erkenntnisse lieferte auch die erneute Befragung von Karl Pröhl am 18. August 2003, aber sie rückte den Ausschuss nach der Sommerpause wieder in den Fokus des öffentlichen Interesses. Pröhl thematisierte bisher unbekannte Gespräche mit Staatssekretär Klaus Gärtner und dem Personalreferenten der Staatskanzlei, Johannes Sandmann, in denen es auch um seine Verwendung nach Ablauf der Tätigkeit für die Expo 2000 gegangen sei. Beide Personen seien über sein Engagement bei Brückners Unternehmen B&B informiert gewesen. Er betonte noch einmal mit Hinweise auf die Einladung und die Gespräche den privaten Charakter des Geburtstagsessen mit Heide Simonis am 4. Juli 2001. Nach einer Information über sein Engagement bei Falck Brückner habe die Ministerpräsidentin lediglich die Einholung einer formalen Nebentätigkeitsgenehmigung bei Herrn Dr. Knud Büchmann, dem Abteilungsleiter in der Staatskanzlei, verlangt. Als er diesem Ansinnen am folgenden Tag nachkommen wollte, habe Büchmann in seinem Beisein mit Klaus Gärtner telefoniert. Die Aussagen von Karl Pröhl am 18. August 2003 und erneut am 29. September 2003 wurden bekräftigt durch die Aussagen seiner Ehefrau Patricia am selben Tag.

Die widersprüchlichen Aussagen zum Geburtstagsessen verstärkten in der veröffentlichten Meinung und im Parlament die Vermutung, dass die Ministerpräsidentin und ihr Staatssekretär früher als zugegeben von Pröhls Nebentätigkeiten gewusst haben mussten. Immer wieder wurde ich von Mitgliedern der Fraktion gefragt, was sich denn wohl noch aus den Akten ergeben könnte.

Doch in dieser Hinsicht war nichts zu erwarten. Dem CDU-Obmann, der in seiner Fraktion erfolglos große Erwartungen an den Abgang von Heide Simonis geweckt hatte, blieb es noch vorbehalten, seine Zweifel an der Glaubwürdigkeit der Ministerpräsidentin durch den Antrag auf Vereidigung zu verstärken. Die SPD stemmte sich dem entgegen und erhielt Unterstützung durch den Wissenschaftlichen Dienst des Landtages. Danach hätte ein solcher Antrag auch begründet die Zweifel an den Aussagen darlegen müssen.

Ende November 2003 konnte sich der Untersuchungsausschuss endlich seinem zweiten Untersuchungskomplex zuwenden. Da es hier um komplizierte Angelegenheiten des Haushaltsrechts ging, und nicht mehr um das politische Überleben der Ministerpräsidentin, verblasste sehr schnell das öffentliche Interesse an unserer mühevollen Aufklärungsarbeit.

Der zweite Untersuchungskomplex sollte klären, ob bei der Beschaffung eines neuen Mittelbewirtschaftungs- und Kostenrechnungssystem für die Landesverwaltung gegen Bestimmungen des Haushalts- und Vergaberechts verstoßen worden war. Für die Öffentlichkeit und die für sie tätigen Journalisten waren allerdings die vom ehemaligen Staatssekretär Dr. Jochen Lohmann nach seinem Ausscheiden geschlossenen Beraterverträge von größerem Interesse. Lohmann hatte diese Beraterverträge entgegen gesetzlicher Auflagen der Landesregierung nicht angezeigt. Sie wären wohl auch nicht genehmigungsfähig gewesen. Darüber hinaus wären seine Ruhebezüge, wie er vorher belehrt worden war, um Nebeneinkünfte gekürzt worden. Ich hatte mit Jochen Lohmann seit unserer gemeinsamen Wahl in den Landtag 1979 nicht nur kollegial, sondern auch freundschaftlich zusammengearbeitet. Nach seiner Berufung zum Finanz-Staatssekretär wurde unsere Zusammenarbeit wegen meiner Funktion als Vorsitzender des Fraktions-Arbeitskreises Finanzen noch vertieft. Ich schätzte seine Zuverlässigkeit und sein Zahlengedächtnis. Umso mehr war ich menschlich enttäuscht, als ich Anfang des Jahres 2002 von seinen Beraterverträgen und seinen vermeintlichen Entlastungserklärungen zu Lasten des Finanzministers Claus Möller erfuhr. Abgesehen von der Befragung im Untersuchungsausschuss habe ich nie wieder mit ihm gesprochen.

Die Beschaffung eines neuen Mittelbewirtschafts- und Kostenrechnungssystem hatte den Finanzausschuss von 1998 bis 2000 in vielen Sitzungen beschäftigt. Nur wenige Mitglieder des Landtages waren wohl in der Lage, die komplexe Materie zu verstehen. Obwohl der Landesrechnungshof ständig vor den finanziellen Folgen gewarnt hatte, war die Mehrheit des Finanzausschusses zur Unterstützung der Landesregierung bereit. Im Untersuchungsausschuss war allerdings nach Ansicht der Opposition deutlich geworden, dass dem Parlament nicht alle erforderlichen Dokumente und Auskünfte gegeben und vergaberechtliche Bestimmungen aufs Gröbste verletzt wurden. In der abschließenden Bewertung dieses Vorganges habe ich für die Ausschussmehrheit zu Protokoll gegeben, dass „die Landesregierung das Parlament ausreichend informiert hat“. Angesichts der sehr unterschiedlichen Aussagen des Landesrechnungshofes und des Finanzministerium über die Einhaltung von Bestimmungen zur Vergabe von Aufträgen haben wir von SPD und Grünen von weiteren Verurteilungen abgesehen und lediglich Vergabeverstöße festgestellt. Das geschah einzig aus Rücksicht auf die von unseren Parteien gestellte Landesregierung. Tatsächlich waren wir entsetzt und haben das auch intern sehr deutlich zur Sprache gebracht.

Bei Lohmanns Beraterverträgen musste auch die Frage geklärt werden, wann er die Kontakte zur den Unternehmen hergestellt hatte. Da er dienstlich als Staatssekretär mit den Unternehmen über die Einführung eines neuen Mittelbewirtschaftungs- und Kostenrechnungssystem verhandelt hatte, vermuteten viele im Landeshaus einen Zusammenhang. Der Untersuchungsausschuss stellte fest, dass Lohmann nach seinem Ausscheiden als Staatssekretär Ende November 1998 im Frühjahr 1999 einen Beratervertrag mit Wirkung ab 1. April 1999 geschlossen hat.

Lohmann selbst hatte seinen Auftritt im Ausschuss am 2. Februar 2004 in der 80. Sitzung. Er behauptete allen Ernstes, er hätte nicht gewusst, dass er seine Beraterverträge der Regierung anzeigen musste. Die Verantwortung für die schlampige Aktenführung verwies er auf seine Mitarbeiter. Sie sei keine Aufgabe der politischen Führung gewesen. Auch für die vorgehaltenen Verstöße gegen Haushaltsbestimmungen wollte er keine Verantwortung übernehmen. Breiten Raum in der Vernehmung nahm seine Version über eine angebliche Information an den Finanzminister ein. Lohmann sagte, er habe Claus Möller davon erzählt, als er ihn einmalig zufällig in Berlin traf und sie sich gemeinsam ein Taxi genommen hatten. Niemand im Ausschuss glaubte an diese Geschichte. Lohmann sagte zudem, er habe „keine Erinnerung daran, dass auch Heide Simonis davon wusste". Ich hatte mich auf die Vernehmung meines ehemaligen Kollegen, die eine Woche später fortgesetzt wurde, gut vorbereitet. Vermutlich war ich strenger bei der Befragung als meine Obleute-Kollegen von den anderen Fraktionen. Glücklich war ich nicht, lieber hätte ich auf diese Begegnung verzichtet.

Als wir den Mehrheitsbericht von SPD und Grünen zu diesem Komplex abfassten, gab ich mir wegen der Enttäuschung über das Verhalten meines ehemaligen Kollegen besondere Mühe. Nachdem Lohmann meinen Entwurf offiziell erhalten hatte, versuchte er über die Fraktionskollegin Gisela Böhrk, die SPD-Landtagsfraktion kurz vor dem Abschluss des Untersuchungsausschusses zu einer anderen Bewertung zu veranlassen. Besonders kritisierte die Kollegin eine Passage im Schlussbericht, in der von einer „bewussten, und im Falle des Betroffenen Dr. Lohmann mit nachgewiesener krimineller Energie ausgeführten Umgehung gesetzlicher Vorschriften" die Rede war. Ich verbat mir Anträge auf Veränderungen von Kollegen, die nicht an der umfänglichen Ausschussarbeit teilgenommen hatten und die tatsächlichen Erkenntnisse nicht kannten. Im Falle der Korrektur meines Berichtsvorschlages wäre ich noch am selben Tag als Obmann der SPD-Fraktion zurückgetreten. Dazu kam es nicht, denn die Fraktion akzeptierte mit großer Mehrheit den ja von allen unseren Ausschuss-Mitgliedern getragenen Abschlussbericht.

Nachdem viele Mitarbeiterinnen und Mitarbeiter des Finanzministeriums vernommen worden waren, wurde das dritte Jahr des Untersuchungsausschusses am 12. Januar 2004 mit der Vernehmung von Claus Möller eingeleitet. Der Finanzminister bekannte sich zu handwerklichen Fehlern in dem von ihm geführten Ministerium, an denen er zwar nicht beteiligt gewesen sei, für die er aber die politische Verantwortung übernehme.

Im Juni 2004 konnten wir uns endlich mit den anderen Fraktionen auf ein Ende der Ausschussarbeit verständigen. Nun galt es, die zeitlichen Abläufe für die Erstellung des Schlussberichts für den Landtag einschließlich der Bewertungen sowie die entscheidungsrelevanten Dokumente festzulegen. Die beiden Oppositionsfraktionen und ihre Obleute aus CDU und FDP hatten erkennbar nur ein Ziel erreicht: den Abschluss der Beratungen in der Wahlkampf-Phase. Das war mehr als gar nichts. Aber das politisch legitime Ziel einer Opposition, die Ablösung der Ministerpräsidentin, hatten sie nicht erreicht. Das löste in mir eine gewisse Genugtuung aus. Viele Scherben blieben dennoch zurück. Das politische Klima war vergiftet, über drei Jahre wurde in den Medien mehr über den Untersuchungsausschuss als über politische Entscheidungen der Landesregierung berichtet. Da die Berichterstattung und die Vernehmungen Zweifel an der Glaubwürdigkeit wichtiger Akteure erkennen ließen, war auch ein Ansehensverlust nicht auszuschließen. Da ich über zwei Jahre wegen der Vorbereitung auf die Montags-Beratungen des PUA keinen arbeitsfreien Sonntag hatte, ich meine Aufgaben in der Landtagsfraktion und im Wahlkreis auch nicht vernachlässigen wollte, nahm, wie ich im Dezember erfahren durfte, auch meine Gesundheit erheblichen Schaden.

In der parlamentarischen Sommerpause, die eigentlich der Erholung diesen sollte, schrieben mein Mitarbeiter Torsten Pfau und ich den Schlussbericht und eine Bewertung für den Landtag, der die Zustimmung sowohl unserer Fraktion als auch der Grünen fand. Mit unserer Mehrheit wurde er auch zur Beschlussempfehlung für den Landtag erklärt. Der Wissenschaftliche Dienst des Landtages hatte eine lobenswerte Zuarbeit geleistet und einmal mehr seine vorzügliche Qualifikation unter Beweis gestellt. Die Fraktionen von CDU, FDP und SSW gaben, wie nach dem Untersuchungsausschussgesetz zulässig, Minderheitenvoten ab. Der Auftrag des Landtages zur Untersuchung der Vorwürfe vom 29. April 2002 und 21. Februar 2003 war nach 86 öffentlichen und nicht öffentlichen Sitzungen und ungezählten internen Beratungen erledigt.

Das Beweismaterial füllte172 Aktenordner. 13 Abgeordnete aus allen Fraktionen waren fast drei Jahre von wichtigen Aufgaben im Land und im Wahlkreis abgehalten worden. Aber auch das zählt zur Bilanz: Zu keiner anderen Zeit meiner Mitgliedschaft im Landtag war ich so präsent in den Medien. Nie wieder war ich insbesondere ein so gefragter Interview-Partner im Fernsehen.

Die abschließende Plenardebatte fand am 12. November 2004 statt. Als Obmann der SPD-Fraktion erklärte ich, dass der Untersuchungsausschuss „von großen Ankündigungen, schweren Geschützen und schillernden Zeugen begleitet wurde“. Als Resümee stellte ich „ein grandioses Scheitern der Opposition mit ihrem Versuch, die Ministerpräsidentin mit einer beispiellosen Schmutzkampagne zu Fall zu bringen“ fest. An den Vorwürfen der Opposition an die Adresse der Ministerpräsidentin sei „nichts dran“. „Zu dieser Feststellung hätte man auch nach kurzer Zeit der Beweisaufnahme kommen und den Rest der Justiz überlassen können“. Nach dem ich eine halbe Stunde lang inhaltlich die Erkenntnisse aus der Sicht der SPD-Fraktion begründet hatte, wandte ich mich dem Fraktionsvorsitzenden der CDU, Martin Kayenburg, persönlich zu. Er hatte es übernommen, für die CDU zu sprechen, weil es der Obmann der CDU, Trutz Graf Kerssenbrock, nach heftiger parteiinterner Kritik an seiner Arbeit im Untersuchungsausschuss vorgezogen hatte, der Plenardebatte fernzubleiben.

Adressiert an Martin Kayenburg sprach ich die Erwartung an die Einsicht aus, dass die CDU-Fraktion mit ihrem Gehabe über das Ziel hinausgeschossen sei. Sie habe sich zu lange auf ihren einzigen Kronzeugen Pröhl gestützt. Ihm würden weder die Gerichte glauben, noch würden seine Anschuldigungen durch Fakten und Zeugenaussagen gedeckt. Abschließend stellte ich fest: „Ihre Kampagne ist in sich zusammengebrochen. Die Ministerpräsidentin Heide Simonis ist vollständig rehabilitiert. Sie haben jetzt die

Chance, sich im Namen Ihrer Fraktion für die Kampagne gegen die Ministerpräsidentin zu entschuldigen."

Dem „anhaltenden Beifall" bei SPD, Grünen und dem SSW, wie das Protokoll festhielt, folgte natürlich keine Entschuldigung. Aber bis heute auch kein Dank der Ministerpräsidentin für meine Verteidigung ihres Verhaltens.

Landtagswahl 2005, die Suche nach dem „Heide-Mörder", Große Koalition

Obwohl die politische Berichterstattung seit Anfang 2002 vom Untersuchungsausschuss zur Aufklärung der sogenannten „Filzaffäre" geprägt war, gelangten auch noch andere Themen in den Focus der Medien und Parteien.

Dazu gehörte die Diskussion über eine Reform der Diätenstruktur. Wie auch bei früheren Plänen zur Aufstockung der Einkommen von Abgeordneten starteten die Medien, allen voran die Bild-Zeitung, Anfang 2003 eine heftige Kampagne gegen SPD und CDU. Das Konzept eines vom Verfassungsgericht geforderten Systemwechsels bei den Diäten sah vor, die Diäten zu erhöhen, alle bisher steuerfrei erstatteten mandatsbedingten Ausgaben nur noch über die Steuerveranlagung abzurechnen und die besonders kritisierten Ruhestandsbezüge von Abgeordneten abzuschaffen. Beide Parteien hatten sich im Finanzausschuss auf diese Reform verständigt. Der strategische Fehler war, zur Finanzierung die Kreditaufnahme zu erhöhen. Er kam zustande, weil die Ressorts sich weigerten, Vorschläge für die geplante Gegenfinanzierung von 534 000 Euro zu unterbreiten. Das verheerende Medienecho blieb nicht ohne Auswirkungen auf die Stimmung in unseren Parteien. Ich habe die Vorschläge öffentlich und auch auf einem Parteitag meines SPD-Kreisverbandes als gerecht verteidigt. Den Medien hielt ich vor, die Öffentlichkeit völlig unzureichend und häufig auch sehr tendenziös über die Ursachen, finanziellen Folgen und die neue Struktur der Reform zu informieren. Meine Verteidigungsrede auf dem Kreisparteitag stieß auf eine lautstarke Ablehnung, die ich bisher nicht gewohnt war. Anschließend wurde mir zugetragen, Delegierte aus meinem eigenen Ortsverein hätten beschlossen, meine erneute Kandidatur für den Landtag zu verhindern. Am Montag, den 5. Mai 2003, erschien in den Zeitungen des sh:z-Verlags ein Interview, das ich am Vortag gegeben hatte und in dem ich die Strukturreform verteidigte. Ich wusste zu diesem Zeitpunkt noch nicht, dass sich die Landesparteivorsitzenden von SPD und CDU bereits am Wochenende darauf verständigt hatten, die Pläne für eine grundlegende Reform der Diäten und Altersversorgung aufs Eis zu legen. Mir fehlte es am Verständnis für den mangelnden Mut.

In den Fraktionen von SPD und CDU rumorte es kräftig. Allerdings waren nur wenige bereit, sich öffentlich über den Rückzug ihrer Parteivorsitzenden zu beklagen. Als Heide Simonis sich in der folgenden Plenarsitzung heftige Kritik vom Vorsitzenden der CDU-Fraktion, Martin Kayenburg, gefallen lassen musste, rührte sich in der SPD-Fraktion bei ihrer Replik keine Hand. Die Fraktionsmitglieder nahmen ihr übel, dass sie dem Diätenstrukturgesetz erst zugestimmt und als Regierungschefin unterzeichnet hatte, um danach populistisch den Eindruck zu erwecken, sie sei dagegen gewesen. Das Vertrauensverhältnis der Fraktionsmitglieder zur Regierung und zur Parteiführung wurde schwer belastet. Der „Spiegel" berichtete gar über eine „Endzeitstimmung" an der Kieler Förde und beschrieb einen „schwindenden Rückhalt" für die Ministerpräsidentin.

Nur wenige Jahre später wurde die Diäten-Strukturreform vom Landtag, inhaltlich kaum verändert, verabschiedet. Die Reform wurde von großem Lob der Landespresse über die wegweisenden Veränderungen begleitet. Andere Landesparlamente wurden aufgefordert, unserem Beispiel zu folgen. 2003 war die Zeit noch nicht reif für mutige Reformen.

Am Jahresanfang 2002 bestimmte Heide Simonis mit ihrer umfassenden Kabinettsreform die politische Diskussion. Betroffen waren zwei Minister und mehrere Staatssekretäre. Das bisherige Landwirtschaftsministerium unter der Leitung meiner Flensburger Kollegin Ingrid Franzen wurde aufgelöst, die Aufgaben auf mehrere Ministerien verteilt. Das fand ich sinnvoll. Als völlig unangemessen empfand ich allerdings die stillose und inakzeptable Form der Entlassung von Ingrid Franzen. Wie mir berichtet wurde, erfuhr Ingrid Franzen von ihrer Entlassung durch die Ministerpräsidentin am Rande eines heiteren Zusammenseins aus Anlass der Grünen Woche in Berlin vor großem Publikum.

Kein Verständnis hatte ich für die zweite Personalentscheidung. Finanzminister Claus Möller, seit 1993 im Amt, wurde durch den bisherigen Staatssekretär im Bildungsministerium, Ralf Stegner, ersetzt. Claus Möller war gerade 60 Jahre alt und nach meiner Wahrnehmung noch lange nicht amtsmüde. Es entzog sich meiner Kenntnis, ob die Vorwürfe gegen Claus Möller im Zusammenhang mit der Lohmann-Affäre der Auslöser für diese Personalentscheidung war oder ob es darum ging, ein neues Aufgabenfeld für den bisherigen Bildungsstaatssekretär zu finden, dessen Vertrauensverhältnis zu seiner Ministerin Ute Erdsiek-Rave völlig zerrüttet war. Heide Simonis begründete Stegners Berufung mit dem Hinweis, er sei für sie „erste Wahl für dieses schwierige Amt". Angesichts des großen Ansehens, das sich Claus Möller in der SPD-Landtagsfraktion und auch bei den Grünen erworben hatte, stieß die Ministerpräsidentin mit dieser Personalie auf wenig Zustimmung. Für meine Kollegen im Finanzarbeitskreis, für Monika Heinold von den Grünen und für mich endete eine Phase der vertrauensvollen Zusammenarbeit zwischen den Fraktionen und dem Finanzminister.

Auf meinen Unmut, den ich auch öffentlich gegenüber mehreren Medien artikulierte, stieß die Versetzung der Staatssekretärin Henriette Berg von den Grünen in den vorzeitigen Ruhestand. Sie wollte aus privaten Gründen nach Berlin umziehen. Anstatt ihr Kieler Amt von sich aus niederzulegen, bat sie Heide Simonis, sie zu entlassen, was die Ministerpräsidentin dann auch tat. Durch diese Entlassung erwarb sie im Alter von 48 Jahren einen lebenslangen Pensionsanspruch. Ich kommentierte, dass „private Gründe kein Anlass sein dürften, auf Kosten der Steuerzahler aus dem Amt zu scheiden". Meine öffentlichen Äußerungen wurden später Gegenstand einer heftigen Aussprache zwischen Heide Simonis und mir in der SPD-Landtagsfraktion. Ich bedauerte die Instrumentalisierung meiner Kritik zu gehässigen Kommentaren durch die Medien, nahm aber kein Wort zurück.

Die große Kabinettsreform beschrieb die unglückliche Hand, die Heide Simonis mit der Personalauswahl von Staatsekretären gehabt hat. Seit ihrem Amtsantritt als Ministerpräsidentin 1993 mussten innerhalb von 10 Jahren 18 Staatssekretäre zu Lasten der Steuerzahler vorzeitig aus ihrem Amt scheiden. Aus der angesehenen Ministerriege von Björn Engholm war niemand mehr dabei. Kritische Kollegen im Kabinett waren nicht wohl gelitten. Wenn sie nicht freiwillig gingen, wurden sie entlassen.

Immer häufiger, wenn auch nur intern, mehrten sich die kritischen Worte von Mitgliedern der Landtagsfraktion und des Kabinetts über eine andere Personalentscheidung der Ministerpräsidentin. Als Nachfolgerin ihres in den einstweiligen Ruhestand versetzten Vertrauten, Klaus Gärtner, hatte Heide Simonis zu unserer Überraschung Ulrike Wolff-Gebhardt ausgewählt. Die Juristin aus Niedersachsen erschien mir zwar im persönlichen Umgang höchst sympathisch, konnte aber sichtbar keine politischen Strategien entwickeln oder lenkend die Arbeit der Ministerien zusammen binden. Mir gegenüber äußerte sie mal ihr Bedauern, dass Heide Simonis an ihr vorbei lieber mit ihrem sogenannten „Küchenkabinett" regiere und gesteigerten Wert auf den Rat ihres Vorgängers im Amt lege. In den Medien wurde kolportiert, dass der Pressesprecher, Gerhard Hildenbrandt, der eigentliche Chef-Organisator in der Staatskanzlei sei. Als auch noch der einflussreiche Präsident der Industrie- und Handelskammer zu Kiel, Hans Heinrich Driftmann, Anfang Dezember öffentlich eine „Führungsschwäche im Lande" diagnostizierte, nannte er namentlich die Chefin der Staatskanzlei. In der Landtagsfraktion wurde vermutet, dass er eigentlich die Ministerpräsidentin meinte.

Für mich völlig überraschend verband Heide Simons am 21. Januar 2003 ihre Kabinettsreform mit der Ankündigung, bei der erst für 2005 geplanten Landtagwahl wieder für das Amt der Ministerpräsidentin zu kandidieren. Ich sah in dieser frühen Festlegung den Versuch, Spekulationen innerhalb und außerhalb des Landtags über einen Wechsel im Amt der Ministerpräsidentin den Boden zu entziehen. Heide Simonis versprach „neuen Schwung und die Konzentration auf Regierungsschwerpunkte".

Im Februar 2003 trat der Landtag nach fast 50 Jahren zum letzten Mal im alten Sitzungssaal zusammen. Dank der schriftlich festgehaltenen Initiative des damaligen Vorsitzenden des Finanzausschusses, Lothar Hay, sowie der finanzpolitischen Sprecher aller Fraktionen war der Umbau und Anbau des Landeshauses beschlossen und nun erfolgreich, wenn auch teurer als geplant, umgesetzt worden. Ich war mit dem Ergebnis unserer Initiative zufrieden. Ich gehörte zu einem der letzten Redner im nun überflüssig gewordenen alten Plenarsaal. Angesichts der ständigen Zugluft durch die intakte Heizungsanlage sowie den nicht ausreichenden Plätzen für Besucher und Medien weinte ihm niemand eine Träne nach.

Für den 2. März 2003 waren in ganz Schleswig-Holstein die Kommunalwahlen für die Volksvertretungen in den Gemeinden, Städten und Kreisen festgelegt worden. Die Stimmung im Wahlkampf ließ erkennen, dass die Berichterstattung über die Arbeit des Parlamentarischen Untersuchungsausschusses und die öffentlichen Spekulationen über eine Führungsschwäche von Heide Simonis ihre Wirkung bei unseren Anhängern nicht verfehlten.

Da eine Umfrage eine Woche vor der Wahl der rot-grünen Landesregierung nur eine Zufriedenheits-Quote von 29 Prozent bescheinigte, war die Verunsicherung sehr groß.

Tatsächlich endete die Kommunalwahl für die SPD in einem Desaster. Wir verloren 13,1 Prozent der Stimmen und erreichten nur noch 29,3 Prozent in den Kreisen und kreisfreien Städten. Die CDU kam auf 50,8 Prozent, ein Zuwachs von 11,7 Prozent. Auch in Rendsburg lag die CDU mit 43,2 Prozent jetzt wieder vor der SPD (33,1Prozent). Die absolute Zahl der abgegebenen Stimmen für meine Partei hatte sich fast halbiert. Fast identisch war das Ergebnis für den Kreis Rendsburg-Eckernförde, auch hier musste die SPD mit einem Verlust von 13,2 Prozent auf nunmehr 29,2 Prozent kräftig Federn lassen. Der SPD-Landesvorsitzende Franz Thönnes gab die Verantwortung für den „Denkzettel", wie er die eigentliche Katastrophe beschrieb, an die Bundespolitik weiter, wollte aber auch „Teile der Landespolitik" in der Verantwortung sehen. Da die Wähler in einer Umfrage die Beseitigung der hohen Arbeitslosigkeit als größtes Problem beschrieben hatten, sah ich in dem Wahlergebnis mehrere Ursachen. Es gab Anlass, sich wegen des Ausgangs der nächsten Landtagswahl 2005 Sorgen zu machen.

Am Ende des Jahres 2003 besuchte ich gemeinsam mit Heide Simonis das Wohnwagenwerk Hobby in Fockbek. Seit Beginn meiner Tätigkeit im Landtag habe dem Unternehmen, das sich inzwischen zum Weltmarktführer bei der Herstellung von Wohnwagen entwickelt hat, und seinem erfolgreichen Inhaber, Harald Striewski, jährlich mindestens einen Informationsbesuch abgestattet. Zu den vielen prominenten Sozialdemokraten, die mich manches Mal begleiteten, gehörten neben Heide Simonis ihr Vorgänger Björn Engholm, Klaus Matthiesen, Egon Bahr und Klaus Buß. Das Wohnwagenwerk war dank der kreativen Unternehmensführung von Harald Striewski zu einem bedeutenden Arbeitsplatz- und Wachstumsfaktor geworden. Ich schätzte nicht nur die sympathische Ausstrahlung des Unternehmers, sondern auch seine regionale Verbundenheit, die durch eine höchst selten gewordene Fertigungstiefe in seinem Werk Ausdruck fand. Auch nach meinem Ausscheiden aus dem Landtag trafen wir uns regelmäßig zum Gespräch.

Die Landtagswahl 2005 warf bereits im Spätsommer des Jahres 2003 ihre Schatten voraus. Mir war nicht entgangen, dass es in meinem eigenen Ortsverein Rendsburg Bestrebungen gab, nach einer personellen Alternative zu meiner möglichen Kandidatur für den Wahlkreis 12 zu suchen. Schließlich würde ich den Wahlkreis am Ende der Legislaturperiode 25 Jahren innegehabt haben. Mein mutiger und begründeter Einsatz für eine Neuregelung der Diätenstruktur und Altersversorgung von Abgeordneten hatte viel Staub im Ortsverein aufgewirbelt, vielleicht auch einige Neider auf den Plan gerufen. Ich fragte mich, ob sich noch viele Mitglieder daran erinnern würden, dass ich nach meiner erfolgreichen Kandidatur für den Landtag 1979 als erster Sozialdemokrat den Landtagswahlkreis Rendsburg für die SPD gewonnen und danach noch weitere sechs mal direkt in den Landtag gewählt worden war. Viele Mitglieder der Partei waren 1979 noch gar nicht geboren und kannten nur mich als regionalen Abgeordneten. Bereits in der Vorstandsitzung der Rendsburger SPD am 18. August 2003 gab der Vorsitzende Helge Hinz in meiner Abwesenheit den Eingang einer Bewerbung von Ramona Wissemann für eine Kandidatur bekannt. Auch der anwesende Dr. Ulrich Hase bekundete sein Interesse. Nachdem ich auf Umwegen von diesen Bewerbungen erfahren hatte, lotete ich bei einigen mir zugeneigten SPD- Mitgliedern der anderen Ortsvereine im Landtagswahlkreis aus, welche Chancen meine erneute Bewerbung haben würde. Mit der Resonanz konnte ich zufrieden sein, auch weil das Vorgehen meiner Rendsburger Parteifreunde im Ortsvereinsvorstand abgelehnt wurde. Anfang November 2003 teilte ich meinen Ortsvereinen, dem Kreisvorstand und der Rendsburger Lokalpresse mit, dass ich mich zu einer erneuten Kandidatur entschieden hatte. Angesichts der desolaten Stimmung in der Bevölkerung über meine Partei und der angekündigten Bewerbung des CDU-Landesvorsitzenden Johann Wadephul für eine Kandidatur in meinem angestammten Wahlkreis war meine Hoffnung gering, den Wahlkreis wieder gewinnen zu können. Zunächst musste ich allerdings den Wettstreit mit meinen parteiinternen Konkurrenten zu gewinnen. Ulrich Hase war Landesbeauftragter für Menschen mit Behinderungen, Ramona Wissemann die Fraktionsvorsitzende im Kreistag. Ich hatte es also mit zwei politischen Schwergewichten zu tun, die ich sehr ernst nahm.

Mit einem Interview in der örtlichen Landeszeitung nahm ich die parteiinterne Auseinandersetzung auf. Ich gab angesichts der aktuellen schlechten Prognosen für meine Partei auf Bundesebene auch der Hoffnung Ausdruck, „dass ich durch meine Arbeit der letzten Jahre bei den Wählerinnen und Wählern ein solches Vertrauen erworben habe, dass sie genau zwischen Bundes- und Landespolitik unterscheiden können“.

Meine beiden parteiinternen Konkurrenten konnten in den Vorstellungsrunden bei den Ortsvereinen kaum substantielle Kritik an meiner Arbeit im Wahlkreis und im Landtag vorbringen. Ich durfte von beiden sogar viel anerkennende Worte zu meiner bürgernahen Arbeit erfahren. Ernster nahm ich das mir immer wieder vorgehaltene Argument, es sei „Zeit für neue Gesichter" und für ein „Signal der Erneuerung". Mit Schreiben vom 27. Januar 2004 trat der Vorstand meines Ortsvereins an die übrigen acht Ortsvereine meines Wahlkreises mit der Bitte heran, über die Landtagskandidatur erstmals nicht eine Delegiertenkonferenz entscheiden zu lassen, sondern eine Vollversammlung aller SPD-Mitglieder im Wahlkreis. Nach der Kreissatzung der SPD war dafür lediglich die Zustimmung von zweifünftel der Ortsvereine erforderlich.

Ich nahm an, dass dieser Wunsch mit der Absicht verbunden war, meine Kandidatur „durch die Hintertür" zu unterbinden. Die Vorstellungsgespräche in den Ortsvereinen hatten mir gezeigt, dass die verantwortlichen politischen Kräfte in den Ortsvereinsvorständen und Gemeinderatsfraktionen hinter meiner Bewerbung standen. Obwohl ich also befürchtete, dass sich meine Aussichten damit wesentlich verschlechtern würden, stimmte ich dem neuen Verfahren zu. Mir fiel kein Argument ein, mit dem ich den Wunsch nach „mehr Demokratie von unten" hätte ablehnen können. Ulrich Hase hatte ja nicht Unrecht, als er seine schriftliche Bewerbung mit dem Hinweis versah, „eine Art Gewohnheitsrecht auf die Kandidatur würde unserem demokratischen Selbstverständnis widersprechen". In der Lokalpresse wurde der parteiinterne „Gegenwind" zum Gegenstand von Spekulationen über mein baldiges politisches Ende.

Die Entscheidung fiel am 31. März 2004. Es kamen so viele Mitglieder, dass der eigentlich für uns reservierte kleine Saal des Rendsburger Conventgartens nicht ausreichte. Wir mussten spontan in den großen Saal umziehen. Ich war anfangs sehr nervös. Aber dann sah ich im Saal so viele mir vertrauter Gesichter, dass meine Anspannung sich legte.

Mit einer kämpferischen Rede versuchte ich, meine Leistungen und politischen Ziele aufzuzeigen und den Mitgliedern Mut für einen erfolgreichen Landtagswahlkampf zu machen. Da ich nicht einschätzen konnte, wie stark der Wunsch nach einem „neuen Gesicht" ausgeprägt war, verband ich die Schlussworte wohlbedacht mit dem Hinweis, dass dies altersbedingt meine letzte Kandidatur in diesem Wahlkreis sein werde.

Das Ergebnis der Abstimmung hat auch mich überrascht. Von den in geheimer Wahl abgegebenen gültigen 159 Stimmen entfielen auf Ramona Wissemann lediglich neun und auf Ulrich Hase 40 Stimmen. Mit 110 für mich abgegebenen Stimmen war ich unerwartet schon im ersten Wahlgang gewählt. Mit einem solchen Vertrauensbeweis hatten weder mein Ortsvereinsvorstand noch ich selbst gerechnet.

Die Erfolgschancen für eine erneute Direktwahl im Landtagswahlkreis waren nicht nur durch die allgemeine politische Stimmungslage zu Ungunsten der SPD gemindert. Die vom Landeswahlausschuss im Sommer 2003 veränderte Wahlkreiseinteilung als Folge einer Reduzierung der Zahl der Wahlkreise ging trotz meines Protestes zu meinen Lasten aus. Meinem traditionellen Wahlkreis Rendsburg wurde zusätzlich das Amt Jevenstedt mit seinen Gemeinden zugeordnet, angesichts der ländlichen Struktur eine Hochburg der CDU. Es war eine strategische Fehlentscheidung, an der leider auch meine sozialdemokratischen Freunde beteiligt waren, nicht einen Wahlkreis Rendsburg gebildet zu haben, zu dem statt der zusätzlichen ländlichen Gemeinden die an Rendsburg angrenzenden Gemeinden Osterrönfeld und Schacht-Audorf gehören. Immer wieder haben mich Anfragen von Bürgern aus diesen Gemeinden erreicht, weil sie „gefühlt" oder tatsächlich davon ausgingen, ich sei „ihr" Landtagsabgeordneter.

Der eigentliche Landtagswahlkampf 2005 wurde in der SPD mit dem Landesparteitag am 24. und 25. Oktober 2004 in Lübeck eingeleitet. Die Landes-SPD befand sich in einer Phase tiefer Verunsicherung. Vielen fehlte der Glaube, dass wir es mit Heide Simonis an der Spitze noch einmal würden schaffen können.

Die Diskussion um die Arbeitsmarkt-Reformen der SPD-geführten Bundesregierung unter dem Stichwort „Agenda 2010" führte bei der SPD zu einer großen Austrittswelle. Schon bei den Europawahlen am 13. Juni 2004 hatten Hundertausende der SPD die Quittung mit dem Stimmzettel gezeigt. In Schleswig-Holstein erreichte die SPD nur noch 25,4 Prozent der abgegebenen Stimmen. Die Landes-CDU konnte sich dagegen über einen Stimmenanteil von 47 Prozent freuen. Vier Monate vor diesem Landesparteitag musste auch Heide Simonis zugestehen, dass „der Wunsch, die SPD abzustrafen, alles überdeckt hatte". Für mich war besonders erschütternd, dass die SPD, die sich früher als alle anderen Parteien für die Integration in Europa eingesetzt hatte, bundesweit nur noch 22 Prozent der Wählerstimmen erhielt, das schlechteste Ergebnis bei einer bundesweiten Wahl seit Beginn der Bundesrepublik.

Dies war die Ausgangslage vier Monate vor der Landtagswahl. Für die in den Landtags-Wahlkreisen nominierten Kandidatinnen und Kandidaten war in einer solchen Stimmungslage die angemessene Berücksichtigung auf der Landesliste wichtiger als die Verabschiedung des Wahlprogramms. So erging es auch mir, der ich mir angesichts dieser politischen Stimmung und des zu meinem Nachteil strukturell vergrößerten Wahlkreises nicht sicher sein konnte, wieder direkt gewählt zu werden. Am Vorabend hatte der nicht öffentlich tagende Landesvorstand entschieden, mich für den aussichtslosen Listenplatz 24 vorzuschlagen.

Der Landesvorsitzende Claus Möller hatte von der „Quadratur des Kreises" gesprochen, weil es gelte, die Frauen-, Jugend- und Senioren- sowie die Regionalquote einzuhalten. Da aus meiner Region bereits zwei amtierende Minister vor mir berücksichtigt werden „mussten", war ich der erste Vertreter auf der Liste, der kein Kriterium für eine Quote erfüllen konnte. Am nächsten Morgen kämpfte ich im Parteirat gegen den Vorschlag für Detlef Buder um Listenplatz 8, musste aber eine knappe Niederlage einstecken. Auf dem Landesparteitag bat Claus Möller mich öffentlich um Entschuldigung für diesen miserablen Listenplatz, den ich „nicht verdient hätte". Ich hatte überlegt, noch einmal in eine Kampfkandidatur einzutreten, es denn aber doch unterlassen. Der Landesparteitag war angesichts der trüben Stimmung für die SPD und ihre erneute Spitzenkandidatin Heide Simonis im Land auf Harmonie ausgerichtet. Diese Harmonie wollte ich nicht stören. Später habe ich bereut, nicht auf meine Verdienste hingewiesen und um einen vorderen Listenplatz gekämpft zu haben. Von Claus Möller war ich trotz seiner öffentlichen Belobigung meiner Arbeit, die er tatsächlich wegen des Untersuchungsausschusses und unserer Zusammenarbeit in der Finanzpolitik richtig einschätzen konnte, zunächst menschlich enttäuscht. Er hätte es besser machen können.

Dem Bedürfnis der Delegierten nach Harmonie-Ausstrahlung konnten oder wollten sich auch andere Kandidatinnen und Kandidaten nicht entziehen. Dazu kommentierte die Kieler Nachrichten unter Bezugnahme auf meinen solidarischen Verzicht auf eine Gegenkandidatur am Folgetag: „Wenn sich selbst der bienenfleißige Finanzexperte zufrieden gibt, dann wird auch kein anderer wagen, die Hand zu heben. Trotzdem halten viele die Liste für mehr als ungerecht. Denn Neugebauer ist nicht der einzige Leistungsträger, der dem Regionalproporz zum Opfer fällt."

Tatsächlich gab es zu keinem Listenvorschlag des Parteirates Gegenkandidaturen. Heide Simonis, die wieder für den Listenplatz 1 kandidierte, erhielt in geheimer Wahl alle 123 der gültig abgegebenen Stimmen. Nach dem Wahldesaster am 17. März des Folgejahres habe ich mir die Frage gestellt, ob der mögliche „Heide-Mörder" vielleicht gar kein Delegierter gewesen ist. Dieses Desaster konnte auf dem Landesparteitag natürlich noch niemand vorhersehen. Das Ergebnis für Heide Simonis wurde mit großem lang anhaltendem Beifall quittiert. Claus Möller sprach wohl allen, auch mir trotz aller Verbitterung, aus der Seele, als er hervorhob: „Wir wollen kämpfen und siegen für und mit Heide Simonis."

Wegen der Weihnachtspause war die Zeit der Werbung um das Vertrauen der Wählerinnen und Wähler vergleichsweise kurz. Es war so kalt und ungemütlich draußen, dass es niemand lange an unseren Informationsständen aushielt.

Die Stimmung unserer Anhänger trug auch nicht dazu bei, dass im Straßenwahlkampf und bei den Veranstaltungen große Freude aufkam. Der Streit um die „Hartz IV-Gesetze" der SPD-geführten Bundesregierung prägte fast alle Gespräche. Unsere inhaltlichen Schwerpunkte Bildung, Steuergerechtigkeit, soziale Gerechtigkeit und Bürgerversicherung wurden nur sehr bedingt wahrgenommen.

Nur meine Angehörigen und engsten politischen Freunde haben erfahren, was mir persönlich am Samstag, dem 11. Dezember 2004, und danach, mitten in der heißen Phase des Landtagswahlkampfes, widerfahren ist. Als ich gerade von Haus zu Haus ging, um Wahlkampf-Flyer zu verteilen, bekam ich so starke Schmerzen im Brustkorb, dass ich meine Tour abbrechen musste. Am späten Abend desselben Tages traten die Schmerzen noch einmal auf. Ich begab mich vorsichtshalber ins Rendsburger Krankenhaus. Dort erfuhr ich, dass ich kurz vor einem Herzinfarkt stand. Nach einer Nacht auf der Intensivstation wurde mir geraten, mich sofort ins Kieler Universitätsklinikum fahren zu lassen. Hier erhielt ich nicht nur zwei Stents zur Öffnung der verstopften Herzkranzgefäße, sondern bei der Entlassung nach mehreren Nächten auf der Intensivstation auch den gut gemeinten Rat des behandelnden Professors, auf meine Kandidatur für den Landtag zu verzichten. Dazu war ich genau so wenig bereit wie auf die angeratene Reha-Kur.

Es ist müßig darüber nachzudenken, was für die Verstopfung der Herzkranzgefäße ausschlaggebend gewesen war. Ich war nicht übergewichtig, trieb Sport und rauchte nicht. Vielleicht war es der von der zusätzlichen Arbeit im Untersuchungsausschuss ausgelöste Stress und die Verärgerung über die aus meiner Sicht ungerechte Platzierung auf der Landesliste der SPD. Ich nutzte die Weihnachtsfeiertage und die Tage bis zum Silvester, an denen auch keine Termine geplant waren, mich etwas zu erholen und nahm am 7. Januar 2005 die Arbeit im Landtag und den Landtagswahlkampf wieder auf. Dass ich dies nur unter Schmerzen tat, wollte ich mir nicht anmerken lassen. Schließlich wollte ich den Wahlkreis direkt gewinnen. Ich habe mich immer wieder gefragt, ob es eine vernünftige Entscheidung war. Die Antwort war immer dieselbe. Ich wollte es noch einmal wissen.

Am 10. Januar 2005 veröffentlichte die lokale Landeszeitung ein großes Interview mit mir, in dem ich auch meine „Erststimmen-Kampagne" vorstellte. Ich hatte als Ergebnis meiner schlechten Platzierung auf der SPD-Landesliste einige über alle Parteigrenzen hinweg bekannte Persönlichkeiten dafür gewinnen können, öffentlich zur Abgabe der Erststimme, der Wahlkreisstimme, an mich aufzufordern. Die Kampagne setzte ich bis zum

„Münte" Franz Müntefering hilft im Landtagswahlkampf 2005

Wahltag fort. Auf die Abschlussfrage nach den Chancen der SPD auf fünf weitere Jahre Regierungsarbeit antwortete ich, dass die jüngsten Umfragen wieder Mut machen würden. „Unsere Ministerpräsidentin Heide Simonis genießt hohes Ansehen, während die CDU mit ihren eigenen Problemen beschäftigt ist und kein erkennbares Konzept vorweisen kann".

Gemeinsam mit Heide Simonis hatte ich zwei Tage später einen interessanten Betriebsbesuch bei der Firma Ahlmann Baumaschinen in Büdelsdorf. Claus Möller begleitete mich als sichtbares Zeichen der Wiedergutmachung für meine schlechte Platzierung auf der Landesliste am 18. Januar bei einer Veranstaltung in Jevenstedt, in der im „Talk op Platt" vor vielen Gästen leider meine großen Probleme mit der plattdeutschen Sprache hörbar wurden.

Wenige Tage später trafen Heide Simonis und ich uns wieder auf einer Wahlveranstaltung in Nortorf. „Heide" begleitet mich übrigens jeden Tag im Wahlkampf. Die Wahlkampfleitung hatte sich einfallen lassen, alle Kandidatinnen und Kandidaten sowie alle Wahlhelfer im winterlichen Wahlkampf mit dem „Heide-Schal" auszustatten. Dieses sichtbare Bekenntnis wurde zum begehrten Wahlkampfschlager und löste einen für den Wahlkampf wichtigen Solidaritätseffekt aus.

Am 3. Februar besuchte Bundeskanzler Gerhard Schröder Rendsburg. Der Medienauftrieb war gewaltig. Gemeinsam mit Heide Simonis und mir standen an diesem Tag im Rendsburger Rathaus Ausbildungsplatzfragen und bei der Rabs GmbH Weiterqualifizierungsfragen im Zentrum seiner Gespräche. Am gleichen Tag konnte ich im Rendsburger Eiderpark gemeinsam mit Bundesfinanzminister Hans Eichel etwa 150 Besucher über unsere Vorstellungen zur Steuer- und Finanzpolitik informieren. Wenige Tage vor dem Wahltag verteilten meine Parteifreunde in Rendsburg die Bürgerzeitung „Rendsburg-Post" an alle Haushalte, in der neben meinen politischen Inhalten auch meine private Seite vorgestellt wurde. Zum ersten Mal gab es ein gemeinsames Foto mit meiner Frau. Über all die Jahre hatte ich mich erfolgreich bemüht, meine Frau und unseren Sohn aus den Wahlkämpfen herauszuhalten. Dennoch war meine Frau keine Unbekannte in der Region Rendsburg. Ihre vielen Ehrenämter sorgten für einen gewissen Bekanntheitsgrad. Vielleicht habe ich auch mittelbar von der Anerkennung ihres segensreichen Wirkens zum Beispiel bei den „Grünen Damen" im Kreiskrankenhaus oder in der Kleiderkammer des Roten Kreuzes profitiert.

Im Wahlkampf spürte ich viel politischen Gegenwind für die SPD. Zwar konnte ich mich an den Informationsständen und bei den Gesprächsrunden über viel persönliche Zustimmung nicht beklagen, aber diese Zuneigung wurde nicht immer auf die SPD übertragen. Eine Schreckensmeldung erreichte uns wenige Tage vor der Wahl. Die Arbeitsverwaltung gab bekannt, dass die Zahl der registrierten Menschen ohne Arbeit gerade die Rekordhöhe von fünf Millionen überschritten hatte. Die in der Öffentlichkeit und auch bei mir heftig umstrittenen sogenannten „Hartz IV-Gesetze" zur Reform des Arbeitsmarktes hatten der SPD nicht nur viele Sympathien gekostet, sondern auch zu einer neuen, ehrlicheren Statistik der arbeitslosen, aber angeblich arbeitsfähigen Menschen geführt. Nun wurden wir mit dem Ergebnis konfrontiert, das in den Medien als Horrorbotschaft kommentiert wurde.

Einen weiteren Höhepunkt erreichte der Wahlkampf am 8. Februar mit einer gut besuchten Kundgebung im Rendsburger Hohen Arsenal, an der neben unserem Landesvorsitzenden Claus Möller auch der Bundesvorsitzende Franz Müntefering teilnahm. Auf diesen Auftritt hatte ich mich gefreut, da ich für „Münte", wie er in Parteikreisen liebevoll genannt wurde, große Sympathien empfand. Die Stimmung im Saal erschien mir wenige Tage vor der Landtagswahl wieder angenehmer, aber davon wollte ich mich nicht täuschen lassen. Schließlich werden solche Kundgebungen überwiegend von Anhängern der Partei besucht.

Schon drei Tage später konnte ich auf einer weiteren öffentlichen Veranstaltung , an der auch die anderen SPD-Kandidaten aus dem Kreisgebiet, Ulrike Rodust, Ute Erdsiek-Rave und Ralf Stegner, teilnahmen, den Ministerpräsidenten aus Brandenburg, Matthias Platzeck, im Rendsburger Conventgarten begrüßen.

Bei allen öffentlichen Äußerungen warb ich ungenierter und unbescheidener als üblich auch für meine eigene Person. Nur so glaubte ich, den Wahlkreis wieder gewinnen zu können. Ich verwies auf meine bürgernahe Betreuung als Anwalt des Wahlkreises in Kiel, meine inhaltlichen Schwerpunkte sowie auf meine persönliche Identifikation mit den „Menschen und ihre Umwelt in der Region Rendsburg". Damit wollte ich mich absetzen von meinem auswärtigen Gegenkandidaten der CDU, Johann Wadephul. Aber ich warb auch stets um die Erststimme, „um Heide Simonis zur Ministerpräsidentin wählen zu können".

Die Direktkandidatin der Grünen in meinem Wahlkreis, Helma Böhmer, empfahl zu meiner großen Freude öffentlich, mir bei der Wahl die Erststimme zu geben. Den als Einzelbewerber angetretenen Holger Thiesen aus Rendsburg veranlasste dies, das Ergebnis der Landtagswahl beim Landeswahlleiter und später vor dem Verwaltungsgericht in Schleswig anzufechten und eine Wahlwiederholung zu verlangen. Sein Einspruch gegen eine angebliche „Scheinwahl" wurde erwartungsgemäß zurückgewiesen. An eine besondere Begegnung mit Holger Thiesen kann ich mich gut erinnern. Meine Frau und ich trafen ihn zufällig bei Hausbesuchen vor seinem Grundstück an der alten Lotsenstation, und er lud uns zum Kaffee in sein Haus ein. Holger Thiesen entnahm, wie er mir am nächsten Tag ernsthaft schriftlich „bestätigte", unserem am Sonntagmorgen in lockerer Runde geführten Small Talk meine angebliche Bereitschaft, zu seiner Wahl mit der Erststimme aufzurufen. Im Gegenzug würde er zur Wahl der SPD mit der Zweitstimme aufrufen. Es kostete mich wenig Mühe, die lokalen Journalisten zu überzeugen, dass das vollkommener Unsinn war.

Nach vielen Hausbesuchen, Informationsständen und kleinen Gesprächsrunden spürte ich neben den Herzschmerzen eine steigende Nervosität. Meinungsumfragen signalisierten der SPD wenige Tage vor der Landtagswahl 40 Prozent der Stimmen, der CDU gegenüber der Wahl von 2000 einen kleinen Stimmenzuwachs. Sogar der stets kritische Lokalchef der Landeszeitung, Jürgen Muhl, bescheinigte mir wenige Tage vor der Wahl einen engagierten Wahlkampf.

Erstmal bei einer Landtagswahl wurde das „internet" zu einem bedeutsamen Instrument der Wählerinformation. Mit Unterstützung meiner Parteifreunde Marlon Kruse und Kai Dolgner konnte ich mich täglich aktuell an meine Wählerinnen und Wähler wenden. Was heute selbstverständlich ist, stand 2005 noch in den Kinderschuhen

Zwei Ereignisse in der letzten Woche vor dem Wahltag führten bei mir noch einmal zu einer großen Verunsicherung.

Zunächst forderte der Bürgermeister der Stadt Rendsburg, mein Parteifreund Andreas Breitner, gegenüber der Presse vom zukünftigen Gesetzgeber ein Bekenntnis zur Zwangsvereinigung des Umlandes mit Rendsburg zur Gründung der „Eiderstadt". Diese Forderung passte gar nicht in mein Wahlkampfkonzept. Sie musste nach meiner Einschätzung all jene Wähler im Rendsburger Umland irritieren, bei denen ich mich zwar immer für mehr

Kooperation der Kommunen ausgesprochen hatte, aber einen gesetzlichen Zusammenschluss abgelehnt hatte. An den Informationsständen und über das Internet stellte ich umgehend klar, dass sich an meiner Position nichts geändert hatte. Dennoch musste die Forderung des Rendsburger Bürgermeisters verunsichern. Der Lokalchef der Landeszeitung, Jürgen Muhl, ließ in der Woche vor der Wahl zwar viele Befürworter und Gegner des Breitner-Vorschlags als Leserbrief-Schreiber zu Wort kommen, weigerte sich aber trotz Zusage seines Stellvertreters, meine Stellungnahme zu veröffentlichen. Mein Mitbewerber von der CDU konnte sich dagegen an zwei Tagen nacheinander von den Breitner-Plänen distanzieren. Ich empfand es mit einem fairen Journalismus unvereinbar, dass gerade ich, der ja in einem zukünftigen Landtag ein solches Gesetz hätte beschließen müssen, in dieser aufgehetzten Atmosphäre nicht zu Worte kam. Wenige Tage nach der Wahl bat Andreas Breitner mich um Entschuldigung.

Dem zweiten Ereignis sprach ich nach der Wahl auch in einem Interview einen größeren Anteil am unerwarteten Wahlergebnis zu. Die vom NDR wenige Tage vor der Wahl moderierte Fernsehdebatte zwischen den Spitzenkandidaten von SPD, Heide Simonis, und CDU, Peter Harry Carstensen, ging auch für mich sichtbar klar zu Ungunsten von Heide Simonis aus. Die amtierende Ministerpräsidentin war ihrem Herausforderer rhetorisch, physisch und auch argumentativ unterlegen. Nach der Wahl wurde der „schlechte Tag" von Heide Simonis mit einer Erkältung entschuldigt. Davon konnten die vielen Fernsehzuschauer aber nichts wissen, die den CDU-Herausforderer erstmals als ernst zu nehmenden Aspiranten für das Amt des Ministerpräsidenten kennen lernten. Zuvor war der CDU-Bundestagsabgeordnete der breiten Öffentlichkeit eher durch Peinlichkeiten und parteiinternen Streit aufgefallen. Besonders seine über die Bild-Zeitung im Juni 2004 beförderte Suche nach einer neuen Frau („First Lady gesucht", „Das muss krachen, das muss Bautz machen") bewerteten auch viele CDU-Anhänger als peinlich. An diesem TV-Abend konnte er überzeugen. Heide Simonis wirkte physisch verbraucht, keine gute Visitenkarte für die angestrebte Wiederwahl.

Am Wahlabend des 20. Februars 2005 konnten wir an den Bildschirmen im Landeshaus bereits kurz nach Schließung der Wahllokale erkennen, dass die für die SPD zuletzt sehr günstigen Wahlprognosen in der letzten Woche gekippt sein müssen. Die SPD erhielt landesweit nur noch 38,7 Prozent der Zweitstimmen, ein Verlust von 4,4 Prozent. Die CDU erreichte mit 40,2 Prozent eine Verbesserung gegenüber der Wahl von 2000 um 5 Prozent und wurde stärkste Fraktion. Auch bei der Verteilung der Landtagssitze sah es für uns ziemlich düster aus. SPD und Grüne erhielten zusammen nur 33 Mandate, CDU und FDP erreichte 34 Landtagssitze. Schon am Wahlabend war erkennbar, dass Heide Simonis ihr Amt als Regierungschefin nur würde fortsetzen können, wenn sie auch die Unterstützung der beiden Vertreter der dänischen Minderheit vom SSW bekommen würde.

Zu interessanten Ergebnissen gelangte eine am nächsten Tag veröffentlichte Wahlanalyse von Infratest dimap für die ARD. Danach orientierten sich die SPD-Wähler primär an der Spitzenkandidatin Heide Simonis. „Fast jeder Zweite von ihnen entschied sich wegen ihr für die SPD. Nur für ein Viertel standen inhaltliche Erwartungen im Vordergrund". Bei den CDU-Wählern dagegen spielte der Spitzenkandidat Peter Harry Carstensen mit 16 Prozent eine untergeordnete Rolle.

Für mich persönlich rief der Wahlausgang trotz der Enttäuschung über das Landesergebnis der SPD am späten Abend nach Auszählung in allen Gemeinden noch unerwartete Glücksgefühle hervor. Trotz der wegen der Wahlkreis-Erweiterung um ländliche Gemeinden erwarteten Verluste konnte ich mich freuen, den Wahlkreis erneut, nun zum achten Mal in Folge, mit 42,3 Prozent der Stimmen direkt gewonnen zu haben. Allerdings war der Vorsprung vor meinem Mitbewerber von der CDU mit 820 Stimmen denkbar knapp. Der Einsatz und die Unterstützung vieler Freundinnen und Freunde sowie die Erststimmen-Kampagne waren von den Wählerinnen und Wählern belohnt worden. Dankbar bewertete ich das Ergebnis auch als Anerkennung meines bisherigen Wirkens seit 1979 innerhalb und außerhalb des Parlaments. Ich habe am Wahlabend auch nicht vergessen, dass „mein" Wahlkreis bis einschließlich der Landtagswahl 1975 eine Hochburg der CDU gewesen war.

Nach meinem Wiedereinzug in den Landtag erwartete mich eine ehrenvolle Aufgabe. Nach der Geschäftsordnung des Landtags war ich Alterspräsident und hatte den neuen Landtag zu eröffnen sowie die Wahl des neuen Landtagspräsidenten zu leiten. Zudem wird traditionell erwartet, dass er eine wegweisende und programmatische Rede hält. Da die Konstituierung des Landtags auf den 17. März 2005 festgelegt war, lagen genug Tage vor mir, mich auf diesen Auftritt vorzubereiten. Ich erinnerte mich daran, dass ich

1979, als ich erstmals in den Landtag einzog, das zweitjüngste Mitglied war. Auch jetzt war ich noch lange nicht das älteste Mitglied. Aber der Landtag hatte 1992 – gegen meine Empfehlung – entschieden, dass Alterspräsident das Mitglied des Landtags sein sollte, das am längsten ununterbrochen dem Landtag angehört. Diese Änderung der Geschäftsordnung hatte damals verhindert, dass eine damals 68-jährige Abgeordnete der rechtsextremen DVU Alterspräsidentin wurde.

Bereits am Tag nach der Landtagswahl beschrieb unser mit 26 von 29 Stimmen wieder gewählte Fraktionschef Lothar Hay das nach dem Wahlergebnis alternativlose Ziel, das auch ich in der Diskussion unterstützte: eine Minderheitenregierung von SPD und Grünen, die vom SSW toleriert wird. Hay meinte, Schleswig-Holstein müsse „im Bundesrat im A-Lager bleiben". Als A-Länder werden im Bundesrat die SPD-geführten Bundesländer bezeichnet. Ein Abgeordneter unserer Fraktion forderte allerdings, mit der CDU zu verhandeln. Diese Position wurde erkennbar von Wirtschaftsminister Bernd Rohwer geteilt. Als er genau eine Woche später vor der Fraktion seinen Rücktritt bekanntgab, führten viele Kollegen und wohl auch Heide Simonis diesen Schritt auf die erwartete Entscheidung der SPD-Gremien zurück, weder mit der FDP noch mit der CDU Koalitionsverhandlungen zu führen. Formal wurde die Tendenz am 28. Februar in einer gemeinsamen Sitzung von Vorstand und Fraktion einstimmig bestätigt. Ich stand inhaltlich vollständig hinter dieser strategischen Entscheidung .Daher fehlte es mir auch am Verständnis für die Rücktrittserklärung von Bernd Rohwer, dessen Wirken im Land eine hohe Anerkennung genoss. Ich habe mit ihm fachlich gut kooperiert und empfand viele Sympathien für ihn. Nach einem gewissen zeitlichen Abstand begegneten wir uns gelegentlich in seiner neuen Funktion als Hauptgeschäftsführer der IHK zu Lübeck.

Die Landtagsfraktion traf sich zu einer zweitägigen Klausurtagung, um die Verhandlungen mit den Grünen und dem SSW inhaltlich und personell vorzubereiten. Zum abgesteckten politischen Rahmen gehörten insbesondere Vorschläge zur Beseitigung von Finanzlöchern im Landeshaushalt, die Verbesserung des Bildungsangebotes und die Verwaltungsstrukturreform. Ich habe die Vorschläge unterstützt, mit denen die Zahl der Ämter und Landkreise reduziert werden sollten. Nach meiner Ansicht sollten vor allem Doppelzuständigkeiten von Landes- und Kreisbehörden beseitigt werden.

Auch die Forderungen nach flächendeckender Einführung der Gemeinschaftsschule stießen auf meine Unterstützung.

Die kommenden Ereignisse nicht ahnend, steckten die Koalitionsparteien während ihrer vertrauensvollen Verhandlungen auch ihre Personalentscheidungen ab. Neuer Wirtschaftsminister sollte ein mir unbekannter Paul Nemitz werden. Als Chef der Staatskanzlei war der bisherige Staatssekretär im Finanzministerium, Uwe Döring, vorgesehen. Sein Nachfolger im Finanzministerium sollte Eberhard Schmidt-Elsaeßer werden. In der Fraktionssitzung am 15. März konnten auch weitere personelle Weichen in der Fraktion gestellt werden. Nach neunjähriger Tätigkeit als finanzpolitischer Sprecher wurde ich einstimmig für das Amt des Vorsitzenden des Finanzausschusses vorgeschlagen.

Am Abend dieses 15. März stellte zeitgleich mit den Grünen und dem SSW auch der SPD-Landesverband in Kiel auf einem Landesparteitag die Weichen für das neue vom SSW tolerierte Bündnis mit den Grünen. Der Koalitionsvertrag wurde einstimmig unterstützt. Zu den Vereinbarungen gehörte auch die besonders in meiner Partei umstrittene Kreisgebietsreform.

Heftige Proteste aus den Reihen von CDU und FDP gegen die Beteiligung der dänischen Minderheit begleiteten die Verhandlungen. Auch namhafte Bundespolitiker wie Rainer Brüderle, Edmund Stoiber und Roland Koch warnten davor, dass „zwei Dänen die deutsche Politik mitbestimmen". Die über Jahrzehnte bekräftigten Bekundungen, wie beispielhaft doch das gute Verhältnis zwischen Mehrheits- und Minderheitsbevölkerung sei, schienen vergessen. Besonders die Springer-Presse bediente längst überwunden geglaubte nationale antidänische Ressentiments. Die Fraktions-Chefin des SSW, Anke Spoorendonk, musste nach zahlreichen Morddrohungen unter Polizeischutz gestellt werden. Ich war erschüttert von dieser aggressiven Deutschtümelei, die hier hochkochte und von rechtsextremen Gruppierungen dankbar aufgegriffen wurde. Nur weil CDU und FDP ihr Wahlziel nicht erreicht hatten, wurde das langjährige gute Einvernehmen im Grenzland gefährdet. Auch der amtierende CDU-Kreisvorsitzende Jochen von Allwörden übte unter dem Beifall seiner Parteifreunde am Tag nach der Wahl heftige Kritik an einer möglichen Tolerierung der Regierung durch die Partei der dänischen Minderheit.

Dabei hätte ein Blick in die Landesverfassung ausgereicht um festzustellen, dass Mandate der dänischen Minderheit, deren Wähler und Abgeordnete bekanntlich alle deutsche Staatsbürger sind, absolut gleichwertig sind. Ich nahm mir vor, dieses Thema in meiner Rede als Alterspräsident anzusprechen.

Der 17. März 2005 hat sich tief in meinem Gedächtnis eingegraben. Ich fuhr morgens in dem Gefühl ins Kieler Landeshaus, mich auf meine Funktion als Alterspräsident gut vorbereitet zu haben. Dass der für den Abend beim SPD-Landesverband geplanten Wahlfeier etwas entgegen stehen würde, kam mir nicht in den Sinn. Heide Simonis würde mit den Stimmen von SPD, Grünen und SSW zur Ministerpräsidentin gewählt werden. Darüber hinaus freute ich mich darauf, nach meiner Herzerkrankung und einem anstrengendem Wahlkampf am nächsten Morgen gemeinsam mit meiner Frau in den Urlaub zu fliegen.

Angesichts der öffentlichen Angriffe auf den SSW als Partei der dänischen Minderheit ging ich in meiner Rede als Alterspräsident auf die besondere Bedeutung des Schutzes ein, den die beiden Minderheiten nördlich und südlich der deutsch-dänischen Grenze genießen. Zum Verhältnis von Regierungs- und Oppositionsfraktionen schilderte ich meine in vielen Jahren gereifte Sicht:

„Wir können es uns nicht länger leisten, so zu tun, als ob die Ansätze der politischen Konkurrenz unser Land immer und zwangsläufig in den Abgrund führen würden. Das überragende Interesse aller im Landtag vertretenen Parteien und seiner Abgeordneten ist das Wohl des Landes, nicht sein Schaden. Das muss sich auch in den Regeln der politischen Auseinandersetzungen wiederfinden, gerade bei knappen Mehrheiten. Und dieser Appell richtet sich gleichermaßen an Regierungs- und Oppositionsfraktionen. Wir sägen sonst weiter an dem Ast, auf dem wir sitzen."

In der Landeszeitung konnten die Leser am Folgetag über meinen Auftritt lesen:

„Ein wenig aufgeregt, aber souverän eröffnete der eher jugendlich wirkende Abgeordnete Günter Neugebauer Punkt elf Uhr die konstituierende Sitzung des neuen Landtags. Mit einem kleinen Scherz, in dem er das angebliche Gerücht zurückwies, er gehöre dem Landtag schon seit Kriegsende an. Richtig ist, seit 1979. Mit 57 ist Neugebauer auch gar nicht ältester Abgeordneter. Da er nicht ahnen konnte, dass seine Worte von der folgenden Dramatik in den Hintergrund gerückt würden, hatte sich Neugebauer eine ebenso kritische wie auch staatstragende Rede aufgeschrieben. Mehr politische

Kultur forderte er an, appellierte an die Kollegen, den politischen Gegner nicht zu diffamieren, lobte die Bedeutung der dänischen Minderheit, ging sogar darauf ein, dass die Nationalsozialisten in Schleswig-Holstein schon vor 1933 über großen Zuspruch der Bevölkerung verfügten. Das alles rief namentlich bei der CDU und der FDP zwar keine große Begeisterung hervor, wurde als Pflichtübung aber mehr oder weniger geduldig akzeptiert."

Nach der von mir geleiteten Wahl von Martin Kayenburg zum neuen Landtagspräsidenten und seiner Antrittsrede war es mit der feierlichen Stimmung vorbei. Eine Diskussion über die von der SPD beantragte Änderung der Geschäftsordnung, um die Parlamentsmehrheit auch in den Ausschüssen widerspiegeln zu lassen, ließ die tiefen Gegensätze aus dem Wahlkampf zwischen den vermeintlichen künftigen Regierungspartnern einerseits und den Fraktionen von CDU und FDP andererseits wieder aufleben. Nun galt meine Aufmerksamkeit dem Ausgang der Wahl der Ministerpräsidentin. Nachdem Heide Simonis von der SPD nominiert worden war, hatte die CDU ihren Spitzenkandidaten Peter Harry Carstensen zur Wahl vorgeschlagen. Hinter der Rückwand des Präsidiums war eine Wahlkabine aufgebaut, in der jeder Abgeordnete unbeobachtet auf einem DIN-A 4-Bogen sein Kreuz bei Simonis oder Carstensen machen konnte. Ich gab meine Stimme, wie auch in den nächsten Wahlgängen, für Heide Simonis ab. Trotz meines Ärgers und Enttäuschung wollte ich einen Machtwechsel zur CDU verhindern. Dieses Ziel war nach meiner Überzeugung nur durch die Wahl von Heide Simonis erreichbar. Nach dem der Stimmzettel angekreuzt war, musste jeder Abgeordnete ihn gefaltet unter öffentlicher Beobachtung in eine neben dem Präsidium platzierte Urne stecken.

Schon der erste geheime Wahlgang brachte eine Überraschung. Sowohl Heide Simonis als auch Peter Harry Carstensen erhielten bei zwei Enthaltungen jeweils eine Stimme weniger als nach den Fraktionsstärken erwartet. Auf Heide Simonis entfielen statt der möglichen 35 Stimmen aus den Reihen der neuen Regierungspartner nur 34 Stimmen. So war es auch in den beiden umgehend folgenden Wahlgängen. Peter Harry Carstensen hingegen erhielt im zweiten und dritten Wahlgang jeweils alle 34 Stimmen, die von CDU und FDP zu erwarten waren. Es entstand eine Pattsituation. Es hätte am Endergebnis vermutlich nichts geändert, aber spätestens nach dem zweiten Wahlgang hätte die SPD eine Unterbrechung beantragen müssen. Niemand, auch Heide Simonis nicht, artikulierte eine solche, eigentlich selbstverständliche Idee. Auch bei mir saß der Schock über die unerwarteten Resultate zu tief. In den Pausen während der Auszählung blieben alle gebannt im Plenarsaal und blickten auf die auszählenden Schriftführer. Ich beteiligte mich im Gespräch unter anderem mit Ralf Stegner an Spekulationen über die Gründe für das Wahlverhalten eines Mitglieds der Regierungspartner. An Heide Simonis richtete ich einige tröstende Worte. Sie tat mir in diesem Augenblick leid. Erst nach Verkündung des Ergebnisses des dritten Wahlgangs wurde in den Reihen der SPD-Mitglieder der Ruf nach Unterbrechung laut, die der Parlamentarische Geschäftsführer Holger Astrup umgehend beantragte. Wir trafen uns im Fraktionssaal der SPD und analysierten die Lage. Zu Recht sprach der Landesvorsitzende Claus Möller die ungünstige Wirkung auf die Bundespolitik und die anstehende Landtagswahl in Nordrhein-Westfalen an, falls Heide Simonis tatsächlich nicht gewählt werden sollte. Zwischenzeitlich baten die Abgeordneten der Grünen und des SSW um Sitzungsteilnahme. Dem Wunsch wurde umgehend entsprochen. Anke Spoorendonk wandte sich mit einem leidenschaftlichen Appell an die SPD-Mitglieder. Gerade sie war mit der Tolerierung durch den SSW ein großes politisches und persönliches Risiko eingegangen und deshalb großen Anfeindungen und gar Morddrohungen ausgesetzt gewesen. Als Anke Spoorendonk daran erinnerte und alle Anwesenden anflehte, jetzt auch zur Wahl von Heide Simonis zu stehen, hätte man im Fraktionssaal eine Stecknadel fallen gehört. Dann brachte Claus Möller, der in der Pause noch mit dem SPD-Bundesvorsitzenden Franz Müntefering telefoniert hatte, den Vorschlag einer geheimen Test-Wahl ins Gespräch. Heide Simonis lehnte das ab. Sie wollte auch nicht mehr in einen vierten Wahlgang eintreten. Die Fraktion entschied sich dennoch mit großer Mehrheit für die Testwahl. Auch ich stimmte dafür – und setzte mich auch in der Diskussion für diesen Weg ein. Im Nachhinein erscheint mir das geradezu naiv. Schnell war am Ende der quadratisch angelegten Sitzordnung, drei Plätze neben mir, eine Wahlurne aufgestellt. Auf einem Stimmzettel sollten alle Fraktionsmitglieder so geheim wie im geplanten vierten Wahlgang abstimmen – aber ohne den Schutz einer Wahlkabine. Alle Abgeordneten der SPD begaben sich nacheinander zu diesem Platz, um ihren Stimmzettel anzukreuzen. Heide Simonis erhielt alle 29 Stimmen. Jetzt waren wir alle bereit, wieder in den Plenarsaal zurückzukehren. Auch wenn ich in naiver Vorstellung wieder etwas Hoffnung schöpfte, waren bei mir nicht alle Zweifel verflogen. Voller

Bangen erwarteten wir die Auszählung des vierten Wahlgangs. Um 18 Uhr verkündete der neue Parlamentspräsident Martin Kayenburg das Ergebnis: Heide Simonis 34 Stimmen, Peter Harry Carstensen 34 Stimmen. Wieder ein Patt. Das Projekt der tolerierten Minderheitenregierung war an einem unbekannten Abgeordneten aus dem designierten Regierungslager gescheitert.

Die Stimmung in der anschließenden Fraktionssitzung war so niedergeschlagen, wie ich sie nie zuvor und auch danach nie wieder erlebt habe. Mich quälte die Annahme, dass auch der Verräter oder die Verräterin unter uns saß. Fraktionschef Lothar Hay sprach von „dem schwärzesten Tag in der Geschichte der schleswig-holsteinischen Sozialdemokratie". Es wurde eine Urlaubssperre verordnet. Ich bat erfolgreich um eine Ausnahme, denn ich musste mich dringend von meiner Herzerkrankung erholen. Auf der Heimfahrt machte ich einen Abstecher ins Haus des SPD-Landesverbandes am Kleinen Kuhberg. Hier war eigentlich eine Feier geplant gewesen. Es hatten sich bereits viele Mitglieder aus der Fraktion und dem Landesvorstand eingefunden. Auch Heide Simonis erschien an der Seite ihres Mannes und wurde mit Beifall empfangen. Zum Feiern war niemanden zu Mute. Ich war vermutlich nicht der einzige, der in diesem Moment intensiv darüber nachdachte, wer der Abweichler oder die Abweichlerin war und warum.

Am Tag, an dem ich in den Kurzurlaub flog, verfasste ich zuvor noch eine Presseerklärung, in der ich meinen Zorn über den Ausgang der Wahlvorgänge zum Ausdruck brachte. Ich nannte das „Verhalten eines Verräters in den Landtagsfraktionen von SPD, Bündnis90/Die Grünen und SSW charakterlos". Das Verhalten eines Verräters träfe Heide Simonis persönlich und die Sozialdemokratie insgesamt. Ich erinnerte daran, dass ich als Teilnehmer an vielen Beratungen zum Koalitions- bzw. Tolerierungsvertrag keine Einwände gegen die beschlossenen Verträge aus den Reihen der SPD vernommen hätte. Für mich sei das Verhalten unbegreiflich. Es könnten nur sachfremde Motive eine Rolle gespielt haben.

Auch im Urlaub ließen mich die Kieler Vorgänge nicht zur Ruhe kommen. Ich telefonierte mit Lothar Hay, um mit ihm über meine Theorien über eine Abweichlerin zu reden. Eine Theorie, die ich schon bald durch eine neue ablöste. Mir wurde dabei bewusst, dass der Kreis meiner Verdächtigen zwar klein war, dass man einem Menschen aber durch eine vorschnelle Verdächtigung Unrecht tun kann. Lothar Hay sagte mir, dass Heide Simonis am Tag nach den verlorenen Wahlgängen vor der Fraktion ihren Rücktritt erklärt habe. Sie habe erklärt, dass sie nicht für das Amt der Ministerpräsidentin kandidiert hätte, wenn es auch nur einen begründeten Zweifel daran gegeben hätte, dass der ausgehandelte Koalitionsvertrag mit ihr an der Spitze nicht mehrheitsfähig gewesen wäre. Der SSW habe den Tolerierungsvertrag für erledigt erklärt. Claus Möller habe Koalitionsverhandlungen mit der CDU „auf Augenhöhe" angekündigt.

Mit ihrer Rücktrittserklärung ging für Heide Simonis eine landespolitische Phase zu Ende, die 1974 mit der Nominierung zur Landtagskandidatin in Rendsburg begann und die sie am 19. Mai 1993 als bis dahin einzige Ministerpräsidentin eines Bundeslandes an die Spitze Schleswig-Holsteins geführt hatte. Alle deutschen Medien machten die gescheiterten vier Wahlgänge und das politische Aus für Heide Simonis zu ihrem Titelthema. Zugleich begann in den Medien die bis heute erfolglose Suche nach dem „Heide-Mörder", wie der Verräter oder die Verräterin schlagwortartig schnell genannt war. Auch in der Landtagsfraktion war diese Suche in den ersten Monaten das beherrschende Thema, allerdings niemals in einer Sitzung der Fraktion. Dies hatte sich Lothar Hay verständlicherweise verbeten, um den Zusammenhalt der Fraktion nicht zu gefährden. Aber in den Hinterzimmern und auf den Fluren blieben die Spekulationen nicht aus. Dabei kam niemand auf den Gedanken, dass der Abweichler ja theoretisch auch ein Mitglied der Grünen oder des SSW hätte sein können. Ich war froh, dass das seit langer Zeit gestörte Verhältnis zwischen Heide Simonis und mir fast allen in der Fraktion verborgen geblieben war und mir daher niemand ein Motiv unterstellen wollte. Heide Simonis erklärte – wegen der Vertraulichkeit des Wahlvorganges für mich nicht nachvollziehbar – gegenüber den Medien auch noch ein Jahr nach dem Ereignis, sie wisse, wer der Verräter sei.

Es gab wohl mehrere Abgeordnete, die aufgrund persönlicher Kränkungen und Verletzungen durch Heide Simonis ein Motiv gehabt hätten, ihr eine persönliche Niederlage beizubringen. Möglicherweise zählte auch ich zu diesem Kreis. Aber ich wollte weder ihre persönliche Niederlage, noch einen Machtwechsel, schon gar nicht eine Große Koalition. Angesichts des einstimmigen Auftrags des SPD-Landesparteitags, Heide Simonis zur Ministerpräsidentin zu wählen, hätte der Abweichler oder die Abweichlerin sich vor der Wahl zum eigentlich geplanten Verhalten bekennen und dann konsequenterweise auf sein gerade errungenes Mandat verzichten müssen. Ein solches Verhalten hätte ich als ehrenwert empfunden.

Weniger als einen Monat nach den Geschehnissen im Landtag erklärte Heide Simonis in einem Interview am 12. April 2005, sie glaube, dass der Abweichler persönliche Rache nehmen wollte und ein Mann sei. Sie vermutete, dass die Aktion kühl geplant und nicht emotional aus dem Moment heraus entwickelt worden sei. „Einer, der mir was erzählen wollte, weil ich ihm offensichtlich etwas vorenthalten habe, was er glaubte, nur durch mich gekriegt zu haben und wozu nur er berechtigt ist". „Ich muss mal irgendetwas untersagt haben, was nur ich ihm geben konnte." Heide Simonis gestand auch, dass es ein Fehler gewesen sei, in den vierten Wahlgang einzutreten. Sie habe an diesem Tag sogar darüber nachgedacht, aus der SPD auszutreten. Am 17. August 2005 ergänzte Heide Simonis ihre Vermutungen in einem Interview mit dem Hamburger Abendblatt mit dem Hinweis „Ich für mich weiß, wer es war. Ich kann es aber nicht beweisen". Ulf B. Christen vom Hamburger Abendblatt, zog in einem Kommentar am 16. März 2006 aus einem kurz zuvor aus Anlass des Jahrestages geführten Gesprächs mit Heide Simonis die Schlussfolgerung, dass sich der Verdacht von Heide Simonis

Ministerpräsident Peter Harry Carstensen soll überzeugt werden!

gegen Holger Astrup richtete, den Parlamentarischen Geschäftsführer der SPD-Landtagsfraktion. Auf der Fraktionssitzung am 21. März 2006 wies Holger Astrup diesen Verdacht entschieden zurück.

Noch heute werde ich regelmäßig gefragt, wer denn der „Heide-Mörder" gewesen sei. Eine Antwort kann ich nicht geben. Möglicherweise gab es bei der Enthaltung sowohl ein politisches als auch ein persönliches Motiv. Die Ablehnung der Tolerierung der rot-grünen Minderheitsregierung durch den SSW könnte ein politisches Motiv gewesen sein, denn der damit steigende Einfluss der Partei der dänischen Minderheit auf die Landespolitik behagte damals noch nicht allen Mitgliedern der SPD-Fraktion, insbesondere nicht denen, die im nördlichen Landesteil im politischen Alltag Erfahrungen mit dem SSW als politische Konkurrenz gesammelt hatten. Persönliche Verletzungen durch Heide Simonis könnten diese politische Haltung gestärkt und zu diesem unverantwortlichen Stimmverhalten geführt haben. Wer immer es war – diese Person muss sehr starke Nerven gehabt haben.

Das viermalige Scheitern bei der Wiederwahl zur Ministerpräsidentin beendete eine erstaunliche politische Karriere. Mit 32 Jahren kandidierte Heide Simonis erstmals 1975 für den Landtag in Schleswig-Holstein, wurde ein Jahr später direkt in den Bundestag gewählt und konnte sich, für eine Frau zu damaligen Zeiten ungewöhnlich, als Expertin für den Bundeshaushalt einen Namen machen. Sie hatte sich in politischen Kreisen längst einen Namen gemacht, als Björn Engholm sie 1988 nach seinem Wahlsieg zur Finanzministerin ernannte. Beim Rücktritt von Björn Engholm im Frühjahr 1993 hatte sie mit ihrer Bewerbung um seine Nachfolge nach dem Rückzug von Günther Jansen keinen ernsthaften Gegenkandidaten. Während ihrer gesamten Amtszeit war sie die bis dahin einzige Ministerpräsidentin in Deutschland. Wir beide hatten uns als bekennende linke Politiker 1974 kennen gelernt. Nach vielen Jahren des gemeinsamen Wirkens und auch der privaten Verbundenheit, beschritten wir – beginnend mit ihrer Wahl zur Ministerpräsidentin – getrennte Wege. Heide Simonis ging stetig auf mehr Distanz zu mir und ihren politischen Anfängen. Aus der ehemals toleranten und liberalen Heide Simonis wurde eine machtbewusste und machtversessene Politikerin, die sich zunehmend immer mehr in ihrer Kieler Staatskanzlei einbunkerte. Sie unterstellte bei jedem gut gemeinten Ratschlag einen Angriff auf ihr Amt und ihre Person. Sie vertraute nur noch wenigen Menschen in ihrer engsten Umgebung und blieb ihren Kabinettskollegen durch „emotionale Ausbrüche“ in Erinnerung.

In seiner Peer-Steinbrück-Biographie geht Daniel Friedrich Sturm auf Steinbrücks Zeit als schleswig-holsteinischer Wirtschaftsminister ein und zeichnet dabei von Heide Simonis das Bild einer „unbeherrschten, ständig überdrehten und misstrauischen Chefin“ (KN). Steinbrück habe Simonis schon bald nicht mehr ertragen können. Im Kabinett sei es nicht nur um die Erörterung von Vorlagen, sondern auch um Belanglosigkeiten gegangen. „Außerdem leistet sich Simonis schrille Ausbrüche, brüllt herum, macht persönliche Vorhaltungen. Manchmal blättert die Ministerpräsidentin in Modezeitschriften“, schreibt Sturm. „Die Ministerpräsidentin explodiert, brüllt und kreischt.“

Der ehemalige Innenminister Hans Peter Bull schreibt in seiner Biographie „Widerspruch zum Mainstream“ von regelmäßigen „Adrenalin-Stößen“ in der Fraktion und im Kabinett. Umgekehrt machten gerade ihre öffentliche Ausbrüche einen Teil ihrer Beliebtheit in der Bevölkerung aus, während im Landeshaus und den Redaktionsstuben zunehmend die Banalität ihrer Worte und die unüberhörbar zunehmende Inkompetenz in Sachfragen diskutiert wurden. Viele Abgeordnete haben das Ende ihrer Amtszeit herbeigesehnt, aber bis auf den Verräter oder die Verräterin am 17. März 2005 hat ihr wohl niemand diese Form des Abgangs gewünscht. 31 Jahre lang waren Heide Simonis und ich gemeinsam politisch tätig gewesen, wenn auch in unterschiedlicher Verantwortung. Ich hätte es in Anerkennung ihrer Lebensleistung lieber gesehen, wenn ihr dieses Wahl-Desaster erspart geblieben wäre.

Am 27. April 2005, unmittelbar vor der Wahl ihres Nachfolgers, wurde Heide Simonis im Landtag verabschiedet. Landtagspräsident Martin Kayenburg würdigte sie als „eine der politisch erfolgreichsten Frauen der Nachkriegszeit“. „Keiner Ihrer Vorgänger hat dieses Amt so lange ausgeübt wie Sie.“ „Sie waren in den vergangenen Jahren das politische Aushängeschild unseres Landes. Sie haben sich mit Herz und Leidenschaft, bundesweit bekannter flinker Zunge und mit viel Geschick für Schleswig-Holstein eingesetzt und für den guten Namen unseres Landes viel bewirkt.“ Nach den Dankesworten für ihre Leistungen vermerkte das Protokoll den „Beifall im ganzen Haus“.

Nach meiner Rückkehr aus dem kurzen Erholungsurlaub konnte ich mich wieder unmittelbar in der Fraktionssitzung über den Stand der Sondierungsgespräche mit der CDU informieren. Man hatte sich auf Eckpunkte verständigt und gemeinsam die Bereitschaft bekundet, ein „Zweckbündnis auf Zeit“ zu schließen. Ich nahm an den Koalitionsverhandlungen gemeinsam mit Ralf Stegner und Birgit Herdejürgen in der Arbeitsgruppe „Haushalt und Finanzen“ teil. Als sich die personellen und inhaltlichen Konturen der bei mir ungeliebten Großen Koalition abzeichneten, trat Innenminister Klaus Buß am 5. April 2005 von seinem Amt zurück. Damit konnte Ralf Stegner Innenminister werden. Er wiederum musste seinen Platz als Finanzminister räumen, weil sich die Koalitionäre überraschend darauf verständigt hatten, dem CDU-Landtagsabgeordneten Rainer Wiegard dieses Amt zu übertragen.

Die Koalitionsverhandlungen gingen zügig voran, so dass schon am 23. April auf einem Landesparteitag in Kiel über das Ergebnis abgestimmt und Peter Harry Carstensen am 27. April zum neuen Ministerpräsidenten gewählt werden konnte. Der Koalitionsvertrag bekannte sich zur Konsolidierung des Landeshaushalts, zu einer Verwaltungsstrukturreform mit größeren Verwaltungseinheiten und zur Einführung der Gemeinschaftsschule. Ich habe dem Vertrag mangels Alternative zugestimmt. Für mich bestand die einzig mögliche Alternative zur Großen Koalition in Neuwahlen. Daran aber konnte in der SPD nach dem Desaster der gescheiterten Wiederwahl von Heide Simonis und der schlechten Stimmung im Lande niemand ein Interesse haben.

Peter Harry Carstensen erhielt bei seiner Wahl 54 von 69 gültigen Stimmen. Ihm fehlten damit fünf Stimmen aus dem Lager von CDU und SPD. Heide Simonis nutzte die Plenartagung, um sich am Rednerpult vom Parlament zu verabschieden. Wie schon auf dem SPD-Landesparteitag zuvor wurde ihre Verabschiedung von großem Beifall begleitet.

Ich freute mich auf neue Herausforderungen: den Vorsitz im Finanzausschuss, der Haushaltsprüfgruppe und dem Beteiligungsausschuss. Zudem vertrat ich den Landtag im Beirat der HSH Nordbank.

In allen internen und öffentlichen Gesprächen wies ich darauf hin, dass die von mir ungeliebte Große Koalition nur eine „Zweckehe auf Zeit“ sein könne, auf Augenhöhe und zum Erfolg verpflichtet. Meine Erwartungen richteten sich zu allererst auf eine Konsolidierung der Landesfinanzen. Es sei Aufgabe der Sozialdemokraten, in der Regierung dafür zu sorgen, dass es beim Sparen gerecht zugehe. Reform-Chancen sah ich in einer Verwaltungsstrukturreform zur Reduzierung der Verwaltungseinheiten und in der verabredeten Gründung von Gemeinschaftsschulen für ein längeres gemeinsames Lernen. Für Letzteres hatte ich mich schon bei meinem Einzug ins Parlament 1979 eingesetzt. Als Erfolg wertete ich, dass sich CDU und SPD im Koalitionsvertrag darauf verständigt hatten, den Konsensvertrag von SPD und Grünen einerseits und den Energiekonzernen andererseits auf Bundesebene über den Ausstieg aus der Atomenergie mit verabredeten Restlaufzeiten zu akzeptieren. In der Rückschau musste ich am – vorzeitigen – Ende der Großen Koalition feststellen, dass die Partner der Großen Koalition sich beim Sparwillen gegenseitig paralysiert hatten, aber zumindest auf dem Gebiet der Kommunalverwaltung mit der Schaffung größerer Ämter wenigstens einen Teil der Strukturreform umgesetzt werden konnte. Mit der Einrichtung der Regionalschule als Ersatz für Haupt- und Realschule sowie die Gründung von Gemeinschaftsschulen war die Regierung dagegen erfolgreich.

Die Zusammenarbeit mit den neuen Koalitionspartnern entwickelte sich besser, als ich erwartet hatte. Mit dem neuen Finanzminister Rainer Wiegard hatte ich schon vorher im Finanzausschuss vertrauensvoll zusammengearbeitet. Die Chemie stimmte auch bei den Vertretern beider großen Parteien im Finanzausschuss, da sich wegen der großen Anzahl an gemeinsamen Sitzungsterminen bereits in der Vergangenheit ein erträgliches Diskussionsklima entwickelt hatte. Zum neuen Ministerpräsidenten fand ich sehr schnell einen kollegialen Zugang.

Natürlich teilte ich vieles nicht, was er sagte und schrieb. Aber es wäre unredlich zu behaupten, dass er mir unsympathisch war. Wir haben uns stets gut vertragen. Uns verband auch eine gemeinsame Erfahrung mit einer Herzerkrankung, von der auch er bald „heimgesucht“ wurde. Leider hat er meinen Rat, nicht jeden Termin anzunehmen und sich mindestens an Sonntagen etwas Ruhe zu gönnen, nicht befolgt. Als die Große Koalition im Sommer 2009 vorzeitig beendet wurde, trug er persönlich daran nach meiner Einschätzung den geringeren Anteil. Für den würdelosen Stil bei der Trennung von seinen Kabinettskollegen aus der SPD war er allerdings allein verantwortlich.

Eines meiner Ziele als neuer Vorsitzender des Finanzausschusses war die bessere Zusammenarbeit mit Hamburg. Dieses Feld sah ich nicht nur als Aufgabe der Regierungen an. Deshalb ergriff ich zügig im September 2005 die Initiative zur ersten gemeinsamen Sitzung mit dem Haushaltsausschuss der Hamburger Bürgerschaft. Themen waren die Kooperation in den Bereichen Rundfunkkontrolle, Hochschulen, Gesundheit sowie die Zusammenlegung von weiteren öffentlichen Einrichtungen und der Landesrechnungshöfe sowie gemeinsame Auslandsvertretungen. Dieser ersten Begegnung folgten noch zwei weitere Treffen, in denen über die wirtschaftliche Situation von Einrichtungen und Unternehmen diskutiert wurde, die beiden Bundesländern gehörten. Dabei blieb es auch. Wir schleswig-holsteinischen Vertreter hatten nicht den Eindruck, dass das Feierabend-Parlament in Hamburg großes Interesse an einer intensiven gemeinsamen Kontrollausübung besaß.

Bald verdüsterte sich die allgemeine politische Stimmung zu Ungunsten der SPD auch auf der Bundesebene. Wie von uns befürchtet, verlor die SPD mit Ministerpräsident Peer Steinbrück im Mai 2005 die Landtagswahl in Nordrhein-Westfalen. Noch am Wahlabend kündigte der Parteivorsitzende Franz Müntefering nach einem Gespräch mit Bundeskanzler Gerhard Schröder an, dass der Bundestag aufgelöst und für den Herbst Neuwahlen zum Deutschen Bundestag angesetzt werden sollten.

Es folgten viele verfassungsrechtliche Diskussionen über die Berechtigung einer vorzeitigen Auflösung des Bundestages. Die Bundestagswahl konnte erst nach einer als erfolglos beabsichtigten Vertrauensfrage des Bundeskanzlers sowie der mit Spannung erwarteten Zustimmung des Bundespräsidenten am 18. September 2005 stattfinden.

Bei uns Wahlkämpfern stieß die kurzfristige Ansetzung von Neuwahlen für den Bundestag nicht auf Zustimmung. Wir befürchteten eine Niederlage der SPD. Am Wahlabend zeigte sich nach einem kurzen Wahlkampf, dass diese Sorge berechtigt war. 34,2 Prozent für die SPD und 8,1 Prozent für die Grünen reichten nicht zur Fortsetzung der rot-grünen Koalition. Da auch die Stimmen für die CDU, die mit 35,2 Prozent stärkste Partei wurde, und für die FDP mit 9,9 Prozent nicht für eine Mehrheit ausreichten, gab es auch in Berlin rechnerisch keine Alternative zur Großen Koalition. Der Bundestagswahlkreis Rendsburg-Eckernförde wurde mit einem Vorsprung von 608 Erst-Stimmen zum ersten Mal von Otto Bernhardt von der CDU vor Sönke Rix, unserem neuen SPD-Kreisvorsitzenden, gewonnen. In Schleswig-Holstein blieb die SPD mit 38,2 Prozent zwar stärkste Partei vor der CDU mit 36,4 Prozent, musste aber mit einem Minus von 4,7 Prozent überdurchschnittlich hohe Verluste einstecken. In meiner Heimatstadt Rendsburg konnte sich meine Partei mit 42,9 Prozent der Stimmen als stärkste politische Kraft gut behaupten. Insgesamt hatte die SPD überall trotz der Verluste besser abgeschnitten, als bei der Auflösung des Bundestages befürchtet und durch Meinungsumfragen angekündigt worden war.

Damit gab es ab 2005 Große Koalitionen in Schleswig-Holstein und im Bund, beide unter Führung der CDU mit der SPD als Juniorpartner. In der Bundeshauptstadt wurde mit Angela Merkel die erste Frau Bundeskanzlerin, während in Schleswig-Holstein die Amtszeit der ersten Ministerpräsidentin gerade auf so unrühmliche Weise geendet hatte. Ich stellte mir die Frage, ob der oder die Abweichlerin vom 17. März 2005 diese von ihm in Gang gesetzte Kette von Entwicklungen geahnt oder gar gewollt hatte.

Am 15. Dezember 2005 stellte ich dem Landtag in meiner neuen Funktion als Vorsitzender des Finanzausschusses das Ergebnis unserer dreimonatigen Beratung für einen Landeshaushalt 2006 zur Abstimmung vor. Ich verband meinen Vortrag mit einem eindringlichen Appel an die die Verantwortlichen in der Großen Koalition, die Konsolidierung des Landeshaushaltes ernsthafter als geschehen zu betreiben. Die Nettokreditaufnahme von 1,56 Milliarden Euro erschien mir unverantwortlich hoch. Damit verstieß der Landeshaushalt zum fünften Mal in Folge gegen die Kreditobergrenze des Artikels 53 der Landesverfassung. Nicht alle meiner Parlamentskollegen waren ob dieser Schelte von meinen Ausführungen begeistert.

Genugtuung empfand ich nach Vorträgen des leider zu früh verstorbenen Ökonomie-Professors Helmut Seitz von der Technischen Universität Dresden im März 2006 vor dem Finanzausschuss und der SPD-Landtagsfraktion. Seitz forderte nach einer Analyse des Landeshaushalts zu einer radikalen Zurückführung von Ausgaben und Aufgaben auf, um das Land wieder handlungsfähig zu machen. Er brachte seine vielen Vorschläge mit einem Einsparpotential von 400 Millionen Euro mit dem richtigen Satz auf den Punkt: „Zaghaftes Umsteuern hilft nicht."

Seit der Niederlegung meiner kommunalpolitischen Ämter habe ich meine Hauptaufgabe immer in der Landespolitik gesehen. Dennoch gab es vereinzelt Fragestellungen im kommunalpolitischen Bereich, die meine Leidenschaft und deshalb meinen Widerspruch herausforderten. So zum Beispiel 1998, als führende Vertreter der Stadt Rendsburg die Errichtung eines „Fachmarktzentrums" auf der grünen Wiese im Norden der Stadt anstrebten. Ich setzte alles mir Mögliche in Bewegung, um dieses Zentrum zu verhindern, weil ich mit der Verlagerung der Kaufkraft die Verödung der Innenstadt befürchtete. Leider war ich erfolglos. Der „Eiderpark" wurde errichtet, und meine Befürchtungen haben sich bestätigt. Wo sich in der Innenstadt einst florierende Geschäfte befanden, sind nun zahlreiche Leerstände.

Erfolglos bin ich bis heute in meinem jahrelangen Kampf mit dem Wirtschaftsministerium und den Kommunen wegen der Erweiterung des „Pendler-Parkplatzes" am Autobahnkreuz in Borgstedt. Mir war aus ökologischen Gründen wichtig, die Bildung von noch mehr Fahrgemeinschaften zu ermöglichen.

Als sich im Herbst 2003 Bürger aus dem Stadtteil „Schleife" an mich wandten, weil ihre Autos unterhalb der Eisenbahnhochbrücke Rostflecken aufwiesen, organisierte ich eine Bürgerinitiative. Der „Flugrost"-Skandal bewegte monatelang die Öffentlichkeit und die Deutsche Bundesbahn. Im Ergebnis scheiterten alle meine Bemühungen an der Sturheit der Bundesbahn und der vergebliche Suche nach Bürgern, die den Klageweg einschreiten würden. Denn die Bundesbahn wies alle Verantwortung für den „Flugrost" zurück.

Ein weiteres Beispiel betraf den städtischen Wohnungsbestand. 2006 sah ich mich zur Verärgerung meiner Rendsburger Parteifreunde und „unseres" Bürgermeisters Andreas Breitner veranlasst, mich in die Rendsburger Kommunalpolitik einzumischen. Nach einem Mehrheitsbeschluss der Ratsversammlung war der gesamte Wohnungsbestand der stadteigenen Rendsburger Wohnungsbaugesellschaft mit 1400 Wohnungen gegen meinen erfolglosen Einspruch an einen Investor verkauft worden, der sich nach meiner Einschätzung aufgrund der Klagen vieler Mieter nicht um die Belange der Wohnungen kümmerte und seinen Sanierungsverpflichtungen nicht nach kam. Ich verlangte im Interesse der Mieter den umgehenden Rückkauf. Leider haben sich meine Befürchtungen bis heute bestätigt. Der Investor ging schnell in Insolvenz, dann ins Gefängnis. Ständig erhielt der Wohnungsbestand neue Eigentümer. Viele meiner Parteifreunde und insbesondere der Bürgermeister waren beim Verkauf leichtfertig der bestehenden Neigung zur Privatisierung öffentlichen Eigentums gefolgt und damit CDU und FDP auf den Leim gegangen. Opfer der verfehlten Politik waren die Mieter. Die Situation der Mieter in der Region Rendsburg wurde 2006 dadurch verschärft, dass sich die Kreistags-Mehrheit aus CDU und FDP entschlossen hatte, die bis dahin kreiseigene Kreissiedlungsgesellschaft mit 460 Wohnungen an einen Investor mit Sitz auf Zypern zu veräußern. Die Globalisierung hatte den Wohnungsmarkt erreicht. Ich habe mich gefragt, ob die Sozialdemokraten nicht auf die Barrikaden gegangen wären, wenn die meisten von ihnen selbst in einer Mietwohnung gewohnt hätten.

Karl Marx sprach nicht grundlos davon, dass das Sein, die persönliche Erfahrung, das Bewusstsein bestimmt. Über Jahrzehnte standen Sozialdemokraten an der Seite von Mietervereinen, Arbeitersportvereinen, Kleingartenverbänden oder Gewerkschaften und vertraten deren Interessen in der Politik. Mit dem gewollten gesellschaftlichen Aufstieg vieler Sozialdemokraten veränderte sich leider auch die Einstellung zur politischen Vertretung der Interessen von sozial oder gesellschaftlich benachteiligten Personen. Im Gegensatz zu heute war es bei meinem Eintritt in die SPD 1969 noch eine Selbstverständlichkeit, Mitglied einer Gewerkschaft zu sein. Bei der Aufstellung von Kandidaten für den Landtag oder kommunalen Gremien ist eine solche Mitgliedschaft nur noch in Ausnahmefällen für eine erfolgreiche Kandidatur relevant.

Während der gesamten Tätigkeit im Finanzausschuss haben die Universitätskliniken in Kiel und Lübeck viele Anlässe zur Verärgerung bis hin zur Anzeige an die Staatsanwaltschaft gegeben. Nicht immer ging es nur um die ausufernden Verluste aus dem laufenden Betrieb, die schließlich nach langen Diskussionen in den Fraktionen zu einer Zusammenführung als UKSH führten. Da die Ministerpräsidentin zunächst nicht den politischen Mut besaß, sich für einen Standort zu entscheiden, führte der Zusammenschluss zu einer Geschäftsführung mit zwei Standorten. In der Fraktion bezeichnete ich diese Lösung als ökonomisch verantwortungslos. Tatsächlich stellte der Landesrechnungshof einige Jahre später fest, dass es trotz gemeinsamer Leitung de facto parallele Unternehmen bestehen blieben und die erwarteten Synergie-Effekte nicht eingetreten waren. In den Bemerkungen des Landesrechnungshofes ging es regelmäßig auch um unverantwortlich hohe Bezüge für die ärztlichen Direktoren und den Vorstand, um Fehlinvestitionen oder um Verstöße gegen das Vergaberecht. Die Höhe der Bezüge und die teuren Verstöße gegen das Vergaberecht machten mich angesichts der Defizite betroffen. Erst nachdem Carl-Hermann Schleiffer, ehemaliger Staatssekretär von Ministerpräsident Uwe Barschel, mit der Sanierung betraut wurde, gewann wirtschaftliches Denken am UKSH die Oberhand. Mit meinen Fraktionskollegen habe ich mich immer gegen die von CDU und FDP favorisierte Privatisierung des Klinikums ausgesprochen. Die wirtschaftliche Lage des UKSH ist leider auch durch den Umstand geprägt, dass die Fallkostenpauschalen, nach denen die Erstattungen der Krankenkassen erfolgen, in Schleswig-Holstein niedriger sind als in anderen Bundesländern.

Auch der gemeinsam vom Land und der Stadt Kiel betriebene Regional-Flughafen Kiel-Holtenau hat über viele Jahre meine Aufmerksamkeit als Finanzpolitiker bekommen. Mir schien es unverantwortlich zu sein, mit jährlich etwa einer Million Euro aus dem Landeshaushalt einen Flugplatz ohne regelmäßigen Flugbetrieb zu subventionieren. Erst in der Großen Koalition und dem Ausstieg der letzten Fluglinie Cirrus, die Fluggäste nach München fliegen wollte, schloss sich auch das Wirtschaftsministerium im September 2006 meiner langjährigen Forderung an. Mein Vorschlag, die Landesbeteiligung aufzugeben und notfalls für einen Euro zu verkaufen, „bewegte sich nun auch auf der Linie des Landes", wie Wirtschaftsminister Dietrich Austermann kleinlaut zugeben musste. Schon vorher waren Bemühungen des Wirtschaftsministeriums am Widerstand der SPD in Kiel und Rendsburg-Eckernförde gescheitert, über eine Verlängerung der Landebahn mit der Aufnahme von Charterverkehren die Wirtschaftlichkeit zu verbessern.

Immer wieder war auch die HSH Nordbank Gegenstand der Beratungen in der Fraktion und im Finanzausschuss. Als Mitglied des Beirats dieser im Eigentum von Hamburg und Schleswig-Holstein stehenden gemeinsamen Landesbank stand ich angesichts kritischer Medienberichte häufig im Fokus von Nachfragen meiner Fraktionskollegen, während sich die SPD-Mitglieder im Aufsichtsrat mit dem Hinweis auf die Vertraulichkeit der Beratung diskret zurückzogen. Im Oktober 2005, noch lange vor den eigentlichen Problemen in Folge der globalen Finanzkrise 2008, verständigten wir uns darauf, die aus dem Rückzug des Anteilseigners WestLB freiwerdenden Anteile von zwölf Prozent wegen des zu hohen Kaufpreises nicht zu erwerben. Ein Glücksfall, denn der eingestiegene amerikanische Investor Flowers musste nach der Finanzkrise seine Beteiligung von über einer Milliarde Euro fast total abschreiben. 2005 war auch ich noch davon überzeugt, dass die HSH Nordbank als Globalplayer auf den weltweiten Finanzmärkten mit einer Weltmarktführerschaft in der Schiffsfinanzierung eine gute Renditeanlage sei. Diese Einschätzung erwies sich später als falsch. Auch ich hätte zeitig erkennen müssen, dass ein solches Engagement mit hohen Risiken verbunden

Mit Monika Heinold (GRÜNE) im Meinungsaustausch

war und nicht Aufgabe einer kleinen Landesbank sein durfte. Wir wurden von den hohen Renditen insbesondere aus der Schiffsfinanzierung, die wir dankbar im Landeshaushalt veranschlagten, geblendet. Auch Heide Simonis kam nach vielen Jahren im Aufsichtsrat erst Jahre später zu der Erkenntnis, dass sie sich von der Ankündigung überhöhter Kapitalrenditen habe blenden lassen. 2005 verteidigte ich noch vehement die „Haltevereinbarung", nach der die beiden Länder ihre Anteile nicht vor 2013 veräußern durften. Die beiden Vorsitzenden der HSH Nordbank, Alexander Stuhlbank und sein Nachfolger Hans Berger, besaßen mein Grundvertrauen. Ich verließ mich auf ihre Prognosen und Berechnungen. Nach der globalen Finanzkrise 2008 stellte sich heraus, dass die HSH Nordbank wie viele andere Kreditinstitute mit Hypothekendarlehen aus den Vereinigten Staaten gekauft hatte. Als die Immobilienblase in den USA platzte, waren sie über Nacht wertlos. Während der Zeit der Großen Koalition habe ich mich dafür stark gemacht, dass sich die beiden Bundesländer Hamburg und Schleswig-Holstein, die immerhin 85 Prozent der Anteile an der Bank hielten, mit einer Erhöhung des Kapitals um drei Milliarden Euro und Garantien von 10 Milliarden Euro an der Rettung der HSH Nordbank beteiligten. Für mich gab es zu dieser

Rettung von Landesvermögen keine Alternative. Das Bundesaufsichtsamt für das Finanzwesen (Bafin) hatte diese ultimativ von der Landesregierung verlangt. Unvergessen ist mir eine samstägliche Krisensitzung im Gästehaus der Landesregierung, in der Lothar Hay, Ute Erdsiek-Rave und ich gegen den Willen eines empörten Ralf Stegner das Einvernehmen mit dem Regierungspartner erzielten. Wir setzten durch, das Engagement des Landes mit vielen parlamentarischen Kontrollrechten abzusichern. Letztlich blieb dem Land keine andere Wahl. Die von der „Bafin" angedrohte Schließung der Bank hätte uns nicht davon befreit, für über 65 Milliarden Euro Garantien gerade zu stehen, für die das Land bis zum Jahr 2005 die Gewährträgerhaftung übernommen hatte.

Die schlechten Nachrichten führten zum Rücktritt des von mir persönlich sehr geschätzten Vorstandsvorsitzenden Hans Berger. Nachfolger wurde Dirk Jens Nonnenmacher. Mit dessen regelmäßigem Auftreten im Finanzausschuss und anderen Besprechungen hatte nicht nur ich meine Probleme. Mir missfiel seine Arroganz. Für mich war es skandalös, dass er nach Ablauf seines Dienstvertrages neben seinem Gehalt mit Zustimmung des Ministerpräsidenten Peter Harry Carstensen eine sogenannte „Bleibeprämie" in Höhe von 2,9 Millionen Euro zugesprochen bekam. Als sich der Widerstand gegen Nonnenmacher 2010 dramatisch verstärkte, musste er den Vorstand verlassen. Ich fand es empörend, dass ihm der Aufsichtsrat Tantiemen und eine Abfindung in Höhe von rund vier Millionen Euro bewilligte. Der Ministerpräsident rühmte sich, mit dem ehemaligen Vorstandsvorsitzenden der Deutschen Bank, Hilmar Kopper, 2008 einen geeigneten Nachfolger für den ausgeschiedenen Aufsichtsratsvorsitzenden, Finanzminister Rainer Wiegard, gefunden zu haben. Ich hielt diese Entscheidung für absolut verfehlt. In der ersten Sitzung des Beirats nach seiner Wahl kam es zwischen Hilmar Kopper und mir zu einem lauten Schlagabtausch. Ich hatte mich dagegen verwahrt, wie respektlos und herabsetzend er die Beteiligung von Politikern an der Aufsicht der Bank beklagte. Mit dem Ausscheiden aus dem Landtag gab ich die Mitgliedschaft im Beirat der HSH Nordbank auf.

2006 und 2007 befassten sich die Gremien des Landtags in vielen Besprechungen mit dem Wunsch der Katholischen Kirche, mit dem Land einen Kirchenstaatsvertrag abzuschließen. Er sollte die bisher freiwillig gezahlten Landes-Zuschüsse in Höhe von jährlich 190.000 Euro rechtlich verbindlich machen. Die römisch-katholische Kirche berief sich auf den Kirchenstaatsvertrag, den das Land 1956 mit der protestantischen Landeskirche geschlossen hatte. Seit dieser Zeit erhält die Nordelbische Kirche jährliche steigende Zuschüsse aus dem Landeshaushalt, im Jahre 2006 allein 11,3 Millionen Euro nebst Übernahme aller Kosten für die Dome in Schleswig und Ratzeburg. Der Landesrechnungshof hatte nach meiner Meinung völlig zu Recht festgestellt, dass sich die Mitgliederzahl der protestantischen Landeskirche seit 1956 fast halbiert hatte, während die Zuschüsse im gleichen Zeitraum um fast 500 Prozent wuchsen. Zwar hatte ich Verständnis für den Wunsch der Vertreter der römisch-katholischen Kirche, mit den Ansprüchen der Protestanten gleichgestellt zu werden, verwahrte mich aber gegen den von beiden Kirchen erhobenen Anspruch auf ewige Leistungen des Staates. Beide Kirchen berufen sich bei ihren Ansprüchen an das Land auf Regelungen des Augsburger Religionsfrieden von 1555, den Westfälischen Frieden von 1648 und nicht zuletzt auf den Regensburger Reichsdeputationshauptschluss von 1803. Dabei haben Religionswissenschaftler ermittelt, dass die zu damaligen Zeiten der Kirche enteigneten Immobilien (die die Kirchen sich früher selbst ohne Kosten angeeignet hatten) über die Jahrzehnte längst mehrfach von allen Steuerzahlern bezahlt worden sind. Ich fand es peinlich, dass der Ministerpräsident, ein Protestant, zwei Mal einer Einladung in den Vatikan nach Rom zum Papst folgte, um dem Papst die Zustimmung seiner hoch verschuldeten Regierung zum Kirchenstaatsvertrag zu versprechen.

Ich selbst war der Auffassung, dass der Vertrag schon deshalb abzulehnen sei, weil er eine Ewigkeitsklausel enthielt, also praktisch unkündbar war. Denn auch die Nordelbische Kirche vertrat gegenüber dem Finanzausschuss des Landtags vehement ihren Rechtsstandpunkt, dass der Kirchenstaatsvertrag von 1956 mit jährlich steigenden Zuschüssen ohne ihre Zustimmung nicht kündbar war. Damit wies sie meine Forderung nach neuen Verhandlungen zurück Ich fand, in einer Demokratie darf kein weltliches Gesetz für die Ewigkeit gelten. Einen kleinen Erfolg erreichte ich mit den Stimmen der CDU-Vertreter im Finanzausschuss, der auf meinen Antrag hin die Landesregierung auf der Basis des Berichts des Landesrechungshofes aufforderte, „den Kirchenvertrag mit der Nordelbischen Evangelisch-Lutherischen Kirche an die veränderten Verhältnisse anzupassen". Dieser Beschluss wurde einstimmig vom Landtag übernommen und wurde so für die Landesregierung zu einem eindeutigen Verhandlungsauftrag. Trotz aller, leider nur halbherzigen Bemühungen der Landesregierungen von CDU und SPD sowie

CDU und FDP ist bis heute nichts passiert. Die protestantische Kirche beharrt immer noch darauf, dass der mit ihr geschlossene Kirchenstaatsvertrag „auf Ewigkeit" geschlossen worden sei. Für mich ein steter Verstoß gegen die Verfassung.

In der Schlussdebatte des Landtags über den Kirchenstaatsvertrag mit der römisch-katholischen Kirche habe ich, auch im Auftrag einiger Kollegen meiner Fraktion, begründet, warum wir dem Gesetzentwurf der von uns getragenen Landesregierung nicht zustimmen können. Ich warf auch einen Blick zurück auf das geschichtliche Versagen der Katholischen Kirche beim Zustandekommen des Reichs-Konkordats zwischen Hitler und dem Papst vom 20. Juli 1933 und der Zustimmung der Katholischen Zentrumspartei zum Ermächtigungsgesetz der Nationalsozialisten. Hauptkritikpunkt war für mich allerdings die sogenannte Ewigkeitsklausel, ein Argument, dem sich auch die FDP-Mitglieder im Parlament anschlossen. In der folgenden Fraktionssitzung wies ich entrüstet den Rüffel zurück, den mir mein neuer Fraktionsvorsitzender Ralf Stegner für meine von der Mehrheitsmeinung der Fraktion abweichende Landtagsrede erteilen wollte.

Schon vor Bildung der Großen Koalition 2005 stand auch die Erhaltung des staatlichen Glücksspiel-Monopols auf meiner Agenda im Kieler Landtag. Als Sprecher der SPD-Landtagsfraktion für diesen Politikbereich galt es, zusammen mit den Grünen die Absichten von CDU und FDP zur Öffnung des Glücksspielmarkts für private Betreiber zu verhindern. Nie wieder habe ich einen solchen publizistischen Angriff wie in diesem Fall von der Glücksspiel-Lobby auf die Unabhängigkeit eines Landtagsabgeordneten erlebt. In diesem Wirtschaftsbereich waren für wenige Anbieter zu Lasten der Spielsucht vieler Menschen viele Milliarden Euro zu verdienen. Ich machte mir so meine Gedanken, warum insbesondere Hans- Jörn Arp von der CDU und sein Mitstreiter Wolfgang Kubicki von der FDP sich so vehement für die Belange der Glücksspiel-Industrie einsetzten. Nach Bildung der Großen Koalition mit der CDU wurde es wesentlich schwieriger, das staatliche Glücksspielmonopol zu verteidigen. Das Bundesverfassungsgericht wie auch der Europäische Gerichtshof hatten das Staatsmonopol unter einer Voraussetzung für vereinbar mit den Verfassungsgrundlagen erklärt: Der Staat dürfe die Zulassung privater Betreiber verhindern, wenn er auf Werbung verzichte und Maßnahmen gegen die Spielsucht ergreife. Bis auf Schleswig-

Holstein waren dazu alle Bundesländer bereit, auch jene, die von der CDU regiert wurden.

Nach vielen quälenden Verhandlungen mit unserem Regierungspartner gelang es schließlich im Dezember 2007, mit einem „Gesetz zur Ausführung des Staatsvertrags zum Glücksspielwesen" die CDU zur Beteiligung des Landes auf einen auf vier Jahre begrenzten bundesweiten Staatsvertrag zu bewegen. In der Landtagsdebatte am 11.Dezember 2007 wies ich noch einmal darauf hin, dass der kommerzielle Missbrauch des natürlichen Spieltriebs im Hinblick auf die nachteiligen Folgen für die Spielsucht verhindert werde. Der Staat müsse präventiv tätig werden, um die individuellen und gesellschaftlichen Folgen der Spielsucht zu begrenzen. Nicht die Gewinnsucht der Anbieter von Glückspielen, sondern die Vermeidung von Spielsucht bei Nutzern solle künftig das Lotteriegeschehen bestimmen. Man dürfe das Geschehen nicht einer internationalen Wettmafia überlassen. Zu meinem großen Bedauern machte sich die 2009 gebildete Landes-Koalition aus CDU und FDP umgehend daran, wieder gegen den Widerstand aller anderen Bundesländer, im Rahmen eines Sonderwegs der europäischen Glücksspielindustrie den Zugang zum deutschen Markt zu ermöglichen.

Bei einem großen Zuschuss-Projekt der Großen Koalition, dem für Kiel geplanten Science Center, gelang es mir, gemeinsam mit meinem Kollegen von der CDU im Finanzausschuss, Hans-Jörn Arp, erfolgreich einen Widerstand gegen die Absichten des Wirtschaftsministers Dietrich Austermann (CDU) zu organisieren. Die Stadt Kiel wollte mit Rückendeckung aller Ratsparteien an der Hörn ein Science Center errichten, das 2011 fertiggestellt werden sollte. Das Erlebniszentrum sollte den Besuchern auf der Basis wissenschaftlicher Standards die Nutzung maritimer Technologien vermitteln. Die Baukosten sollten 26,3 Millionen Euro betragen. Wirtschaftsminister Austermann hatte bereits kurz nach der Übernahme des Amtes 2005 ohne Rücksprache mit dem Finanzausschuss seiner Kieler CDU-Partei-Freundin und Oberbürgermeisterin Angelika Vollquartz einen Zuschuss zu den Baukosten in Höhe von 75 Prozent in Aussicht gestellt. Ich bezweifelte öffentlich die Sinnhaftigkeit und Wirtschaftlichkeit des Projektes und „dass die angestrebte Zahl von jährlich 300.000 Besuchern erreicht wird". Schon vorher hatte ich in meinen Funktionen als Parlamentarischer Vertreter des Wirtschaftsministers wie auch als Finanzsprecher meiner Fraktion mehrere Male erleben müssen, dass sich Kommunen ihre geplanten

Einrichtungen mit geschönten Prognosen über Besucherzahlen wirtschaftlich begutachten ließen. Nicht einmal habe ich erlebt, dass die Besucher-Nachfrage später der Prognose entsprach.

So versuchte ich auch in diesem Fall der hoch verschuldeten Stadt Kiel und dem ebenfalls hoch verschuldeten Land von einer überflüssigen Belastung zu verschonen. Bei meinen Parteifreunden im Rat der Stadt Kiel konnte ich mich auch nicht mit dem Argument durchsetzen, dass die Verträge mit den Betreibern schlecht ausgehandelt waren und das Risiko eines erfolglosen Betriebs bei der Stadt Kiel liegen würde. Viele Gespräche in der Fraktion, auch mit meinen Kieler Kollegen, und mit unserem Koalitionspartner CDU, sowie eine Anhörung im Finanzausschuss am 29. November 2007 führten gegen den Widerstand des Wirtschaftsministers und der Kollegin Monika Heinold von den Grünen 2008 zum Stopp dieses unverantwortlichen Größenwahns. SPD und CDU im Land hatten sich gegen ihre jeweiligen Parteifreunde im Kieler Stadtparlament und den eigenen Wirtschaftsminister durchgesetzt. Doch nicht nur CDU und SPD schäumten im Kieler Rat. Sie hatten in den Grünen und den Liberalen ausnahmsweise feste Verbündete. Mir war das angesichts meiner Verantwortung für das Land egal.

Ralf Stegner wird Landesvorsitzender der SPD

Auf ihrem Landesparteitag am 24. März 2007 leitete die schleswig-holsteinische SPD eine neue Ära ein. Claus Möller wollte die Partei nicht länger führen, und mit Ralf Stegner bewarb sich ein ambitionierter Nachfolger. Ralf Stegner hatte als Finanzminister und zuletzt seit 2005 als Innenminister einen hohen Bekanntheitsgrad erworben. Schon lange vor seiner Wahl hatte er aus seinem Ehrgeiz, die Partei in den nächsten Landtagswahlkampf führen zu wollen, keinen Zweifel gelassen. Ich glaubte ihn ausreichend zu kennen und unterstützte seine Kandidatur wo immer ich konnte. Natürlich war auch mir nicht verborgen geblieben, dass es unter den Mitgliedern der Partei große Vorbehalte gegen ihn gab, hauptsächlich wegen seines als ruppig wahrgenommenen Auftretens insbesondere vor den Fernsehkameras. Dennoch riet ich allen Delegierten, die nach meiner Meinung fragten, Ralf Stegner zu wählen. In den politischen Zielen war ich mit Ralf Stegner einig.

Mit der Wahl zum neuen SPD-Landesvorsitzenden änderte sich umgehend das politische Klima in der Großen Koalition. Claus Möller und Peter Harry Carstensen waren politisch längst nicht einer Meinung. Sie hatten aber beide mit ihrer soliden und sachorientierten Kooperation stets den Zusammenhalt der Koalition im Auge. Ralf Stegner, Innenminister und seit 2005 Mitglied des Landtags, wollte bewusst das eigenständige Profil der SPD als Juniorpartner in der Koalition stärken und bekam für diese Absicht auch viel Beifall bei einigen wichtigen Parteifreunden in den SPD-Kreisverbänden. Der von Ralf Stegner öffentlich propagierte Widerstand gegen vereinbarte Sparpläne und sonstige Absichten der gemeinsam gebildeten Großen Koalition führte alsbald zu Spannungen in der Fraktion und der Koalition. Die Medien berichteten immer weniger über die von der SPD erreichten politischen Erfolge, sondern vielmehr über den Streit insbesondere zwischen Ralf Stegner und Peter Harry Carstensen.

Einen ersten Höhepunkt erreichte der öffentlich ausgetragene Streit am 1. Mai 2007. Ralf Stegner hatte auf einer Kieler Gewerkschaftsveranstaltung unter Berufung auf Steuermehreinnahmen Extra-Zahlungen für öffentlich Bedienstete verlangt und war mit dieser Forderung vom rigiden Sparkurs beider Parteien in der Großen Koalition abgerückt. Carstensen widersprach sofort und stellte, auf Ralf Stegner bezogen, heraus, dass „niemand im Kabinett vergessen darf, dass wir Verantwortung für dieses Land übernommen haben und nicht für die eigene Karriere". Er drohte der SPD mit dem Bruch der Koalition.

Ich war noch am Nachmittag des 1. Mai in meiner Funktion als Vorsitzender des Finanzausschusses von einem Journalisten nach meiner Meinung zu der Forderung meines Landesvorsitzenden befragt worden. Mein völliges Unverständnis fokussierte ich auf den Rat, „dass ich ihm einen Blick in den Landeshaushalt empfehle". Ich sah „trotz der Steuermehreinnahmen keine neuen Verteilungsspielräume". Da der Journalist das zur Veröffentlichung am nächsten Tag vorgesehene Kurz-Interview mit meiner deutlichen Ablehnung umgehend über die Deutsche Presseagentur (dpa) verbreitete, erfuhr auch Ralf Stegner von meiner Meinung. Beim Nachmittagskaffee erreichte mich seine telefonische Beschwerde. Er empörte sich, dass ich den Landesvorsitzenden öffentlich kritisiert habe. Ich wiederum verbat mir solche Schelte und erinnerte ihn an die Beschlüsse der Landtagsfraktion. Von diesen Beschlüssen sei er mit seinen Äußerungen abgewichen. Es war der erste, aber bedauerlicherweise nicht der letzte Knacks in unserer „Männerfreundschaft“.

Im Fraktionsvorstand und in der Fraktionssitzung am 8. Mai 2007 gingen die Wogen hoch. Ralf Stegner verteidigte sein mit der Fraktion nicht abgestimmtes Vorgehen, das „der SPD gedient“ habe. Die meisten Abgeordneten ärgerten sich, weil sie bei anderen Veranstaltungen zum 1. Mai gleichzeitig für den Sparkurs geworben hatten. Von Ralf Stegner hörte ich weder Einsicht noch Selbstkritik. Auch unser Fraktionsvorsitzende Lothar Hay fühlte sich überrumpelt. Ich freute mich in der Diskussion über seinen Hinweis, dass er mir für meine Kommentierung in den Medien dankbar sei, „weil er sagte, was ich nicht sagen konnte“. Holger Astrup bestärkte mich mit der Aussage, dass er „als Vorsitzender des Finanzausschusses genau so gehandelt hätte“. Lothar Hay stellte nach der Diskussion zum Missfallen des Parteivorsitzenden fest, dass die SPD zur Koalition stehe und an der Haushaltskonsolidierung festhalten wolle. Der Mangel an Einsichtsfähigkeit bei Ralf Stegner zeigte sich mir noch am selben Abend, als er seinen Brief an die Vorsitzenden der DGB-Gewerkschaften verbreitete. Er bedauerte, dass sein Vorschlag beim Koalitionspartner CDU keinen Rückhalt gefunden habe. Die Kritik in seiner eigenen Partei ließ er unerwähnt.

Ralf Stegner ließ seiner Absicht, das Profil der SPD der Großen Koalition zu schärfen, bald weitere Taten folgen. Dabei nahm er wissentlich in Kauf, dass sich das Ansehen der Koalition und damit auch der SPD als eines ihrer Teile zusehends verschlechterte. Zu jener Zeit begann er auch, täglich kurze Kommentare über den Online-Nachrichtendienst Twitter abzusetzen, die regelmäßig zu Wutausbrüchen unseres Koalitionspartners führten. Ich merkte schnell in den Veranstaltungen im Wahlkreis, dass die Parteibasis ob solcher Eskapaden immer ungehaltener wurde. Aber es gab bei einigen Parteimitgliedern auch Unterstützung für diesen Kurs. Sie erinnerten sich noch an die vergiftete Atmosphäre in der langen Zeit, als die SPD in der Opposition war. Viele sehnten sich nach der Opposition, um unbelastet SPD-Positionen statt Kompromisse vertreten zu können. Für sie blieb die CDU ein ungeliebter Partner. Die Differenzen über den richtigen Kurs des Landesvorsitzenden bestimmten auch zunehmend die Diskussionen in der Fraktion. Vermutlich hielten sich Zustimmung und Ablehnung die Waage. Auch ich beteiligte mich regelmäßig an den Diskussionen und hielt Ralf Stegner vor, die Fraktion für seine an der Parteibasis wenig geschätzte Strategie zu instrumentalisieren. Meine Kritik begründete ich auch damit, dass in den Medien immer weniger über die erfolgreiche Sacharbeit der SPD berichtet wurde, sondern immer mehr über ihren Streit.

Die Koalitionäre gerieten besonders heftig in Streit über die Finanzierung der Schülerbeförderungskosten. Die SPD hatte sich dafür eingesetzt, die Kreise selbst darüber entscheiden zu lassen, ob sich die Eltern an den Schülerbeförderungskosten beteiligen sollten. Im Schulgesetz hatten sich CDU und SPD allerdings auf eine Regelung verständigt, die den Kreisen angesichts ihrer hohen Verschuldung eine Elternbeteiligung verbindlich vorschreibt.

Im September, nach dem SPD-Landesparteitag in Kiel, eskalierte der Streit. Stegner forderte eine Revision und erklärte vor dem Landtag in einer „Persönlichen Erklärung", ausdrücklich als „Abgeordneter, nicht als Innenminister", das neue Schulgesetz wäre mit der CDU nicht vereinbar gewesen ohne eine Regelung der Schülerbeförderungskosten. Mit vielen anderen hatte ich allerdings in guter Erinnerung, dass die SPD in einem Koalitionsausschuss am 5. Dezember 2006 der Kostenbeteiligung zugestimmt und die CDU dafür auf die Erhebung von Studiengebühren verzichtet hatte.

In Teilen der SPD-Fraktion stieß die Strategie von Ralf Stegner immer mehr auf Unverständnis. Unsere Sorge, die Koalition könnte vorzeitig enden und uns zu Neuwahlen zwingen, nahm noch zu, als der CDU-Fraktionschef Johann Wadephul sagte, er könne sich „nicht vorstellen, dass die Koalition im Klima der vergangenen Tage zweieinhalb Jahre fortbestehen kann". Ministerpräsident Carstensen ließ verlauten, dass „die Koalition keine weiteren Provokationen vertragen kann".

Wenige Tage später, am Sonntag, den 16. September, eskalierte der Streit zwischen Ralf Stegner und der CDU. Nun hatte sich nicht nur Ralf Stegner im Ton vergriffen, sondern immer häufiger auch der Ministerpräsident. Die SPD-Fraktion und der SPD-Landesvorstand trafen sich zu ganz kurzfristig einberufenen getrennten Beratungen in einem Hotel am Kieler Stadtrand. Als ich dort eintraf, war ich erstaunt, keine Journalisten zu sehen. Der Termin war den Vertretern der Medien ausnahmsweise verborgen geblieben. In der Beratung der Fraktion prallten die Gegensätze wieder voll aufeinander. Auch meine bekannte Ablehnung des Konflikt-Kurses von Ralf Stegner stand im Fokus der Diskussion. Auf meine heftige Empörung stieß der als Verteidigung gemeinte Vorhalt seines Stellvertreters, Andreas Breitner,

„Günter Neugebauer und Bernd Schröder wollen Stegner in die Knie zwingen". Ich verteidigte mich auch mit dem Hinweis, dass die Fraktion kein Befehlsempfänger des Landesvorstands sei.

Lothar Hay berichtete in der Sitzung, dass es seitens der CDU ein Ultimatum gebe. Man erwarte weitere Schritte zur Rettung der Koalition von der SPD. Ute Erdsiek-Rave, Lothar Hay und Ralf Stegner erklärten sich mit unserer Zustimmung in einem Brief an die CDU zur Fortsetzung der Koalition bereit und unterbreiteten der CDU ein Gesprächsangebot. Ich war entsetzt, dass Ralf Stegner ohne Selbstkritik bei uns Geschlossenheit einforderte und das Ultimatum ablehnte. Es dürfe „keine Koalition um jeden Preis geben".

Die Diskussion über den künftigen Kurs der SPD in der Koalition fand ihre Fortsetzung bereits am nächsten Tag, Montag, den 17. September 2007, in einer weiteren Sondersitzung. Ralf Stegner zeigte sich überzeugt, dass die CDU die Koalition platzen lassen wolle. Für die am Abend anstehenden Gespräche mit der CDU wurde vereinbart, Vorschläge für eine bessere Kommunikation in der Koalition zu unterbreiten und zur Verwaltungsstrukturreform keine sich widersprechenden öffentlichen Erklärungen mehr abzugeben. Ralf Stegner muss den Ausgang der anschließenden Beratungen geahnt haben, denn zu meiner Überraschung kündigte er zudem seine Bewerbung um die Spitzenkandidatur für die nächste Landtagswahl an. Ich konnte mich nicht erinnern, dass jemals über eine Spitzenkandidatur 32 Monate vor (den für den Mai 2010 geplanten) Neuwahlen entschieden worden ist und fand diesen Vorschlag ziemlich abstrus.

Während die Fraktionsmitglieder weiterhin in Kiel weilten, feilschten Ute-Erdsiek Rave, Lothar Hay und Ralf Stegner einerseits und die CDU-Führung mit Peter Harry Carstensen, Johann Wadephul und Rainer Wiegard andererseits in Rendsburg um eine Lösung des Konflikts. Sie waren allerdings nur telefonisch verbunden, weil die SPD-Delegation die Gespräche im Dienstwagen von einem Parkplatz eines Rendsburger Gasthauses aus führte. Wie ich später von Teilnehmern hörte, muss es eine gespenstische Beratung gewesen sein. Im Ergebnis akzeptierte Ralf Stegner auf Druck der CDU sein Ausscheiden aus dem Kabinett zum 15. Januar 2008. Die Koalition war gerettet. Über das Ergebnis wurden die im Landeshaus ausharrenden Fraktionsmitglieder kurz vor 21 Uhr informiert. Ralf Stegner konnte seine Enttäuschung über den Verlauf und die Ergebnisse der Beratungen nicht verbergen. Er habe auch mit dem SPD-Bundesvorsitzenden Kurt Beck gesprochen. Er kündigte einen SPD-Landesparteitag für den kommenden Januar an, auf dem über seine Spitzenkandidatur entschieden werden sollte. Ute Erdsiek-Rave verteidigte das Ergebnis der Koalitionsgespräche als „Güterabwägung".

Auch in der regulären Fraktionssitzung am folgendem Dienstag, dem 18. September 2007, war der Koalitionsstreit das beherrschende Thema. Da auch die Führungen von CDU und SPD in Berlin die Brisanz der Entwicklung in Schleswig-Holstein erkannt hatten und Auswirkungen auf den Bestand der Großen Koalition in Berlin vermeiden wollten, war eigens der Bundesgeschäftsführer der SPD, Hubertus Heil, angereist. Ralf Stegner empörte sich über die für ihn desaströse Presselage und den darin enthaltenen Vorwurf, er habe noch um seine Pensionsbezüge gefeilscht. Die CDU habe von ihm mit einem „Diktat" den Rücktritt verlangt, andernfalls wäre er entlassen worden.

Eine Woche später traf die Fraktion erneut zusammen, um zu beraten, wie es weitergehen sollte. Ralf Stegner schlug den bisherigen Fraktionsvorsitzenden Lothar Hay als seinen Nachfolger im Amt des Innenministers vor. Hay wiederum gab eine persönliche Erklärung ab, in der er Ralf Stegners Bewerbung für seine Nachfolge als Fraktionschef unterstützte. Er sei gerne Fraktionsvorsitzender gewesen. Die Neuwahl des Fraktionsvorstandes solle nicht wie geplant im Oktober erfolgen, sondern erst am 15. Januar. Ralf Stegner stellte seinen Rücktritt als Dienst an der Partei dar. Er wolle auch die anstehende Kommunalwahl nicht belasten. Für die schlechten Umfrageergebnisse seinen die Medien verantwortlich, die sich zugunsten der CDU auf ihn eingeschossen hätten.

Nach einer langen Diskussion mit 33 Wortmeldungen wurden das Verhandlungsergebnis mit der CDU sowie der Ämtertausch von Ralf Stegner und Lothar Hay per Akklamation einstimmig begrüßt. Als ich von einer Tageszeitung gefragt wurde, ob ich mir einen neuen Fraktionsvorsitzenden wünsche, meinte ich wahrheitsgemäß, dass „ich mit dem jetzigen sehr zufrieden" sei.

Nach diesem denkwürdigen Tag, der mit einer Sondersitzung des SPD-Parteirates endete, fuhr ich nicht mit dem Gefühl nach Hause, dass die Koalition auf Dauer gerettet war. Warum, fragte ich mich, sollten die Konflikte aufhören, wenn die Akteure dieselben geblieben sind. Gefreut habe ich mich über die kluge Entscheidung des SPD-Landesvorstandes, dem Verlangen von Ralf Stegner nach einer frühzeitigen Wahl zum SPD-Spitzenkandidaten nicht zu entsprechen.

Trotz des verabredeten Personal-Wechsels blieben die beiden Landesvorsitzenden der Koalitionsparteien, Peter Harry Carstensen und Ralf Stegner, tatsächlich auf öffentlichem Konfrontationskurs. Nach einer unanständigen persönlichen Attacke des CDU-Parteichefs gegen Ralf Stegner auf dem CDU-Parteitag in Kiel am 24. November 2007 sah auch ich mich herausgefordert, meinen Parteichef öffentlich zu verteidigen. In einem Interview mit den Lübecker Nachrichten drohte ich mit dem Ende der Koalition und warnte die CDU empört vor der Wiederholung solcher Attacken.

Ralf Stegner stand schon im Oktober im Visier der CDU und der Medien, als es um seine Doppel-Versorgung ging. Die Gesetzeslage sah vor, dass er sowohl eine Funktionszulage für sein neues Amt als Fraktionsvorsitzender bekommen sollte, als auch ein Übergangsgeld als ehemaliger Minister. Stegner ignorierte zunächst Forderungen der Grünen, das Ministergesetz zu ändern, um eine solche Situation zu verhindern. In der Sitzung der SPD-Fraktion kam es deshalb am 30. Oktober 2007 zu einer heftigen Diskussion. Ralf Stegner lehnte zunächst jegliche Änderung als „Lex Stegner“ kategorisch ab. Er bot an, überschüssige Bezüge gegebenenfalls zu spenden. Ich beteiligte mich an der Diskussion mit dem Rat an Ralf Stegner, er selbst solle der Fraktion eine Änderung des Ministergesetzes bis zum 31. Dezember 2007 empfehlen. Mir schien es aus Gründen der Gerechtigkeit unmöglich, den Bürgerinnen und Bürgern eine Doppelversorgung mit monatlichen Bezügen zu vermitteln, für die ein normaler Arbeitnehmer ein halbes Jahr arbeiten muss. Die von großer Heftigkeit geprägten Beratungen wurden mit dem einstimmigen Beschluss abgeschlossen, auf Anregung von Ralf Stegner den anderen Fraktionen im Landtag Gespräche zur Änderung des Ministergesetzes „noch in diesem Jahr“ anzubieten.

Neben vielen kleinen vertraulichen und öffentlichen Sticheleien in der Koalition bot insbesondere die Diskussion über die Beteiligung der Eltern an den Schülerbeförderungskosten viel Zündstoff. Die SPD wollte es den Kreistagen überlassen, ob sie die Eltern finanziell beteiligen. Die CDU bestand auf eine klare verbindliche Regelung im Schulgesetz, mit dem die Kreise zur Elternbeteiligung verpflichtet werden sollten.

Die Kommunalwahl im nächsten Frühjahr vor Augen, vollzog der Ministerpräsident während einer Dienstreise nach Indien Ende November 2007 eine Kehrtwende. Im Koalitionsausschuss am 13. Dezember 2007 wurde dann zur Gesichtswahrung der CDU die Zusagen bei der Schülerbeförderung gegen die Absage einer Verwaltungsstrukturreform ausgehandelt. Die CDU wollte vor der Kommunalwahl keine Aussagen über die künftige Zahl und Größe der Kreise. Ihre Parteimitglieder insbesondere an der Westküste hatten schon damit gedroht, dem Kommunalwahlkampf fern zu bleiben. Wieder einmal war die Große Koalition (bis zur nächsten Krise) vor dem Bruch gerettet worden.

Der Wechsel in der Führung der SPD-Fraktion wurde wie geplant am 15. Januar 2008 vollzogen. Wir verabschiedeten Lothar Hay mit großem Beifall. Ralf Stegner nannte sodann als seine Ziele die Erfüllung des Regierungsauftrags bis 2010 und die selbstbewusste Außendarstellung der Fraktion. Ich fragte mich, ob sich diese Doppel-Strategie verwirklichen ließ oder nicht eher einen weiteren Spaltpilz für ein vorzeitiges Ende der Großen Koalition bedeutete. In der geheimen Wahl erhielt Ralf Stegner für den Fraktionsvorsitz nur die Unterstützung von 20 der 29 anwesenden Mitglieder. Sechs Fraktionsmitglieder hatten mit Nein gestimmt. Daneben wurden zwei Enthaltungen und eine ungültige Stimme gezählt.

Es entsprach nicht meinem Verständnis von der Teilung der Verantwortung in der schleswig-holsteinischen SPD, dass seit den Zeiten von Jochen Steffen Partei- und Fraktionsvorsitz erstmals wieder in einer Person vereinigt waren. Auf Befragen der KN zum schlechten Wahlergebnis für den neuen Fraktions-Chef wies ich darauf hin, dass nun dafür gearbeitet werden müsse, „dass das Ergebnis beim nächsten Male besser aussieht“. Ralf Stegner meinte, ihn sporne das Ergebnis an. „Diejenigen, die glaubten, die SPD sei geschwächt, werden sich täuschen“.

Erste Anhaltspunkte dafür, wie die neue SPD-Führung im Lande ankam, boten die Kommunalwahlen am 25. Mai 2008. Das Ergebnis war für die SPD katastrophal. In Rendsburg-Eckernförde war die Wahl eines neuen Landrats mit dem Termin der Kommunalwahl verbunden worden. Wir machten uns große Hoffnungen, unseren Kandidaten, den ehemaligen SPD-Kreistagsabgeordneten Dr. Frank Martens gegen den CDU-Kandidaten Dr. Rolf-Oliver Schwemer und den bisherigen Landrat Wolfgang von

Ancken durchzusetzen. Von Ancken konnte sich nicht mehr auf seine CDU-Parteifreunde verlassen, sondern nur noch auf die FDP.

Am Wahltag erhielten beide Parteien der Großen Koalition im Kieler Landeshaus von den Wählern die Quittung für ihren ständigen Streit. Die CDU blieb landesweit zwar stärkste politische Kraft, verlor gegenüber der Wahl von 2003 allerdings desaströse 12,2 Prozent. Die SPD erzielte mit 26,6 Prozent und einem Verlust von 2,7 Prozent das schlechteste Ergebnis seit dem Zweiten Weltkrieg. Das schlechte Abschneiden der CDU in den Kreistagen und Rathäusern entzog das desolate Wahlergebnis für die SPD der eigentlich notwendigen innerparteilichen Diskussion. Den Grünen gelang es, sich auf 10,3 Prozent zu verbessern. Die Linke, die erstmals in allen Kreisen Kandidaten aufgestellt hatte, erzielte auf Anhieb landesweit 6,9 Prozent.

Im Kreistag blieb die CDU trotz Verlusten von 9,2 Prozent mit 42,5 Prozent stärkste Fraktion. Die SPD konnte angesichts des Landestrends mit einem leichten Minus von 0,9 Prozent zufrieden sein und kam auf 28,2 Prozent. Mit den Grünen, der FDP, dem SSW und den Linken waren nun insgesamt sechs Parteien im Kreistag.

Unser Kandidat Frank Martens gewann den ersten Wahlgang der Landratswahl mit 36 Prozent ganz knapp vor Rolf-Oliver Schwemer. Zwischen ihnen musste eine Stichwahl entscheiden, während der bisherige Amtsinhaber von Ancken mit 30,1 Prozent der Stimmen ausgeschieden war. Am 15. Juni 2008 setzte sich Rolf-Oliver Schwemer knapp durch. Frank Martens hatte im Wahlkampf viel Kompetenz und politisches Profil gezeigt. Als ehemaliges Mitglied des Kreistages war er mit den Problemen und Aufgaben des Kreises vertraut. Ich habe es sehr bedauert, dass er trotz eines engagierten Einsatzes und großer Anerkennung nur zweiter Sieger geblieben ist.

Den Bürgerinnen und Bürgern ist verborgen geblieben, dass Rolf-Oliver Schwemer beinahe auch der Kandidat der SPD geworden wäre. Die CDU hatte uns angeboten, mit einem gemeinsamen Kandidaten in den Landrats-Wahlkampf zu ziehen, um eine Wiederwahl des Amtsinhabers Wolfgang von Ancken, einem CDU-Mitglied, zu verhindern. Die Kandidatenfindungskommission beim SPD-Kreisvorstand hatte mich gebeten, Erkundigungen über den parteilosen Herrn Dr. Schwemer einzuholen. Da meine Kontaktgespräche mit Verantwortlichen aus Dithmarschen, wo Schwemer als Kreisverwaltungsdirektor und damit zweiter Mann hinter dem Landrat amtierte, eine positive Resonanz ergaben, lud ich ihn im Auftrag des Kreisvorstandes zu einem Gespräch nach Hause ein. Im Ergebnis empfahl ich der Kandidatenfindungskommission eine Einladung an Dr. Schwemer zu einem weiteren Gespräch, das dann vorbehaltlich anderer Bewerbungen mehrheitlich mit einer ebenfalls positiven Einschätzung für einen gemeinsamen Kandidaten von CDU und SPD endete.

Erst die Bewerbung des allen Parteifreunden bekannten Dr. Frank Martens, der zwischenzeitlich in Hamburg bei einer großen Sparkasse Karriere gemacht hatte, änderte die Willensbildung. Mit Frank Martens hatte die SPD einen hervorragenden Kandidaten gewonnen. Der SPD blieb damit vermutlich eine kritische parteiinterne Diskussion erspart, die wohl nicht ausgeblieben wäre, wenn der Kreisvorstand einen gemeinsamen Kandidaten mit der CDU präsentiert hätte.

In meiner Heimatstadt Rendsburg landete die SPD bei der Kommunalwahl hauchdünn mit 28 Stimmen Vorsprung vor der CDU. Damit konnte unsere Kandidatin Karin Wiemer-Hinz Bürgervorsteherin werden. Diese Nachricht überlagerte am Wahlabend die Enttäuschung über das schlechte Abschneiden. Auf die SPD entfielen 32,55 Prozent, auf die CDU 32,24 Prozent der Stimmen. Die SPD stellte allerdings nur elf von insgesamt 31 Mandaten. Mit vielen anderen war ich erschüttert von der mangelhaften Beteiligung der Wählerinnen und Wähler in Rendsburg. Nur 39,6 Prozent hatten von ihren demokratischen Rechten Gebrauch gemacht.

Anfang 2008 stand auch die ehemalige Ministerpräsidentin Heide Simonis wieder im Fokus der Medien. Sie hatte nach ihrem Ausscheiden aus dem Landtag das hoch angesehene Amt der Vorsitzenden von Unicef übernommen und sich mit ihrem Ansehen für das Kinderhilfswerk verbürgt. Im Frühsommer 2007 erhielt sie ein anonymes Schreiben, in dem Unicef erstmals ein verschwenderischer Umgang mit Spendengeldern vorgeworfen wurde. Im Vorstand von Unicef unterbreitete man ihr später den Vorwurf, dieses Material an die Ermittlungsbehörden weitergeleitet zu haben. Zunächst hatte sich Heide Simonis öffentlich noch vor die Geschäftsführung gestellt, was ihr heftige Kritik in den Medien einbrachte. Obwohl sich der Vorwurf des verschwenderischen Umgangs mit Spendengeldern bestätigte, wurde ihr vom Vorstand vorgehalten, sie habe zum Schaden von Unicef agiert. In Zeitungen konnte ich lesen, dass Heide Simonis auf der Vorstandssitzung am 2. Februar 2008 „ihrem Rausschmiss durch den eigenen Rückzug zuvor gekommen sein soll“.

Die Querelen zwischen Ralf Stegner und der CDU-Führung dauerten auch nach seinem Ausscheiden aus dem Kabinett an. Mit vielen meiner Kollegen in der SPD-Fraktion bedauerte ich, dass die Medien regelmäßig über diese sehr ins Persönliche gehende Streitereien berichteten. Leider wurden dadurch die die politischen Erfolge unserer Arbeit nicht immer sichtbar. Eine der vielen Streitereien begann am 5. Februar 2008 mit einem Interview von Ralf Stegner mit der Süddeutschen Zeitung. Befragt nach dem Grund für die Zerwürfnisse in der Großen Koalition meinte er, dass „SPD und CDU generell nicht zueinander passen“ und seit Jahrzehnten verfeindet seien.

Dann kam er auf die Barschel-Affäre zu sprechen. Natürlich musste seine Bemerkung, dass „nicht alle Beteiligten von damals im Altersheim oder gestorben sind“, die Führung unseres politischen Partners verprellen. Nach meiner damaligen Einschätzung konnte die Strategie von Ralf Stegner, das Profil der SPD auf Kosten der Zusammenarbeit der Großen Koalition zu stärken, nur mit einem Bruch der Koalition enden.

Für weitere Unruhe und viele Diskussionen in der Fraktion sorgte eine Personalie, mit der Ralf Stegner seine Arbeit in der Fraktion aufnehmen wollte. Er wollte seine bisherige Mitarbeiterin aus dem Innenministerium mitnehmen, im Fraktionshaushalt war aber keine Stelle frei. Deshalb sollte eine Fraktionsmitarbeiterin mit einer großen Abfindung veranlasst werden, vorzeitig auszuscheiden.

Als die Medien von dieser mit öffentlichen Fraktionsmitteln finanzierten Umsetzung erfuhren, gab es großes Geschrei. Nach meinen Erfahrungen war es ein ganz normaler Vorgang, dass der neue Chef in einer solchen Situation den Posten seiner Sekretärin mit einer Person seines Vertrauens besetzt. Aber Ralf Stegner hatte mit dieser Personalie zu viel taktiert und vorher bei Journalisten und vielen Parteifreunden Vertrauens-Kredit verspielt. Dabei war seine Personalentscheidung nachvollziehbar und im Ergebnis eine hervorragende Wahl.

Am 11. April 2008 kam Ralf Stegner zu einem Antrittsbesuch als neuer Fraktionschef in meinen Wahlkreis. Ich hatte für ihn Besuche bei der Rendsburger Tafel, der Werft Nobiskrug und der Sozialstation der AWO in Büdelsdorf vorbereitet. Eine öffentliche Veranstaltung der SPD in Fockbek rundete das gelungene Informationsprogramm am Abend ab. Zwischendurch nahmen Ralf Stegner und ich uns die Zeit, unter vier Augen offen auszutauschen, was uns persönlich trennte – aber auch, was uns verband.

Am 7. September 2008 geriet die deutsche SPD durch den überraschenden Rücktritt des Parteivorsitzenden Kurt Beck auf einer Klausurtagung der SPD-Führung ins Trudeln. Trotz zunehmender Kritik an seinem öffentlichen Auftreten und angeblichen Ambitionen, Kanzlerkandidat der SPD zu werden, hatte Ralf Stegner ihm bis zuletzt den Rücken gestärkt. Nach meiner Einschätzung war Kurt Beck als Kanzlerkandidat chancenlos, aber ich sah in ihm einen hervorragend engagierten Parteivorsitzenden. So stellte ich denn auch öffentlich fest, dass Kurt Beck nach meinem Dafürhalten Parteivorsitzender hätte bleiben sollen. Er hatte den Vorsitz in einer schwierigen Situation übernommen und war wohl das Opfer von internen Intrigen der Berliner Parteiführung.

In einem Interview gab ich meiner Hoffnung Ausdruck, dass „nun das Schlimmste überstanden“ sei. Die Entscheidung, Frank-Walter Steinmeier zum Kanzlerkandidaten und Franz Müntefering zum Parteivorsitzenden zu wählen, sei in dieser Situation die „beste Lösung“.

Waren die verantwortlichen Akteure in der Großen Koalition persönlich auch noch so zerstritten, bestand in der Haushaltspolitik doch weitgehend Einigkeit. Sehr zu meiner Enttäuschung, denn ich hatte einen Sinn dieser an sich ungeliebten Zweckgemeinschaft darin gesehen, die Sanierung des völlig überschuldeten Landeshaushalts voranzutreiben. Mit großer Unzufriedenheit habe ich deshalb den Verlauf der Beratungen zum Doppelhaushalt 2009/2010 im Herbst des Jahres 2008 verfolgt. Bereits im Sommer hatte sich abgezeichnet, dass angesichts des Konjunktur-Verlaufs mit einer zusätzlichen Netto-Neuverschuldung von jährlich über einer halben Milliarde Euro gerechnet werden musste. Die Presse bemerkte vor der abschließenden Haushaltsdebatte im Landtag, dass ich als einziger Abgeordneter der Koalition gegen den Haushaltsentwurf gestimmt hatte. Gegenüber meinen Fraktionskollegen hatte ich insbesondere den Abschied vom bisher geltenden Prinzip „Alternativ statt Additiv“ beklagt. Die Große Koalition sei den Weg des geringsten Widerstandes gegangen und habe eine Gefälligkeitspolitik toleriert. Nur ein einziger Fraktionskollege, nämlich Bernd Schröder, unterstützte mich.

Die Schluss-Debatte im Landtag am 10. Dezember 2008 nahm ich in meiner Berichterstatter-Funktion als Vorsitzender des Finanzausschusses zum Anlass, die finanzpolitischen Leistungen der Großen Koalition mit drastischen Worten zu beschreiben. Unter Hinweis auf die Gesamtschulden von „derzeit 23 Milliarden Euro" beklagte ich, dass das Land seine Ausgaben nicht an die Einnahmen anpasse. Höhere Ausgaben für einzelne Zwecke hätten durch gleichzeitiges Streichen von anderen Ausgaben finanziert werden müssen.

Ich beanstandete die künftigen Haushaltsberatungen vorgreifenden Verpflichtungsermächtigungen für die Regierung in „einer bisher nicht gekannten Rekordhöhe" von 1,3 Milliarden Euro. Bei beiden großen Fraktionen mahnte ich die Umsetzung einer Verwaltungsstruktur- und Funktionalreform an. Nach dieser für ein Mitglied der regierungstragenden Fraktionen ungewöhnlichen Rede durfte ich nicht mehr als einen Höflichkeitsbeifall erwarten. Lob folgte lediglich am nächsten Tag in den Zeitungen mit dem Hinweis, dass ich mit der Großen Koalition so „hart zu Gericht" gegangen war.

Während mein Fraktionsvorsitzender in seiner vorbereiteten Rede meine Kritik ignorierte, setzte er sich unter anderem mit dem Präsidenten des Landesrechnungshofes, Dr. Aloys Altmann, auseinander. Altmann, ehemaliger Staatssekretär und langjähriger Sozialdemokrat, hatte der Regierung der Großen Koalition ebenfalls einen „Realitätsverlust" vorgehalten und seit seinem Amtsantritt von der Politik einen rigiden Sparkurs eingefordert. Anders als mit seinem Vorgänger pflegte ich mit ihm eine konstruktive Zusammenarbeit. Meistens unterstützte ich seine Mahnungen. Ich ärgerte mich über die nach meiner Meinung ungehörige Forderung meines Fraktionsvorsitzenden an Aloys Altmann, er solle „aufhören, über das Parlament zu reden, wie Herr Reich-Ranicki über das Fernsehen".

Das Ende der Großen Koalition, Neuwahlen, mein Abschied aus dem Landtag

Im Februar des Jahres 2009 sah ich den geeigneten Zeitpunkt gekommen, meine Parteifreunde und die Öffentlichkeit über meine persönlichen Pläne zur nächsten Landtagswahl zu informieren. Die Neuwahl des Landtags

Der Fraktionsvorsitzende der SPD Ralf Stegner gratuliert 2009 zu 30 Jahre Landtags-Mitgliedschaft

sollte planmäßig im Mai 2010 stattfinden. In einem Pressegespräch am 11. Februar 2009 teilte ich mit, dass ich 2010 nicht wieder kandidieren würde. Nach über drei Jahrzehnten im Landtag sei es Zeit, Jüngeren den Weg in die Landespolitik zu ermöglichen. Ich „entthronte“, wie dpa richtig berichtete, als dienstältester Landtagsabgeordneter meine ehemalige SPD-Kollegin Gisela Böhrk. Sie war 29 Jahre und zehn Monate lang Abgeordnete.

Gegenüber den Medienvertretern hob ich hervor, dass es immer mein Ziel gewesen sei, selbst über den Zeitpunkt meines Abschieds aus der Politik zu bestimmen und nicht von den Entscheidungen anderer getrieben zu werden. Ich blickte mit Stolz auf den bisher unerreichten achtmaligen Gewinn des Direktmandats und die Erfolge meiner Arbeit für den Wahlkreis zurück. Aber ich räumte auch Niederlagen ein. Dazu zählte ich das Scheitern einer Fusion von Verwaltungen im Wirtschaftsraum Rendsburg, die immer noch fehlende Planung für einen Ersatz der maroden Eisenbahnhochbrücke und einen schienen- und straßengebundenen Tunnel unter dem Nord-Ostsee-Kanal sowie den trotz heftigen Widerstandes ermöglichten Bau eines großen Einkaufszentrums auf der „grünen Wiese“ in Rendsburgs Norden.

In Anspielung auf Max Weber hätte ich den Beruf eines Landespolitikers stets als „das Bohren dicker Bretter“ verstanden. Ich hätte mich immer im Sinne von Max Weber bemüht, dem Anliegen mit Leidenschaft, Verantwortungsbewusstsein und Augenmaß Rechnung zu tragen. Die SPD und die Politik seien mein Lebensinhalt gewesen. Angewidert von einigen Übertragungen des amerikanischen Politikstils auf Deutschland wies ich darauf hin, dass es mir immer gelungen sei, meine Privatsphäre zu schützen und meine Familie aus allen Wahlkämpfen herauszuhalten.

Für den 4. März 2009 war eine Sonder-Sitzung der Landtagsfraktion festgelegt worden. Während solche Sitzungen üblicherweise von krisengeschüttelten Themen beherrscht wurden, war dieser Termin ein intellektueller Gewinn. Die Kandidatin der Bundes-SPD für die Wahl der Bundespräsidentin in der Bundesversammlung, Gesine Schwan, stellte sich den Abgeordneten von SPD, SSW und Grünen vor. Ich hätte sie gerne als nächste Bundespräsidentin gesehen. Mich überzeugten ihre Ansichten zur Bürgergesellschaft und zum solidarischen Handeln in der Krise. Leider wurde später in der Bundesversammlung der Kandidat der Unionsparteien und der FDP, der amtierende Bundespräsident Horst Köhler, mit knappem Vorsprung wiedergewählt.

Zwei Wochen später beherrschte zwar immer noch wie seit vielen Monaten die Krise der HSH Nordbank die Diskussion in der Fraktion, aber es gab wieder einen selten gewordenen Anlass zum Feiern. Am 15. März hatte Torsten Albig mit 52 Prozent der Stimmen im ersten Wahlgang gegen Amtsinhaberin Angelika Volquartz von der CDU die Wahl zum Oberbürgermeister der Landeshauptstadt Kiel gewonnen. Es sollte der Beginn einer politischen Karriere sein, die Torsten Albig 2012 ins Amt des schleswig-holsteinischen Ministerpräsidenten führte.

Am 29. April 2009 jährte sich zum 30. Mal der Tag meiner ersten Wahl in den Schleswig-Holsteinischen Landtag. Mein Partei- und Fraktionsvorsitzender Ralf Stegner hatte aus diesem Anlass die Mitglieder der SPD-Landtagsfraktion, ehemalige Abgeordnete und – auf meinen Wunsch hin – viele politische Freunde und Freundinnen aus der Partei und den Gewerkschaften zu einer Festveranstaltung nach Rendsburg eingeladen. Zu meiner Freude hatte der Rendsburger Bürgermeister Andreas Breitner den großen Saal des Alten Rathauses zur Verfügung gestellt. Es war der Saal, in dem ich 1974 nach den Kommunalwahlen erstmals als junger Ratsherr und Senator der

Stadt Rendsburg Platz nehmen durfte. Heide Simonis, die mein politisches Wirken während der gesamten Mitgliedschaft im Landtag begleitete, hat auf die Einladung nicht einmal geantwortet.

Gefreut habe ich mich über die Anwesenheit meiner Familienangehörigen, insbesondere meiner Mutter. Sie mussten, wie ich in meinem kurzen Redebeitrag ausführte, in diesen 30 Jahren auf viele gemeinsame Stunden mit mir verzichten und manches Mal auch Unangenehmes und Unerhörtes über mich hören und lesen. Ich erinnerte unter anderem daran, dass ich in meinen politischen Ämtern immer der Jüngste gewesen sei: 1973 als SPD-Ortsvereinsvorsitzender, 1974 als ehrenamtlicher Senator, 1978 als SPD-Landtagskandidat und 1979 als Mitglied der SPD-Landtagsfraktion. In einer Rückschau betonte ich, dass ich über 30 Jahre immer gern Abgeordneter gewesen sei, diese Aufgabe stets als Privileg empfunden habe und mit Zufriedenheit zurückblicke. Mir sei auch immer bewusst gewesen, dass ich eine solch lange parlamentarische Tätigkeit ohne das Vertrauen und die Unterstützung vieler Freundinnen und Freunde innerhalb und außerhalb der SPD nicht hätte ausüben können.

Obwohl mir klar war, dass die Redner zu solchen Anlässen stets übertreiben, habe ich mich dennoch über die anerkennenden Worte von Helge Hinz, meinem SPD-Ortsvereinsvorsitzenden, von Klaus Klingner, meinem langjährigen Freund, Landtagskollegen und Ski-Urlaub-Begleiter, sowie von Ralf Stegner sehr gefreut. Ralf Stegner beschrieb mich als jemand, „der mit Leib und Seele Parlamentarier“ sei. „Er ist selbstbewusst, aber nicht abgehoben und weiß, wer ihn gewählt hat und wessen Interessen er vertritt.“ – „Sein unermüdlicher Einsatz für Demokratie und Frieden, seine Geradlinigkeit und Glaubwürdigkeit zeichnen Günter Neugebauer aus“. In seinen Worten fand ich mich überzeugend beschrieben. Da auch die ebenfalls anwesenden Vertreter des NDR-Fernsehens und der Printmedien für eine wohlwollende Berichterstattung über meine Person sorgten, konnte ich mit der Veranstaltung zu meinen Ehren mehr als zufrieden sein.

Die lokale Presse spekulierte umgehend, wer mein Nachfolger im Wahlkreis werden könnte. Öffentlich hielt ich mich mit Vorschlägen zurück, da ich den Entscheidungen der SPD-Gremien bewusst nicht vorgreifen wollte. Intern hatte ich aber deutlich erkennen lassen, dass ich mich über die Kandidatur meines ehemaligen Wahlkreis-Mitarbeiters Kai Dolgner freuen würde.

Auf einer Mitgliederversammlung der SPD-Ortsvereine im Wahlkreis 11 am 25. Juni 2009 in Jevenstedt wurde Kai Dolgner aus Osterrönfeld mit 65 Ja-Stimmen zu meinem Nachfolger gewählt. Auf seinen Gegenkandidaten Guido Schröder aus Bovenau entfielen immerhin elf Stimmen.

Nach dem schlechten Abschneiden der SPD bei den schleswig-holsteinischen Kommunalwahlen im Vorjahr trug auch die herbe Niederlage bei den Europawahlen am 7. Juni 2009 dazu bei, innerhalb der SPD den Politikstil des Landesvorsitzenden Ralf Stegner erneut zu hinterfragen. Die SPD hatte in Schleswig-Holstein mit nur 24,6 Prozent nochmals 0,8 Prozent gegenüber dem bereits mageren Ergebnis von 2004 eingebüßt. Da die CDU 37,9 Prozent und die FDP 12,7 Prozent erhalten hatten, bekam in den beiden Parteien und den Medien die Diskussion über vorgezogene Neuwahlen umgehend neue Nahrung. Dazu trug auch das Ergebnis der Oberbürgermeisterwahl in Neumünster bei, bei der nach 60 Jahren erstmals ein Kandidat der CDU gewonnen hatte.

Die Forderungen nach Neuwahlen waren bereits im April 2009 in CDU-Kreisen aufgekommen, nachdem sich die Zusammenarbeit der beiden Landesvorsitzenden von CDU und SPD, Carstensen und Stegner, immer weiter verschlechtert hatten. Ralf Stegner hielt konsequent an seiner Strategie fest, das Profil der SPD zu schärfen. Ich registrierte mit Sorge, dass er mit dieser Strategie auch bewusst das Scheitern der Koalition billigend in Kauf nehmen musste. In der Fraktion wurden die Absetz-Bewegungen unseres Koalitionspartners mit Ängsten verfolgt. Angesichts der ungünstigen Stimmungslage sehnte sich niemand von uns nach Neuwahlen. Am 28. April wie auch in weiteren Beratungen der Fraktion, insbesondere nach dem Bekanntwerden einer Meinungsumfrage Mitte Mai, wurde Ralf Stegner aufgefordert, den Mitgliedern unseres Koalitionspartners nicht mit weiteren verletzenden Äußerungen einen Vorwand für die Auflösung der Großen Koalition zu liefern.

Stegners häufige Äußerungen über den Online-Kurznachrichtendienst Twitter machten mir und einigen Kollegen zunehmend Sorgen. Ich hielt ihm vor, die Wirkung seiner häufig interpretierbaren und verletzenden Bemerkungen auf Journalisten und unseren Koalitionspartner nicht zu bedenken.

Auch die Festlegung des Termins für die Neuwahl des Landtages durch das Landeskabinett Ende April 2009 konnte unsere Sorge vor einer vorzeitigen Beendigung der Großen Koalition nicht nehmen. Nach langem Gezerre hatte sich die Koalition auf den 9. Mai 2010 als Wahltermin verständigt. Mitte Mai des Jahres wurde uns das Ergebnis einer Meinungsumfrage mit der berühmten „Sonntagsfrage" bekannt. Sie verhieß für die SPD nichts Gutes. Nur 29 Prozent sprachen sich für Ralf Stegner als Ministerpräsident aus, 52 Prozent für den Amtsinhaber Peter Harry Carstensen. Wenig erfreulich für uns war auch das Ergebnis der Parteienpräferenz: nur 27 Prozent für die SPD und 37 Prozent für die CDU. Da für die FDP 15 Prozent vorhergesagt wurden, war eine schwarz-gelbe Landtagsmehrheit greifbar.

Diese Umfrage und das Ergebnis der Europawahlen stärkten spürbar die Position der CDU und verschlechterten weiter das Klima in der Koalition. Das wurde sichtbar in der beispiellos langen Tagesordnung mit 13 Themenpunkten für das am 17. Juni 2009 anberaumte Koalitionsgespräch. Einen Tag später wurden die Fraktionsmitglieder in einer Sondersitzung darüber informiert, dass in der fünfstündigen Beratung nur Fragen der Haushaltskonsolidierung angesprochen worden wären und es keine Verständigung zwischen den Koalitionspartnern auf ein Sparpaket zur Sanierung des Landeshaushalts gegeben habe. Die Beratungen sollten am nächsten Tag fortgesetzt werden. In den Medien wurde kolportiert, dass die CDU auf eine gesetzlich verankerte Schuldenbremse beharre, während sich unser Partei-Chef dagegen stelle. Die Einführung einer Schuldenbremse war vorher mehrfach Gegenstand von Diskussionen in unserer Fraktion. Während Ralf Stegner sie ablehnte, habe ich neben anderen Mitgliedern aus dem Finanzarbeitskreis Finanzen für ihre Verankerung in der Verfassung geworben. Ich beobachtete sorgenvoll, dass sich die handelnden Akteure in der Großen Koalition immer weiter entfremdeten.

Eine weitere Belastung kam im Juli hinzu, als die Koalitionspartner über die Besetzung des Aufsichtsrates bei der HSH Nordbank, die Besetzung ihres Vorstandes und den Umgang mit der Eigenkapitalkrise dieses Kreditinstitutes stritten. Insbesondere die Genehmigung einer Sonderzahlung als sogenannte „Bleibeprämie" in Höhe von 2,9 Millionen Euro an den damaligen HSH-Nordbank-Chef Dirk Jens Nonnenmacher erregte die Gemüter in der SPD-Fraktion. CDU-Finanzminister Rainer Wiegard hatte sie in Abstimmung mit dem Ministerpräsidenten genehmigt. In meiner Funktion als

Vorsitzender des Finanzausschusses warf ich dem Finanzminister vor, den Finanzausschuss in dieser Angelegenheit belogen zu haben. Wiegard hatte im Ausschuss auf Nachfrage erklärt, über die künftige Bezahlung von Nonnenmacher sei noch nicht entschieden.

Wenige Tage später stellte sich heraus, dass die Entscheidung bereits vier Tage zuvor gefallen war. Die SPD fühlte sich geleimt, weil sie die Sonderzahlungen nicht akzeptiert hätte. In dieser kritischen Situation stellte sich zudem heraus, dass auch der Ministerpräsident dem Landtag gegenüber unwahre Angaben gemacht hatte. Er musste seine schriftliche Behauptung gegenüber dem Landtagspräsidenten als unzutreffend zurücknehmen, dass die Sonderzahlung mit „vorherigem Einverständnis der Spitzen der Landesregierungen in Hamburg und Schleswig-Holstein sowie der Regierungsfraktionen" erfolgt sei. Dieser Vorgang verschärfte den Konflikt zwischen den Koalitionspartnern.

Trotz der Koalitionskrise konnte die SPD angesichts der für sie schlechten Umfrageergebnisse kein Interesse an einem Bruch der Koalition haben. Noch in der Fraktionssitzung am 14. Juli 2009 kamen wir überein, der CDU keinen Vorwand mehr zu liefern, vorzeitige Neuwahlen auszurufen. Wir hatten aus CDU-Kreisen erfahren, dass nach den strategischen Überlegungen des Staatssekretärs im Finanzministeriums, Klaus Schlie, versucht werden sollte, die Neuwahl des Landtags gemeinsam mit der Bundestagswahl am 27. September 2009 durchzuführen. Der Ablauf der verfassungsgemäßen Frist für diesen Termin stand unmittelbar bevor.

Am nächsten Tag, dem 15. Juli 2009, überraschte Ralf Stegner seine „Follower" im Twitter-Dienst mit Worten, die eine aus meiner Sicht unzutreffenden Verbindung zwischen der aktuellen CDU und der Barschel-Affäre herstellte. Wörtlich hatte er „getwittert": „Medien zeigen Retro allenthalben: Politik und Publizistik im Stil von SH der 70er-, 80-Jahre, bevor Björn Engholm aufgeklart hat".

Viele von uns ahnten, dass der Vorwand da war, auf den die CDU gewartet hatte. Bereits in der Vormittagssitzung des Landtags nahm der Fraktionsvorsitzende der CDU, Johann Wadephul, in der Debatte den Satz zum Anlass für Vorwürfe an Ralf Stegner. Er forderte ihn auf, „Ross und Reiter" zu nennen und zu sagen, wen er konkret gemeint habe.

In der Mittagspause der Plenarsitzung kam es in einer eilig einberufenen Sondersitzung der Fraktion im Büro des Vorsitzenden zu einer erregten

Aussprache, in dessen Verlauf unsere Bildungsministerin Ute Erdsiek-Rave, andere und auch ich heftige Vorwürfe an den Fraktionsvorsitzenden richteten. Sie betrafen die Strategie, den Stil und den auch aus meiner Sicht unerlaubten Vergleich mit den Machenschaften in der Barschel-Affäre. Am Abend des Plenartages, während einer Gedenkveranstaltung für die verstorbene Sozialministerin Heide Moser, erreichte uns schriftlich der Beschluss der CDU, die Koalition zu beenden.

Schon in der Landtagsdebatte am nächsten Tag begann der Wahlkampf mit einem Schlagabtausch, in dem sich SPD und CDU gegenseitig die Verantwortung für den Bruch der Koalition zuwiesen. Für den folgenden Montag, den 20. Juli, wurde eine Sondersitzung des Landtags anberaumt, um über die Selbstauflösung abzustimmen. Die Fraktionen von CDU, SSW, FDP und Grüne hatten einen entsprechenden gemeinsamen Antrag eingereicht. Auch wir Sozialdemokraten sahen Neuwahlen nun als unausweichlich an, wollten dem Antrag aber aus taktischen Gründen nicht zustimmen. Als Ralf Stegner meinte, der Ministerpräsident sei gescheitert und solle dies auch durch ein gescheitertes Vertrauensvotum bestätigt bekommen, empfand ich die Bemerkung als einen Beweis für den eingetretenen Realitätsverlust.

Da bei der Abstimmung alle SPD-Abgeordneten mit „Nein" votierten, war die nach der Landesverfassung erforderliche Zweidrittel-Mehrheit für die Auflösung des Landtags nicht erreicht. Gespannt verfolgten viele Abgeordnete und Gäste vorher, was unsere Bildungsministerin Ute Erdsiek-Rave in einer persönlichen Erklärung sagen würde. Auch im Namen der drei anderen Kabinettsmitglieder der SPD wollte sie mit tränenerstickter Stimme „nicht akzeptieren, dass die heutige Abstimmung ein Scheitern der Großen Koalition in ihrer Regierungsarbeit ist". Sie habe das schwarz-rote Bündnis auch als Chance verstanden, Gräben zuzuschütten und das Freund-Feind-Denken zu überwinden". Daher werde sie der Auflösung des Landtags nicht zustimmen, weil dies auch Bekenntnis zum Scheitern einer gemeinsamen Politik wäre.

Nun stellte der Ministerpräsident erwartungsgemäß umgehend die Vertrauensfrage gemäß Artikel 36, Absatz 1 der Verfassung. Darüber durfte erst nach 48 Stunden abgestimmt werden. Deshalb kam es am Donnerstag, den 23. Juli 2009, zur zweiten Sondersitzung des Landtags in einer Woche. Ministerpräsident Carstensen bemühte sich festzustellen, dass Gegenstand der Vertrauensfrage nicht der „persönliche Streit zweier gegensätzlicher

Charaktere“ sei, sondern „ die Auseinandersetzung zwischen Parteien und Fraktionen von CDU und SPD“. Mit dem Hinweis auf eine fehlende Unterstützung durch die SPD wollte er dem Koalitionsbruch eine politische Begründung verleihen, um den Vorwurf einer eigentlich unzulässigen „unechten“ Vertrauensfrage zu entgehen. Ralf Stegner konnte in der folgenden Debatte als erster Redner mit Ausführungen glänzen, die auch mir inhaltlich und rhetorisch gefielen und von viel Beifall aus den Reihen der SPD-Abgeordneten begleitet wurden.

Bemerkenswert war das Ergebnis der Abstimmung. Nur ein Abgeordneter wollte dem Ministerpräsidenten noch das Vertrauen aussprechen. Es gab 37 Verweigerungen und 28 Enthaltungen. Alle Enthaltungen kamen von CDU-Abgeordneten. Nur Landtagspräsident Martin Kayenburg, seinem Parteifreund Carstensen nicht gerade in Freundschaft verbunden, hatte ihm mit „Ja“ das Vertrauen ausgesprochen. Auch Carstensen selbst enthielt sich in der Abstimmung über sein Amt. Da die Mehrheit des Landtags dem Ministerpräsidenten das Vertrauen verweigert hatte, wurde ihm das Recht eingeräumt, die Wahlperiode binnen zehn Tagen vorzeitig zu beenden. Von diesem Recht machte er noch während der laufenden Sitzung Gebrauch. Am Ende einer mich sehr bewegenden Plenartagung nahm ich mit einer großen Portion Frust zur Kenntnis, dass sich meine parlamentarische Arbeit schneller als erwartet dem Ende zuneigte. Die Konflikt-Strategie unseres Fraktions- und Parteivorsitzenden war gescheitert – so wie andere und auch ich es ihm vorhergesagt hatten.

Mit vielen im Lande verfolgte ich empört die unentschuldbare Dreistigkeit, mit der die vier sozialdemokratischen Mitglieder im Kabinett vom Ministerpräsidenten Carstensen zur Räumung ihrer Büros gedrängt wurden. Wie belastete Straftäter wurden sie aufgefordert, binnen eines Tages ihre Büros in den Ministerien zu räumen. Damit war das mit vielen Vorschuss-Lorbeeren 2005 gestartete Projekt „Große Koalition“ beendet. Die Parteien von CDU und SPD waren in die alten Gräben zurückgekehrt, die zu überwinden man vier Jahre vorher angetreten war.

Mit der Ansetzung von Neuwahlen für den 27. September 2009 war die Arbeit im Landtag noch nicht zu Ende. Ich nutzte die Parlamentarische Sommerpause zu Interviews und Erklärungen sowie zu Wahlkreisterminen, bei denen ich mich von vielen vertraut gewordenen Menschen verabschieden konnte. Für den 10. September hatte ich eine Sitzung des Finanzausschusses einberufen, in der, mal wieder, Angelegenheiten der HSH Nordbank im Zentrum der Beratungen standen. Zum Abschluss dieser Sitzung bedankte ich mich nicht nur aus formalen Gründen bei den Mitgliedern aller Fraktionen im Finanzausschuss für die stets konstruktive Zusammenarbeit. Wenn die Zusammenarbeit in der Großen Koalition so harmonisch wie im Finanzausschuss verlaufen wäre, hätte sie, wie zu Beginn verabredet, zu einem planmäßigen erfolgreichen Abschluss geführt werden können. Für mich bestätigte sich die Einsicht, dass der Erfolg eines politischen Projekts weniger von der Programmatik, sondern vielmehr von dem Bemühen der handelnden Personen abhängig ist.

Wenige Tage vor der für den 27. September 2009 festgelegten Neuwahl des Landtags kam der amtierende Landtag am 16. und 17. September zu seiner letzten Plenartagung zusammen. An der Tagesordnung war nicht abzulesen, dass sich die Koalitionspartner bereits getrennt hatten. Themen wie die „Fortschreibung des Landesplans Niederdeutsch“ oder „Fortschreibung des Klimaberichts der Landesregierung“ vermittelten den Eindruck von Normalität. Meine letzte Plenartagung nach mehr als drei Jahrzehnten Zugehörigkeit zum Landtag endete mit Dankesworten aus Anlass des Ausscheidens des Landtagspräsidenten. Mit mir schieden unter anderen Ute Erdsiek-Rave, Ingrid Franzen und Angelika Birk sowie Karl Martin Henschel und Holger Astrup aus. Ich empfand es als stillos, dass wir alle keine Erwähnung wert waren.

Als am 27. September 2009 am selben Tag der Bundestag und der Landtag gewählt wurden, erlebte die SPD das befürchtete Desaster. Unser Landesvorsitzender Ralf Stegner war als Spitzenkandidat abgestraft worden. Seine Strategie des begrenzten Konflikts mit dem Koalitionspartner hatte einen Scherbenhaufen hinterlassen. Bestätigung fand ich mit meiner Einschätzung in der Wahl-Analyse des Willy-Brandt-Hauses in Berlin, dem Sitz der Bundespartei: „Orientierte sich 2005 fast jeder zweite SPD-Wähler bei der Stimmabgabe an der damaligen Spitzenkandidatin Heide Simonis, brachte Ralf Stegner mit seiner Person nur 20 Prozent der SPD-Wähler an die Urnen“. Bei der Landtagswahl sank der Zweitstimmenanteil auf 25,4 Prozent, ein Rückgang um 13, 2 Prozent. Im Vergleich zu 2005 hatten uns 148.664 Wählerinnen und Wähler den Rücken gekehrt. Die Verluste der SPD traten landesweit auf. Es gab keinen Wahlkreis, in dem die SPD gegenüber 2005 nicht zweistellig verloren hatte. Die SPD flog aus der Landesregierung, der sie seit 1988 angehört hatte. Traurig musste ich am Wahlabend auch registrieren, dass der in acht Wahlkämpfen von mir gewonnene Wahlkreis Rendsburg seit 1975 erstmals wieder an einen CDU-Kandidaten, Hans Hinrich Neve aus Stafstedt, ging. Mit Glück gelangte mein Nachfolger als SPD-Direktkandidat, Kai Dolgner, über die Landesliste in den Landtag.

Kleine Episode bei der Coop

Nach meiner Entscheidung, nicht wieder für den Landtag zu kandidieren, hatte ich mir Gedanken über meine Zukunft gemacht und Pläne geschmiedet. Im April 2009 erreichte mich überraschend das Angebot des Aufsichtsratsvorsitzenden der Coop, Manfred Dabrunz, seine Nachfolge anzutreten. Der Coop, mit seinen Sky- und Plaza-Verbrauchermärkten eines der größten Unternehmen in Schleswig-Holstein mit über 9. 000 Beschäftigten, war ich seit vielen Jahren als Genossenschaftsmitglied und gewähltes Mitglied der Vertreterversammlung verbunden. Ich hatte schon als junger Landtagsabgeordneter einige Genossenschaftsanteile erworben, weil ich von der Idee eines genossenschaftlich geführten Unternehmens begeistert war. Nach Gesprächen mit Mitgliedern des paritätisch aus Arbeitnehmervertretern und Vertretern der Anteilseigner gebildeten Aufsichtsrates entschloss ich mich, auf der Hauptversammlung der Genossenschaft am 13. Juni 2009, meinem Geburtstag, für dieses wichtige Amt zu kandidieren. Mit einem einstimmigen Votum des amtierenden Aufsichtsrats im Rücken konnte ich mich gegen zwei andere Mitbewerber deutlich durchzusetzen. Ich betrachtete das mir entgegen gebrachte Vertrauen als einen weiteren Glücksfall in meinem Leben.

Fast auf den Tag genau ein Jahr später sah ich mich veranlasst, mit sofortiger Wirkung meinen Rücktritt vom Amt des Aufsichtsratsvorsitzenden zu erklären und meinen Sitz im Aufsichtsrat niederzulegen. Diesem Schritt gingen zwölf spannende Monate voraus, in denen ich aufgrund meiner Erfahrungen und mit Unterstützung der Mitglieder der Arbeitnehmerseite und der Gruppe der Anteilseigner einige Reformen und Verbesserungen in der Kontrollfunktion des Aufsichtsrates anstoßen und durchsetzen konnte. Die Strukturreformen waren dauerhaft begleitet von Auseinandersetzungen mit dem für das operative Geschäft zuständigen zweiköpfigen Vorstand des

Unternehmens, über die wegen der gesetzlichen Vertraulichkeitsvorschriften nähere Ausführungen unterbleiben müssen. Ich wollte in meiner neuen Aufgabe nicht gegen Grundsätze und Überzeugungen verstoßen, die mein ganzes politisches Leben geprägte hatten. In den Medien war nach meinem Rücktritt vom Aufsichtsratsvorsitz zu lesen, dass der Konflikt über die Auslagerung des Logistikbereichs der Coop der entscheidende Auslöser für meine Entscheidung gewesen sein soll. Es wurde berichtet, dass ich unter anderem Widerstand gegen Absichten des Vorstandes geleistet hätte, die bei den von der Auslagerung betroffenen Beschäftigten bei gleicher Arbeit zu niedrigeren Löhnen führen sollten.

In den Medien wurde auch darauf verwiesen, dass ich mich in der Schlussphase beim Widerstand gegen solche aus meiner Sicht die Arbeitnehmer diskriminierenden Praktiken nicht mehr auf die Unterstützung der Anteilseigner im Aufsichtsrat verlassen konnte. Besonders empört hat mich, dass aus diesem Kreis insbesondere meine ehemalige Kollegin in der SPD-Landtagsfraktion, Sigrid Warnicke, hinter meinem Rücken mit dem Vorstand über meine Ablösung diskutierte. Sie trat nach meinem Rücktritt meine Nachfolge an.

Mir fiel der Rücktritt sehr schwer. Aber ich wollte mich am Ende eines langen politischen Lebens und Wirkens für die Rechte von Arbeitnehmern nicht „verbiegen" lassen und den Begehrlichkeiten und Praktiken des Vorstandes nicht gegen meine Überzeugungen entsprechen. Erhöhung der Bezüge für den Vorstand bei gleichzeitiger Kürzung von Angestelltenlöhnen, das entsprach nicht meinen Vorstellungen eines genossenschaftlich organisierten Unternehmens, das sich unverwechselbar gerade beim Umgang mit den Beschäftigten von anderen Unternehmen unterscheiden sollte.

Für mein Verhalten erhielt ich viel Anerkennung. Dennoch wurde ich häufig gefragt, ob meine Vorstellungen von der Kontrolle eines Aufsichtsrates nicht zu sehr geprägt gewesen sind von den Erfahrungen mit der Kontrolle der Regierung durch das Parlament. Ich sah darin nicht die Ursache für mein „Scheitern". Sowohl das operative Geschäft einer Regierung wie das operative Handeln einer Unternehmensleitung unterliegen Kontrollmechanismen, ohne dass in das Tagesgeschäft eingegriffen wird. Mangelndes Selbstbewusstsein und häufig fehlende Bilanzkenntnisse, gepaart mit nicht ausreichender Vorbereitung führen leider in der Praxis dazu, dass viele Aufsichtsräte von Unternehmen ihren gesetzlichen Verpflichtungen nicht ausreichend nachkommen. Parlamentarier müssen dagegen selbstbewusst und kompetent als Kontrollorgan der Regierung auftreten, weil es ihrem Ehrgeiz entspricht und die Grundlage für den öffentlich sichtbaren Erfolg bildet.

Streit mit dem Blinden- und Sehbehindertenverein

Auch nach meinem Ausscheiden aus dem Landtag erreichten mich aus dem Wahlkreis noch viele Bitten um Unterstützung. Einigen habe ich entsprechen können. Öffentliche Aufmerksamkeit erhielt der Streit mit dem Blinden- und Sehbehindertenverein des Landes in Lübeck (BSVSH). Die langjährige Lebensgefährtin des verstorbenen Claus Sierk, Anneliese Möller, aus Büdelsdorf hatte sich Anfang 2011 an mich gewandt, weil die von Sierk den Mitgliedern der Rendsburger Bezirksgruppe des BSVSH hinterlassene Erbschaft in Höhe von 268.569 Euro bis auf 6.000 Euro nicht in Rendsburg angekommen war. Nach dem notariell beurkundeten Testament sollte „das Vermögen, das meine Erbschaft darstellt, ausschließlich der Bezirksgruppe Rendsburg des Vereins zufließen". Nur der Vorstand der Bezirksgruppe sollte berechtigt sein, über die Verwendung zu entscheiden. Aus rechtlichen Gründen musste die Erbschaft zunächst an den Landesverein überwiesen werden.

Meine schriftliche Nachfrage beim BLVSH blieb ohne Antwort. Reagiert hat der Blinden- und Sehbehindertenverein erst ein halbes Jahr später, nachdem ich die Staatsanwaltschaft eingeschaltet und die Öffentlichkeit informiert hatte. Der Verein verklagte mich bei den Landgerichten in Kiel und Lübeck. Auch die Berufung beim Oberlandesgericht blieb ohne Erfolg. Danach ist es mir weiterhin erlaubt zu behaupten: „Der Kläger (hier Blinden- und Sehbehindertenverein) hat Erbschaften, die testamentarisch ausdrücklich Bezirksgruppen zugedacht waren, für eigene Zwecke verwendet" und „Der Kläger steckt offenbar in finanziellen Schwierigkeiten".

Neben dem Landgericht Kiel hatte auch das Oberlandesgericht Wege aufgezeigt, wie der Wille des Erblassers umgesetzt und die Erbschaft den Rendsburgern zugeführt werden kann. Diese Empfehlungen blieben wie auch alle meine Initiativen und Vermittlungsversuche bis jetzt erfolglos. Ein im Sommer 2013 erbetener Statusbericht der Steuerberaterin hat entgegen den Behauptungen vor den Gerichten ergeben, dass der Blinden- und Sehbehindertenverein tatsächlich inzwischen weit mehr als die Hälfte der Erbschaft für eigene Zwecke verbraucht hatte. Ich schaltete erneut die Staatsanwaltschaft ein. Statt nun endlich den Auflagen des verstorbenen Claus Sierk zu entsprechen, wurde ich vom BSVSH wegen „falscher Verdächtigung" angezeigt. Ich hatte schon zu Beginn der Auseinandersetzungen beschlossen, dem Verein in Lübeck keine Spenden mehr zukommen zu lassen. Das Verhalten des Vereins widerspricht bis heute meinem Gerechtigkeitsempfinden.

Fazit

Seit meinen Wahlen zum Schulsprecher und zum Chefredakteur der Schülerzeitung im Jahre 1965 habe ich mich politisch engagiert. Orden und Ehrenzeichen habe ich abgelehnt, weil sie mir nie wichtig waren. Anerkennung fand ich im Ergebnis meines jeweiligen Engagements. Die Ziele, die ich als richtig erkannt hatte, lohnten den persönlichen und zeitlichen Aufwand. Nicht alle vermeintlichen „Siege" wurden ein Erfolg. Dennoch blicke ich mit Zufriedenheit darauf zurück, dass ich über vier Jahrzehnte meines Lebens das Umfeld meiner Mitbürgerinnen und Mitbürger mit gestalten durfte. Immer galt mein Einsatz der Verteidigung der grundlegenden Werte unserer demokratischen Gesellschaft, dem Streben nach mehr Gerechtigkeit und einer bestmöglichen Bildung für alle ohne Rücksicht auf das Einkommen oder die Herkunft der Eltern. Die Ursachen und Auswirkungen der beiden Unrechts-Systeme auf deutschem Boden im letzten Jahrhundert waren meine Motivation, mich „gegen das Vergessen" und für die Demokratie einzusetzen.

Politiker brauchen die Medien zur Vermittlung ihrer Vorstellungen. Natürlich habe ich mich über Lob mehr als über Kritik gefreut. Dennoch habe ich die Freiheit der Berichterstattung stets gegen – manchmal – berechtigte Kritik auch in meiner Partei verteidigt. Erst ein Wechsel in der Redaktionsleitung vor weinigen Jahren führte nach jahrzehntelanger unfairer Begleitung zu einem normalen Verhältnis zur regionalen Landeszeitung. Über die objektive und faire, wenn auch häufig sehr kritische Begleitung meines Wirkens durch die regionale Ausgabe der „Kieler Nachrichten", insbesondere durch Hans-Jürgen Jensen, konnte ich mich nie beklagen. Nicht alle Fraktionskollegen im Landeshaus zeigten Verständnis, dass ich zu den Landeshaus-

Journalisten ein entspanntes Verhältnis pflegte und ihr Recht auf kritische Kommentierung verteidigte.

Anlässlich der Feier meines 60. Geburtstages hat die damalige Bildungsministerin Ute Erdsiek-Rave in einer Rede vor privaten und politischen Freunden meine Persönlichkeit mit Worten gezeichnet, in denen ich mich wiederfand:

„Neugebauer gibt sich selten streng preußisch. Das preußisch-hierarchische ist Dir auch zuwider. Du magst keine angesagten Sprachregelungen, kein Unterdrücken von Meinungen und hast Dir geradezu vorbildhaft die Freiheit des Abgeordneten bewahrt – vielleicht trifft das sogar den Kern Deines Wesens. In Deiner Arbeit ist aber doch ein preußischer Zug erkennbar- nicht nur dann, wenn es am Ende doch um Fraktionsdisziplin geht."

In diesem Sinne will ich auch weiterhin außerhalb und innerhalb meiner SPD meine Stimme erheben. Links, pragmatisch und frei, und vielleicht auch mal ein bisschen dickschädelig. Mir hat gefallen, was Johann Wolfgang von Goethe in seinen „Wahlverwandtschaften" sagen lässt: „Wenn ich von etwas Gutem überzeugt bin, was geschehen könnte oder sollte, so habe ich keine Ruhe, bis ich es getan habe."